BEHNAM N. TABRIZI

TRANSFORMAÇÃO RÁPIDA

UM PLANO DE **90 DIAS** PARA A MUDANÇA EFETIVA NA SUA EMPRESA

Tradução
Cristina Yamagami

Do original: *Rapid Transformation*
Tradução autorizada do idioma inglês da edição publicada por Harvard Business School Press
Copyright © 2007 by Harvard Business School Publishing Corporation

© 2008, Elsevier Editora Ltda.

Todos os direitos reservados e protegidos pela Lei 9.610 de 19/02/1998.
Nenhuma parte deste livro, sem autorização prévia por escrito da editora, poderá ser reproduzida ou transmitida sejam quais forem os meios empregados: eletrônicos, mecânicos, fotográficos, gravação ou quaisquer outros.

Copidesque: Shirley Lima da Silva Braz
Editoração Eletrônica: Estúdio Castellani
Revisão Gráfica: Mariflor Brenlla Rial Rocha e Edna Rocha

Projeto Gráfico
Elsevier Editora Ltda.
A Qualidade da Informação.
Rua Sete de Setembro, 111 – 16º andar
20050-006 Rio de Janeiro RJ Brasil
Telefone: (21) 3970-9300 FAX: (21) 2507-1991
E-mail: info@elsevier.com.br
Escritório São Paulo:
Rua Quintana, 753/8º andar
04569-011 Brooklin São Paulo SP
Tel.: (11) 5105-8555

ISBN 978-85-352-2953-0
Edição original: ISBN 978-1-4221-1889-4

Nota: Muito zelo e técnica foram empregados na edição desta obra. No entanto, podem ocorrer erros de digitação, impressão ou dúvida conceitual. Em qualquer das hipóteses, solicitamos a comunicação à nossa Central de Atendimento, para que possamos esclarecer ou encaminhar a questão.
Nem a editora nem o autor assumem qualquer responsabilidade por eventuais danos ou perdas a pessoas ou bens, originados do uso desta publicação.

Central de atendimento
Tel.: 0800-265340
Rua Sete de Setembro, 111, 16º andar – Centro – Rio de Janeiro
e-mail: info@elsevier.com.br
site: www.campus.com.br

CIP-Brasil. Catalogação-na-fonte.
Sindicato Nacional dos Editores de Livros, RJ

T118t   Tabrizi, Behnam N.
    Transformação rápida : um plano de 90 dias para a mudança efetiva na sua empresa / Behnam Tabrizi ; tradução Cristina Yamagami. – Rio de Janeiro : Elsevier, 2008.

    Tradução de: Rapid transformation
    Apêndice
    ISBN 978-85-352-2953-0

    1. Desenvolvimento organizacional. 2. Reengenharia (Administração). I. Título.

08-0407.
                    CDD: 658.406
                    CDU: 65.011.4

Para Nazanin e Sheila

Agradecimentos

Em meados da década de 1990, enquanto viajava pelo mundo a negócios e para conduzir minhas pesquisas, me comprometi a levar a vida que adorava. Dessa forma, segui o caminho que me levaria à realização. Dediquei-me com todas as forças a essa missão, bem como a encontrar respostas às grandes perguntas existencialistas: "Quem sou eu?" e "O que estou fazendo aqui?" Para mim, essas respostas podem ser resumidas em um parágrafo que leio todas as manhãs e que serve como uma verdadeira bússola para a minha vida: "Procuro ser um representante do amor incondicional, da energia infinita e abundante, na forma de uma poderosa e inspiradora presença para transformar pessoas e organizações, ao mesmo tempo em que mantenho o mais alto nível de integridade." Essa afirmação está profundamente incorporada em meu DNA!

Este livro é o ápice de minha jornada, pela qual sou um grande entusiasta. Ele se baseia em uma década de rigorosas pesquisas e experiência em primeira mão trabalhando com CEOs e executivos seniores em processos de transformação organizacional. O estudo incluiu traduzir enormes volumes de dados em uma estrutura conceitual útil para um processo contínuo de desenvolvimento de idéias com base nos dados e atividades de revisão e testes sempre que surgem evidências conflitantes. O apoio de uma excelente equipe de pesquisas assegurou a aplicação de rigorosos padrões a cada passo do caminho.

Tive muita sorte em poder trabalhar com brilhantes assistentes de pesquisa. Antes de mais nada, Athena Mak exerceu um papel fundamental em sua contribuição para este livro. A paixão de Athena, seu intelecto, sua atenção aos detalhes e seu comportamento maravilhoso foram incríveis. Jacqueline del Castillo contribuiu com os primeiros esboços do diagnóstico e as fases de implementação. O entusiasmo de Jackie e seu profundo interesse pelo tema foram notáveis. Depois de tantas reuniões de trabalho de dias inteiros à nossa mesa de jantar, muitas vezes na presença de minha família, minha esposa e eu passamos a considerar Athena e Jackie nossas filhas! Agradeço também a Aman Govil, Cyrous Jame, Yiduo Yu e Naseem Delan, por suas contribuições para o Apêndice e para a análise. Anand Jha, Jacqueline del Castillo, Athena Mak, Drew Bennett, Brett Hofer, Gaurav Singh e Ryan Akkina contribuíram para o desenvolvimento dos casos. O professor Paul Leonardi, da Northwestern Business School, ofereceu preciosos conselhos no que se refere à metodologia.

Também gostaria de expressar minha apreciação ao professor Saikat Chaudhuri, da Wharton Business School, e Faraj Alaei, CEO da Centillium, por seus preciosos e detalhados feedbacks em relação à primeira versão do manuscrito. Alguns líderes de negócios, como David House, Lloyd Carney, Gale England, George Haddad, Vernon Irvin, Faraj Alaei, Kimm Hershberger e Ava Butler, verdadeiramente moldaram minhas experiências em primeira mão com os processos de transformação. Também sou extremamente grato aos grandes líderes referenciais que influenciaram em muito minha forma de pensar: Kathy Eisenhardt, Jim March, Bob Sutton, Steve Barley, Henry Mintzberg, Jeff Pfeffer, Karl Weick, John Kotter, Jim Collins e Tom Peters.

Para completar, sou grato a Jacqueline Murphy, editora sênior da HBSP, pelo incentivo e comprometimento no decorrer do processo de escrita deste livro, e a Deborah English e Stacey Sawyer, por seus admiráveis esforços na edição e finalização.

O autor

Behnam Tabrizi é professor do departamento de ciência da administração e engenharia da Stanford University. Seu trabalho inclui pesquisa e consultoria em transformação organizacional, gestão funcional entre fronteiras, aceitação no tempo de lançamento, além de aquisição e integração. Seus principais projetos incluem rápida transformação para a excelência, estruturação de organizações eficazes, transformação de vendas, eficácia interdepartamental, iniciativa em tempo real e excelência na definição de produtos e serviços. Sua pesquisa com mais de cem empresas em todo o mundo, para a McKinsey and Co., sobre "Transformação acelerada: reengenharia de processos em empresas ao redor do mundo" foi chamada de "um trabalho pioneiro" por Tom Peters na *Forbes*, *Chicago Tribune*, *The Washington Post* e *San Jose Mercury News*.

Nos últimos três anos, em freqüentes viagens para a China, Tabrizi trabalhou com mais de trezentos CEOs das maiores empresas públicas e privadas chinesas em transformação corporativa. Também atuou como membro da banca de doutorado da Harvard Business School e lecionou a disciplina "Liderança e gerenciamento de mudança". Ele foi entrevistado pela BBC e C-SPAN sobre seu recente trabalho relativo à transformação. *Transformação Rápida* é seu quarto livro sobre transformação e mudança.

Tabrizi recebeu o prestigiado prêmio da *Administrative Science Quarterly* em 2001 (com a professora Kathleen Eisenhardt), por suas contribuições acadêmicas para um artigo publicado cinco anos antes, que teve uma enorme influência nas teorias e pesquisas subseqüentes em administração e que aborda as áreas de estratégia, marketing, organização e operações. Ele também foi agraciado com o prêmio Tau Beta Pi, da Stanford School of Engineering, escolhido dentre duzentos professores, pela Excelência no Ensino da Graduação, além de ser nomeado "professor do ano" de gestão de engenharia e engenharia industrial.

No inverno de 1994, Tabrizi conduziu o primeiro curso baseado na Web, na Stanford University. Seus clientes passados e atuais em consultoria incluem Applied Materials, Hewlett-Packard, Intel, IBM, IDC, Nokia, GAP, Motorola, Lucent, Agilent, Oracle, Cisco, Li & Fung, Nortel Networks, Clarify, Haier, VeriSign e muitas empresas de pequeno e médio portes. Ele atualmente atua no Conselho de Administração da Catapult Ventures e já atuou no Conselho da iChatterbox.com (vendida para a Covia Inc.) e WebMBO (antes da fusão com a Realm Corp.), além de conselhos consultivos de várias start-ups.

Tabrizi é formado em engenharia da computação pela University of Kansas, tem mestrado em engenharia elétrica e da computação pela University of Illinois, Urbana, e mestrado em gestão da engenharia, doutorado em estratégia, organizações e gestão da tecnologia pela Stanford University.

Sumário

	Introdução	1
1	Visão geral do modelo *O modelo de transformação de 90 dias*	9
2	Pré-transformação *Plantando as sementes*	29
3	Equipes interdepartamentais de resposta rápida *Canalizando o poder*	73
4	Fase 1 *Diagnosticando o paciente*	111
5	Fase 2 *Vislumbrando o futuro*	165
6	Fase 3 *Pavimentando a estrada*	199
7	Implementação da transformação *Execução*	233
	APÊNDICE: Modelo do índice de desempenho da transformação	273
	Notas	309
	Índice	317

Introdução

*Se você não mudar de direção, pode acabar
chegando aonde está indo.*
– Lao Tzu

Muitos de nós tememos a mudança. Entramos em uma rotina diária e, com o tempo, nos adequamos a nossos padrões de comportamento. Mudar é assumir um risco – abrir mão de um estado atual em uma tentativa de atingir um estado potencialmente mais desejável. Tendemos a resistir à mudança. Podemos temer o fracasso ou nos sentir pouco à vontade com a incerteza envolvida em qualquer mudança.

Isso também se aplica às empresas. Com o tempo, os empregados se adaptam à sua rotina de trabalho. Os processos são incorporados nas bases da organização. Aos poucos, a energia e a temperatura competitiva do negócio vão caindo até chegar à temperatura ambiente. Como disse Alan Lafley, CEO da Procter & Gamble, "as pessoas se acostumam a jogar sem vencer".[1]

Entretanto, apesar de uma resistência natural à mudança, os empregados querem fazer parte de uma empresa de sucesso – eles querem vencer! Faça uma visita à livraria local e você verá que o sucesso nos negócios é um tema bastante popular. Nas prateleiras de best-sellers você verá títulos como *Empresas feitas para vencer*, *Paixão por vencer* e *A alquimia das finanças*. Os líderes devoram esses livros na esperança de descobrir os segredos para manter seus negócios à frente dos outros.

Na prática, contudo, não há segredo. Competir no mercado atual é como competir em qualquer outro jogo. Para se manter competitivo, um jogador deve ser dinâmico no mercado, rever constantemente a própria estratégia em relação às de seus oponentes e manter-se alinhado com as demandas em constante mudança de seus clientes. As organizações que conseguem reagir mais rapidamente ao mercado, em especial aquelas capazes de se adaptar mais rapidamente do que os concorrentes, são as que conseguem chegar ao topo.

COMO AS ORGANIZAÇÕES MUDAM?

As mudanças podem vir em pequenos passos de bebê ou em enormes passos de gigante.

Os pequenos passos parecem mais seguros e podem ser conceitualizados como uma melhoria incremental evolutiva, ou gradual. Contudo, nas organizações, a melhoria incremental é eficaz se todo o resto for mantido constante e se a meta for manter o *status quo*. De acordo com Lafley, da Procter & Gamble, a mudança evolutiva é "como uma estratégia militar clássica, na qual você se mantém exercendo pressão, se mantém tomando território, se mantém destruindo os concorrentes mais fracos" para conquistar "mais meio ponto de participação de mercado e mais meio ponto de margem".[2] Embora a melhoria incremental deva ser uma parcela rotineira do trabalho de qualquer bom gestor ou líder, ela promove uma visão estreita e uma atitude limitada caso se torne rotineira demais. Depois de algum tempo, as pessoas passam a ir ao trabalho para jogar, e não para vencer. Por meio da melhoria incremental, a sede pelo pensamento não-convencional se perde.

Quando andar aos poucos e às cegas deixa de ser eficaz no ambiente atual, a organização pode pensar em dar enormes passos de gigante a fim de melhorar o desempenho da organização em grandes saltos. Mudanças radicais como essas costumam ser mais bem compreendidas como uma revolução, ou como uma transformação. Os líderes costumam se voltar a transformações quando precisam urgentemente de uma cura para suas organizações enfermas, apesar de as transformações poderem ser bastante eficazes em situações menos desesperadoras.

Então, o que é exatamente uma transformação no sentido organizacional? Em essência, a transformação é uma mudança fundamental do desempenho da empresa e sua meta é melhorar significativamente os resultados atuais de uma organização por meio de um melhor alinhamento com as dinâmicas condições e demandas do mercado. Ela costuma incentivar mudanças em todos os níveis da organização, da administração executiva até o empregado individual de uma empresa.

Historicamente, os líderes que tentaram revolucionar, ou transformar, suas empresas tentaram fazer isso por meio da reengenharia, que, na prática, acabou representando atacar uma área-chave após a outra. Normalmente, algumas dessas áreas incluem o departamento financeiro por meio de corte de custos, a cultura, serviços ou produtos, estratégia e processos (em geral um ou, no máximo, alguns, de cada vez).

Esses esforços fragmentados e em série, contudo, não se provaram muito eficazes para melhorar o desempenho geral da empresa. Um estudo conduzido em meados da década de 1990 revelou que aproximadamente 70% dos esforços de reengenharia foram considerados fracassos cinco anos após a implementação.[3] Por que esses populares esforços de reengenharia se mostram ineficazes? Salientamos, a seguir, a interação entre algumas características dos esforços de reengenharia que causam sua ineficácia (veja a Figura I-1).

- *Eles são fragmentados.* A natureza fragmentada dos esforços de reengenharia costuma ser o problema central e a causa fundamental que leva à manifestação de outros sintomas, como um esforço essencialmente demorado e tático.
- *Eles são lentos.* A reengenharia é lenta não por ser fragmentada, mas também porque as empresas implementam as mudanças fragmentadas umas após as outras.
- *Eles são táticos.* As mudanças táticas, em oposição às mudanças de longo prazo, são mais focadas no futuro imediato e de curto prazo. Os esforços de reengenharia são táticos principalmente por serem demorados e fragmentados. O fato de o processo ser demorado por natureza significa que, com muita freqüência, o ciclo da mudança interna se torna mais moroso que o ciclo da mudança externa. Dessa forma, quando o esforço de reengenharia é concluído, as condições do mercado externo mudaram além do que havia sido previsto quando da implementação da mudança. Ironicamente, o esforço iniciado devido à necessidade de se ajustar às condições dinâmicas do mercado é o mesmo esforço que impede que a organização acompanhe essas mudanças. Além disso, a natureza fragmentada da reengenharia se traduz na negligência da interação entre diferentes processos e funções. Ao deixar de explorar as sinergias entre as várias funções, processos e unidades de negócio, a reengenharia deixa de fornecer uma perspectiva holística ou um plano estratégico de ataque.

Apesar dessas deficiências, os esforços de reengenharia têm sido muito populares e foram empacotados e reempacotados em diferentes formatos e tamanhos ao longo do tempo. Apesar de salientarmos os problemas dos esforços de reengenharia, essa abordagem deve oferecer vantagens, de outra forma o

FIGURA I-1

Razões para a ineficácia da reengenharia

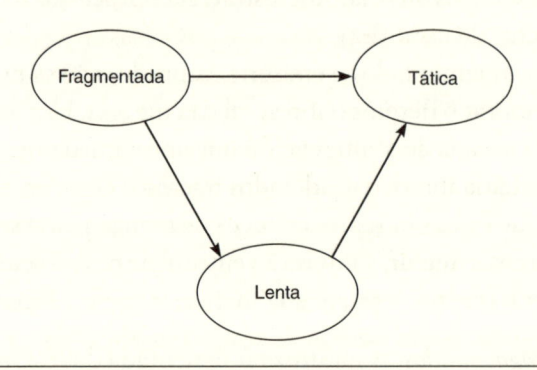

```
        Fragmentada ─────────▶ Tática
              \                  ▲
               \                /
                \              /
                 ▼            /
                   Lenta
```

modismo não se explicaria. Se dermos à reengenharia o benefício da dúvida e supusermos que ela tenha sido eficaz no passado, será que alguma coisa mudou no cenário dos negócios que possa explicar por que a reengenharia não teve sucesso em atender às expectativas? O veterano Dennis Donovan, com trinta anos de General Electric, sugere algumas razões que explicam a ineficácia da reengenharia na sociedade de hoje: "De 1981 à década de 1990, Jack Welch [ex-CEO da General Electric] se concentrou em uma área do negócio de cada vez: a revolução estrutural no início da década de 1980 foi seguida pela revolução cultural. Depois foi a revolução dos processos, como o Seis Sigma, seguida da revolução da digitalização na década de 1990. Hoje não temos mais esse luxo. Se você tiver um motor de oito cilindros, precisa rodar com todos os cilindros; você precisa de um modelo integral que se concentre em todos os aspectos do negócio concomitante e rapidamente."[4]

Elaborando um pouco mais, a década de 1990 representou uma grande e fundamental mudança no ambiente corporativo que transformou tanto a forma como as empresas eram administradas quanto o modo como os negócios eram conduzidos. Naquela década, todo o cenário passou de uma economia industrial e internacional a uma economia informacional e verdadeiramente global, uma mudança facilitada e acelerada pelo advento da World Wide Web e pela rápida globalização. Entre essas mudanças, uma organização na década de 1990 precisava lidar com vários novos desafios de administração e reavaliar sua cultura e processos em função do rápido acesso às informações. As empresas precisaram repensar o que estavam fazendo e como lidar com os novos e diferentes desafios com os quais se deparavam.

Essa grande mudança resultou no que chamamos de mundo corporativo pós-moderno, ou pós-Web. Nesse novo e hipercompetitivo ambiente, as transições dos mercados são muito mais rápidas e o ciclo de inovação tem se tornado cada vez mais curto. Como as pessoas e as empresas aprenderam a inovar a partir de qualquer lugar do mundo, novos produtos e serviços começaram a surgir com cada vez mais freqüência, resultando em uma concorrência ainda mais acirrada. Além disso, essa mudança de cenário também presenciou a rápida adoção de ferramentas de trabalho em equipe e o poder da informação em tempo real.

Foi em meio a essas mudanças que a reengenharia se viu obsoleta. Com ciclos de inovação mais curtos e, portanto, inovações cada vez mais freqüentes, o modelo fragmentado e serial deixou de se mostrar eficaz na nova e acelerada sociedade. Dessa forma, a interação entre a revolução da informação, a grande velocidade da globalização e uma acirrada concorrência requer um novo modelo de mudança.

Levando em consideração as críticas à reengenharia e sua ineficácia na sociedade pós-moderna, ou pós-Web, nossa pesquisa se concentrou na identificação dos princípios e práticas de transformação mais eficazes utilizados no mundo atual. Ao refletir sobre os setores pós-Web, contudo, rapidamente percebemos que a virada do milênio também presenciou outros importantes eventos no ambiente corporativo: a chamada bolha das pontocom, as empresas de telecomunicações e o bug do milênio. Essa bolha viu uma supervalorização sem precedentes de empresas pelos mercados financeiros nos anos que precederam o ano 2000, seguida de uma queda igualmente notável nos anos pós-2000. A fase pré-bolha se caracterizou pela abundância; a pós-bolha, pela escassez. No decorrer da pesquisa, contudo, começou a ficar menos evidente se essa bolha causou uma mudança tão importante no cenário quanto o advento da Internet e a globalização na década de 1990. Dessa forma, a equipe de pesquisa passou a se interessar em dissecar as análises sobre as fases pré- e pós-bolha para identificar se as mesmas ferramentas, princípios e processos de mudança poderiam ser aplicados em ambas as eras.

METODOLOGIA DA PESQUISA

Este livro se baseia em mais de dez anos de pesquisas conduzidas pelo autor com a assistência de um painel de especialistas e uma equipe de uma dúzia de pesquisadores.[5] O painel era formado por:

- o CFO de uma empresa de US$1 bilhão, com experiência em administração sênior em uma das quatro maiores empresas de contabilidade, como um auditor;
- um ex-associado de uma renomada empresa de consultoria, com mais de vinte anos de experiência em mudança organizacional;
- um especialista em avaliação patrimonial de empresas que trabalha para um grande fundo hedge na Costa Leste dos Estados Unidos;
- um especialista em finanças da Stanford University.

A pesquisa teve início com uma análise quantitativa, utilizando o *modelo do índice de desempenho da transformação* detalhado no Apêndice, que visava identificar as diferenças entre esforços bem-sucedidos e malsucedidos de transformação. A partir de uma amostra inicial de mais de quinhentas empresas que promoveram mudanças nos últimos vinte anos, 56 esforços de transformação foram considerados relevantes para análise posterior e essa amostra final de 56 empresas foi categorizada e classificada de acordo com o modelo.

Depois de categorizar as empresas, a equipe se envolveu na análise qualitativa para identificar os princípios e ferramentas que afetaram os resultados dos vários esforços. A equipe de pesquisa utilizou sua extensa experiência no mundo dos negócios, entrevistas pessoais com altos executivos, estudos de caso e de documentos para identificar não somente os fatores críticos de sucesso no alto nível organizacional, mas também os princípios e ferramentas específicos utilizados pelas empresas bem-sucedidas.

PRINCIPAIS CONCLUSÕES: FATORES CRÍTICOS DE SUCESSO

Nossa pesquisa revelou vários fatores críticos de sucesso que diferenciaram esforços de transformações bem-sucedidos dos malsucedidos.[6] Em especial, os esforços de transformação de sucesso eram abrangentes, integradores, rápidos e receberam o pleno e entusiasmado comprometimento e adesão, especialmente nos níveis mais elevados da organização. Os esforços fracassados, por outro lado, deixaram de apresentar um ou mais desses fatores. Observe também que os esforços de reengenharia normalmente deixam de apresentar vários desses fatores.

Abordaremos esses fatores no capítulo seguinte.

VISÃO GERAL DO MODELO DE TRANSFORMAÇÃO DE 90 DIAS

Além de identificar os fatores críticos de sucesso dos esforços de transformação, a pesquisa aprofundada das empresas levou ao desenvolvimento do *modelo de transformação* (veja a Figura 1-2). Os 90 dias refletem o estágio de planejamento do esforço, o que significa que os problemas são diagnosticados e o projeto geral da implementação, definido. A verdadeira e plena implementação do esforço, entretanto, se estenderá muito além dos 90 dias. Apesar disso, contudo, o modelo dos 90 dias é eficaz por proporcionar uma estrutura conceitual para acelerar os esforços de transformação típicos.

O modelo dos 90 dias é particularmente eficaz não somente porque soluciona os problemas associados à reengenharia, mas também porque se concentra nos fatores críticos de sucesso. Voltaremos a abordar as razões da eficácia do modelo dos 90 dias no próximo capítulo e o restante do livro será dedicado a explicar passo a passo os processos para a execução de cada fase.

COMO ESTE LIVRO ESTÁ ORGANIZADO?

Este livro se divide nos seguintes capítulos: Visão Geral do Modelo, Pré-transformação, Equipes Interdepartamentais de Resposta Rápida, Fase 1, Fase 2, Fase 3 e Implementação da Transformação. Cada capítulo detalha os processos, práticas, ferramentas e metodologia necessários à execução do esforço de transformação de 90 dias e fornece vários exemplos das melhores práticas que constituem a metodologia proposta. O Apêndice detalha o modelo do índice de desempenho da transformação, bem como os resultados da análise.

FIGURA 1-2

Modelo de transformação de 90 dias
(A Transformação de 90 Dias é uma marca registrada de Tabrizi, LLC)

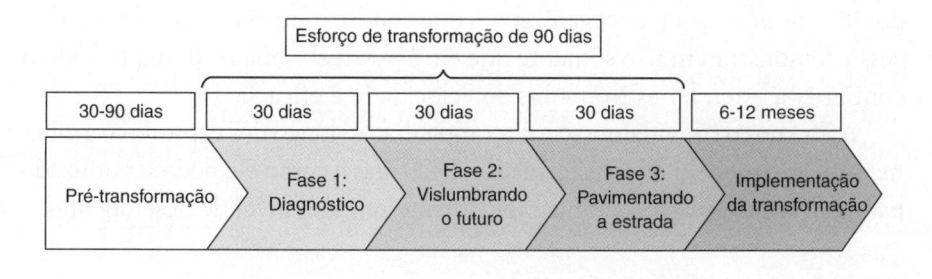

30-90 dias	30 dias	30 dias	30 dias	6-12 meses
Pré-transformação	Fase 1: Diagnóstico	Fase 2: Vislumbrando o futuro	Fase 3: Pavimentando a estrada	Implementação da transformação

(Esforço de transformação de 90 dias abrange Fase 1, Fase 2 e Fase 3)

O QUE APRENDEREI COM ESTE LIVRO?

Independentemente de atuar no mundo dos negócios ou acadêmico, este livro ilustra um modelo eficaz para acelerar as transformações. Se você for um líder atual ou futuro, sugerimos ler todos os passos e refletir sobre as variações e ajustes que você pode fazer para customizar o modelo a diferentes situações e ambientes.

Se você for gestor, executivo, CEO, diretor de divisão de uma empresa com ou sem fins lucrativos, este livro servirá como um guia para implementar um esforço de transformação bem-sucedido por meio de uma série de melhores práticas. Apesar de muitas vezes discutirmos transformações organizacionais completas neste livro, os mesmos processos podem ser aplicados em uma escala menor, como em um departamento ou unidade de negócio.

Se você for um professor de administração, nós o convidamos a utilizar este livro como material de apoio para incentivar discussões sobre as transformações corporativas. Ou, se você estiver estudando administração, como um estudante de MBA, os conceitos práticos apresentados neste livro aumentarão seu conhecimento de diferentes aspectos das transformações corporativas e o prepararão para apoiar, e um dia liderar, esses tipos de esforços em sua carreira profissional.

CONCLUSÃO

Quando os líderes de negócios ouvem falar do modelo de transformação de 90 dias pela primeira vez, sua reação inicial costuma ser exclamar algo como: "Isso é impossível! Uma empresa não tem como se transformar tão rapidamente!" Contudo, uma intrigante descoberta de nossa pesquisa é que, mesmo em empresas que se envolveram em esforços acelerados de transformação, os líderes do processo costumavam olhar para trás desejando ter conduzido a transformação mais rapidamente. Por exemplo, quando questionado se teria mudado algum aspecto do processo, Dave House, CEO da Bay Networks, disse: "Eu teria feito mais rápido."[7] Dessa forma, por mais difícil que o modelo dos 90 dias possa soar, as organizações que conduziram esse processo com sucesso demonstraram não somente que ele é possível e eficaz, mas que podem continuar a estender as fronteiras de velocidade e eficácia.

Agora nós o convidamos a nos acompanhar ao longo dos capítulos e a saber mais sobre o modelo de transformação de 90 dias e como ele pode ser utilizado para que sua organização atinja rapidamente um alto nível de desempenho.

1

Visão geral do modelo
O modelo de transformação de 90 dias

> *Um homem que não planeja para o futuro descobrirá*
> *os problemas esperando à sua porta.*
> – Confúcio

As empresas precisam se reinventar constantemente para permanecer competitivas no mundo de hoje. Contudo, elas não precisam reinventar a roda. O modelo de transformação de 90 dias[1] proporciona às empresas uma estrutura conceitual por meio da qual podem se transformar para se manter à frente dos concorrentes.

Na Introdução, descrevemos como os esforços de mudança evoluíram e como os esforços de transformação possibilitam saltos significativos na melhoria, em comparação com a melhoria incremental conduzida diariamente em uma organização.

Neste capítulo, revisaremos os fatores críticos de sucesso, analisaremos com mais profundidade o modelo de transformação de 90 dias, veremos por que ele é eficaz e conheceremos seis empresas que utilizaram o modelo dos 90 dias.

REVISÃO DOS FATORES CRÍTICOS DE SUCESSO

Por meio de uma extensa e intensiva análise dos esforços de transformação, identificamos vários fatores críticos de sucesso que fazem a diferença entre os esforços de transformação bem-sucedidos e os que não tiveram sucesso.[2] Mais especificamente, as transformações bem-sucedidas apresentaram as seguintes características: (1) abrangentes, (2) integradoras, (3) rápidas e (4) contam com o pleno e entusiasmado comprometimento e adesão, especialmente nos níveis mais elevados da organização (veja a Figura 1-1).

- *Abrangente*. Em seus esforços de transformação, as empresas bem-sucedidas, antes de mais nada, observaram e analisaram todos os aspectos da empresa, olhando embaixo de todas as pedras sem deixar nenhuma delas sem virar. Como mencionado por Donovan, da General Electric, todos os oito cilindros de um motor de oito cilindros devem ser utilizados – as empresas não podem mais se dar ao luxo de utilizar apenas um cilindro por vez.
- *Rápida*. Ao utilizar os oito cilindros ao mesmo tempo, as empresas reduzem o tempo ocioso e os períodos de transferência de tarefas. As empresas bem-sucedidas envolvem paralelamente todos os seus esforços, analisando tudo ao mesmo tempo.
- *Integradora*. Os esforços bem-sucedidos de transformação também integram e sincronizam várias funções e processos na organização para explorar paralelamente as sinergias entre fronteiras.
- *Com plenos e entusiasmados comprometimento e adesão*. Apesar de o pleno comprometimento ser importante em todos os níveis da organização, isso se faz especialmente crítico no que se refere aos níveis mais altos. A falta de comprometimento no nível mais alto pode, na verdade, bloquear o esforço de transformação, atrasando-o e criando obstáculos em vez de removê-los.

Descobrimos que os esforços de transformação de maior sucesso adotaram todos esses fatores críticos de sucesso, enquanto esforços fracassados normalmente deixavam de apresentar o último, e muitas vezes ainda outros, desses fatores.

APLICAÇÃO DOS FATORES CRÍTICOS DE SUCESSO

Agora que já apresentamos os fatores críticos de sucesso, analisaremos como são aplicados e como afetam o esforço de transformação. O poder desses fatores pode ser comprovado especialmente por meio da comparação de empresas que os aplicaram e empresas que não os aplicaram. Mais especificamente, os pares que apresentaremos aqui são empresas comparáveis em vários aspectos.

VISÃO GERAL DO MODELO   11

FIGURA 1-1

Fatores críticos de sucesso

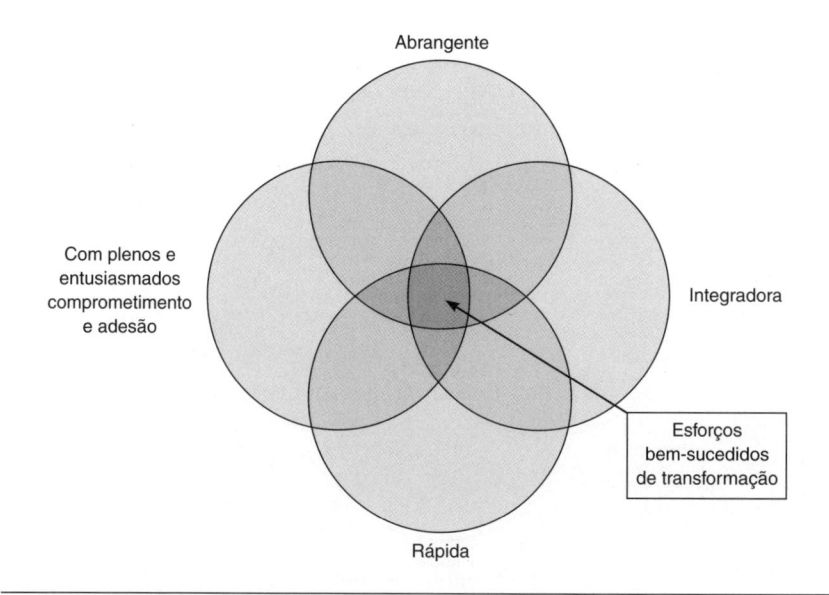

- Abrangente
- Com plenos e entusiasmados comprometimento e adesão
- Integradora
- Esforços bem-sucedidos de transformação
- Rápida

Apple versus *Sony*

Os esforços de transformação da Sony de 1999 a 2003 se concentraram quase exclusivamente em melhorar a eficiência operacional, reduzir custos e implementar uma nova estrutura organizacional em toda a organização. Essas iniciativas se voltaram somente para dentro – nenhuma delas era visível ao consumidor. Por outro lado, além de otimizar suas operações, a Apple implementou, em 1997, uma nova estratégia de linha de produtos e se concentrou no desenvolvimento de novos produtos inovadores e empolgantes. Além disso, a Apple lançou uma série de impressionantes campanhas publicitárias que conseguiram reconquistar o interesse dos consumidores e recuperar a mensagem de marca da Apple. Como Gareth Chang, membro do Conselho de Administração da Hughes International, disse sabiamente, "algumas vezes esquecemos quem paga as contas – é o cliente quem paga as contas".[3] Graças a essas iniciativas voltadas ao cliente, a Apple conseguiu melhorar sua situação, enquanto a Sony não teve o mesmo sucesso (veja a Figura 1-2).

Na Apple, a liderança foi totalmente renovada por um novo CEO e Conselho de Administração, trazendo para a empresa não somente uma nova energia, mas também novos orientação e foco para a organização. Steve Jobs,

FIGURA 1-2

Fatores críticos de sucesso: Apple *versus* Sony

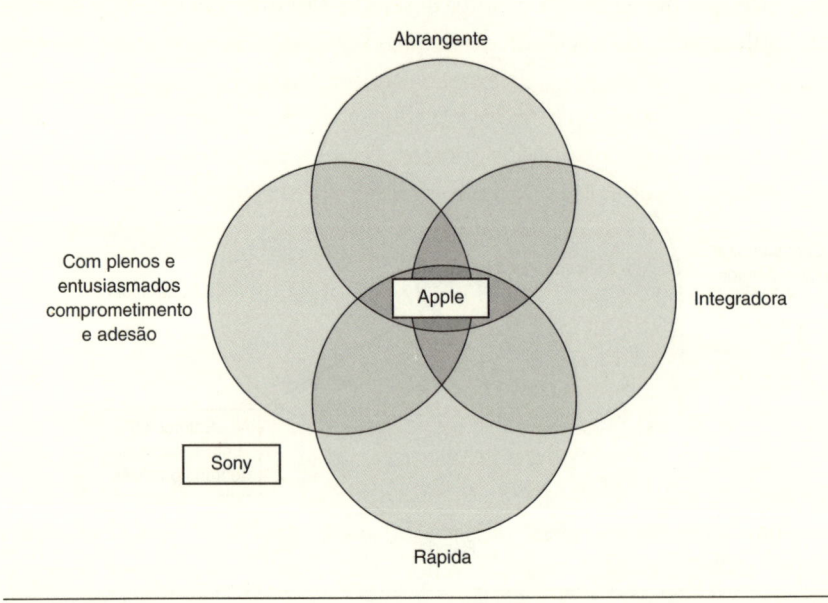

Diagrama de Venn com quatro círculos sobrepostos, rotulados: Abrangente (topo), Integradora (direita), Rápida (base), Com plenos e entusiasmados comprometimento e adesão (esquerda). No centro: Apple. Fora, à esquerda inferior: Sony.

considerado o coração da organização, foi recebido com entusiasmo para voltar a liderar a Apple. Só o seu retorno foi o suficiente para inspirar clientes e empregados da Apple. Esse tipo de mudança de perspectiva pode ser essencial para desenvolver o comprometimento e moldar a transformação. Na Sony, a situação de liderança era muito diferente. O CEO, Nobuyuki Idei, já liderava a organização há muitos anos e, apesar de Howard Stringer ter sido recrutado em 1997 para ser o CEO da Sony Corporation nos Estados Unidos, não tinha poder direto – até 2005, quando foi nomeado CEO da Sony Corporation – e era controlado por Idei. Essa situação, aliada à falta de carisma da liderança da Sony, reprimiu a energia necessária para implementar com sucesso uma transformação. Para piorar ainda mais a situação, quando Stringer assumiu seu novo papel de liderança, sua credibilidade foi imediatamente questionada, porque sua formação não correspondia à tradição de formação em engenharia e técnica que fundamentava a empresa.

Pelo fato de esses esforços de transformação terem se originado em ambientes muito diferentes, com diferentes tipos de liderança, resultaram em diferentes orientações e resultados. A transformação da Sony acabou se tornando uma reforma corporativa fragmentada relativamente sem inspiração para melhorar o posicionamento da empresa. Uma falta de urgência, combinada com uma liderança pouco motivadora, resultou em técnicas superficiais de redução de custos que não geraram o efeito desejado. Por outro lado, a transformação da Apple nasceu da necessidade. O senso de urgência inerente, combinado com a liderança brilhante de Jobs e sua abordagem holística, produziu uma estratégia coerente com um bom foco no cliente e um excelente apoio interno por toda a empresa. Os resultados opostos das duas transformações se refletiram na classificação de 2003 da *BusinessWeek* para os melhores e piores administradores: Jobs foi classificado entre os melhores administradores, ao passo que Idei foi classificado entre os piores.[4]

Hewlett-Packard (Fiorina) versus *Hewlett-Packard (Hurd)*

A Hewlett-Packard (HP) é uma das maiores empresas de tecnologia da informação do mundo, fornecendo produtos, serviços e soluções. Quando Lewis Platt se aposentou, Carly Fiorina entrou na HP para conduzir a empresa ao novo milênio, mas fracassou em dois importantes aspectos: (1) não conseguiu conquistar o apoio na empresa e (2) falhou na execução, ou em fazer com que as pessoas fossem passíveis de prestar contas, levando a um esforço lento e moroso. Quando Mark Hurd a substituiu, em 2005, diziam que a HP estava em uma situação pior do que aquela que Fiorina encontrou quando assumiu a liderança. Hurd alavancou fatores críticos de sucesso, desenvolvendo o trabalho com base no que Fiorina havia feito, mas atingindo um resultado mais desejável (veja a Figura 1-3).

Quando Fiorina entrou na empresa, a HP era uma organização descentralizada, sem uma estratégia única para a empresa toda. A estrutura de silos resultou na insatisfação dos clientes, reações lentas ao ambiente dinâmico dos negócios e na difusão da marca. A falta de prestação de contas também era um problema, já que às vezes os gestores precisavam esclarecer suas decisões com dezenas de executivos.[5] Além disso, o então CEO Lewis Platt não conseguiu capitalizar a revolução da Internet, colocando a HP em uma situação pouco desejável.

Fiorina era fascinada pelo marketing e atacou muitos diferentes aspectos da empresa, incluindo reorganização, redução de custos e definição da visão da organização. Contudo, ela não contava com apoio e adesão; não chegou a desenvolver relações com empregados individualmente. Além disso, os empregados não apoiavam totalmente as iniciativas de Fiorina, porque ela não fez com que os empregados fossem passíveis de prestar contas, como menciona-

FIGURA 1-3

Fatores críticos de sucesso na Hewlett-Packard

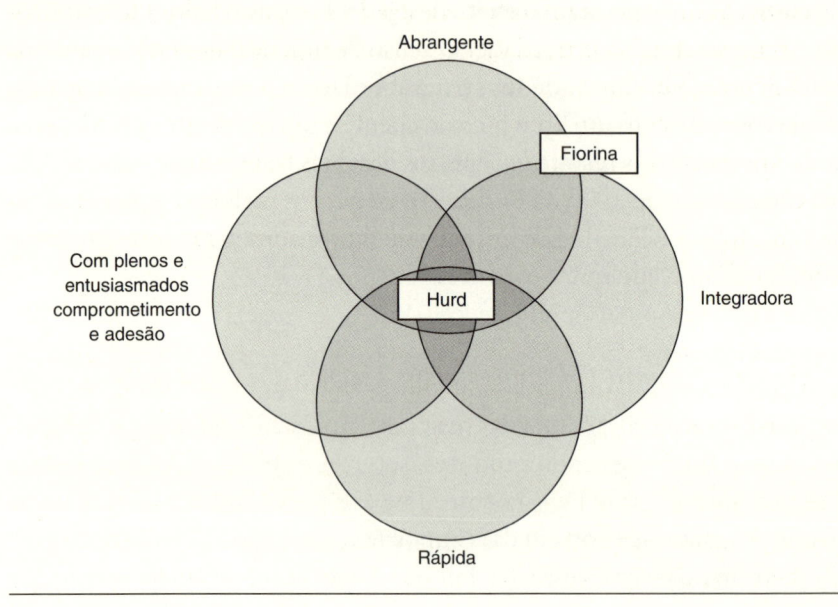

Diagrama de Venn com quatro círculos sobrepostos rotulados: Abrangente (topo), Integradora (direita), Rápida (base), Com plenos e entusiasmados comprometimento e adesão (esquerda). Fiorina aparece na intersecção superior; Hurd no centro.

mos anteriormente. Ela expressava com freqüência a grandiosa visão da empresa, mas não conseguia executá-la, o que fez com que perdesse credibilidade e apoio na organização. A fusão da HP e da Compaq, um momento decisivo de sua administração, ilustrou claramente esse ponto: os empregados, os acionistas e o Conselho de Administração ficaram divididos, mas Fiorina conseguiu forçar a decisão com uma margem estreita. Isso implicou que uma parte da empresa não apoiava a fusão, resultando em conflitos durante a administração de Fiorina.

Ela foi substituída por Mark Hurd, que conduziu a empresa de volta às suas raízes, concentrando-se nos dados e na execução. Ao desenvolver a credibilidade e as relações com os empregados, Hurd conquistou o apoio da organização. Além disso, ele lidou com vários diferentes aspectos da empresa, com base na estratégia e na visão inicialmente estabelecidas por Fiorina. Com esses esforços, o preço das ações da HP mais que dobraram em dois anos após a entrada de Hurd, a margem de lucro antes dos juros e impostos aumentou 60% e a receita cresceu cerca de 20%, apesar dos fortes concorrentes, como a Dell.

General Motors versus Nissan

A General Motors (GM) e a Nissan são grandes fabricantes de automóveis que se viram em circunstâncias difíceis na virada do milênio. Depois de conduzir seus respectivos esforços de transformação, entretanto, a General Motors continuou com problemas, enquanto a Nissan tem tido um enorme sucesso, além de conquistar reconhecimento internacional. Uma grande parte da diferença de seus respectivos resultados pode ser explicada pela extensão na qual cada uma das empresas explorou os fatores críticos de sucesso: a Nissan se envolveu totalmente em todos eles, enquanto a General Motors conseguiu se envolver, e com dificuldades, em apenas um (veja a Figura 1-4).

Em 2001, seis meses depois que Rick Wagoner assumiu oficialmente a liderança da GM como CEO e informalmente como o líder de transformação da GM, a empresa declarou um lucro líquido de US$420 milhões. Em 2005, entretanto, a renda líquida se transformou em uma perda de mais de US$10 bilhões. Além da administração e do processo decisório fracos, como explicar esse enorme fracasso? A falta de qualquer fator crítico de sucesso pode nos dar uma idéia, já que a transformação da GM foi fragmentada, não-integrada, executada de forma serial e demorada.

FIGURA 1-4

Fatores críticos de sucesso na Nissan e na GM

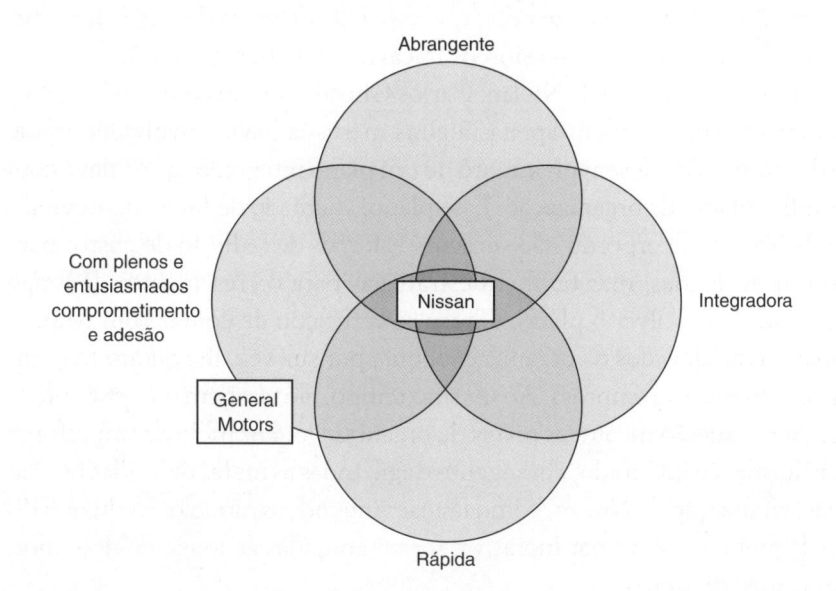

A falta de integração entre as diferentes áreas da transformação foi resultado direto da natureza e da cultura da GM. De acordo com Jay Conger, professor de administração da London Business School, "a GM sempre foi uma organização baseada em silos, com todas as suas diferentes divisões operando como empresas independentes. Eles implementaram vários esforços de reorganização e a maioria não atingiu os resultados esperados em função dos embates territoriais e da natureza independente das divisões da GM".[6]

Além disso, o esforço de transformação na GM foi extremamente fragmentado, com a empresa abordando apenas algumas importantes áreas por vez, como recursos humanos, tecnologia da informação, tempo de execução e localização do revendedor.[7] Além disso, a redução de custos, uma fraca estratégia de longo prazo, representou uma parte importante do esforço de transformação da empresa – em junho de 2005, a GM anunciou planos de eliminar 25 mil empregos nos Estados Unidos, ou 17% de sua força de trabalho norte-americana, devido ao fechamento de várias fábricas nos anos subseqüentes.[8]

Em parte devido a esse grande esforço de redução de custos, a GM se viu diante de uma enorme dificuldade em conquistar o apoio necessário da gerência de nível médio para o esforço de mudança. Isso, por sua vez, resultou na percepção, pelos executivos de nível sênior, de que a transformação é uma "evolução e não uma revolução" e de que o processo de transformação levaria muito tempo.[9] O que, ironicamente, acabou se concretizando. Por exemplo, levou seis anos para implementar a tecnologia da informação para o próprio processo de transformação![10] É interessante notar que essa falta de senso de urgência costuma estar relacionada a muitos esforços fracassados de transformação.

Veja, contudo, o caso da Nissan. Carlos Ghosn assumiu como o COO e líder da transformação, e em apenas alguns meses já havia envolvido grande parte da empresa no desenvolvimento de um plano integrador que lidava com várias dificuldades da organização. Esse plano, chamado de Plano de Revitalização da Nissan, incorporou não somente esforços de redução de custos para minimizar as dívidas, mas também estratégias para o crescimento de longo prazo.[11] Ao desenvolver o plano, Ghosn se certificou de contar com o apoio dos níveis mais elevados da organização, que, por sua vez, lhe deram mais influência e respeito na empresa. Ao mesmo tempo, ele também se certificou de contar com a adesão de outros níveis da organização. Por meio de um esforço de transformação integrado, abrangente e ágil, todas as metas definidas no Plano de Revitalização da Nissan, como lançar vinte novos modelos, reduzir a dívida pela metade e se tornar lucrativa, foram atingidas ao longo de dois anos, um ano antes do prazo.

Nortel Networks versus *Bay Networks*

Os esforços de transformação tanto da Bay Networks quanto da Nortel Networks, duas empresas de telecomunicações, foram conduzidos por Dave House. Logo após a impressionante transformação promovida por House na Bay Networks, a Nortel adquiriu a empresa e contratou oficialmente House como o presidente e não oficialmente como o líder da transformação da Nortel. Contudo, vários fatores, em especial a falta de adesão de cima para baixo e a integração na Nortel, fizeram com que House fosse incapaz de replicar seu sucesso na empresa (veja a Figura 1-5).

Na Bay Networks, House pôde canalizar as competências de seu pessoal para executar com sucesso o esforço de mudança. Utilizando um modelo similar ao modelo dos 90 dias, House abordou cada aspecto da organização, em especial sua cultura disfuncional, e desenvolveu uma solução estratégica integrada que lidou com os principais problemas que afligiam a empresa. Na época CEO da Bay Networks, House foi capaz de conquistar a adesão dos níveis mais altos de sua organização, que por sua vez puderam conquistar o comprometimento dos níveis mais baixos. Essa adesão de cima para baixo foi importante na análise e na resolução dos problemas de forma ágil e eficiente. Além

FIGURA 1-5

Fatores críticos de sucesso na Bay Networks e na Nortel

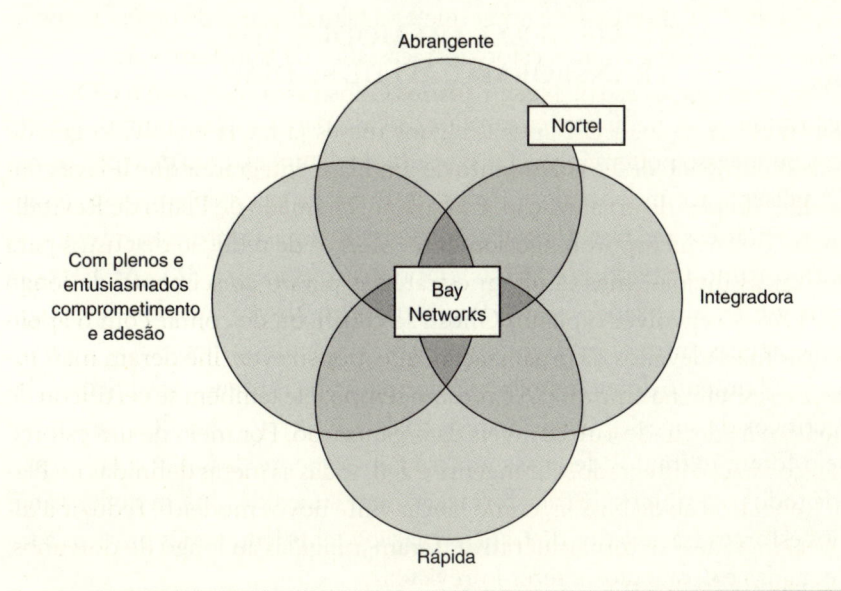

disso, a adesão foi importante para manter a Bay Networks focada e alinhada em torno do esforço de transformação.

Na Nortel, contudo, House encontrou vários obstáculos que levaram ao fracasso dos esforços de transformação. Para começar, a Nortel se engajou em uma transformação fragmentada que não era nem integradora nem eficaz. As divisões da empresa mostraram-se incapazes de cooperar e criar as sinergias interdepartamentais tão poderosas em um esforço de transformação. E o mais importante: House não recebeu autoridade suficiente para liderar a transformação, nem teve o comprometimento necessário dos níveis mais elevados da organização. Como a Nortel era controlada por um Conselho de Administração que se concentrava mais em administrar a empresa do que no esforço de transformação, nem John Roth, o CEO, tinha poder ou autoridade para trabalhar com House a fim de conduzir a transformação em toda a organização. Dessa forma, mesmo quando os empregados alegavam e prometiam que tomariam providências, House não conseguia garantir a execução e o cumprimento dessas promessas. Essa falta de apoio criou obstáculos desnecessários e os esforços de House mostraram-se ineficazes diante da enraizada burocracia e inércia da organização. Assim, o poder e a autoridade insuficientes minaram as tentativas de House para transformar a Nortel, apesar de todo o seu conhecimento e experiência em relação aos fatores críticos de sucesso para os esforços de transformação.

VISÃO GERAL DO MODELO DE TRANSFORMAÇÃO DE 90 DIAS

A seção anterior utilizou breves estudos de caso para ilustrar como os fatores críticos de sucesso podem impactar o resultado de um esforço de transformação. Análises aprofundadas posteriores e estudos de casos de empresas e suas melhores práticas de transformação revelaram uma impressionante semelhança no rumo tomado por várias empresas de sucesso: 3M, ACI (Asian Company Inc., um pseudônimo), Bay Networks, Nissan, Apple e VeriSign. As semelhanças entre os esforços de transformação dessas empresas levaram ao desenvolvimento do modelo de transformação de 90 dias, que aborda os fatores críticos de sucesso. Os princípios básicos e ferramentas descritos neste modelo foram extraídos de nossa análise não somente dessas seis empresas, mas de todos os esforços de transformação bem-sucedidos. Além disso, a análise dos esforços fracassados de transformação identificou várias práticas a serem evitadas e obstáculos a serem previstos.

Na Introdução, observamos que o cenário corporativo mudou significativamente em função da revolução da informação, da rápida globalização e da acirrada competição na década de 1990. Também tivemos interesse em verificar se a bolha das pontocom, as empresas de telecomunicações e o bug do milênio na virada do milênio provocaram o mesmo efeito. Em particular, será que descobriríamos que as ferramentas e práticas identificadas em nossa análise eram diferentes nos períodos pré-bolha (antes da explosão da bolha das pontocom, em 2000) e pós-bolha? A bolha das pontocom era substancial o suficiente para mudar efetivamente as regras do jogo?

Por meio de nossas pesquisas tanto quantitativas quanto qualitativas, descobrimos uma consistência surpreendente entre as empresas de sucesso que conduziram a transformação antes da bolha e as que o fizeram depois da bolha. Dessa forma, apesar de o ambiente ter mudado no auge da bolha e durante o período de correção, o cenário como um todo não foi afetado com a mesma força do que com a ascensão da sociedade pós-moderna. Assim, as melhores ferramentas, processos e práticas identificados são relevantes para o mundo atual, independentemente de a prática ter sido aplicada antes ou após a bolha.

Também como observamos na Introdução, a parte dos 90 dias do modelo de transformação de 90 dias não se refere à implementação total da transformação, mas aos estágios de diagnóstico e planejamento. Ao fim dos 90 dias, a organização deve ter identificado as causas fundamentais dos problemas e desenvolvido um projeto detalhado para a implementação, que levará mais seis a 12 meses.

O modelo de transformação de 90 dias consiste em três fases principais, cada uma delas de 30 dias: fase 1, fase 2 e fase 3. Em ambos os extremos dos 90 dias, há duas fases adicionais: as fases de pré-transformação e de implementação da transformação. Uma reunião de integração de um dia inteiro com a participação de todas as pessoas-chave do esforço marca o fim de cada fase. A Figura 1-6 mostra uma representação visual da linha do tempo do modelo de transformação de 90 dias.

O esforço de 90 dias ocorre paralelamente ao trabalho cotidiano da empresa, de modo que a organização não seja forçada a interromper suas atividades devido ao esforço de transformação. Em vez disso, os empregados envolvidos no esforço desempenham tanto as suas tarefas cotidianas quanto aquelas associadas à transformação. Com isso, não se sacrifica nada na organização, embora os empregados devam se preparar para dedicar mais tempo e energia, a fim de garantir que seus prazos sejam cumpridos tanto no trabalho do dia-a-dia quanto no esforço de transformação.

FIGURA 1-6

Modelo de transformação de 90 dias

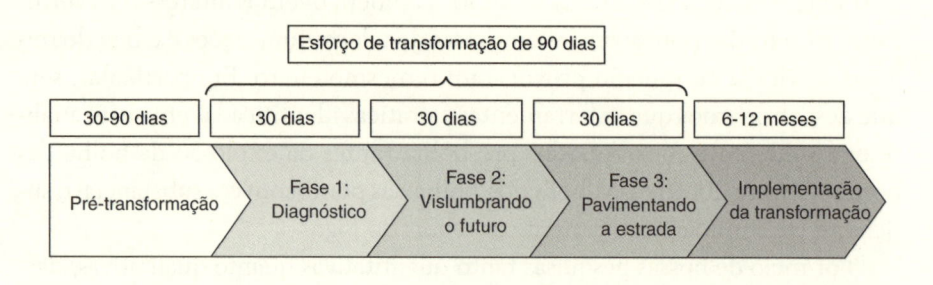

```
                    ┌─── Esforço de transformação de 90 dias ───┐
         ┌ 30-90 dias ┐  ┌ 30 dias ┐  ┌ 30 dias ┐  ┌ 30 dias ┐  ┌ 6-12 meses ┐

         Pré-transformação  Fase 1:      Fase 2:       Fase 3:        Implementação
                            Diagnóstico  Vislumbrando  Pavimentando   da transformação
                                         o futuro      a estrada
```

O núcleo de pré-transformação é a preparação pelo líder da transformação antes do envolvimento nos esforços. Nessa fase, ele não apenas planta as sementes para uma transformação bem-sucedida, mas também começa a criar as condições certas, conquistando a adesão das pessoas-chave em toda a organização. O produto mais importante da fase de pré-transformação é a criação de equipes interdepartamentais de resposta rápida, depois do que a organização entra na fase 1.

Durante a fase 1, o líder da transformação aloca cada uma das equipes interdepartamentais de resposta rápida a uma importante função dos negócios e conduz um diagnóstico dos problemas e de suas causas na empresa inteira. Ao trabalhar em paralelo, as equipes interdepartamentais poupam tempo, envolvem os empregados e proporcionam uma perspectiva mais holística e precisa da situação da organização.

Quando a empresa concluir a análise e o diagnóstico, as equipes passam para a fase 2, na qual desenvolvem uma visão detalhada de onde suas respectivas funções deveriam estar. Essa visão deve abordar os problemas identificados na fase 1 e a empresa deve conduzir uma análise de defasagem para definir as lacunas entre a situação atual da empresa e o futuro vislumbrado.

A fase 3 envolve o desenvolvimento de um plano detalhado de implementação para conduzir a empresa de seu estado atual a seu estado futuro. Essa fase também envolve o planejamento de uma nova estrutura organizacional e uma campanha de divulgação a ser implementada na fase de implementação da transformação.

Como o nome sugere, a fase de implementação de transformação envolve a execução dos planos de implementação. As equipes interdepartamentais de resposta rápida são dispersas neste ponto e os membros da equipe são alocados por toda a organização, espalhando seu entusiasmo, conhecimento e expertise.

Observe que o modelo dos 90 dias pode ser customizado para as necessidades específicas de uma organização. As práticas e ferramentas apresentadas em cada fase podem ser modificadas conforme o necessário, dependendo da situação específica da organização. Vamos analisar agora o modelo como um todo e ver o que faz com que ele seja tão poderoso quando todos esses estágios são combinados.

POR QUE O MODELO DOS 90 DIAS É TÃO EFICAZ?

O modelo dos 90 dias é particularmente eficaz porque incorpora os fatores críticos de sucesso em seu DNA. As principais razões para o seu êxito consistem no fato de ele ser participativo, abrangente, integrador e rápido.

Ele é participativo

As equipes interdepartamentais de resposta rápida, o núcleo da transformação de 90 dias, conquistam a adesão dos líderes referenciais e de outros empregados entusiastas da empresa e os envolvem no esforço de transformação. Em vez de recrutar um exército de consultores, a formação dessas equipes logo no início do esforço cria uma poderosa coalizão de pessoas que apóiam a transformação. Isso não somente reduz o nível de resistência ao esforço de mudança, como também rompe várias barreiras na organização, incluindo barreiras funcionais e a cadeia vertical de comando. Na conclusão do esforço, a organização terá crescido e desenvolvido uma série de líderes com uma visão mais ampla das metas e da logística da empresa. O conhecimento e a expertise obtidos durante o esforço os ajudarão a assumir a responsabilidade em seu ambiente de trabalho cotidiano, levando a mudanças mais sustentáveis. Pelo fato de o esforço de mudança e as aptidões associadas terem sido internalizados, os ex-membros das equipes interdepartamentais de resposta rápida podem atuar como agentes da mudança com experiência e know-how para liderar os futuros esforços de transformação. Dessa forma, durante o esforço de mudança, as melhores práticas são transferidas de cima para baixo na organização pelos líderes envolvidos. Como reconheceu Lou Gerstner, CEO e líder de transformação da IBM, é muito importante que os próprios empregados se envolvam na transformação, porque, "ao final, a administração não muda a cultura. A administração convida a força de trabalho a mudar a cultura".[12]

Ele é abrangente e integrador

No modelo dos 90 dias, a mudança é abrangente, holística e integradora, o que significa que cada aspecto do negócio – incluindo cultura, estratégia, redução de custos, estrutura organizacional, processo, TI e valores – é diagnosticado. A colaboração por intermédio das fronteiras de uma organização, desde fronteiras geográficas a funcionais, aumenta a capacidade da organização de criar valor, especialmente em uma grande empresa. Sem a mudança holística, uma organização pode negligenciar importantes sinergias que poderiam agregar um valor significativo à transformação.

Ele é rápido

Mesmo com esse esforço de mudança holística, o modelo dos 90 dias é rápido e apresenta uma boa relação custo-benefício porque os meticulosos e exaustivos diagnósticos são conduzidos paralela e internamente pelas equipes interdepartamentais de resposta rápida. Ao alocar os empregados ao esforço de mudança, o modelo dos 90 dias capitaliza a expertise e o know-how da própria empresa, poupando o tempo, o dinheiro e a energia que estão associados à contratação de um exército de consultores. A utilização de empregados internos também acelera o esforço de transformação, especialmente no estágio de implementação, não somente porque os empregados envolvidos terão menos chances de entender mal as próprias soluções, mas também porque terão um sentimento de mais propriedade e responsabilidade pela implementação. Um esforço acelerado é importante, já que os esforços de transformação costumam fracassar por levarem tempo demais e perderem as condições favoráveis e o apoio. Além disso, longos esforços de transformação consomem muito tempo e dinheiro. Dessa forma, reduzir a duração dos esforços não somente aumenta as chances de sucesso, mas também impede que a empresa gaste recursos de outra forma desnecessários.

AS MELHORES TRANSFORMAÇÕES

Ao longo deste livro, apresentaremos várias histórias interessantes dos esforços de transformação de nossa amostra de pesquisa. Essas histórias exemplificam os principais passos da transformação, as práticas mais bem-sucedidas e até mesmo armadilhas comuns e práticas a serem evitadas. Apesar de normalmente serem provenientes de empresas de sucesso espetacular, essas histórias representam exemplos específicos de mudança bem-sucedida. Poucas empresas são boas em *tudo* – dessa forma, é importante extrair as melhores práticas de diferentes empresas, mesmo que outros aspectos de suas organizações ou comportamentos não sejam ideais.

Antes de começarmos, contudo, gostaríamos de apresentar um breve histórico das seis empresas que selecionamos como exemplos que mais se assemelham ao modelo de transformação de 90 dias: 3M, VeriSign, Nissan, Bay Networks, Apple e ACI.

3M

Em 1998, a 3M estava passando por lucros e receita em queda, um crescimento estagnado e uma infra-estrutura inchada. Culturalmente, os empregados estavam satisfeitos com o *status quo*, já que não temiam ser demitidos. Com efeito, os empregados se referiam à empresa como "mina de ouro".[13] Como resultado, os empregados estavam acomodados e tinham desempenhos medíocres. Contudo, em uma tentativa de reduzir os custos, o então CEO L. D. DeSimone demitiu mais de cinco mil empregados e fechou 10% de suas fábricas em todo o mundo. Isso acabou se mostrando ineficaz, já que os lucros só aumentaram um pouco até 2000, e a 3M começou a procurar um novo líder.

Em 2000, James McNerney foi chamado para curar os males da empresa. Nos primeiros 90 dias, McNerney anunciou um plano estratégico global e cinco iniciativas de desempenho para a empresa como um todo que ajudariam a cortar custos, definir padrões e aumentar a eficiência. As cinco iniciativas eram: Seis Sigma, Aceleração da 3M, eficácia da obtenção de recursos, controle de custos indiretos e eProductivity. Na verdade, McNerney já havia começado a implementar quatro dessas cinco iniciativas 60 dias após ter assumido a liderança. Além disso, ele conduziu a empresa ao longo de uma transformação cultural, salientando a prestação de contas, a eficiência, a inovação estruturada e um foco nos pontos fortes do mercado.

Por meio dos esforços de McNerney, as vendas líquidas e a renda líquida da 3M aumentaram ano após ano de 2001 a 2004. Ao final de 2004, as vendas líquidas anuais tinham aumentado US$4 bilhões, ou 25% em relação a 2001, superando a marca dos US$20 bilhões pela primeira vez em sua história. Nesse mesmo período, o preço das ações subiu US$23, chegando a US$85 por ação.

VeriSign

No segundo trimestre de 2002, enquanto o setor se recuperava do decadente mercado de nomes de domínio, ambientes de serviços de telecomunicações e tecnologia insuficiente, a VeriSign Communications Services (VCS), uma divisão da VeriSign Inc., não estava em uma posição muito competitiva.[14]

Diante de produtos maduros com margens cada vez menores e menos inovações nos produtos da divisão VCS, Stratton Sclavos, o visionário CEO da VeriSign, contratou Vernon Irvin para atuar como o novo vice-presidente executivo e ajudar a recuperar a VCS e se aproveitar do momento de transição no mercado.

Irvin recrutou várias equipes em setembro de 2003 para ajudar a elaborar estratégias visando transformar a VCS de uma divisão de US$400 milhões em uma de US$800 milhões. Em vez de propostas de soluções, Irvin recebia respostas como: "Não achamos que isso seja possível", "Já tentamos de tudo" e "Não sabemos como fazer o que você quer para desenvolver este negócio, porque achamos que ele não tem futuro".

Apesar desses comentários disparatados, Irvin elevou os padrões, definindo uma nova meta de receita de US$1 bilhão até 2006. Deu início a um esforço interdepartamental de resposta rápida e formou uma "equipe de US$1 bilhão" para conduzir o esforço de transformação. Em 90 dias, as equipes desenvolveram um conjunto de planos detalhados de implementação que mais tarde orientaram a execução do esforço de transformação.

O senso de urgência de Irvin e seu profundo comprometimento fizeram do esforço um grande sucesso. Em apenas 90 dias, ele foi capaz de motivar as pessoas a assumir a responsabilidade pelo futuro da organização, criando uma sólida plataforma para as mudanças. Ao longo dos 12 meses que se seguiram ao período de 90 dias, a VCS atingiu sua meta de US$1 bilhão dois anos antes do prazo previsto e se posicionou como "a líder em prestação de serviços inteligentes de infra-estrutura para redes de telecomunicações e Internet".[15] Em reconhecimento por sua liderança na criação e na comercialização de ofertas de mediação terceirizadas ao setor de telecomunicações, a VeriSign recebeu o Prêmio de Prestador de Serviços de Telecomunicações do ano em 2004.[16]

Nissan

Em 1999, a Nissan, uma grande fabricante japonesa de automóveis, estava diante de uma série de grandes problemas. Com uma dívida em níveis insuperáveis, custos inflacionados de fornecedores, desenvolvimento estagnado de novos produtos e nenhum lucro por quase oito anos, a empresa estava em crise. A orientação não era voltada ao cliente e os empregados não se preocupavam em buscar os lucros. O poder da marca estava desgastado, com a Nissan sendo forçada a abrir mão de quase US$1 mil para cada carro vendido nos

Estados Unidos. A participação de mercado global da Nissan tinha caído de 6,6% em 1991 para 4,9% em 1999. Como se tudo isso não bastasse, os executivos e os gestores se sentiam resignados e impotentes.[17]

Em uma tentativa de resgate, a empresa assinou um contrato de aliança com a fabricante de automóveis francesa Renault. Logo depois, a Renault enviou Carlos Ghosn, que foi nomeado como o COO da Nissan, com uma equipe de empregados da Renault para dar início a "um dos esforços de reestruturação mais agressivos e abrangentes jamais empreendidos em uma empresa de manufatura do porte da Nissan".[18]

Após conversas com fornecedores e clientes, para conhecer o máximo sobre a empresa no menor tempo possível, Ghosn lançou um esforço interdepartamental para analisar os problemas da organização e as soluções potenciais. Ele montou nove equipes interdepartamentais de resposta rápida para cobrir as áreas que demandavam reformas.

Em apenas três meses, essas equipes já estavam sugerindo soluções e contribuindo significativamente para o desenvolvimento do Plano de Revitalização da Nissan, anunciado em outubro de 1999. O plano refletia um meticuloso plano de ações para revitalizar a empresa e contava com indicadores precisos que se concentravam em uma rápida recuperação da lucratividade, redução de dívidas e corte de custos. Mais especificamente, o plano tinha como meta recuperar a lucratividade no ano fiscal de 2000, uma margem de lucro em excesso de 4,5% das vendas até o ano fiscal de 2002 e uma redução de 50% no nível de dívida em relação à dívida no momento em que o plano foi revelado.

A implementação do plano foi um sucesso tão grande que Ghosn anunciou, em maio de 2002, que o plano, que previa um prazo de três anos, fora concluído em apenas dois anos. Em termos de resultados financeiros, o lucro operacional cresceu de US$6,8 milhões para US$2,9 bilhões e o lucro líquido, de uma perda de US$5,7 bilhões para US$2,8 bilhões. A margem operacional cresceu de 1,4 para 5,5% e a capacidade de produção aumentou de 53 para 82%. Apesar de o Plano de Revitalização da Nissan em 2000 ter sido um enorme sucesso, atualmente Ghosn está liderando uma segunda transformação na Nissan para aumentar o número de linhas de produtos e melhorar as operações.

Bay Networks

Em 1996, eram poucos os principais concorrentes no setor de redes de computadores, incluindo a Cisco, a Wellfleet e a SynOptics. Em uma tentativa de se tornar uma grande empresa de redes e concorrer com a Cisco, que estava crescendo por meio da aquisição de uma série de empresas menores, a Wellfleet e a SynOptics se fundiram para se tornar a Bay Networks. Entretanto, logo após a assinatura do contrato, as duas empresas enfrentaram o desafio de integrar duas empresas com culturas corporativas muito distintas. A Wellfleet, sediada em Boston, se vangloriava de uma cultura muito formal, típica da Costa Leste dos Estados Unidos, enquanto a SynOptics, sediada no Vale do Silício, tinha um estilo mais do Oeste, mais empreendedor. Os diferentes estilos gerenciais e a distância geográfica serviram para aumentar ainda mais o problema. Dessa forma, contando com uma empresa nunca totalmente integrada, a Bay Networks mergulhou em uma fase de lucros em queda. Além disso, havia problemas no desenvolvimento de produtos, com bugs, poucos recursos e muitas vezes com prazos estendidos. Em janeiro de 1997, a empresa percebeu que algo precisava ser feito e contratou Dave House, ex-vice-presidente executivo da Intel, como o CEO, presidente do Conselho e presidente da Bay Networks para resgatar a empresa.

House se empenhou em "Intelizar" a cultura da Bay Networks por meio de um programa de treinamento customizado elaborado para instruir seus empregados na arte da tomada de decisões, gerenciamento de conflitos, reuniões eficazes e comunicações objetivas e diretas. Além disso, ele se dedicou a restaurar o desenvolvimento de produtos para incentivar a inovação para novos produtos. Em apenas dois meses, a Bay Networks havia concluído a fase de planejamento do esforço de transformação e estava pronta para implementar o esforço de mudança.

Como resultado desse esforço, a Bay Networks se transformou com sucesso e foi adquirida em 1998 pela Nortel Networks por US$9,1 bilhões. Como mencionado anteriormente, House foi nomeado presidente da Nortel e contratado para transformar a empresa, especialmente sua cultura.

Apple

Em janeiro de 1996, a Apple declarou perdas de mais de US$60 milhões.[19] As vendas estavam em queda livre e a satisfação do cliente, muito baixa. Apesar de Mike Spindler ter acabado de assumir o comando em 1993, a Apple decidiu contratar um novo CEO em 1996. O novo CEO, Gil Amelio, contudo, não conseguiu ir além. Ao se concentrar na redução dos custos, Amelio deixou de lidar com alguns dos problemas mais críticos da Apple e se voltou a Steve Jobs para pedir conselhos. Quando Jobs assumiu oficialmente o cargo de CEO interino, em 1997, a participação de mercado da Apple era de cerca de 3% e o preço das ações estava no ponto mais baixo de sua história.[20] Para ilustrar a situação desesperadora da Apple, Michael Dell respondeu à questão sobre como ele lidaria com isso dizendo: "O que eu faria? Fecharia a empresa e devolveria o dinheiro aos acionistas."[21]

Steve Jobs reconheceu os profundos problemas da Apple. Mais especificamente, a falta de uma orientação uniforme e de uma estratégia abrangente levava a decisões desarticuladas e vendas baixas. Para solucionar essas questões, ele direcionou a empresa de volta às suas competências essenciais, reduzindo a linha de produtos e reorientando a empresa aos clientes, em vez de à principal concorrente, a Microsoft, chegando a fechar parcerias com esta. Nessa linha, Jobs não apenas garantiu que a Apple desenvolvesse produtos que os clientes desejariam, mas também decidiu alavancar um dos maiores ativos da empresa – sua marca. O resultado mais marcante dos esforços de Jobs foi o lançamento do iPod em 2001, que rapidamente se tornou um dos produtos mais vendidos da história da Apple. Além disso, Jobs revitalizou as operações da Apple, renovando seu sistema de distribuição e os processos de gerenciamento de estoque.

Jobs transformou a Apple de uma fabricante de computadores imersa em problemas em uma empresa altamente bem-sucedida que também fornece aparelhos de consumo e serviços multimídia. Em 2006, a Apple foi classificada como a 39ª marca mais valiosa do mundo.[22] Além disso, desde 1997, o preço das ações da Apple subiu de US$4 (com o ajuste do desdobramento de ações) para mais de US$100 em 2007.[23]

ACI

A ACI (Asian Company Inc.) é o pseudônimo de uma empresa de consultoria e integração de sistemas de médio porte com sede em Bangalore, Índia, com escritórios em Paris e no Vale do Silício. Antes da transformação, em 2002, a ACI não tinha visão e estratégia claras e era extremamente orientada a fechar negócios, mesmo à custa dos lucros e de uma proposição única de valor para a empresa. A ACI tinha uma organização descentralizada e imprecisa, com consideráveis redundâncias entre as várias unidades de negócio, e sem indicadores claros para mensurar o desempenho da empresa. Os recursos humanos representavam principalmente uma função administrativa e burocrática e não contavam com um processo orçamentário nem uma orientação clara. No que se refere às vendas e ao marketing, os processos eram improvisados, uma situação exacerbada pela saída de um executivo sênior de vendas e marketing, que foi contratado pelo concorrente. A liderança não confiava nos empregados e, em conseqüência, a empresa tinha uma alta taxa de rotatividade. Além disso, os clientes estavam descontentes e muitos deles já haviam passado a comprar de um concorrente ou estavam pensando seriamente em fazer isso.

Após o esforço de transformação de 90 dias, a ACI dobrou sua receita em três anos e o aumento percentual de receita foi 30% maior do que o de seu rival de maior crescimento. Nesse mesmo período, a renda líquida triplicou. Além disso, em dois anos, a taxa de rotatividade foi reduzida a 50%.

CONCLUSÃO

Neste capítulo, apresentamos com mais detalhes os fatores críticos de sucesso e o modelo dos 90 dias. Analisamos alguns estudos de caso de empresas que aplicaram os conceitos e vimos como e por que o modelo dos 90 dias é eficaz.

Ao final do capítulo, observamos seis empresas que seguiram um caminho visivelmente similar: o modelo dos 90 dias. Em nossa análise, percebemos que as empresas não costumam ser capazes de fazer tudo com perfeição e as melhores práticas provêm de várias fontes diferentes. Além disso, as práticas que extraímos representam exemplos de esforços de transformação bem-sucedidos.

Ao longo do livro, será útil manter em mente a estrutura conceitual do modelo (pré-transformação, as três fases e a implementação da transformação) para acompanhar o panorama geral do esforço. Agora nos voltaremos para a fase da pré-transformação, na qual a empresa reconhece que tem um problema ou que está insatisfeita com sua situação atual e seleciona um líder para conduzir a transformação.

2

Pré-transformação

Plantando as sementes

Pode ser difícil para um ovo se transformar em um pássaro: mas seria muito mais difícil para o pássaro aprender a voar ainda dentro do ovo. Neste momento, somos como ovos. Você não deve passar a vida inteira sendo meramente um simples e modesto ovo. Ou saímos do ovo ou apodrecemos.
– C. S. Lewis

Você já tentou consertar um trem-bala em movimento? Transformar uma empresa envolve dificuldades e complexidades comparáveis a consertar um trem-bala em movimento. As empresas com problemas não podem interromper as operações simplesmente por não estarem apresentando um desempenho satisfatório. Em vez disso, os negócios devem prosseguir com suas operações cotidianas enquanto tentam melhorar essas mesmas operações e a empresa como um todo. Felizmente, por mais impossível que isso possa parecer, as transformações corporativas não são tão impraticáveis ou inviáveis quanto consertar trens em movimento.

Quando começa a perceber que alguém não está apresentando um bom desempenho, você provavelmente se pergunta: "O que está errado?" mesmo antes de começar a se questionar: "Como posso consertar isso?" A mesma pergunta deve automaticamente surgir quando se observa uma empresa com problemas, e a fase da pré-transformação representa um dos primeiros passos para lidar com essa questão. Como um prelúdio ao esforço de transformação de 90 dias, essa fase prepara o terreno para os futuros esforços de se aprofundar nos problemas que assolam a empresa.

Antes de qualquer coisa poder acontecer, alguém deve reconhecer que a empresa tem um problema e que a organização deve encontrar a pessoa certa para liderar o esforço de transformação. O líder da transformação deve mergulhar em todos os aspectos da empresa, analisando intensamente a organização sob diferentes pontos de vista, ao mesmo tempo em que planta as sementes para o esforço de transformação. Essas sementes incluem a criação de uma visão comum para a empresa, bem como o desenvolvimento de uma poderosa coalizão capaz de sustentar o esforço.

A principal meta da fase de pré-transformação consiste em preparar o terreno para criar as condições certas para o esforço dos 90 dias. Se esse esforço for a criação do projeto, ou plano, para a implementação da transformação, a pré-transformação é o momento em que todas as ferramentas necessárias são coletadas para criar esse plano. Uma transformação pode ser visualizada como uma bola rolando ladeira acima – a bola deve ganhar velocidade suficiente antes de começar sua ascensão para atingir o topo da ladeira, depois do que ela pode descer ladeira abaixo sem a necessidade de aplicar mais energia. Da mesma forma, o esforço de transformação enfrenta um número desproporcional de obstáculos e desafios no início do esforço e, após atingir um ponto crítico, a transformação terá condições favoráveis suficientes para se impulsionar até o fim. Para ajudar a superar as barreiras iniciais, o líder da transformação deve adiantar-se e lidar com esses obstáculos e plantar as sementes certas da maneira certa na fase da pré-transformação. Dessa forma, uma parte vital da fase de pré-transformação é obter apoio e adesão suficientes por toda a empresa e vários passos dessa fase são direcionados a esse fim (veja "Metas da pré-transformação").

Dependendo de vários fatores, como o porte da empresa e a natureza de seus problemas, a fase de pré-transformação pode levar entre um e três meses (apesar de normalmente levar somente um mês). Apesar de a pré-trans-

---

METAS DA PRÉ-TRANSFORMAÇÃO

- Conquistar o comprometimento da organização para o esforço de transformação.
- Lidar com a resistência inicial ao esforço.
- Obter o apoio e a adesão de toda a empresa.
- Criar condições favoráveis para o esforço de transformação.
- Ter uma visão geral do nível dos problemas enfrentados pela empresa.
- Preparar as sementes para um esforço bem-sucedido por meio da utilização de equipes interdepartamentais de resposta rápida (veja o Capítulo 1).

formação poder soar como pouco mais do que um prelúdio para o esforço de 90 dias em si, ela é uma parte integral do esforço e sua importância não pode se negligenciada. Sem as ferramentas e os processos adequados, não é possível criar um plano. Como Carlos Ghosn, o líder da transformação da Nissan, reconheceu: "A fase mais importante da [transformação da Nissan], o aspecto que demandou mais tempo e esforço, foi... ouvir a opinião das pessoas e observar as condições do terreno."[1] Identificar as raízes dos problemas da organização ao mesmo tempo em que se criam as condições favoráveis e o apoio para o esforço de transformação representa o coração da fase de pré-transformação.

Neste capítulo, esboçamos os passos gerais percorridos por uma empresa que se envolve em uma transformação e apresentamos exemplos de como cada passo é conduzido no mundo real. Esses passos, que também chamamos de sugestões, são:

Antes do líder da transformação

1. Reconhecer a necessidade de mudar.
2. Escolher um líder para conduzir a transformação.

Depois do líder da transformação

3. Verificar o terreno.
4. Estabelecer um senso de urgência.
5. Criar uma visão motivadora e estratégica.
6. Desenvolver uma poderosa coalizão.
7. Conquistar algumas vitórias antecipadas.
8. Criar equipes interdepartamentais de resposta rápida.

Esses passos representam uma maneira de ter uma visão geral da situação atual e preparar os fundamentos para o esforço dos 90 dias e a implementação. Dessa forma, apesar de passos como "verificar o terreno" exigirem que o líder da transformação observe a empresa conversando com pessoas de todos os níveis, na verdade a pesquisa aprofundada e a análise das situações e problemas que acometem a empresa serão realizadas pelas equipes interdepartamentais de resposta rápida formadas ao final da fase.

ANTES DO INÍCIO DA ATUAÇÃO DO LÍDER DA TRANSFORMAÇÃO

As primeiras duas sugestões para a fase da pré-transformação devem ser aplicadas na empresa antes de o líder da transformação começar a atuar. Depois de reconhecer a necessidade de mudar, é necessário escolher um líder apropriado para conduzir a transformação. Uma sólida execução das primeiras duas sugestões resulta em um líder forte e capaz para a transformação, o que é extremamente importante para conduzir o restante do esforço.

Sugestão 1: Reconhecer a necessidade de mudar

O primeiro passo de um esforço de transformação é reconhecer a necessidade dessa transformação (veja a Figura 2-1). Apesar de isso poder soar relativamente simples e direto (e algumas vezes é), em muitos casos o diagnóstico não é muito claro. Nossa pesquisa resultou em uma lista de impulsionadores potenciais da mudança holística nas empresas (veja "Exemplos: Impulsionadores típicos das transformações").

Em qualquer um desses casos, um esforço de 90 dias costuma ser conduzido quando há necessidade de um esforço holístico de mudança. Ao mesmo tempo, o modelo dos 90 dias também pode ser aplicado em uma escala menor a uma unidade de negócio ou função específica acometida por qualquer um desses problemas.

EXEMPLOS: IMPULSIONADORES TÍPICOS DAS TRANSFORMAÇÕES

- Receita, lucros e/ou participação de mercado em queda.
- A empresa prevê que será rapidamente ultrapassada pelos concorrentes.
- A empresa prevê uma mudança da base de clientes que mudará a forma como os negócios são realizados.
- A empresa prevê uma grande mudança com a qual não está preparada para lidar.
- A empresa está mudando tão rapidamente que a cultura e o estilo antigos são insuficientes para controlar e administrar a organização.
- A empresa é complacente com um *status quo* medíocre, mas ao mesmo tempo deseja se tornar a líder do setor.
- Qualquer combinação dos itens acima.

PRÉ-TRANSFORMAÇÃO

FIGURA 2-1

Sugestão 1

| **Reconhecer a necessidade de mudar** | Escolher um líder para a transformação | → | Verificar o terreno | Estabelecer um senso de urgência | Criar visões | Desenvolver uma poderosa coalizão | Conquistar algumas vitórias antecipadas | Criar equipes interdepartamentais de resposta rápida |

TABELA 2-1

Exemplos de razões pelas quais as empresas se empenham nas transformações

Empresa (ano)	Razão para a transformação
3M (2000)	A 3M sofria com uma cultura disfuncional, além de lucros e crescimento fracos.
ACI (2002)	Não havia uma estratégia, estrutura ou processos claros na organização, o que estava levando a problemas financeiros.
Apple (1997)	Falta de uma estratégia abrangente, vendas em baixa e falta de foco nos clientes e em suas competências essenciais.
Bay Networks (1995)	Pelo fato de resultar de uma fusão de duas empresas, a Bay Networks enfrentava muitos problemas em integrar as diferentes culturas. Dessa forma, faltava foco, e o resultado era uma cultura corporativa não-unida, não-consistente e ineficaz. Além disso, a empresa tinha enormes problemas no desenvolvimento de produtos.
Best Buy (2002)	A empresa crescia mais rapidamente do que tinha condições de sustentar – a situação estava saindo do controle e faltava centralização.
General Electric (1995)	Welch previu que a empresa não estava equipada para enfrentar o futuro, apesar da prosperidade atual e de sólidas bases no mercado. Ele não estava satisfeito com o *status quo*.
Home Depot (2000)	A empresa crescia mais rapidamente do que estava preparada para sustentar – ela precisava de uma mudança cultural, modernização, reestruturação organizacional e, em geral, uma transformação completa.
IBM (1995)	A empresa perdeu US$16 bilhões em dois anos e o preço de suas ações estava em queda livre.
Nissan (2000)	A administração era arrogante e ignorava as necessidades dos clientes, levando a uma dívida de US$22 bilhões, custos inflacionados dos fornecedores e estagnação no desenvolvimento de novos produtos. A Nissan estava à beira da falência e o preço de suas ações estava em queda acentuada.
VeriSign[a]	A maior divisão da VeriSign, a VeriSign Communications Services, estava diante de produtos maduros com margens de lucro cada vez menores e pouca inovação no desenvolvimento de produtos.

[a] Como mencionamos no Capítulo 1, quando dizemos VeriSign, estamos, na verdade, nos referindo à maior divisão da VeriSign, a VeriSign Communications Services (VCS), antes chamada de VeriSign Telecommunications Services (VTS).

Em nossa análise, os fatores financeiros típicos, apesar de instrutivos, não contam a história toda (para exemplos de razões das empresas envolvidas na transformação, veja a Tabela 2-1). Outros importantes fatores a serem levados em consideração incluem o posicionamento da organização no mercado e a previsão de mudanças no ambiente, já que os esforços de transformação não são simplesmente quebra-galhos para problemas básicos, mas investimentos voltados ao crescimento de longo prazo e à capacidade de adaptação às mudanças.

As transformações não se aplicam apenas a empresas em crise; há muitos outros impulsionadores das transformações nos negócios. O desejo de uma mudança cultural pode ser um importante impulsionador da transformação, especialmente quando a cultura atual parece incapaz de lidar com as demandas do negócio e as mudanças no mercado. Além disso, se você não estiver satisfeito com o *status quo*, uma transformação pode ser o ingrediente que falta para que sua empresa passe a liderar o setor. As transformações têm o incrível poder de motivar os empregados para melhorar a empresa. O apoio e o moral dos empregados são importantes para qualquer empresa e as transformações podem ajudar a revitalizá-la como um todo. De acordo com Alan Lafley, CEO da Procter & Gamble, "você se acostuma a jogar sem precisar vencer. Há uma grande diferença entre os dois. Por isso passei a me interessar por transformar jogadores em vencedores".[2]

Apesar de algumas situações requererem uma investigação relativamente mais profunda para justificar a necessidade da mudança, outros casos podem dispensar a análise aprofundada pelo fato de a situação da empresa estar em um nível tão desesperador. Por exemplo, a participação de mercado da Nissan tinha caído por 27 anos subseqüentes, e a empresa havia relatado déficits em sete dos oito anos fiscais antes de 1999, quando reagiu contratando Carlos Ghosn como o líder de sua transformação.[3] Em outro exemplo surpreendente, a IBM perdeu US$16 bilhões no período de três anos, entre 1991 e 1993, o que resultou em uma crise corporativa e na decisão imediata de contratar um novo CEO e líder da transformação, Lou Gerstner.[4] Dessa forma, apesar de muitas vezes haver áreas cinza em termos de determinação da necessidade de uma transformação, também há casos em que a decisão pode ser claramente "preto no branco".

Quando a maioria das pessoas pensa em uma transformação, elas normalmente pensam nela como a cura para um problema existente. Entretanto, as transformações também podem atuar como uma medida preventiva para lidar com problemas previstos. Essa observação se compara ao importante papel da previsão e do planejamento nos negócios. É por isso que a frase de Jack

Welch, "Mude antes de precisar mudar", foi adotada como o mantra para as transformações nos negócios. Para se manter à frente no mercado competitivo, você e sua empresa devem estar sempre um passo adiante de seus concorrentes. Isso requer uma visão clara por parte dos líderes da empresa tanto da situação atual da organização quanto do direcionamento futuro do setor, do mercado e dos concorrentes. A importância do papel da previsão de mudanças externas e da rápida transformação também se reflete no argumento de Welch de que a taxa de mudança interna deve ser maior do que a taxa de mudança externa, ou a empresa ficará para trás.

Há um nível de incerteza inerente em reconhecer a necessidade de uma mudança. Da mesma forma que diferentes pessoas podem analisar os mesmos dados e chegar a diferentes resultados e conclusões, diferentes pessoas podem analisar a mesma empresa e ter opiniões completamente distintas sobre a situação e seu futuro. Essas diferentes interpretações são agravadas pelo fato de que as pessoas em uma empresa raramente têm as mesmas informações, formação e experiências. Considerando a ocorrência natural de diferentes perspectivas, não é de surpreender que algumas pessoas em uma empresa não consigam reconhecer a gravidade, ou mesmo a existência de problemas. Inevitavelmente, algumas pessoas resistem em reconhecer a necessidade de transformação, algumas vezes devido a informações incompletas ou incorretas, mas outras vezes devido ao medo. Em ambos os casos, a comunicação aberta com os empregados, um tema que permeia este livro, será fundamental para o sucesso da transformação.

As empresas que se envolvem nas transformações desejam, em última instância, uma melhoria radical, ou até mesmo um salto quântico, do desempenho. Elas compreendem e internalizam os custos de não mudar ao mesmo tempo em que aceitam os benefícios da mudança. Quando a organização finalmente se convence, por uma análise de custo-benefício, que é melhor mudar do que não mudar, ela não verá outra opção a não ser envolver-se no esforço de transformação.

Sugestão 2: Escolher um líder para conduzir a transformação

Depois de decidir que uma transformação é a abordagem adequada para lidar com a situação atual da circulante, o próximo passo é encontrar um líder forte e apropriado para o esforço de transformação (veja a Figura 2-2). Apesar de os critérios gerais utilizados para a escolha dos líderes da empresa também se aplicarem a um líder da transformação, ainda há critérios específicos a serem

FIGURA 2-2

Sugestão 2

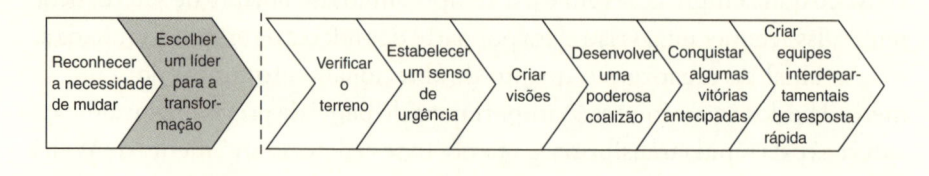

Reconhecer a necessidade de mudar → **Escolher um líder para a transformação** → Verificar o terreno → Estabelecer um senso de urgência → Criar visões → Desenvolver uma poderosa coalizão → Conquistar algumas vitórias antecipadas → Criar equipes interdepartamentais de resposta rápida

considerados. (Para os tipos de questões que devem ser levados em consideração no processo de seleção, veja "Exemplos: Questões a considerar na escolha de um líder para a transformação".)

Apesar de muitos líderes de transformações bem-sucedidas terem sido trazidos de outras empresas, isso não é uma exigência, já que alguns líderes de sucesso nas transformações foram promovidos de dentro da empresa. Um excelente exemplo é Jack Welch, da General Electric, que foi promovido a CEO

EXEMPLOS: QUESTÕES A CONSIDERAR NA ESCOLHA DE UM LÍDER PARA A TRANSFORMAÇÃO

- Ele já promoveu mudanças ou liderou um esforço de transformação? Caso contrário, qual conjunto de aptidões ou "caixa de ferramentas" ele possui para ajudá-lo em nosso esforço de transformação?
- Ele conseguiria motivar a organização como um todo para se envolver na mudança?
- Ele tem um pensamento holístico e estratégico?
- Ele entende nossa cultura corporativa? Ele é culturalmente consciente e sensível ao ambiente e aos valores corporativos? Como ele poderá melhorar a cultura?
- Ele é um bom ouvinte, que não chega a conclusões precipitadas? Um comunicador carismático, aberto e eficaz?
- Ele tem talento para julgar as pessoas? Ele é observador?
- Ele consegue montar um quebra-cabeça para ter um panorama geral?
- As metas dele se alinham com as da empresa?
- Ele tem experiência em administrar uma organização do nosso porte?
- O estilo de liderança dele corresponde às necessidades de uma empresa em nosso estágio do ciclo de vida?

depois de 21 anos trabalhando na empresa. Ao longo de sua administração, Welch conduziu uma das mais famosas e bem-sucedidas transformações do mundo. Apesar de a General Electric estar em uma fase de incrível sucesso quando Welch assumiu o cargo, ele percebeu que a empresa não estava preparada para lidar com o futuro. A experiência de Welch salienta a descoberta de que, se o líder da transformação for promovido internamente, ele não deve ter uma visão institucionalizada da empresa e de seus problemas. Com efeito, cabe à empresa encontrar um líder que pense fora do padrão, porque uma perspectiva inovadora pode acelerar a transformação e impedir uma estagnação. Essa nova perspectiva e um novo início são particularmente importantes nos raros casos nos quais o líder da transformação já está no topo da organização. Apesar de isso ocorrer com pouca freqüência, algumas vezes a pessoa mais qualificada e apropriada para liderar a transformação já está no comando e simplesmente precisa declarar, dar início e conduzir o esforço. Independentemente da origem do novo líder da transformação, uma visão singular e não-institucionalizada da empresa é uma força orientadora necessária para a mudança.

Análise do currículo e outras considerações

Uma das principais características de um bom líder da transformação é sua experiência. O candidato tem um histórico profissional que indica que ele é capaz de realizar o trabalho? Ele é forte o suficiente para tomar decisões difíceis e sustentá-las? Em alguns casos, o melhor candidato pode vir de um setor diferente, como foi o caso de Lou Gerstner, da IBM. Gerstner foi recrutado da RJR Nabisco, sem nunca ter tido experiência na indústria de tecnologia. Apesar de sua falta de experiência, ele apresentava um impressionante conjunto de aptidões e características que se adequavam às necessidades da empresa e o distinguiam dos outros candidatos. Em especial, a IBM percebeu que seus problemas não eram técnicos, mas organizacionais e culturais, e que ela precisava de alguém que fosse "comprovadamente um líder eficaz – alguém capaz de gerar e administrar a mudança".[5] Gerstner já tinha demonstrado seu talento na área de liderança de esforços de transformação na American Express e na RJR Nabisco.

Como o líder deve ser capaz de mobilizar a organização inteira em torno do esforço de transformação, ele deve ter uma grande capacidade de comunicação para articular a necessidade da mudança, bem como para criar e moldar um ambiente com base na transparência, um importante fator do sucesso. Desde o início, o líder da transformação da Nissan, Carlos Ghosn, acreditava na total transparência: "É grande a tentação de evitar a verdade em público, especialmente em tempos difíceis. É por isso que Ghosn e outros conversavam tão abertamente sobre a Nissan e seus problemas desde o início, apontando problemas por vezes em detalhes dolorosos para todos verem."[6]

O líder deve ser capaz de revitalizar as pessoas que se distanciam do esforço e da organização como um todo, e isso geralmente pode ser feito por meio de uma comunicação aberta e franca. Gerstner alegou: "Acredito que nenhuma transformação institucional seja possível sem um comprometimento de vários anos por parte do CEO de se colocar constantemente diante dos empregados e falar em termos simples, objetivos e convincentes que impulsionem convicção e ação em toda a organização."[7]

O líder da transformação deve ser capaz de utilizar uma linguagem simples e convincente para conquistar o apoio da empresa no esforço de transformação. Mensagens complexas têm mais chances de ser entendidas ou interpretadas equivocadamente, o que pode ter importantes conseqüências no futuro, fazendo com que o líder perca em eficácia. Nossas pesquisas têm demonstrado que os líderes da transformação bem-sucedidos também atuam como motivadores. Em retrospecto, Ghosn reconheceu que "tudo o que consegui fazer se baseou na motivação de nosso pessoal. Todas as nossas conquistas começaram a partir daí... a questão era: 'Como podemos aproveitar ao máximo o capital humano da Nissan, como podemos motivar nosso pessoal?' Foi a única maneira de começar a sair do buraco onde estávamos. Motivar nossos empregados foi um passo essencial para a recuperação da empresa. E uma de nossas maiores prioridades foi analisar o que poderia ser feito para reforçar essa motivação".[8]

Na qualidade de um motivador, o líder da transformação deve tomar muito cuidado para não chegar a conclusões precipitadas. Ele deve ser capaz de encontrar dados não para sustentar sua hipótese, mas para desenvolver uma. Em resumo, um líder da transformação de sucesso não deve adotar uma solução genérica para o esforço de transformação nem ter soluções pré-fabricadas, achando que já conhece totalmente os problemas da empresa sem levar em consideração suas complexidades. Ele também deve ter talento para julgar as pessoas, já que deve constituir uma forte e poderosa coalizão e escolher as pessoas certas para as equipes interdepartamentais de resposta rápida que impulsionarão o esforço de transformação (que discutiremos em detalhes no próximo capítulo).

Sensibilidade e compatibilidade cultural

Para motivar e mobilizar a empresa como um todo para o esforço de transformação, o líder deve ser sensível à cultura da empresa e manter-se ciente dela, mesmo que, em última instância, ele busque mudar e melhorar a cultura atual. Tentar impor imediatamente uma solução culturalmente insensível a uma empresa sem avaliar a situação primeiro e conquistar credibilidade é como dar a um paciente um medicamento ao qual ele é alérgico. Ambas as ações serão tiros que sairão pela culatra, criando mais problemas e potencialmente piorando a situação.

Até o momento, temos visto muitos CEOs atuarem também como líderes da transformação. Contudo, essa observação leva muitas pessoas ao equívoco de igualar o CEO ao líder da transformação. Apesar de muitos líderes de transformação também serem CEOs, eles com certeza representam uma notável exceção. (Para alguns exemplos da variedade de cargos de vários líderes de transformação em suas empresas, veja a Tabela 2-2.) Dois exemplos disso são Carlos Ghosn, que era o COO da Nissan na época da transformação, e Vernon Irvin, que era o vice-presidente executivo da VeriSign responsável por uma unidade de negócio. Contudo, apesar de não serem os CEOs de suas respectivas empresas, eles receberam significativo poder, autonomia, autoridade e status. Sem autonomia ou capacidade de tomar decisões e garantir sua execução, o líder da transformação fica em uma situação extremamente limitada para o que será capaz de realizar. Se não for o CEO, o líder da transformação normalmente assume o papel de um executivo sênior, com a autoridade de tomar e pôr em execução decisões e prazos, bem como liderar equipes interdepartamentais. Sem o status e a autoridade, o novo líder deparará com mais barreiras ao tentar promover a transformação e conquistar a adesão das pessoas. Além disso, o líder da transformação que não for um CEO precisa do apoio deste. Eles devem conversar ativamente e manter um canal aberto de comunicação, já que um CEO que não for informado sobre as mudanças que ocorrem na empresa ou não for envolvido nelas pode se sentir ameaçado e facilmente atrasar ou até descontinuar o esforço.

É útil comunicar ao candidato uma meta ampla para o esforço da transformação, tanto no processo de recrutamento quanto no próprio esforço de transformação. A IBM, por exemplo, queria uma transformação estratégica e cultural e que "alguém... assumisse as rédeas [da empresa] e a chacoalhasse para entrar em ação".[9] Metas como essas não somente ajudam na seleção de um líder apropriado para a transformação, mas também na orientação do esforço.

Primeiros passos

Depois que o líder da transformação for selecionado, ele precisará formar uma equipe forte para impulsionar o esforço. Para reunir essa equipe, o líder pode recorrer a uma combinação de empregados, tanto internos quanto externos à empresa. Por exemplo, se o novo líder for trazido de fora da empresa, ele pode querer trazer consigo uma pequena coalizão de seus melhores empregados que são mais adequados para ajudar a transformar esta empresa específica. Ao entrar na Nissan, Ghosn trouxe consigo um grupo de cerca de trinta empregados da Renault;[10] Dave House também trouxe consigo vários executivos-chave ao entrar na Bay Networks. Por outro lado, Carly Fiorina não trouxe nenhum executivo de fora quando entrou na Hewlett-Packard, o que contribuiu para a sua ineficácia em liderar a mudança.

TABELA 2-2

Exemplos de líderes de transformação e seus cargos

Empresa	Líder da transformação	Cargo
3M	James McNerney	CEO
Bay Networks	Dave House	CEO
General Electric (1995-1999)	Jack Welch	CEO
General Electric (2001-2005)	Jeff Immelt	CEO
Home Depot	Robert Nardelli	CEO
IBM	Lou Gerstner	CEO
Nissan	Carlos Ghosn	COO
VeriSign	Vernon Irvin	Vice-presidente executivo

A maioria das pessoas que entra em uma empresa com o líder da transformação é de alto nível administrativo, executivos e gestores seniores. Uma posição que um novo líder costuma preencher é a de CFO, por ser uma função crítica para qualquer empresa. Lou Gerstner, por exemplo, trouxe Jerry York da Chrysler para a IBM. Dave House, da Bay Networks, também trouxe um novo CFO. O CFO é uma posição importante e que deve ser preenchida com prudência por atuar como os olhos do líder da transformação em todas as partes da empresa, acompanhando todos os indicadores financeiros e, dessa forma, tendo uma visão financeira completa da empresa. Muitas vezes, a empresa se voltará ao CFO para ajudar a cortar custos, além de analisar o que deve abdicar nas principais decisões. O CFO também é fundamental para criar um painel de indicadores, que faz com que cada aspecto financeiro da empresa tenha uma alta visibilidade. Nos casos em que a empresa está com problemas financeiros, mas um novo CFO não é chamado, o CFO atual da empresa deve ser capaz de desenvolver uma perspectiva única e nova para a situação financeira da empresa, além de administrar e analisar os números meticulosa e objetivamente.

Em alguns casos, o problema está no Conselho de Administração. Os líderes da transformação, contudo, talvez não tenham poder suficiente para mudar a situação. Esse quadro se evidenciou na gestão de Dave House como presidente da Nortel após a aquisição da Bay Networks, quando o Conselho de Administração estava mais interessado em administrar a organização do que em apoiar o esforço de transformação. Em função disso, como House não tinha o poder ou a autoridade necessários para garantir a execução das mudanças, ele não foi capaz de transformar a Nortel com sucesso. Contudo, quando Steve Jobs voltou à Apple como o CEO interino em 1997, ele imediatamente renovou o Conselho de Administração prevendo os obstáculos potenciais que eles lhe imporiam. Com isso, Jobs substituiu todos os membros do Conselho de Administração, com exceção de dois, por executivos experientes e reconhecidos no setor, como Larry Ellison, presidente do Conselho da Oracle Corporation, e Jerry York, ex-CFO da IBM.[11]

O novo líder da transformação deve ser formalmente identificado e apresentado à empresa durante essa subfase, antes de dar início à sua atuação. Sua primeira tarefa deve ser lançar oficialmente a transformação por meio de um anúncio interno (e, se desejado, externo). Isso pode ser feito de várias formas, incluindo uma reunião geral da empresa e um comunicado à imprensa. Nesse anúncio, não há necessidade de descrever os problemas da empresa, já que a análise ainda não foi conduzida pelo líder da transformação nem pela organização. Depois desse anúncio inicial, contudo, o líder da transformação deve ser extremamente cauteloso em relação ao vazamento de informações à mídia e ao público. A partir desse ponto, até a campanha externa de relações públicas ser lançada após a conclusão da Fase 3, todos os resultados das análises e planos devem ser mantidos na empresa para prevenir rumores e pressupostos ou críticas prematuras do público externo, incluindo os investidores.

Quando a transformação for oficialmente anunciada no âmbito interno, muitos empregados resistirão ao anúncio e ao esforço. Dessa forma, é importante incentivar todos os empregados a manter a mente aberta em relação à transformação. O líder da transformação precisa explicar que o esforço não é motivo de alarme, mas uma oportunidade de melhorar e preparar a empresa para um futuro melhor e mais promissor. Ao mesmo tempo, entretanto, o líder da transformação deve pensar em permitir que alguns empregados que verdadeiramente resistirem à transformação deixem a organização por vontade própria. Isso funciona para garantir que as pessoas que permanecerem na empresa estarão dispostas a apoiar plenamente a organização ao adentrar em territórios novos.

APÓS O INÍCIO DA ATUAÇÃO DO LÍDER DA TRANSFORMAÇÃO

As sugestões a seguir são atividades que o líder da transformação deve conduzir após se estabelecer na função. Ao reconhecer que a situação da empresa e o peso da responsabilidade podem causar um grande impacto em um líder da transformação assim que assume a função, priorizamos as ações mais importantes a serem conduzidas.

Sugestão 3: Verificar o terreno

Os líderes da transformação, em especial os recentemente contratados, costumam ser submetidos à pressão interna e externa para fornecer "a resposta" assim que assumem o cargo. Contudo, como eles podem ter "a resposta" se sequer sabem exatamente qual é "o problema" (veja a Figura 2-3)? (Veja "Dave House encontra 'a resposta'".)

FIGURA 2-3

Sugestão 3

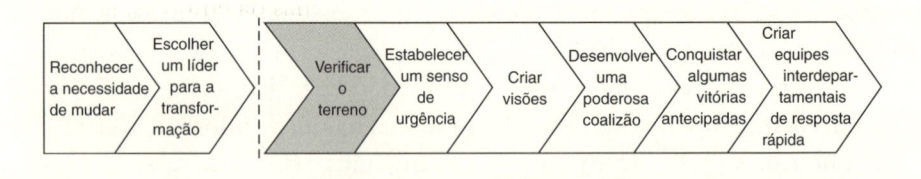

Reconhecer a necessidade de mudar / Escolher um líder para a transformação / **Verificar o terreno** / Estabelecer um senso de urgência / Criar visões / Desenvolver uma poderosa coalizão / Conquistar algumas vitórias antecipadas / Criar equipes interdepartamentais de resposta rápida

Uma das coisas mais importantes que o novo líder da transformação pode fazer nos primeiros estágios da transformação é verificar o terreno. Isso não apenas ajuda o líder da transformação a se familiarizar com a empresa, mas também lhe proporciona uma compreensão de alguns dos problemas que afligem a empresa em um nível mais profundo do que no estágio inicial (o estágio inicial foi discutido na "Sugestão 1: Reconhecer a necessidade de mudar"). Além disso, ao verificar o terreno, o líder da transformação desenvolverá e ampliará sua rede de relacionamentos, além de conquistar credibilidade e apoio para o esforço de transformação ao comunicar a necessidade da mudança. Ao final desta parte da pré-transformação, o líder da transformação deve ter desenvolvido várias hipóteses amplas sobre as questões que têm de ser solucionadas por meio do esforço.

DAVE HOUSE ENCONTRA "A RESPOSTA"

Quando Dave House entrou na Bay Networks, sua conversa inicial com o pessoal das relações públicas e os analistas ocorreu nos seguintes termos:

"O que você pretende fazer?"

"Bem, o que vocês querem dizer com isso?"

"Qual é sua estratégia?"

"Não sei."

"Você não sabe?"

"Não, mas posso dizer como vou saber disso. Vou conversar com os clientes e os empregados. E, com base nisso, saberei qual deverá ser a estratégia."[12]

Ao confrontar a pressão das pessoas que queriam as respostas, House reconheceu que precisava primeiro verificar o terreno antes de poder chegar a quaisquer conclusões em relação ao novo direcionamento da empresa.

Essa avaliação inicial da empresa inclui uma breve análise financeira para definir a viabilidade de uma transformação holística, seguida de uma análise mais profunda da situação geral. Em alguns casos, a avaliação financeira inicial básica pode ser conduzida por meio de auditores externos – essa avaliação deve levar em consideração o fluxo de caixa da empresa, já que uma com grandes investimentos, mas pouco fluxo de caixa, terá dificuldade em financiar o esforço de transformação (veja "Problemas na avaliação financeira da ACI"). Até mesmo a Nissan se viu diante de sérios e ameaçadores problemas financeiros, que Ghosn reconheceu: "A Nissan tinha tantas dívidas que foi quase impossível investir no futuro da empresa."[13] Nessa auditoria, é extremamente importante certificar-se de que o demonstrativo de resultados, o balanço patrimonial e o fluxo de caixa estejam corretos e sejam uma representação precisa da situação financeira da empresa.

Depois dessa avaliação financeira inicial, o próprio líder deve envolver-se em uma análise da situação geral da empresa. A meta dessa parte da pré-transformação envolve obter informações sobre a empresa a partir do ponto de vista de todos os níveis e, ao final, ser capaz de desenvolver uma noção dos principais problemas que estão causando os sintomas. Ao verificar o terreno, o líder da transformação pode desenvolver uma visão mais clara da situação da empresa e mais cedo ou mais tarde elaborar uma visão geral de quais questões abordar e qual direcionamento a empresa deve tomar. Por exemplo, depois de conduzir a verificação do terreno, Irvin, da VeriSign, percebeu que faltavam processos, dados, prestação de contas e liderança na organização.

Verificar o terreno também tem o benefício adicional de ajudar o líder da transformação a avaliar as tendências mais amplas do setor e do mercado. Compreender o direcionamento geral do mercado não apenas ajudará o líder da transformação e a empresa a se manterem à frente da concorrência, como também ajudará o líder da transformação a elaborar uma visão mais ampla (veja a sugestão 5, discutida mais adiante neste capítulo).

Elaborar (não argumentar) uma hipótese pelo diálogo

O novo líder não deve ter noções ou estereótipos preconcebidos sobre a empresa e seus problemas, nem deve ter soluções pré-fabricadas. Apesar de o líder poder de fato ter uma vaga idéia dos problemas que afligem a empresa, não deve permitir que essas idéias influenciem sua interpretação dos dados. Com efeito, ao verificar o terreno e ouvir os outros, o líder da transformação está desenvolvendo sua credibilidade e demonstrando à organização que ele não é o salvador da empresa, mas um solucionador de problemas.

Apesar de ser uma das partes que mais demandam tempo no esforço de pré-transformação, o desenvolvimento dessa análise de alto nível da empresa é um passo fundamental que nenhum líder deveria negligenciar. O trabalho do lí-

---

PROBLEMAS NA AVALIAÇÃO FINANCEIRA DA ACI

A ACI, uma empresa asiática, deparou-se com vários problemas que poderiam ser evitados se os consultores tivessem conduzido uma avaliação precisa da situação financeira da empresa. Nos estágios posteriores da transformação, os consultores que conduziam a transformação descobriram que a empresa estava em uma situação financeira mais precária do que achavam – a empresa estava imersa em dívidas e o caixa estava se esgotando. Devido a essa situação, o esforço de transformação foi obrigado a se concentrar parcialmente na obtenção do financiamento adequado. O financiamento foi garantido e a empresa conseguiu se recuperar e, a partir dessa experiência, os consultores aprenderam a importância de conduzir uma auditoria financeira preliminar precisa da empresa antes de mergulhar no esforço de transformação.

der da transformação é ouvir o que as pessoas de todos os níveis da empresa têm a dizer sobre a situação. Mark Hurd, por exemplo, passou seu primeiro mês na HP coletando as opiniões das pessoas e analisando a situação da empresa de todos os níveis e ângulos (veja "Como Hurd verificou o terreno na HP"). Ao abrir diálogo com os empregados de toda a organização, Hurd aproveitou a oportunidade para desenvolver e ampliar sua rede de relacionamentos, o que se mostrou especialmente importante considerando que ele tinha acabado de entrar na organização. Dessa forma, o processo de verificação do terreno não implica simplesmente coletar informações sobre a empresa e seus problemas, mas também indiretamente obter informações sobre seus empregados e líderes.

É fundamental fazer as perguntas certas aos empregados. (Veja "O que perguntar aos empregados para verificar o terreno" para exemplos de perguntas a serem feitas ao conversar com os empregados.) Ao avaliar a situação de uma empresa, lembre-se de que qualquer uma, apesar de sua situação atual,

---

COMO HURD VERIFICOU O TERRENO NA HP

Em um extenso trabalho de análise da empresa, Hurd analisou a HP de todos os pontos de vista para entender como a empresa chegou a uma situação tão desesperadora.[14] Antes de sua entrada, Hurd tinha se envolvido em uma pesquisa preliminar lendo livros, analisando os resultados passados e atuais e os vários segmentos da empresa. Mesmo antes de seu primeiro dia no emprego, Hurd havia submetido à HP uma lista de coisas que gostaria de ver e reuniões que gostaria de ter para acelerar o processo ao máximo. Ele conversou com o Conselho de Administração e com empregados de todos os níveis, desde as pessoas que trabalhavam no departamento comercial, P&D, consultoria e produção a presidentes de divisão. Nas reuniões, ele perguntava às pessoas o que elas achavam certo, o que achavam errado e quais sugestões tinham para melhorar a situação. Além disso, Hurd se voltou às percepções externas em relação à empresa se reunindo com mil clientes nos primeiros três meses.[15]

Como um resultado dessa análise, Hurd foi capaz de sintetizar todos esses dados em uma hipótese embasada em fatos sobre os problemas que afligiam a empresa. Tanto clientes quanto empregados reclamavam que a HP tinha se tornado complexa demais para fazer qualquer coisa com agilidade. Enquanto resumia os problemas da empresa, contudo, Hurd também se preocupou em salientar seus pontos fortes, que incluíam uma significativa presença internacional e empregados talentosos e dedicados.[16]

> **O QUE PERGUNTAR AOS EMPREGADOS PARA VERIFICAR O TERRENO**
>
> - O que há de errado na empresa? O que está sendo feito atualmente para solucionar esses problemas?
> - O que a empresa está fazendo certo?
> - Como podemos melhorar o que há de errado na empresa?
> - Qual é seu papel na empresa? Como você contribui para a empresa? O que dizer sobre o valor de seu negócio?
> - Qual é a visão da empresa? Como você se encaixa nessa visão?
> - Quais são os obstáculos que o impedem de atingir suas metas?
> - Quem são os maiores líderes "conceituais" da organização?
> - Quais sugestões você daria ao líder da transformação?

tem pontos fortes e processos eficazes. É importante identificar os pontos fortes de uma empresa porque isso representa fatores que podem ser desenvolvidos e melhorados. Assim, os pontos fortes podem ser as ferramentas das quais o líder da transformação precisa para realizar a mudança, bem como uma maneira de elevar o moral dos empregados.

Além de escutar e verificar o terreno, o recém-nomeado líder da transformação deve comunicar-se com clareza e sinceridade. Utilizando vários recursos, Ghosn comunicou a necessidade de mudar tanto para todas as pessoas envolvidas na empresa quanto para o público geral. Em suas primeiras semanas na função, Ghosn já tinha conduzido uma série de reuniões com a imprensa, mantendo sessões iniciais para instruções de pequenos grupos e se certificando de que todas as pessoas tinham entendido claramente o esforço de transformação.[17] Em um estilo que Ghosn chama de "transparência absoluta", ele falou abertamente sobre os problemas da empresa de seu ponto de vista, por mais doloroso que pudesse ser ouvir esse tipo de coisa, mas também assegurou aos ouvintes que mudanças seriam promovidas para lidar com essas questões. Quando a empresa não apresenta um desempenho satisfatório, é a transparência que recuperará parte da credibilidade. De acordo com Ghosn, "minha principal tarefa desde o começo foi abrir canais de comunicação com nossos acionistas para convencê-los, também, a renovar sua fé na empresa".[18] A comunicação da necessidade de mudar, portanto, não deve limitar-se às pessoas diretamente envolvidas com a empresa, mas se estender a todo o público, de empregados a acionistas e até mesmo investidores potenciais. A principal tarefa aqui é comunicar o processo de mudança em relação aos detalhes do diagnóstico, o que ocorrerá durante a fase 1 da transformação.

A verificação do terreno conduzida por Gerstner também proporcionou um conhecimento inestimável da empresa de todos os níveis e pontos de vista (veja "Gerstner verifica o terreno na IBM"). Como Hurd, as conversas de Gerstner com os empregados tiveram a dupla finalidade de coletar e divulgar informações sobre a mudança iminente na empresa. Ao conversar com os empregados, Gerstner se certificou de convencê-los a apoiar o esforço de transformação, assegurando cada empregado de seu valor para a empresa e de seu potencial de fazer uma enorme diferença no esforço de transformação ao realizar tarefas e funções vitais. Além disso, Gerstner fez questão de se comunicar com a base de clientes. Em seu diálogo e interações com os clientes, Gerstner se certificou de que eles se sentissem valorizados e apreciados pela empresa. Desde o início, Gerstner percebeu que "é fundamental ir a campo. Eu não queria que minha visão da empresa se baseasse unicamente nas impressões dos empregados do escritório central".[19] Para obter uma visão mais equilibrada da situação, Gerstner – como muitos outros líderes bem-sucedidos da transformação – conversou tanto com clientes satisfeitos quanto insatisfeitos.

Enquanto avaliações subjetivas da empresa são muito importantes no diagnóstico dos problemas, mensurações e avaliações objetivas também agregam valor à análise. Mesmo que os números por si só não devam ser levados a ferro e fogo (costuma haver uma história por trás dos números), eles podem, em conjunto com a realidade da empresa, agregar valor e esclarecer algumas das principais questões que precisam ser endereçadas. Essas mensurações objetivas podem se limitar à situação da organização, como as finanças da empresa, ou se estender para além da empresa, como no benchmarking. Jerry York, o CFO da IBM, por exemplo, foi solicitado por Gerstner a comparar os custos da IBM com os de seus concorrentes. Para ajudar a conduzir esse estudo de benchmarking, York contratou consultores externos para comparar as despesas da IBM em cada uma de suas unidades de negócio com a média das outras empresas do mesmo setor.[20] Apesar de a IBM ter utilizado consultores externos para ajudar na análise da situação da empresa, analistas e consultores são opcionais nessa parte do processo. Ghosn optou por não utilizar consultores por acreditar que eles "apenas reduziriam a velocidade [do esforço de transformação] e custariam demais".[21] Consultores e analistas de fato agregam expertise ao processo, como benchmarking e o ponto de vista externo da situação financeira da empresa, mas são mais úteis mais adiante, na fase da pré-trans-

> **GERSTNER VERIFICA O TERRENO NA IBM**
>
> Uma das primeiras reuniões convocadas por Gerstner quando entrou na empresa foi para se informar sobre a situação dos negócios, a fim de ter uma noção geral dos problemas que acometiam a empresa. Em função de não ter tido experiências prévias como líder de uma empresa de tecnologia, ele conversou intensamente com especialistas do setor (de computadores e telecomunicações) durante as suas primeiras semanas na empresa. Gerstner também solicitou a seus executivos seniores dois relatórios de dez páginas – o primeiro se concentrava nas necessidades dos clientes da unidade de negócio, as principais questões de curto e longo prazos e um panorama para o ano seguinte, enquanto o segundo focava as idéias dos executivos para as mudanças necessárias no esforço de transformação. Gerstner estudou com atenção cada um desses relatórios e passou um dia inteiro com cada um de seus executivos seniores conversando individualmente sobre eles. Essas reuniões também permitiram que Gerstner avaliasse o desempenho e o potencial de liderança dos executivos.
>
> Gerstner passava muito tempo fora da matriz revendo o negócio com os executivos seniores, conduzindo reuniões com os empregados e visitando clientes. Nos vários escritórios da empresa, ele não somente se informava sobre as preocupações e os interesses dos empregados, mas também lhes comunicava que a mudança estava por vir e que eles teriam um papel fundamental na transformação.
>
> Foi muito importante que Gerstner também tenha se reunido com clientes e demonstrado seu comprometimento para com eles. Em um caso específico, ele compareceu a uma conferência de clientes em Chantilly, Virgínia, onde alguns dos participantes eram os melhores clientes da IBM. Apesar de os membros do Conselho de Administração da IBM esperarem que Gerstner simplesmente comparecesse, fizesse um discurso e se retirasse, como os CEOs anteriores faziam, Gerstner participou dos dois dias da conferência, encontrando-se e conversando com os clientes. Na conferência, Gerstner confirmou aos clientes que a IBM mudaria e passaria a priorizá-los, além de entregar o desempenho esperado da empresa. Suas ações reverberaram mais do que suas palavras.[22]

formação, como a criação de uma visão para a empresa e a formação de equipes interdepartamentais.

Apesar de esta parte da pré-transformação às vezes consumir muito tempo e energia, é necessário ter paciência e verificar exaustivamente o terreno (veja "Revisão: Práticas importantes para verificar o terreno"). Alguns dos líderes de transformações menos bem-sucedidas concluíram esse processo prematuramente, por vezes devido à impaciência ou por medo de provocar uma crise. Independentemente dos motivos, o fracasso do líder em executar até o fim esse passo de análise da situação da empresa costuma ter terríveis conseqüências no futuro ou no esforço de transformação, acabando por levar ao fracasso da transformação.

Sugestão 4: Estabelecer um senso de urgência

A comunicação da necessidade de mudança não basta para sustentar um esforço de transformação de 90 dias. Em vez disso, o líder da transformação precisa estabelecer um senso de urgência (veja a Figura 2-4). Apesar de as empresas que promovem um esforço de transformação poderem ter diferentes cronogramas para definir o prazo esperado do processo, as transformações costumam levar mais tempo do que o esperado quando não há comunicação de um senso de urgência.

As empresas que não estabelecem um senso de urgência tendem a se deparar com mais complicações e resistência, o que atrasa o processo de transformação. Com efeito, é muito fácil e comum para as empresas acabarem passando a maior parte do tempo nos estágios de planejamento sem jamais realizar ação alguma, porque geralmente é mais fácil falar das ações do que de fato agir. Essa complacência serve como uma fonte inicial de resistência que deve ser superada antes de o esforço de transformação começar a ser aplicado na empresa como um todo. O senso de urgência serve como um catalisador para superar a resistência na promoção de ações imediatas e na criação das condi-

---

**REVISÃO: PRÁTICAS IMPORTANTES
PARA VERIFICAR O TERRENO**

- Livre-se dos preconceitos – ouça antes de tirar conclusões.
- Converse com pessoas de todos os níveis de envolvimento com a empresa, de empregados a fornecedores e clientes, tanto grandes quanto pequenos.
- Comunique o valor da mudança a todas as pessoas com as quais conversar, incluindo os acionistas.
- Reassegure os empregados de seu valor para a empresa.
- Utilize indicadores objetivos para sustentar as suas descobertas e conclusões subjetivas.

FIGURA 2-4

Sugestão 4

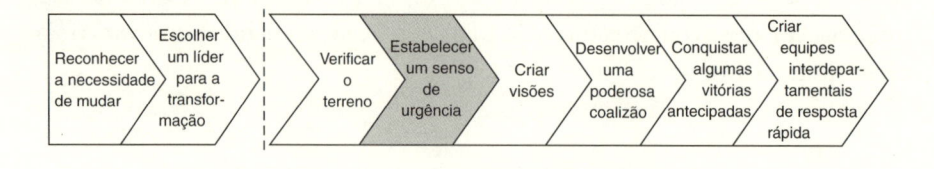

| Reconhecer a necessidade de mudar | Escolher um líder para a transformação | Verificar o terreno | **Estabelecer um senso de urgência** | Criar visões | Desenvolver uma poderosa coalizão | Conquistar algumas vitórias antecipadas | Criar equipes interdepartamentais de resposta rápida |

ções necessárias para uma transformação bem-sucedida logo no início do esforço (veja a Figura 2-5). A importância de utilizar um sentido de crise como uma força impulsionadora para a mudança é salientada por Lou Gerstner: "A condição *sine qua non* de qualquer transformação corporativa de sucesso é o reconhecimento de uma crise."[23] Sem essa sensação de crise, Gerstner acredita, as transformações estão fadadas ao fracasso.

Em muitos aspectos, um senso de urgência mobiliza a empresa e justifica o esforço de transformação. De acordo com John Kotter, um renomado pesquisador, o senso de urgência necessário para impulsionar uma transformação bem-sucedida ocorre quando cerca de 75% da administração de uma empresa acredita piamente ser inaceitável continuar a operar sem operar mudanças.[24] Uma vez que essa massa crítica de empregados que acredita na necessidade de uma transformação seja atingida, a transformação essencialmente se impulsio-

FIGURA 2-5

A mudança da resistência ao longo do tempo

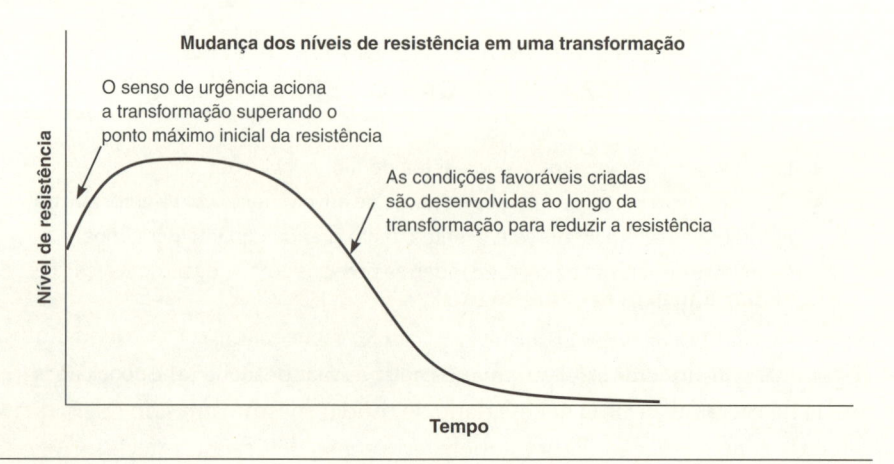

Mudança dos níveis de resistência em uma transformação

O senso de urgência aciona a transformação superando o ponto máximo inicial da resistência

As condições favoráveis criadas são desenvolvidas ao longo da transformação para reduzir a resistência

Nível de resistência

Tempo

nará sozinha. Essas condições favoráveis são fundamentais, especialmente para os últimos estágios do esforço. O papel da urgência como uma força impulsionadora da mudança também foi observado por Ghosn: "Se houver uma reticência em compartilhar os resultados [do diagnóstico de uma empresa em problemas], não pode haver um senso compartilhado de urgência. Se você não gritar 'Fogo!'– e se contentar em dizer: 'Está muito quente aqui. Talvez algo esteja queimando em algum lugar' –, as chamas continuarão a crescer. Você precisa identificar o problema e divulgar seu diagnóstico."[25]

Quanto mais tempo você levar, mais grave o problema se tornará e mais tempo levará para remediar a situação. Para o esforço mais eficiente e eficaz possível, o problema deve ser reconhecido e solucionado de frente e imediatamente, e essa forma de pensar deve ser criada, espalhando um senso de urgência por toda a empresa.

Em muitas transformações fracassadas, o líder normalmente subestima a dificuldade de forçar as pessoas a saírem de suas zonas de conforto para sustentar a mudança. A importância do senso de crise para lidar com esse obstáculo à mudança foi abordada por Gerstner: "Se os empregados não acreditarem na existência da crise, não farão os sacrifícios necessários para a mudança. Ninguém gosta de mudar. Você pode ser um executivo sênior ou um empregado no início de carreira, mas a mudança sempre representará incerteza e, potencialmente, dor."[26]

Algumas emoções negativas associadas à mudança também podem ser associadas a um extremo senso de urgência. Dessa forma, apesar de o senso de urgência ser fundamental para um esforço bem-sucedido de transformação, ele deve ser utilizado e comunicado com cautela. As empresas que tentam incutir um senso de urgência em seus empregados podem cometer o erro de exagerar na comunicação, o que pode resultar em emoções contraproducentes, incluindo pânico, raiva e frustração. Enquanto um senso moderado de urgência inspirará e inflamará a paixão dos empregados, um senso extremo de urgência desmoralizará completamente as pessoas e pode levar a um sentimento de impotência e desesperança na empresa inteira, o que, por sua vez, interrompe o esforço de transformação antes mesmo de começar.

Espalhar a urgência como fogo

Então, como criar e comunicar esse senso de urgência sem provocar emoções contraproducentes como raiva e medo? A sugestão 1 salientou a importância de reconhecer uma necessidade de mudar mesmo antes do início do esforço de transformação. Para estabelecer o senso de urgência necessário, o líder da transformação deve comunicar várias das questões essenciais que residem no cerne dos problemas da organização (descritas em "Sugestão 3: Verificar o terreno") para toda a organização, explicando por que essas áreas requerem mudanças que só poderão ser realizadas com um esforço de transformação. Jack Welch, ex-CEO da General Electric, explicou a importância de justificar e comunicar a necessidade e a urgência da mudança para o sucesso do esforço: "Como conseguir a adesão das pessoas para o processo de mudança? Comece com a realidade. Divulgue todos os fatos. Dê às pessoas os argumentos para a mudança, explicando-lhes nos termos mais claros e dramáticos possíveis. Quando todos conhecem os mesmos fatos, geralmente chegam à mesma conclusão."[27]

Quando as informações e os resultados da análise mais ampla forem claramente comunicados aos empregados, eles verão e entenderão os problemas que a empresa enfrenta e se motivarão para lidar com a questão. Welch também observou que os fatos devem ser apresentados de modo dramático, a fim de ativar a reação emocional dos empregados. As pessoas têm mais chances de lembrar e reagir a emoções do que aos fatos em si e, quando as pessoas se sentem emocionalmente motivadas, têm menos chances de resistir à mudança. Contudo, o limite entre o drama e a comédia é muito tênue. Comunicar a urgência em termos frios demais pode ser contraproducente, amenizando a situação e minimizando sua importância. Em um cenário extremo, dramatizar demais a gravidade da situação pode fazer com que a comunicação seja percebida como cômica, e o esforço de transformação seja visto como uma piada.

Outro modo de comunicar o senso de urgência aos empregados de forma memorável é criando apresentações visuais para explicar os problemas e a importância de solucioná-los imediatamente. Apesar de números e estatísticas serem importantes e ajudarem a identificar os problemas da empresa, eles costumam não motivar os empregados até o nível necessário para induzir a mudança completa. Em vez disso, os empregados normalmente compreendem a urgência da situação e apóiam com entusiasmo a transformação somente depois de terem sido emocionalmente tocados e poderem ver os problemas da organização de diferentes pontos de vista e em um sentido mais amplo. Por exemplo, uma maneira eficaz de comunicar o senso de urgência é por meio de um vídeo no qual clientes importantes expressam suas frustrações com a organização. Esse tipo de manifestação de descontentamento normalmente aborda aspectos essenciais do problema e podem ser expressos de uma forma direta e sincera, sem desmoralizar completamente os empregados.

Como você pode notar, há muitos diferentes canais para comunicar a necessidade de mudança e o senso de urgência. (Veja exemplos em "Revisão: Comunicando um senso de urgência".) Diferentes sentidos podem ser explorados e os modos de distribuição podem variar. Enquanto os métodos mais dramáticos e memoráveis de comunicação costumam mostrar-se mais eficazes, outros recursos também apresentam seus méritos. Em geral, os vários métodos complementam-se uns aos outros e se voltam a diferentes tipos de empregados, e uma maior variedade na maneira como o senso de urgência é comunicado se traduz em uma parcela maior de empregados que recebem a mensagem. Além disso, os empregados serão mais profundamente afetados quando a mensagem os atingir por meio de diferentes canais. Por exemplo, um empregado a quem o senso de urgência é comunicado por meio de gráficos e números, além de vídeos expressando as frustrações dos clientes, geralmente lembrará e entenderá a mensagem melhor do que um empregado para quem a urgência é comunicada somente por meio de um ou outro recurso. Dessa forma, diferentes modos de comunicação atingem a organização tanto em extensão quanto em profundidade no que se refere à recepção da mensagem, e o senso de urgência deve ser comunicado em todas as oportunidades possíveis.

Apresentações ou eventos e reuniões de comunicação especificamente direcionadas a todos os empregados são formas eficazes de utilizar uma série de diferentes recursos para transmitir um senso de urgência. As apresentações ou eventos não somente divulgam os problemas que afligem a organização, mas

REVISÃO: COMUNICANDO UM SENSO DE URGÊNCIA

- Aproveite todas as oportunidades disponíveis para comunicar o sentido de urgência.
- Utilize vários canais para atingir tanto extensão quanto profundidade.
- Volte-se a diferentes sentidos:
    - Áudio: velocidade e tom de voz, fundo musical e assim por diante.
    - Vídeo: texto, imagens, gráficos e outros.
- Apelo emocional, lógico e assim por diante.
- Utilize variados canais de distribuição:
    - Vídeo: filmes, panfletos, cartazes e outros.
    - Áudio: anúncios, palestras, podcasts, jingles, testemunhos e outros.
    - Interatividade: grupos de foco, diálogo informal, reuniões e assim por diante.

também podem reduzir alguns temores que acompanham a mudança, especialmente no que se refere a demissões e cortes salariais, pela análise das oportunidades futuras que resultarão do esforço.

Uma comunicação forte e adequada do senso de urgência é fundamental nesse estágio do esforço de transformação, por criar condições necessárias e adesão, além de estabelecer o tom para o resto do processo. Como esperado, o líder da transformação exerce um papel vital nesse esforço de comunicação: "É função do líder identificar e comunicar a crise, sua extensão, sua seriedade e seu impacto."[28]

Sugestão 5: Criar uma visão motivadora e estratégica

Uma visão sólida e inspiradora exerce um importante papel em uma organização, especialmente durante um esforço de transformação (veja a Figura 2-6). O moral durante as transformações normalmente cai porque os empregados temem demissões como resultado da abordagem geral de redução de custos. Os empregados também tendem a se concentrar no presente e nos males que acometem a organização durante uma transformação, fazendo com que percam o futuro de vista. Essa orientação e um moral em queda podem ser minimizados pela criação e comunicação de uma visão forte e empolgante. Uma visão não somente inspira e motiva os empregados, mas também funciona como uma ferramenta para filtrar e alinhar todos os projetos realizados pela organização, garantindo que todos os projetos e decisões importantes estejam em perfeita conformidade com a visão. Além disso, uma visão excepcional ajudará a criar um sentido de aliança por toda a empresa, em vez de simplesmente submissão a um direcionamento imposto, motivando os empregados a agir de acordo com a visão por conta própria.

FIGURA 2-6

Sugestão 5

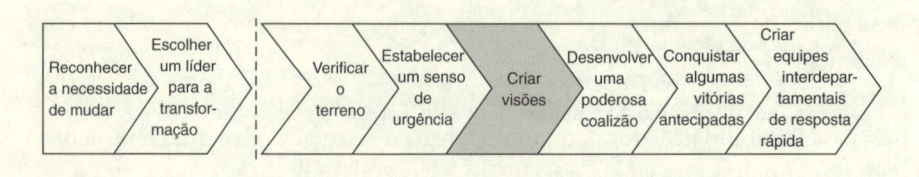

Reconhecer a necessidade de mudar › Escolher um líder para a transformação ┊ Verificar o terreno › Estabelecer um senso de urgência › **Criar visões** › Desenvolver uma poderosa coalizão › Conquistar algumas vitórias antecipadas › Criar equipes interdepartamentais de resposta rápida

Corações ou mentes?

Quando as pessoas pensam em uma visão, normalmente imaginam uma meta motivacional e espiritual buscada pela empresa. Por outro lado, as pessoas conceitualizam uma estratégia como algo mais racional, objetivo e focado. Neste capítulo, contudo, descreveremos ambas as noções como visões porque ambas são metas para o crescimento da organização. Ainda que as duas sejam inspiradoras, nós as diferenciaremos como visões motivacionais e visões estratégicas. Enquanto a visão motivacional é ampla e abrangente, a visão estratégica é mais orientada aos negócios.

Como uma idéia que será incutida na cultura, no coração e na alma de cada empregado da empresa, a visão motivacional é fundamental para a força de trabalho da empresa. A visão motivacional deve ser entusiástica e empolgante, já que deve reanimar os empregados e inspirá-los de dentro para fora. Cada empregado, sênior ou iniciante, deve internalizar a mensagem, impulsionando a empresa na direção do modelo mental ou cultura desejada com certos valores. A visão motivacional também é uma forma de comunicar o valor essencial e as metas da empresa aos clientes em uma ou duas frases que devem ser claras e bem articuladas. Por exemplo, a visão da Apple, como elaborada por Steve Jobs, é "contribuir com o mundo fabricando ferramentas para a mente que promovam o avanço da humanidade".[29] Uma visão motivacional também pode ser mais realista e focada, como a da McKinsey: "Ajudar na liderança de empresas e governos visando a um maior sucesso."[30] Independentemente de a visão motivacional ser mais abrangente ou mais focada, ela é importante para definir e orientar o direcionamento da visão estratégica.

A visão estratégica da empresa, contudo, deve ser mais focada e sustentada por pesquisas, proporcionando um acompanhamento lógico da análise que o líder faz dos problemas e da cultura da empresa. No geral, a visão estratégica deve estabelecer um direcionamento claro e realista para a empresa e responder às questões: Para onde queremos ir? Como chegaremos lá? e Por que seremos bem-sucedidos? A visão deve alinhar a empresa ao mercado e proporcionar um direcionamento geral para o ponto que a empresa deseja atingir. Como quando se define o rumo de um navio, a direção inicial e o plano preliminar de ação são fundamentais – se você não apontar seu navio na direção certa, pode acabar indo para o oeste quando, na verdade, queria ir para o norte, o que pode ter conseqüências desastrosas. Uma visão estratégica aponta para a direção certa, sem restringir o trabalho do dia-a-dia ou definir as estrelas específicas a serem seguidas. Essa flexibilidade é fundamental, porque a visão não deve mudar de acordo com os caprichos e mudanças freqüentes do ambiente de negócios.

Uma visão estratégica sólida e abrangente deve incluir vários fatores internos e externos, consumidores, evolução do mercado, tendências tecnológicas e concorrência às competências essenciais da empresa e suas metas financeiras. Além disso, deve alinhar o mercado com estratégias de plataforma, produtos e serviços, tecnologia e cadeia de valor. São esses os aspectos que o líder da transformação deve identificar e analisar quando da verificação do terreno (sugestão 3), especialmente no que se refere às megatendências.

Um mal-entendido comum no que se refere à visão estratégica é que um plano consiste num importante produto e num aspecto essencial da estratégia. Apesar de o planejamento inevitavelmente resultar de uma boa visão estratégica, é cedo demais no processo de transformação para planejar os detalhes neste ponto. A definição da visão, seja ela estratégica ou motivacional, deve ser intuitiva e macroscópica, e não detalhada e microscópica.

A criação de uma visão estratégica é muito importante por orientar a empresa em sua transformação e suas ações e decisões futuras. Nesse estágio, não é necessário saber exatamente como a visão será realizada. Por exemplo, você pode saber que quer ir para o sul, mas não precisa saber como chegará lá – não neste momento. Reconheça nesse estágio que há várias formas de concretizar sua visão – por exemplo, você pode caminhar, dirigir, nadar ou até voar. Embora todos esses diferentes métodos possam ajudá-lo a realizar sua visão (embora em diferentes velocidades), cada um deles apresenta muitas vantagens e desvantagens. Não se preocupe com isso agora. Neste momento, é mais importante que a visão seja bem embasada e sustentada pela análise geral conduzida anteriormente. Elaborar uma visão dizendo à empresa que ela deve ir para o sul quando, na verdade, deveria ir para o oeste pode piorar a situação, atrasar a transformação ou até mesmo levar à destruição da empresa. Por esse motivo, você pode recorrer à opinião especializada de consultores externos, mas a empresa deve ser a principal responsável pelo desenvolvimento da visão, já que, em última instância, é ela que vai implementá-la.

Um exemplo de visão estratégica de uma empresa é a decisão da Apple de se redirecionar ao cliente e às competências essenciais da empresa. Jobs notou que a Apple estava em dificuldades em parte por falta de uma estratégia abrangente e unificadora, e percebeu que a empresa precisaria retomar o foco em seus pontos fortes e ignorar o ruído. Jobs reconheceu a importância de se voltar aos principais segmentos de mercado da Apple: a educação e o conteúdo criativo; contudo, naquele ponto, ele não ainda havia decidido fechar parcerias específicas e não tinha identificado os produtos específicos a ser desenvolvidos, apesar de ter identificado o sistema operacional Mac como um dos principais ativos a serem expandidos.

Outro exemplo é a decisão de Gerstner de se distanciar da estratégia anterior da IBM no sentido de dividir a empresa em unidades independentes, criando, em vez disso, uma cultura de unidade para entregar soluções integradas aos clientes.[31] Outro exemplo de uma visão estratégica abrangente: decidir como será a estrutura organizacional de sua empresa – por exemplo, uma empresa pode ser centralizada, descentralizada ou dividida em funções ou negócios. Alinhar a visão à empresa, a seus negócios e ao mercado é um importante aspecto para se ter em mente.

Criação da mensagem perfeita

Para ser eficaz, a mensagem de uma visão, seja ela motivacional ou estratégica, deve incluir várias idéias-chave e tocar o coração da empresa. Um dos principais elementos de uma visão é prever e preparar a empresa para o futuro em um nível muito abrangente. Uma visão, contudo, não deve ser confundida com um plano ou mesmo com um modelo ou estratégia de negócios.

Além disso, uma visão eficaz não somente se volta para o futuro, como também reconhece o passado e suas vitórias sem se prender a eles. Para isso, a visão deve ser coerente com os valores passados da organização em algum nível, mesmo que esteja mudando o direcionamento da empresa. Algumas das visões mais ineficazes se prendem aos fracassos passados ou simplesmente explicam modelos de negócios sem reconhecer os impulsionadores emocionais de uma organização.

Além disso, as visões ineficazes tendem a ser ou específicas demais ou amplas demais. Uma visão específica demais não consegue ser valorizada no mesmo nível pela organização como um todo e em geral é insustentável. Por outro lado, uma visão ampla demais ou vaga não consegue desenvolver nenhuma implicação real para a organização em questão. Uma visão ampla demais obscurece a capacidade dos empregados de perceber uma relação significativa entre a visão e a organização ou seu trabalho específico. Ao final, as pessoas querem fazer algo que tenha significado e faça diferença, e uma visão forte motivará e convencerá as pessoas a se sentirem assim. Da mesma forma, a visão precisa ser ao mesmo tempo um sonho e uma possibilidade concreta. Uma visão sonhadora demais será contraproducente, já que os empregados não acreditarão nela. Ao mesmo tempo, as pessoas resistirão a se sacrificar por uma visão que não lhes permita sonhar, mas que se baseie simplesmente na realidade do negócio e na sobrevivência da empresa.

O ponto decisivo de uma visão motivacional e estratégica é inspirar – inspirar empregados, gestores, executivos, líderes, clientes e o público geral. Uma maneira eficaz de inspirar o público-alvo da visão é ilustrar como a existência e o trabalho da organização fazem do mundo um lugar melhor. As pessoas costumam ser motivadas e inspiradas quando reconhecem seu impacto no mundo. Especialmente em um esforço de transformação, em que grande parte do trabalho do empregado se concentra nos aspectos microscópicos do esforço, o empregado também precisa saber como seu trabalho contribui não apenas para a missão da organização, mas também para o mundo em geral. Se elaboradas e comunicadas de maneira eficaz, as visões motivacionais e estratégicas fazem com que os empregados sintam que são parte de algo maior do que eles mesmos ou a organização. Por exemplo, em vez de vender grãos de café, Howard Schultz, fundador da Starbucks, promove a idéia de uma "terceira comunidade" entre o trabalho e o lar.

Há muitas formas diferentes de abordar a criação de uma visão, tanto motivacional quanto estratégica. Em alguns casos, o líder da transformação convoca a equipe inteira para receber opiniões e sugestões para as visões (veja "A Bay Networks desenvolve a sua visão"). Em outros modelos, o líder da transformação sozinho, com o mínimo de orientação e feedback de sua coalizão imediata, cria tanto a visão motivacional quanto a estratégica. Na Nissan, por exemplo, Ghosn acreditava que "[o ideal] é nossa própria visão do que a empresa deseja ser... Você precisa definir um ideal; você deve orientar a empresa de forma que cada decisão tomada se volte na direção dessa idéia... As pessoas formam uma imagem de sua idéia, como elas a percebem, que se reflete de volta para você".[32] Ao fazer com que as pessoas espelhassem a visão de volta a ele, Ghosn se assegurou de que a mensagem estava sendo bem compreendida e que todos compartilhavam um entendimento comum. Desse modo, as visões promovem o benefício adicional de manter todas as pessoas no mesmo barco e remando na direção do mesmo ideal.

O som continua existindo mesmo que ninguém consiga ouvi-lo?

Como tanto a visão motivacional quanto a estratégica residem no coração de cada decisão e ação, ambas devem ser comunicadas e internalizadas em todos os níveis da empresa, desde os executivos seniores aos empregados de nível mais baixo, e mesmo ao público, incluindo os investidores e clientes. A comunicação de uma visão envolve diferentes aspectos. No nível mais óbvio, o teor da visão é fundamental. Uma frase simples e de impacto algumas vezes, mas nem sempre, basta para incorporar uma visão. Por exemplo, a visão moti-

> ## A BAY NETWORKS DESENVOLVE A SUA VISÃO
>
> Na Bay Networks, Dave House conduziu uma sessão de planejamento estratégico para discutir onde a empresa desejava estar no longo prazo. Nessa sessão, House, com sua poderosa coalizão (veja sugestão 6), identificou as principais forças e valores da empresa. Ao final da sessão, House havia definido os valores da empresa, um plano estratégico e uma lista de metas objetivas para os próximos cinco anos. Dessa forma, em uma única sessão, House e seus colegas criaram tanto a visão motivacional quanto a visão estratégica. A visão motivacional da Bay Networks era acelerar a maneira como a rede está "revolucionando a forma como as pessoas trabalham, aprendem e se divertem, eliminando as restrições de distância e tempo".[33] Pelo fato de ter percebido que a empresa poderia mudar radicalmente, House esperou até uma fase posterior para definir claramente a visão estratégica de longo prazo.

vacional da Home Depot era "Melhorar tudo o que tocamos", que foi comunicada a 325 mil associados.[34]

No próximo nível, há diferentes modos de comunicar a visão, como palestras, apresentações e panfletos. (Veja "Comunicando a visão na Banca Intesa".) Esses canais e modos de comunicação foram discutidos na "Sugestão 4: Estabelecer um senso de urgência". Outra forma de comunicação não discutida na seção anterior é a ação. Uma visão e sua importância para uma organização podem ser implicitamente comunicadas aos empregados por meio de ações e decisões dos líderes. É fundamental que a empresa possa agir conforme o discurso – isso não apenas motiva os empregados, mas também lhes proporciona confiança e segurança na organização.

Esses princípios de comunicação foram reconhecidos pelos líderes das transformações mais bem-sucedidas. Por exemplo, o líder da Bay Networks, Dave House, comunicou a visão por meio de uma ampla variedade de recursos, incluindo cartazes, vídeos e reuniões, para acessar diferentes canais do comportamento humano (isto é, pensamento e emoção). Na Scandinavian Airlines System (SAS), o líder da transformação e CEO Jan Carlzon elaborou e distribuiu um pequeno livro vermelho intitulado *Let's Get in There and Fight*. Esse livreto, distribuído a todos os vinte mil empregados, comunicava a visão e a missão da organização de forma clara e concisa.[35] A Tabela 2-3 compara essas distintas mas igualmente poderosas visões. Como você não pode

> ### COMUNICANDO A VISÃO NA BANCA INTESA
>
> Corrado Passera, CEO da Banca Intesa, desenvolveu uma visão nacionalista que precisava comunicar aos sessenta mil empregados da empresa: "Ser o maior banco da Itália e um dos melhores da Europa." Para espalhar a notícia, ele escreveu um livro que a maioria das pessoas poderia ler e entender. Em vez de inserir diagramas e gráficos, ele utilizou a linguagem cotidiana para comunicar a posição atual do banco, o destino desejado e as formas de fazer isso. Cada empregado recebeu um exemplar do livro, que acabou se tornando a base para um extenso programa de treinamento. Para divulgar ainda mais a mensagem, Passera viajou pelo país, explicando a visão tanto a gestores quanto aos empregados de modo geral. Passera acreditava que, para que seus empregados o seguissem, ele teria de sair pelo mundo e espalhar pessoalmente a mensagem.[36]

permitir que a mensagem seja distorcida pela comunicação, as mensagens simples são as mais eficazes. Esse simples fato, que chamamos de parcimônia, é importante na criação de uma visão. Ao elaborar em palavras uma visão, simplifique. E, ao comunicar essa visão, pense de forma inspiradora.

Sugestão 6: Desenvolver uma poderosa coalizão

Se trabalhar sozinho, um líder da transformação será, no máximo, minimamente eficaz. Para que o esforço de transformação tenha sucesso, deve haver adesão e apoio adequados da organização como um todo, especialmente dos níveis mais altos (veja a Figura 2-7). Por meio do efeito dominó, o apoio geral em toda a organização aumentará quando as pessoas demonstrarem sua adesão ao esforço da transformação. Com efeito, o apoio é um dos maiores ativos do líder da transformação em um esforço de transformação.

FIGURA 2-7

Sugestão 6

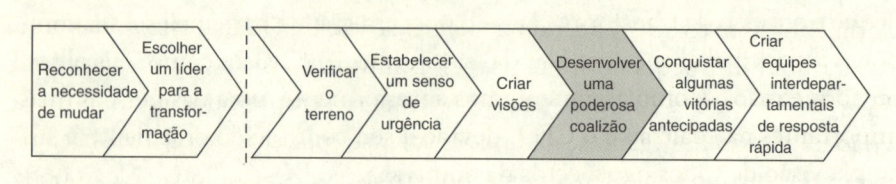

Reconhecer a necessidade de mudar › Escolher um líder para a transformação ┆ Verificar o terreno › Estabelecer um senso de urgência › Criar visões › **Desenvolver uma poderosa coalizão** › Conquistar algumas vitórias antecipadas › Criar equipes interdepartamentais de resposta rápida

TABELA 2-3

Uma história com duas visões

Uma comparação: visão motivacional versus visão estratégica

	Visão motivacional	Visão estratégica
Meta	Motivar e despertar a paixão dos empregados	Definir o direcionamento para a empresa; proporcionar foco e orientação para a empresa
Impulsionada por	Coração: emoção e motivação	Cabeça: lógica
Mensagem	Expressa os valores essenciais da empresa	Expressa o direcionamento geral da empresa
Responde às perguntas	Por que nossa organização existe?	Para onde queremos ir?
	Como estamos melhorando o mundo?	Como chegaremos lá?
	Quais são nossos valores essenciais?	Por que teremos sucesso?
	Qual é a força impulsionadora da empresa?	
Leva em consideração	Fatores que motivam e empolgam os empregados	Influências internas e externas sobre a empresa
Comunicação	• Clara, simples, de impacto • Utiliza uma ampla variedade de canais de comunicação, incluindo a ação • Inspira e destaca o impacto que exerce no mundo	

Quem está comigo?

O desenvolvimento de uma poderosa coalizão é um dos primeiros passos para conquistar um amplo apoio na organização. Consistindo em empregados da empresa, teoricamente executivos e gestores seniores, os membros dessa coalizão verdadeiramente acreditam na necessidade de uma mudança e nas metas do esforço da transformação e querem participar do "time vencedor". Convencidos pelo potencial da transformação, eles estão dispostos a expressar suas convicções ativa e abertamente. O poder da coalizão é um reflexo do poder de seus membros, como a alta administração, que exercem uma enorme influência em toda a empresa. Se a gerência de nível médio for incluída nessa poderosa coalizão, seus membros devem ser altamente valorizados, respeitados e talentosos, reconhecidos por toda a empresa como líderes referenciais. Os membros da coalizão devem ser confiáveis e ter confiança uns nos outros, já que o sucesso da transformação se baseia em grande parte neles. Eles compõem a principal aliança do líder da transformação e atuam como seus olhos, ouvidos e mãos. Como argumentamos anteriormente, uma das pessoas mais importantes na coalizão é o CFO, devido a seu controle do orçamento e sua ampla visão de todos os aspectos da empresa.

Contudo, apesar de muitos membros da coalizão virem de dentro da corporação, em função de seu conhecimento e compreensão das sutilezas da empresa, o líder da transformação também pode contar com a coalizão que ele inicialmente trouxe consigo. Apesar de esses membros de fora não terem o mesmo conhecimento sobre a empresa, eles trazem consigo uma perspectiva única da companhia e uma expertise diferente. Apesar dos benefícios desses membros, contudo, a importância de ter membros internos na coalizão não pode ser ignorada. Eles não somente conhecem a empresa, como já desenvolveram relações e uma rede de comunicação, elementos que se provarão ativos importantíssimos. Como observado no conselho que Lou Gerstner deu em suas primeiras semanas no cargo, foi importante para ele "encontrar no conselho privado pessoas que ainda não tinham do que reclamar".[37]

Há muitas maneiras de selecionar os membros da coalizão. Um importante método é por meio de indicações dos outros, já que os líderes referenciais conhecidos da empresa serão facilmente reconhecidos pela maioria dos empregados. Além disso, enquanto conversa com executivos seniores e empregados durante o processo de verificação do terreno, o líder da transformação tem a oportunidade de avaliar a competência e o nível de entusiasmo dessas pessoas em relação à mudança. Por exemplo, enquanto Gerstner conversava sobre os relatórios de dez páginas com seus executivos seniores (escritos na "Sugestão 3: Verificar o terreno"), ao mesmo tempo estava "avaliando sua equipe, tentando entender os problemas que enfrentavam e como lidavam com eles, qual o nível de clareza de seu pensamento, em que nível era a execução deles e qual era o verdadeiro potencial de liderança de cada um deles".[38] Ao avaliar sua equipe, contudo, o líder da transformação pode se deparar com alguns empregados que não se entusiasmam nem um pouco com as mudanças (veja "O líder da ACI desenvolve uma poderosa coalizão").

Para escolher de maneira eficaz uma poderosa coalizão, o líder da transformação deve integrar-se ativamente com seus empregados e se colocar no centro da rede de comunicações. Por exemplo, o líder da transformação da Bay Networks, Dave House, nunca almoçava sozinho ou com os mesmos executivos seniores. Pelo contrário, a cada vez que ia ao refeitório, ele se sentava com uma pessoa diferente. Isso permitia que ele conversasse com uma ampla variedade de pessoas de toda a organização e abrisse um canal de comunicação, colocando-se em uma posição acessível aos empregados. Ao desenvolver uma rede de contatos na organização, House não somente conquistou credibilidade, mas obteve mais adesão para o esforço de transformação.

O LÍDER DA ACI DESENVOLVE UMA PODEROSA COALIZÃO

O líder da transformação da ACI se reuniu individualmente com cada um de seus empregados-chave e subordinados diretos para falar sobre como a transformação beneficiaria a empresa e contribuiria com o crescimento pessoal do empregado, salientando o papel potencial desses empregados-chave e o impacto que teriam. Eles conversaram sobre como a transformação expandiria o conhecimento, o conjunto de aptidões e a carreira do empregado. Além disso, ele explicou a importância do esforço da transformação e o que a diferenciava das tentativas anteriores: ela não apenas seria bem mais rápida, como teria um impacto maior e não deixaria pedra sobre pedra. A empresa analisaria cada aspecto da organização e seus processos e alinharia a estratégia em toda a empresa.

Um gerente sênior em particular não via nenhum benefício no esforço de transformação e não pôde deixar de expressar abertamente essa crença. Contudo, após reconhecer que o líder da transformação tinha a aprovação e a adesão de outras pessoas-chave da empresa, ele entrou em um acordo com o líder e concordou em suspender as suas críticas e manter-se neutro, evitando representar um obstáculo para o esforço, mas também sem se comprometer em apoiá-lo. Dessa forma, o líder da transformação removeu um obstáculo potencial ao esforço. Ao desenvolver uma poderosa coalizão, o líder da transformação descobriu o benefício adicional de remover obstáculos que poderiam prejudicar seu esforço.

As pessoas que expressaram seu apoio ao líder da transformação se mostraram extremamente empolgadas com as mudanças que estavam por vir. Esses membros da coalizão queriam aprender a metodologia e defenderam o esforço em toda a organização. Eles, por sua vez, também desenvolveram as próprias coalizões em sua unidade de negócio ou departamento.

Como o desenvolvimento da coalizão permite que o líder julgue o potencial de vários empregados, gestores e executivos, ele inevitavelmente se deparará com empregados que não se adaptam à empresa e à transformação. Ao decidir quem excluir da empresa, o líder da transformação deve levar em conta interações com esse empregado em particular, além de opiniões e feedbacks honestos e confiáveis dos colegas desse empregado.

De acordo com Jack Welch, há quatro tipos de empregados e líderes em uma empresa. O primeiro tipo de empregado cumpre tudo o que se propõe a fazer e se encaixa na cultura da empresa. O segundo tipo não cumpre o que se propõe a fazer e não se encaixa na cultura da empresa. O terceiro tipo não cumpre o que se propõe a fazer, mas se encaixa na cultura da empresa e já internalizou seus valores, enquanto o quarto tipo cumpre o que se propõe a fazer, mas não se encaixa na cultura da empresa nem acredita em seus valores. Não há dúvida de que o primeiro tipo de empregado deve ser mantido, enquanto o segundo deve ser demitido. O terceiro tipo de empregado tem potencial e pode ter um desempenho melhor em outro departamento. É a decisão em relação ao quarto tipo de empregado e líder que se faz especialmente difícil, mas Welch acredita que é melhor livrar-se desses empregados.

Uma das decisões mais difíceis que o líder da transformação deve tomar é desligar as pessoas prejudiciais à empresa – mas, por mais difícil que isso seja, é um passo vital no processo. Mas pode valer a pena orientar as pessoas que você deseja manter para que elas recebam tarefas mais desafiadoras e mais responsabilidade para testar seu potencial. Nesse ponto, você deve começar a desenvolver uma noção de quais gestores trabalhariam bem em quais equipes e em quais departamentos. A decisão não precisa ser tomada imediatamente, mas ter ao menos uma vaga idéia facilitará o processo de formar equipes interdepartamentais de resposta rápida mais adiante.

Depois de formar uma poderosa coalizão, o líder precisa refletir sobre as várias maneiras de liderar a coalizão e manter os membros envolvidos no processo de transformação. O fator mais importante que o líder da transformação deve ter em mente é permanecer no centro da rede de comunicações de modo que as pessoas recorram a ele quando tiverem algum comentário ou feedback corporativo importante. Para que a coalizão permaneça motivada, os membros precisam sentir que os interesses deles são priorizados pela organização e pelo esforço de transformação e que é o papel do líder da transformação mantê-los informados e contentes. Comunicar-se constantemente com os membros também garantirá que os interesses deles se mantenham alinhados com os da organização.

Além da poderosa coalizão, o líder da transformação deve estender informalmente sua coalizão aos empregados menos poderosos e menos influentes, já que sua meta final é motivar a empresa inteira para apoiar o esforço de transformação. Para isso, o líder deve conquistar credibilidade e demonstrar dedicação aos empregados. Por exemplo, Irvin, da VeriSign, ficava "no escritório às... nove horas da noite comendo pizza fria e repassando os detalhes", em parte para demonstrar sua dedicação ao envolvimento no esforço.[39]

Outro método que Irvin, da VeriSign, utilizava para conquistar o envolvimento e o comprometimento dos empregados de todos os níveis era informá-los que ninguém tinha um emprego garantido na empresa até a conclusão do planejamento do esforço de transformação. Esse ultimato desenvolveu um senso de responsabilidade na força de trabalho para se informar em relação às questões da empresa e ajudar a formar uma coalizão de apoio a Irvin.[40]

Ainda que o líder deva motivar toda a força de trabalho para apoiar o esforço de transformação, em última instância a poderosa coalizão central deve ser composta de um grupo de elite selecionado especialmente para o esforço e os membros da coalizão devem ser responsáveis, confiáveis, entusiastas e poderosos. (Veja "Como desenvolver uma poderosa coalizão?", que salienta alguns dos principais métodos.)

Sugestão 7: Conquistar algumas vitórias antecipadas

Toda árvore tem pelo menos uma fruta em um galho mais baixo. Se você demorar muito para colher essa fruta, ela ficará madura demais e apodrecerá, e acabará caindo da árvore. Da mesma forma, cada transformação tem uma oportunidade para algumas vitórias antecipadas, sucessos que podem ser atingidos ainda no início do esforço de transformação (veja a Figura 2-8). Se o líder da transformação esperar demais para capitalizar o potencial dessas vitórias antecipadas, elas se tornarão ineficazes e o esforço de transformação perderá uma oportunidade. Devido à importância de um oportuno sucesso antecipado, o líder da transformação deve manter-se atento às oportunidades e conquistar algumas vitórias antecipadas neste ponto da transformação a fim de criar condições favoráveis e energia. As vitórias antecipadas podem ser conquistadas não somente na fase de pré-transformação, mas devem começar assim que possível.

As pessoas em geral não se mostram dispostas a dedicar tempo e energia a qualquer coisa por um período muito longo sem ver resultado ou progresso.

FIGURA 2-8

Sugestão 7

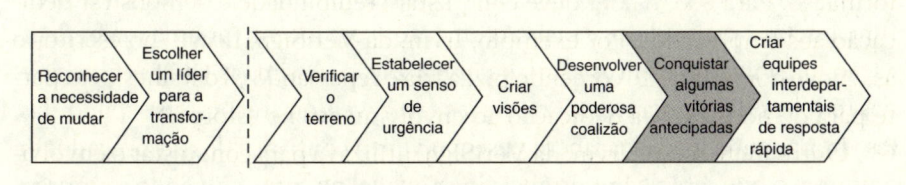

Reconhecer a necessidade de mudar → Escolher um líder para a transformação ┊ Verificar o terreno → Estabelecer um senso de urgência → Criar visões → Desenvolver uma poderosa coalizão → **Conquistar algumas vitórias antecipadas** → Criar equipes interdepartamentais de resposta rápida

> **COMO DESENVOLVER UMA PODEROSA COALIZÃO?**
>
> - Converse com diferentes pessoas na empresa e colete suas opiniões sobre quem seria o melhor empregado ou líder e assim por diante.
> - Avalie as competências e o potencial do empregado ou gestor ao conversar diretamente com eles.
> - Selecione os empregados que possam fazer a diferença na empresa, seja em virtude de sua experiência ou de suas conexões (isto é, se demonstram a capacidade de "mobilizar as multidões").

Mesmo que as pessoas verdadeiramente acreditem na necessidade da transformação, elas serão incapazes de manter o entusiasmo por muito tempo se não virem os frutos de seus esforços. É claro que a transformação completa e as principais e mais importantes mudanças que acompanham o esforço costumam ser demoradas. Até mesmo 90 dias, a duração do modelo de transformação acelerada proposto neste livro, representa um período longo para ser passado sem nenhum sucesso ou progresso publicamente reconhecido. A transformação como um todo deve concentrar-se em iniciativas mais complicadas de longo prazo que demandam tempo de planejamento e implementação, mas o total comprometimento e a dedicação exclusiva às iniciativas de longo prazo resultarão em moral e entusiasmo em baixa. Dessa forma, é essencial que essas iniciativas de longo prazo sejam pontuadas por sucessos de curto prazo prontamente conquistados que dêem aos empregados um senso de realização e neutralizem a impaciência que costuma estar presente em qualquer processo de transformação. Assim, as vitórias antecipadas servem para estimular e revigorar os empregados.

Os sucessos antecipados não somente reforçam o papel dos empregados no esforço de transformação, como também desenvolvem credibilidade e criam condições favoráveis. A alta gestão deve conquistar a credibilidade de suas tropas em virtude da dedicação e do entusiasmo necessários para um esforço de transformação. Ao demonstrar que as iniciativas da administração no esforço de transformação podem ter sucesso, os líderes do esforço podem desenvolver fundamentos mais sólidos e mais argumentos para incentivar uma maior dedicação, organização e entusiasmo na organização. Assim, as vitórias antecipadas têm o poder de manter as condições favoráveis ou até mesmo expandi-las. As vitórias antecipadas também desenvolvem a confiança dos empregados da empresa, o que será de importância inestimável no futuro, quando a empresa estiver lutando para atingir metas mais desafiadoras, complexas e de longo prazo.

Colher a fruta do galho mais baixo também traz o benefício de lidar com a resistência na organização e apaziguá-la, aumentando, desse modo, a adesão. Isso ocorre porque as pessoas que resistem à transformação costumam assumir essa atitude por temer o fracasso. Mas, ao ver a empresa colhendo a fruta do galho mais baixo, os céticos em relação ao esforço de transformação estarão mais convencidos do valor e dos efeitos potenciais do esforço.

Uma vitória antecipada mal selecionada ou implementada de modo negligente, contudo, pode causar o efeito oposto, reduzindo o moral e aumentando o ceticismo em relação ao esforço de transformação. Uma situação particularmente prejudicial ocorre quando as vitórias antecipadas escolhidas, na verdade, não estão prontamente acessíveis, e as tentativas iniciais de atingir essas vitórias fracassam. As razões pelas quais essas metas iniciais podem não ser facilmente atingidas incluem a ocorrência de complexidade imprevista nos processos de resolução de problemas e implementação. Uma situação como essa não apenas prejudica o moral, mas destrói a credibilidade do esforço de transformação e de seus líderes.

Escolha suas batalhas

Considerando o grande potencial de uma vitória antecipada bem escolhida e as terríveis conseqüências do oposto, um processo meticuloso e deliberado de seleção e comunicação dessas vitórias é ao mesmo tempo fundamental e necessário. Isso não quer dizer, entretanto, que sua seleção e execução devem se tornar o principal foco da organização. Mas as vitórias antecipadas devem ser escolhidas por sua viabilidade e grande probabilidade de sucesso. Além disso, elas devem estar alinhadas tanto com a visão motivacional quanto com a visão estratégica da empresa e com as metas gerais do esforço de transformação. (Para uma lista de alguns critérios a serem levados em consideração na seleção dos projetos para simbolizar as vitórias antecipadas, veja "Fatores a serem considerados ao selecionar as vitórias antecipadas").

Como definir uma vitória antecipada? Em que momento uma vitória é considerada antecipada? Uma empresa multinacional de engenharia que pesquisamos assumiu a iniciativa de classificar quantitativamente problemas e soluções em um cronograma de curto, médio e longo prazos. (Para mais detalhes, veja "Classificação temporal".) Normalmente, um projeto de curto prazo pode ser reconhecido como uma fruta em um galho mais baixo, por ser curto e independente.

FATORES A SEREM CONSIDERADOS AO SELECIONAR AS VITÓRIAS ANTECIPADAS

- Ela pode ser imediata e rapidamente implementada?
- Os resultados poderão ser vistos imediatamente?
- Ela é muito arriscada? Quais são as chances de sucesso?
- Ela se alinha à visão desenvolvida? Ela representa um primeiro passo na direção que queremos tomar?
- A vitória antecipada pode ser comunicada de maneira eficaz para motivar os empregados e manter ou expandir as condições favoráveis?
- Como essa vitória antecipada complementará as outras vitórias?

Essas vitórias iniciais não devem ser complexas demais nem durar indefinidamente. É importante definir prazo para uma vitória antecipada, além de indicadores claros e distintos de sucesso. Esses indicadores não somente ajudam a definir uma vitória antecipada de sucesso, mas também a acompanhar o progresso em projetos de prazo mais longo. Essa parte do planejamento, contudo, não deve ser extremamente extensa ou exaustiva, já que a essência de uma vitória antecipada é a capacidade de agir praticamente de forma imediata. (Veja "A documentação como uma vitória antecipada na VeriSign".) Para alguns projetos mais longos, as vitórias antecipadas podem ser conquistadas por meio de indicadores de sucesso claramente definidos e predeterminados nos estágios anteriores (veja "A parceria da Apple com um concorrente").

CLASSIFICAÇÃO TEMPORAL

- **Curto prazo:** implementação em menos de 30 dias.
  - Dependência mínima de outros grupos.
- **Médio prazo:** implementação de 30 a 90 dias.
  - Dependência em interfaces de equipes.
  - Pode-se atingir sem recursos adicionais.
- **Longo prazo:** implementação em mais de 90 dias.
  - Baseado na análise de defasagem (discutida na fase 2).
  - Múltiplas interdependências; pode demandar a criação de novos grupos, treinamento, transferências ou novas contratações.
  - Investimento significativo para a implementação.

As vitórias antecipadas também podem se referir à conquista da adesão dos empregados e de sua credibilidade. Isso pode não exigir uma ação deliberada, mas apenas representar a conquista da credibilidade por meio de ações não-verbais. Por exemplo, Irvin demonstrou sua dedicação à causa transformacional ficando no escritório até tarde da noite e se comunicando constantemente com as pessoas. Da mesma forma, Ghosn passou tanto tempo viajando e conversando com as pessoas que foi apelidado de "Seven-Eleven", dando início a seus dias de trabalho de madrugada e concluindo-os bem depois do pôr-do-sol, como a popular rede de lojas de conveniência do Japão.[41] Essa de-

---

A DOCUMENTAÇÃO COMO UMA VITÓRIA ANTECIPADA NA VERISIGN

Para conquistar uma vitória antecipada, a VeriSign recorreu à criação de um documento detalhando as informações dos departamentos comercial e de marketing. A equipe precisava entregar informações em tempo real sobre os clientes da empresa, o que eles planejavam comprar e o que a empresa deveria esperar de uma inação. Utilizando essas informações, a equipe produziu um documento com os dados detalhados. Indicadores também foram utilizados com base nas informações e, subseqüentemente, foram incluídos no documento. Além disso, os gerentes comerciais e empregados foram solicitados a documentar seus planos, o que fez com que eles precisassem prestar contas por seus compromissos públicos e formais.[42]

A PARCERIA DA APPLE COM UM CONCORRENTE

Quando Jobs entrou na Apple em 1997, a empresa via a Microsoft como um agressivo concorrente a ser combatido. Ao redirecionar a empresa para suas competências essenciais e seus clientes, Jobs reconheceu o potencial de uma parceria com a Microsoft. Logo após o início do envolvimento de Jobs na empresa, a Apple entrou em uma parceria oficial com a Microsoft, em que a Microsoft compraria US$150 milhões de ações da Apple e desenvolveria e distribuiria as versões futuras do Microsoft Office e do Internet Explorer para Macs por pelo menos mais cinco anos.[43] Essa importante manobra ilustrou a mudança de foco da empresa de concorrentes a clientes. Isso não somente redirecionou a organização, como ajudou a motivar os empregados para um novo desafio de longo prazo: satisfazer seus clientes e revitalizar a marca Apple.

dicação e motivação são reconhecidas e apreciadas pelas pessoas, e o líder da transformação pode conquistar a credibilidade e o apoio necessários para o esforço de transformação.

Muitas vitórias antecipadas potenciais são negligenciadas em função do mal-entendido comum de que uma estratégia deve ser plena e meticulosamente desenvolvida antes de uma empresa conseguir acompanhar a eficácia operacional ou a implementação. Na verdade, muitas vitórias antecipadas que facilitam a operação tranqüila dos esforços futuros de implementação dessas estratégias podem ser conquistadas imediatamente (veja "Seis Sigma na 3M"). Esses tipos de vitórias antecipadas incluem treinar empregados no modo de conduzir reuniões eficazes, como tomar decisões de maneira eficaz e como gerenciar conflitos. Também é importante estabelecer um estágio de transparência, prestação de contas e foco no cliente nesse ponto do esforço de transformação. A consolidação desses fundamentos representa uma importante vitória antecipada que evitará ou minimizará obstáculos no futuro do esforço da transformação.

Espalhe a mensagem

A documentação e a comunicação das vitórias antecipadas são tão importantes quanto a seleção desses projetos e metas. Os sucessos iniciais não exercem um papel significativo em manter as condições favoráveis e desenvolver a credibilidade se não forem comunicados aos empregados de maneira eficaz. Com efeito, uma comunicação ruim das vitórias antecipadas – normalmente implicando falta de sinceridade, exagero ou ênfase excessiva em sua importância – é contraproducente, afetando negativamente as condições favoráveis do esforço de transformação e desgastando a credibilidade dos líderes. Além disso, utilizar e comunicar vitórias antecipadas demais pode dar aos empregados uma sensação falsa de progresso e segurança, e pode chegar a criar um sentimento de complacência, que mina o senso de urgência necessário, desenvolvido anteriormente.

A comunicação sincera e aberta é a forma mais eficaz de anunciar as vitórias antecipadas. As vitórias antecipadas consideradas mais importantes para o esforço de transformação também podem ser celebradas. Contudo, essas celebrações devem ser monitoradas de perto para assegurar que as vitórias antecipadas não sejam confundidas com vitórias de longo prazo, mais importantes. Isso pode ser obtido por meio de um alerta contra a complacência nessas celebrações. O mais importante equilíbrio a ser mantido é reconhecer o impacto do empenho e, ao mesmo tempo, não exagerar a sua importância no cenário mais amplo da transformação.

> ## SEIS SIGMA NA 3M
>
> Apesar de o Seis Sigma residir no cerne do esforço de transformação da 3M, James McNerney lançou a iniciativa logo no início do esforço, mesmo antes da definição de todos os detalhes. Como parte dessa vitória antecipada, a gerência de nível médio foi rapidamente identificada e enviada a um programa de treinamento intensivo de quatro semanas para se tornarem "faixas pretas", ou consultores internos de melhorias de processos. Esses gestores trabalharam juntos em equipes interdepartamentais e se concentraram em projetos específicos independentes de suas respectivas funções. Eles exerceriam um importante papel no esforço de mudança e, em troca, receberiam bons cargos e promoções caso demonstrassem um bom desempenho. Ainda que a logística exata em relação ao modo como os faixas pretas mudariam a organização ainda não tivesse sido definida, oferecer o treinamento para os gestores selecionados no estágio inicial do esforço de mudança foi importante para criar uma atmosfera favorável e estabelecer as bases para o restante da iniciativa. Essa abordagem não somente inspirou e convenceu os líderes futuros da empresa, mas também transmitiu a importância do Seis Sigma para o resto da organização.[44]

Por demandarem um equilíbrio delicado, as vitórias antecipadas são extremamente complicadas e difíceis de executar de maneira eficaz. A primeira escala de uma vitória antecipada eficaz deve ser equilibrada em relação à sua importância. Nessa escala, a vitória antecipada não deve ser completamente insignificante nem ofensivamente simples, mas também não pode ser tão vital e importante, tornando-se extremamente complexa e de duração indefinida. A segunda escala reside na comunicação. A falta de comunicação de uma vitória antecipada banaliza o sucesso, deixando-se de utilizar a vitória no sentido de melhorar as condições e desenvolver a confiança, enquanto a comunicação exagerada resulta em ceticismo e desconfiança. Considerando o enorme potencial de uma vitória antecipada bem selecionada, executada e comunicada, ela não pode ser negligenciada em um esforço de transformação, mas deve ser utilizada com cautela.

Sugestão 8: Criar equipes interdepartamentais de resposta rápida
O sucesso do esforço de transformação se relaciona diretamente com organização, implementação e liderança bem-sucedidas de equipes interdeparta-

mentais de resposta rápida. Essas equipes são responsáveis por todos os estágios do esforço de transformação, especialmente na identificação dos principais problemas e na entrega de recomendações e planos de implementação para esses problemas (veja a Figura 2-9). Essas equipes serão abordadas no capítulo seguinte.

CONCLUSÃO

A pré-transformação é o primeiro estágio de um esforço de transformação e tem uma importância especial no estabelecimento do tom do esforço. Neste capítulo, você aprendeu sobre os passos gerais para plantar as sementes de um esforço bem-sucedido, desde como selecionar um líder da transformação até o modo de conquistar a adesão e aumentar as condições favoráveis. Ainda que essas sugestões não devam ser levadas a ferro e fogo, elas comprovadamente representam passos lógicos e eficazes em um cenário de pré-transformação. A fase de pré-transformação é concluída oficialmente com a criação de equipes interdepartamentais de resposta rápida.

No próximo capítulo, exploraremos as vantagens das equipes interdepartamentais de resposta rápida, seu papel no esforço de transformação e como estruturá-las de maneira eficaz. Em função de seu papel fundamental no esforço de transformação, dedicamos um capítulo inteiro a essas equipes. Elas começam com uma bola em movimento (por meio da transformação que foi colocada em movimento na fase de pré-transformação) e lhe dão um "empurrão" para acelerá-la até chegar ao topo da montanha.

FIGURA 2-8

Sugestão 8

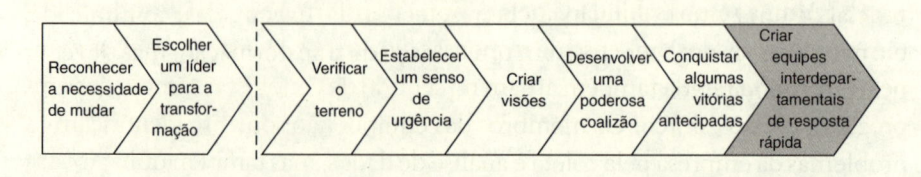

Reconhecer a necessidade de mudar → Escolher um líder para a transformação → Verificar o terreno → Estabelecer um senso de urgência → Criar visões → Desenvolver uma poderosa coalizão → Conquistar algumas vitórias antecipadas → **Criar equipes interdepartamentais de resposta rápida**

3

Equipes interdepartamentais de resposta rápida

Canalizando o poder

Para liderar as pessoas, caminhe atrás delas.
– Lao Tzu

As equipes interdepartamentais de resposta rápida, a partir de agora chamadas simplesmente de equipes interdepartamentais ou equipes de resposta rápida, constituem o centro do esforço de transformação e têm uma importância vital. Elas não apenas aceleram o esforço de transformação, mas também envolvem empregados por toda a empresa, aumentando a eficácia do esforço de transformação.

Normalmente, os esforços de transformação são organizados e administrados por um exército de consultores externos que dão uma recomendação, mas deixam a organização relativamente sem mudanças. As equipes de resposta rápida reduzem o número de consultores necessários e minimizam o papel que exercem no esforço de transformação recorrendo aos empregados da empresa para assumir a responsabilidade pela própria transformação. Em virtude de darem aos empregados um senso de responsabilidade pela transformação, as equipes de resposta rápida também atuam no sentido de conquistar o apoio dos empregados para o esforço. Os membros das equipes não somente identificam os problemas da empresa pela coleta e análise de dados, mas também utilizam essa análise para desenvolver recomendações para as ações futuras da empresa.

De forma surpreendente, apesar do impacto potencial das equipes interdepartamentais, muitas empresas não as utilizam nem para o planejamento nem para a implementação. Em vez disso, contam com pessoas de fora para desenvolver uma recomendação e impor suas propostas de implementação aos executivos. Como resultado, os executivos costumam entender mal a proposta ou não conseguem conquistar o apoio necessário para a implementação. Em ambos os casos, o esforço de transformação fracassa porque as pessoas-chave não foram envolvidas no processo, mas incluídas tardiamente. As equipes interdepartamentais evitam esse problema envolvendo as pessoas-chave desde o início do esforço de transformação, a fim de assegurar que (1) elas compreendam a recomendação final e (2) elas conquistem ou possam conquistar adesão suficiente para implementar a recomendação.

Iniciaremos este capítulo apresentando o conceito das equipes interdepartamentais e explicando seu papel crucial no esforço de transformação em geral. Em seguida, salientamos algumas vantagens importantes acerca da implementação de equipes de resposta rápida antes de propor um modelo geral para a sua estruturação. Apresentamos exemplos das melhores práticas e utilizações bem-sucedidas de equipes de resposta rápida nos esforços de transformação, incluindo casos da Nissan e VeriSign. Nesses exemplos, salientamos variações eficazes de nosso modelo e analisamos as situações em que essas variações têm mais chances de alcançar sucesso. Em seguida, aprofundamo-nos nas especificidades da estruturação de cada equipe, explicando os papéis dos principais membros de cada uma e como o processo de seleção deve ser abordado. Finalmente, salientamos algumas das principais reuniões nas quais as equipes de resposta rápida se envolvem. A Figura 3-1 apresenta uma visão geral dos pontos a serem discutidos.

O QUE É UMA EQUIPE INTERDEPARTAMENTAL DE RESPOSTA RÁPIDA?

Uma equipe interdepartamental de resposta rápida reúne membros de diversas funções e departamentos de toda a organização visando a uma meta co-

FIGURA 3-1

Visão geral do capítulo

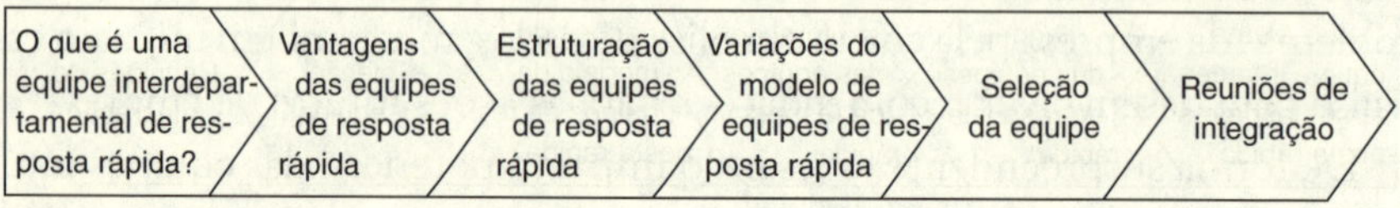

| O que é uma equipe interdepartamental de resposta rápida? | Vantagens das equipes de resposta rápida | Estruturação das equipes de resposta rápida | Variações do modelo de equipes de resposta rápida | Seleção da equipe | Reuniões de integração |

mum (veja a Figura 3-2). Essas equipes rompem as barreiras que costumam impedir a comunicação aberta entre os empregados de diferentes funções, localizações geográficas e hierarquias nas organizações. Ao incentivar a cooperação e o diálogo aberto, as equipes interdepartamentais fazem com que a organização seja mais coesa, permitindo que os membros compartilhem seu conhecimento e pontos de vista únicos entre si. No esforço de transformação, chamamos esses grupos de equipes de resposta rápida por serem fundamentais para a rapidez e agilidade da transformação de 90 dias.

O papel das equipes de resposta rápida no esforço de transformação

Como motivadores de todo o esforço de transformação, as equipes de resposta rápida envolvem muitos empregados e fazem com que todos entrem no mesmo barco e remem na mesma direção. Elas não somente aceleram a transformação e fazem com que ela seja mais eficaz e eficiente, como também desafiam o modelo de transformação convencional, demandando menos consultores do que o normal.

Normalmente, os esforços de transformação envolvem uma equipe inteira de consultores, de juniores a seniores, que não apenas investigam a situação e os problemas, como também desenvolvem o plano. Há alguns problemas no envolvimento de um grande número de consultores no esforço de transformação:

- Os empregados não internalizam o esforço de transformação e podem não entender ou adotar a transformação, levando a problemas na implementação.
- Os consultores não compartilham necessariamente as mesmas metas ou correm o mesmo risco na transformação quanto os empregados da empresa.
- Os consultores são custosos tanto em termos de tempo quanto de dinheiro.

FIGURA 3-2

O que é uma equipe interdepartamental de resposta rápida?

| O que é uma equipe interdepartamental de resposta rápida? | Vantagens das equipes de resposta rápida | Estruturação das equipes de resposta rápida | Variações do modelo de equipes de resposta rápida | Seleção da equipe | Reuniões de integração |

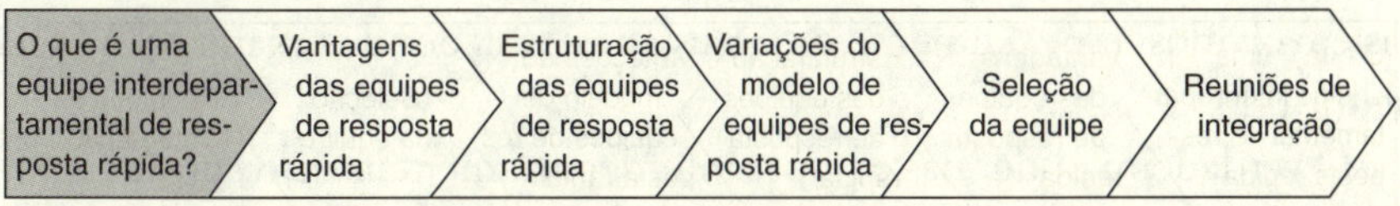

Também há um conflito de interesses entre os consultores e a empresa, já que, apesar de um rápido esforço de transformação ser benéfico para a empresa e aumentar as chances de sucesso, isso implica menos tempo de contrato para os consultores. Dessa forma, os esforços de transformação conduzidos por consultores podem levar mais tempo que o necessário. Além disso, os consultores podem entender mal a visão ou estratégia da empresa – ainda que uma proposta bem implementada elaborada por consultores possa ter um resultado positivo, ela pode não estar alinhada com as metas originais ou resultados esperados da empresa. Ao limitar o número de consultores e restringir seu papel ao de um coach, o esforço de transformação acelerado utiliza a expertise dos consultores experientes ao mesmo tempo em que dá as rédeas da transformação aos empregados. Assim, os empregados não apenas se transformam em especialistas do esforço de transformação e desenvolvem uma visão melhor da empresa como um todo, mas se tornam mais envolvidos – afinal, se você tiver algum envolvimento na concepção do bebê, também é responsável por cuidar do bebê. De acordo com Ava Butler, uma consultora envolvida no esforço da VeriSign, "quando uma empresa como esta precisa fazer mudanças tão significativas, isso é muito difícil, se não impossível, sem o envolvimento dos empregados. Você pode contratar um bando de consultores para planejar as mudanças em uma sala apinhada de gente, mas eles nunca saem exatamente com a resposta certa e não têm como entender todas as sutilezas da empresa. É muito melhor envolver os próprios empregados na mudança".[1]

O principal produto das equipes de resposta rápida são o desenvolvimento e a apresentação das melhores recomendações após uma análise detalhada do problema. As equipes de resposta rápida costumam ser criadas especialmente para o esforço de transformação e, dessa forma, normalmente são desfeitas ao final dos 90 dias. Essa natureza temporária das equipes aumenta o senso de urgência do esforço de transformação e sua estrutura única ajuda a agitar a organização e a expandir sua zona de conforto.

Mencionamos nos capítulos anteriores os fatores críticos de sucesso que descobrimos ser necessários para um esforço de transformação bem-sucedido. Recapitulando, os esforços de transformação bem-sucedidos tendem a ser abrangentes, integradores e rápidos, com comprometimento e adesão totais dos envolvidos, especialmente das mais altas posições da organização (veja a Figura 1-1).

O verdadeiro poder das equipes interdepartamentais de resposta rápida é que elas permitem e orientam esses fatores críticos de sucesso.

- **Abrangentes.** As equipes de resposta rápida diagnosticam e avaliam várias partes da empresa. Elas olham debaixo dos tapetes e não deixam nenhuma pedra sem revirar.
- **Integradoras.** O fato de as equipes de resposta rápida trabalharem paralelamente permite que integrem suas recomendações e se aproveitem das sinergias entre as diferentes equipes, descobertas e recomendações. Por meio do modelo dos 90 dias, as equipes de resposta rápida trabalham juntas e integram suas recomendações para garantir que as diferentes recomendações não sejam redundantes ou entrem em conflito. As equipes interdepartamentais se envolvem não apenas em conferências telefônicas semanais, mas também em reuniões mensais de integração para comunicar suas descobertas, resultados e próximos passos. Isso será discutido em mais detalhes adiante, neste capítulo.
- **Rápidas.** A natureza paralela das equipes de resposta rápida acelera o esforço de transformação ao abordar todos os aspectos da empresa ao mesmo tempo.
- **Com plenos e entusiasmados comprometimento e participação.** As equipes de resposta rápida envolvem pessoas-chave na transformação, o que aumenta seu comprometimento e adesão, como descrevemos na próxima seção.

VANTAGENS DAS EQUIPES INTERDEPARTAMENTAIS DE RESPOSTA RÁPIDA

Em parte devido à sua natureza interdepartamental e em parte devido ao papel fundamental no esforço de transformação, as equipes de resposta rápida apresentam vários benefícios além dos apresentados acima:

- O todo é maior do que a soma de suas partes.
- Elas canalizam o poder de uma organização sem fronteiras.
- A comunicação é facilitada: "Não existe um 'eu' na equipe."
- Os membros desenvolvem uma nova perspectiva.
- A mudança forçada é problemática.
- Os membros envolvidos demonstram maior comprometimento com a mudança.
- Iniciativas paralelas geram benefícios inigualáveis.
- Elas ajudam na avaliação dos líderes futuros.

A Figura 3-3 mostra como esta seção se encaixa no conceito da adoção das equipes de resposta rápida.

FIGURA 3-3

Vantagens das equipes de resposta rápida

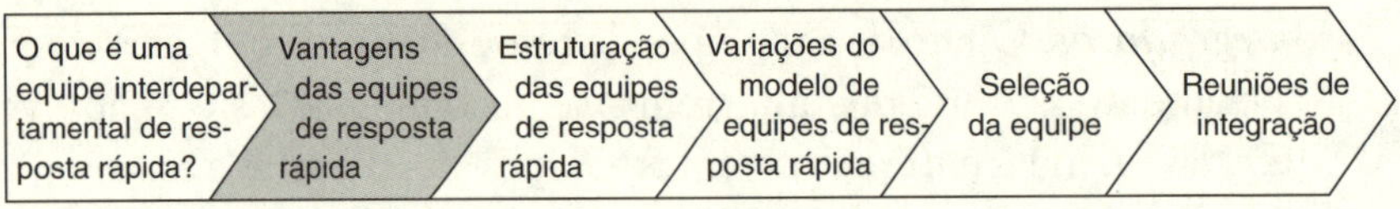

| O que é uma equipe interdepartamental de resposta rápida? | Vantagens das equipes de resposta rápida | Estruturação das equipes de resposta rápida | Variações do modelo de equipes de resposta rápida | Seleção da equipe | Reuniões de integração |

O todo é maior do que a soma de suas partes

As equipes de resposta rápida transformam um grupo de indivíduos em uma verdadeira equipe. Começaremos a análise dessa afirmação com a distinção entre um grupo e uma equipe.

Um grupo é simplesmente uma coletânea de indivíduos, resultando em esforços individuais com pouca colaboração e interação entre os membros. Uma equipe, entretanto, utiliza interações e comunicação freqüentes para criar um esforço unificado direcionado a uma meta comum. Dessa forma, uma equipe se aproveita das diferenças entre os indivíduos e capitaliza as sinergias das interações entre os membros (veja a Tabela 3-1).

Em uma equipe, todos os membros são igualmente responsáveis pelo sucesso ou fracasso da equipe, mas em um grupo, só os indivíduos são reconhecidos e responsabilizados por suas ações. Como reconheceu a Equipe de Implementação de Mudanças da Best Buy, "em uma equipe, [os membros] puderam manter sua credibilidade e eficácia. Se trabalhassem individualmente... eles teriam sido destruídos e neutralizados".[2]

As equipes de resposta rápida maximizam o poder canalizado pelas equipes para analisar e lidar com algumas das questões mais evidentes da empresa e apresentam suas recomendações ao líder da transformação. A natureza colaborativa do esforço de transformação se beneficia diretamente da ênfase no trabalho em equipe e da responsabilidade coletiva nas equipes de resposta rápida. Esse senso de camaradagem e responsabilidade coletiva pode chegar a impulsionar a equipe a apresentar um desempenho além de suas próprias expectativas (veja "Responsabilidade coletiva na Nissan"). Com indivíduos trabalhando juntos em uma equipe, as equipes de resposta rápida confirmam a velha máxima: "O todo é maior do que a soma de suas partes."

TABELA 3-1

Uma comparação entre grupos e equipes

Grupo	Equipe
Os membros trabalham individualmente visando a uma meta comum	Os membros trabalham juntos e em colaboração, criando um esforço integrado que visa uma meta comum
Os indivíduos são responsabilizados pelos seus atos	A equipe como um todo é responsabilizada pelos resultados
Não se beneficia das sinergias disponíveis no grupo	Beneficia-se das sinergias disponíveis na equipe
"Soma dos indivíduos"	"O todo"

Elas canalizam o poder de uma organização sem fronteiras

De acordo com Jack Welch, uma organização sem fronteiras representa o ideal que as organizações deveriam buscar concretizar. Uma organização sem fronteiras é uma organização que se livrou das fronteiras horizontais, verticais e geográficas que normalmente impedem a comunicação aberta por toda a empresa. Segundo Welch, o poder dos empregados de uma organização é canalizado "liberando-os e retirando o peso de todas as camadas hierárquicas de

---

RESPONSABILIDADE COLETIVA NA NISSAN

No esforço de transformação da Nissan, a equipe interdepartamental da divisão de compras de Carlos Ghosn entregou recomendações abaixo das expectativas. Em vez de se perguntar por que ou atribuir a culpa a pessoas específicas, Ghosn disse diretamente à equipe que as recomendações não eram agressivas o suficiente e imediatamente enviou a equipe de volta à fase do planejamento. Com isso, Ghosn exerceu pressão adicional na equipe, certificando-se de que todos se responsabilizassem e prestassem contas pelos resultados e esclarecendo que não haveria "vacas sagradas". Com efeito, Ghosn disse à equipe que a redução dos custos deveria ser o dobro daquela proposta pela recomendação, um valor que a equipe inicialmente havia declarado ser agressivo o suficiente. Em duas semanas, a equipe voltou a colaborar com o departamento de engenharia e desenvolveu uma recomendação mais agressiva e aceitável. Ao fazer com que a equipe prestasse contas tanto pelos prazos quanto pelas metas, Ghosn utilizou o poder e criou um sentimento de intensa unidade e solidariedade na equipe.

suas costas, as correntes burocráticas de seus pés e as barreiras funcionais do caminho".³ Isso pode ser feito por meio de equipes interdepartamentais. Ghosn também reconheceu que as equipes interdepartamentais têm o grande poder de fazer com que os executivos "vejam além das fronteiras funcionais e especiais de suas responsabilidades diretas..., de derrubar os muros... que reduzem um empreendimento coletivo a uma congregação de grupos e tribos".⁴ Ao unir um grupo diversificado de empregados de muitas partes diferentes da empresa, as equipes de resposta rápida rompem não somente as barreiras horizontais entre os departamentos, como também as barreiras verticais. Uma forma de fazer isso, por exemplo, é permitindo que os vice-presidentes executivos trabalhem diretamente com os gerentes-gerais.

Com uma organização sem fronteiras, a empresa inteira trabalha como um todo, o que lhe permite explorar os pontos fortes e a força de cada empregado. As equipes de resposta rápida facilitam a cooperação e permitem que os empregados trabalhem juntos, utilizando suas diferenças para complementar uns aos outros e tornar a equipe e a empresa como um todo mais eficaz. Desse modo, as equipes de resposta rápida exercem uma função essencial e funcionam como um importante primeiro passo para atingir o ideal de uma organização sem fronteiras.

A comunicação é facilitada: "Não existe um 'eu' na equipe"

Os empregados de diferentes departamentos normalmente não interagem uns com os outros nas operações cotidianas. As equipes interdepartamentais ajudam a romper essas barreiras departamentais e a abrir o diálogo, facilitando a comunicação entre os empregados. Essa comunicação melhorada é obtida em conjunção com o ideal de uma organização sem fronteiras. Como as equipes de resposta rápida se reúnem regularmente e conduzem discussões freqüentes e focadas sobre os problemas em questão, os canais de comunicação se mantêm abertos e os membros da equipe têm mais oportunidades de compartilhar seus pontos de vista em relação às áreas que requerem melhorias, independentemente de esses pontos de vista serem oriundos de suas funções ou departamentos específicos ou do conhecimento que tenham obtido com a experiência. As equipes de resposta rápida não somente criam um fórum para a comunicação aberta, mas sessões de brainstorm incentivam os membros experientes e talentosos a expressar suas opiniões e sugestões. Como Ghosn reconheceu, as equipes interdepartamentais têm um grande poder de habilitar os executivos a "incentivar as pessoas a conversarem, ouvirem umas às outras e compartilhar conhecimento e informações".⁵

Além disso, a comunicação aberta desenvolvida por meio das equipes de resposta rápida pode ser aproveitada no trabalho cotidiano dos membros em toda a organização. Nesse sentido, as equipes não apenas facilitam temporariamente o diálogo aberto, mas também ajudam a criar redes sustentáveis de comunicação, já que os empregados tiveram a chance de fazer contato com pessoas-chave fora de sua área de especialidade.

Os membros desenvolvem uma nova perspectiva

Como resultado de uma comunicação mais aberta, os membros da equipe são capazes de ver com mais clareza a situação de diferentes pontos de vista, inclusive de membros que ocupam funções diferentes das suas. Na maioria das empresas, os empregados não têm a chance de interagir com empregados de outras áreas. Superando a visão microscópica típica de um empregado em relação à organização, limitada por sua área ou função específica, as equipes de resposta rápida proporcionam aos membros uma visão macroscópica, que integra pontos de vista de várias funções e divisões. Por exemplo, se a meta for gerar aplausos, o simples fato de fazer com que as mãos esquerda e direita reconheçam a existência uma da outra não é o suficiente. O aplauso, especialmente o melhor ou mais ruidoso aplauso, requer que as mãos direita e esquerda trabalhem visando à meta comum de encontrar a melhor configuração possível. Uma equipe de resposta rápida apresenta a mão direita à esquerda e facilita sua cooperação para gerar um melhor aplauso. Além disso, permitir que empregados de diferentes unidades de negócio, departamentos e regiões comparem seus pontos de vista e seu progresso por meio do diálogo nas equipes de resposta rápida facilita às equipes identificar e solucionar o problema. Finalmente, essa nova perspectiva obtida pela exposição às equipes permite que a empresa fique mais disposta a aceitar as medidas radicais que revolucionarão as práticas tradicionais.

A mudança forçada é problemática

Muitas transformações fracassadas foram documentadas no ponto em que um novo líder organizacional entra na empresa e tenta criar e implementar a mudança de cima para baixo. Ao fazer isso, ele não está motivando os empregados nem os convencendo de que a mudança é necessária. Esses líderes não entendem o componente humano da mudança – que a maioria das pessoas apresenta uma repulsa inata à mudança e se satisfaz com o *status quo*. Ao se limitar a disseminar a mudança de cima para baixo, o líder deixa de mobilizar a empresa na direção do esforço e consegue, na melhor das hipóteses, uma mudança superficial (veja "Submissão superficial na Best Buy").

Além disso, os líderes que impõem a mudança de cima para baixo tendem a superestimar tanto a própria capacidade de disseminar a mudança por toda a organização sem conquistar antes a adesão adequada quanto sua capacidade de avaliar plenamente a extensão dos problemas que afligem a empresa. As pessoas do topo de uma organização normalmente acreditam ter identificado totalmente o problema, quando, na verdade, identificaram somente uma parte dele. Com uma mudança de cima para baixo, isso significa que o problema pode ser inadequadamente definido ou que a solução será restrita demais devido ao diagnóstico prematuro. Desse modo, mesmo que os empregados estejam comprometidos com o esforço de transformação, a solução não lidará adequadamente com os problemas da organização.

As equipes interdepartamentais, contudo, não apenas concedem poderes aos empregados de todos os níveis para assumir as rédeas do esforço de transformação, mas também garantem que os problemas serão mais plenamente identificados. Ao atribuir a equipes funções ou processos específicos, um esforço de transformação que utilize equipes de resposta rápida será capaz de avaliar mais completamente os problemas da organização e recomendar soluções eficazes com base em seu conhecimento e experiência nas funções ou processos específicos.

SUBMISSÃO SUPERFICIAL NA BEST BUY

A primeira tentativa da Best Buy de mudar a empresa foi desenvolvida por uma prestigiada empresa de consultoria e a solução parecia ser bastante racional. Contudo, o lançamento planejado se provou muito mais difícil do que o previsto – apesar de todas as lojas terem passado por uma lista de verificação de diagnóstico com pelo menos 90% de conformidade com as exigências, a equipe de transformação descobriu apenas 44% de verdadeira conformidade. Isso ocorreu em parte porque a solução foi desenvolvida por uma equipe externa e imposta a cada unidade, sem levar em consideração a opinião dos gerentes de loja. Em conseqüência, os gerentes responderam ao questionário com o que consideravam ser as respostas "corretas", mas não internalizaram o significado mais profundo e as implicações do plano de transformação.[6]

Os membros envolvidos demonstram maior comprometimento com a mudança

Mencionamos anteriormente que as equipes de resposta rápida contribuem com o fator crítico de sucesso de ter um comprometimento e adesão plenos e entusiasmados e que muitas transformações fracassam quando não conseguem envolver os empregados ao longo do esforço. Sem um amplo apoio em toda a organização, a mudança não pode ser implementada com sucesso, mas os líderes da transformação costumam subestimar a resistência dos empregados à mudança. Essa resistência, contudo, pode ser combatida envolvendo os empregados em estágios ao longo do esforço de transformação e permitindo que eles atuem na direção da mudança, que é exatamente o que as equipes interdepartamentais de resposta rápida fazem.

Muitos casos têm mostrado que motivar as pessoas para atuar no esforço é fundamental para superar sua resistência à mudança e assegurar seu comprometimento com a implementação e a manutenção da mudança. As pessoas que devem orientar e viver com a mudança se dedicam mais ao esforço quando têm a chance de colaborar para a identificação e resolução do problema. Além disso, motivar e convencer as pessoas ao longo do processo de transformação assegura às pessoas envolvidas na mudança que os problemas abordados são os problemas certos, o que ajuda o líder da transformação a conquistar a adesão de empregados de todos os níveis.

As equipes de resposta rápida são importantes para que os empregados se envolvam ao longo de todo o processo de transformação. Ao responsabilizar os membros da equipe pela identificação e recomendação de soluções, as equipes de resposta rápida diluem a responsabilidade de um único líder da transformação à organização como um todo. Ao compartilhar essa responsabilidade com as equipes, o líder da transformação inclui seus gestores e empregados no processo decisório e os equipa com ferramentas que eles poderão levar consigo e utilizar de maneira eficaz, mesmo fora do esforço de transformação. Além disso, se as recomendações forem aceitas, os membros da equipe são considerados pelo menos em parte responsáveis pela implementação da solução, proporcionando-lhes um incentivo adicional para propor soluções viáveis.

Em um esforço de transformação rápida, no qual a empresa deve estar preparada a reagir rapidamente a um ambiente de mudanças constantes, as empresas normalmente não querem que as decisões sejam tomadas por meio de um mero processo de transferência de tarefas entre departamentos. Em vez disso, os empregados devem trabalhar juntos para lidar com as questões rápida e eficientemente. As equipes de resposta rápida permitem essa reação ágil e confiável, por se unirem para identificar e solucionar um problema específico ou um conjunto de problemas. Ao fazer com que os membros se envolvam diretamente no processo, a recomendação será analisada mais meticulosa e profundamente por envolver maiores riscos para os membros.

Finalmente, a utilização de equipes interdepartamentais durante a transformação protege a auto-estima das pessoas e eleva o moral dos empregados e dos gestores. Com muita freqüência, o moral de uma empresa cai ao chão quando a mudança é imposta aos empregados sem levar em conta suas opiniões, por transmitir a mensagem não somente de que o desempenho atual é insatisfatório, mas também de que os líderes da empresa e da transformação não acreditam que seus próprios empregados são capazes de pensar em uma solução para melhorar a situação.

Iniciativas paralelas geram benefícios inigualáveis

Os projetos críticos para o esforço de transformação podem ser executados em série ou paralelamente. Com uma estrutura serial, uma equipe principal é responsável por orientar a transformação como um todo, desde a identificação dos problemas até a proposta e o planejamento de uma solução recomendada. Para que essa única equipe identifique e solucione plenamente todos os problemas que afligem a empresa, ela precisa analisar as questões seqüencialmente uma após a outra, o que levaria muito tempo. Além disso, é mais do que provável que os problemas não serão adequadamente identificados e abordados devido aos recursos e perspectivas limitados dessa única equipe. Contudo, com múltiplas equipes e subequipes de resposta rápida, muitos projetos são simultaneamente executados – desse modo, o tempo necessário para a tarefa é dividido entre as equipes. Pelo fato de a atenção e os recursos das equipes serem mais concentrados, a qualidade dos projetos e das recomendações em geral será mais alta do que se uma única equipe tentasse solucionar os vários problemas de uma só vez.

Algumas pessoas podem temer que várias equipes lidando com as diferentes e complexas questões de uma empresa acabem por gerar o caos e uma falta de direcionamento comum entre as equipes. Para assegurar que se mantenham alinhadas às suas metas e direcionamento, o líder da transformação e um seleto grupo de líderes devem orientar o esforço de transformação e monitorar o progresso e a estratégia de cada equipe.

Elas ajudam na avaliação dos líderes futuros

Uma das maiores vantagens das equipes interdepartamentais é o fato de criarem um espaço aberto sem nenhum refúgio para os empregados se esconderem. Pelo contrário, elas são transparentes, mantendo expostas suas ações e competências. Dessa forma, as equipes ajudam o líder da transformação a avaliar os futuros líderes da empresa. Além disso, as equipes de resposta rápida atuam como estudos-piloto para seus líderes e membros da equipe. Isso permite que os líderes da transformação e da organização avaliem o potencial de liderança dos empregados, bem como as forças e fraquezas de cada membro. As equipes de resposta rápida também dão ao líder da transformação a oportunidade de identificar áreas de melhoria. Pelo fato de muitos líderes potenciais estarem administrando as equipes, o líder da transformação pode avaliar o potencial e identificar os futuros líderes e executivos da empresa, dando o primeiro passo para criar um fluxo sustentável de liderança na organização.

Na avaliação do potencial de liderança, alguns membros da equipe podem não apresentar um desempenho satisfatório. Nesse caso, as equipes de resposta rápida criam uma válvula de escape para esses empregados de baixo desempenho, dando-lhes mais uma chance ou a oportunidade de transferir expertise e know-how. As equipes de resposta rápida podem permitir que esses empregados treinem seus sucessores de forma segura, em um ambiente que incentive a colaboração. A presença desses empregados durante a transição é fundamental para poupar tempo e impedir a perda de informações valiosas, já que grandes custos estão envolvidos quando a empresa é forçada a treinar um novo empregado da estaca zero ou identificar as informações que porventura foram perdidas. Assim, as equipes não somente selecionam os líderes potenciais, mas também facilitam a transferência de expertise a eles.

ESTRUTURAÇÃO DA EQUIPE – UMA FÓRMULA GERAL

Há essencialmente um número infinito de maneiras para se organizar uma empresa em equipes de resposta rápida para o esforço de transformação. Contudo, a experiência pode comprovar que nem todas as possibilidades são igualmente eficazes e que algumas funcionam melhor do que outras. Nesta seção, tentaremos ajudá-lo a evitar erros básicos como resultado de tentativa e erro apresentando o modelo generalizado mais eficaz desenvolvido por meio de nossas pesquisas (veja a Figura 3-4). Pelo fato de não haver uma única solu-

FIGURA 3-4

Estruturação das equipes de resposta rápida

| O que é uma equipe interdepartamental de resposta rápida? | Vantagens das equipes de resposta rápida | **Estruturação das equipes de resposta rápida** | Variações do modelo de equipes de resposta rápida | Seleção da equipe | Reuniões de integração |

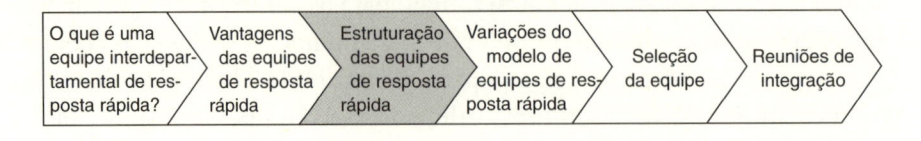

ção do tipo "receita de bolo" para a formação de equipes, trata-se meramente de uma ferramenta para facilitar o processo e que foi considerada eficaz em muitos esforços de transformação radicalmente diferentes.

Esta seção tem início com a estrutura macroscópica das equipes de resposta rápida – mais especificamente, as importantes funções de integração da equipe gerencial executiva (EGE) e o *program management officer* (PMO – diretor de gerenciamento de projetos) são enfatizados. Em seguida, a estrutura microscópica de cada equipe é analisada, com a explicação de suas várias funções. A Figura 3-5 apresenta uma estrutura geral das equipes de resposta rápida. Muitos dos detalhes serão analisados mais adiante neste capítulo.

FIGURA 3-5

Estrutura macroscópica geral da equipe

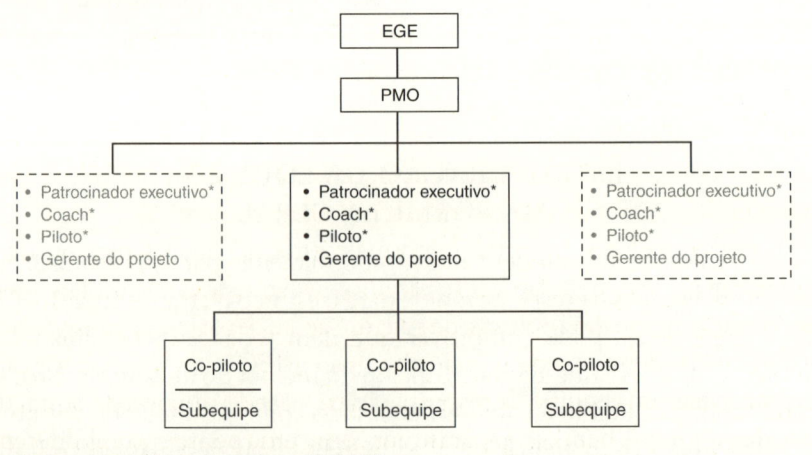

```
                        ┌─────┐
                        │ EGE │
                        └──┬──┘
                        ┌──┴──┐
                        │ PMO │
                        └──┬──┘
        ┌──────────────────┼──────────────────┐
┌───────────────────┐ ┌───────────────────┐ ┌───────────────────┐
│• Patrocinador     │ │• Patrocinador     │ │• Patrocinador     │
│  executivo*       │ │  executivo*       │ │  executivo*       │
│• Coach*           │ │• Coach*           │ │• Coach*           │
│• Piloto*          │ │• Piloto*          │ │• Piloto*          │
│• Gerente do projeto│ │• Gerente do projeto│ │• Gerente do projeto│
└───────────────────┘ └─────────┬─────────┘ └───────────────────┘
                ┌───────────────┼───────────────┐
          ┌───────────┐   ┌───────────┐   ┌───────────┐
          │ Co-piloto │   │ Co-piloto │   │ Co-piloto │
          ├───────────┤   ├───────────┤   ├───────────┤
          │ Subequipe │   │ Subequipe │   │ Subequipe │
          └───────────┘   └───────────┘   └───────────┘
```

* Estes membros também costumam fazer parte da EGE.

A equipe gerencial executiva

No nível macroscópico, a equipe de liderança mais abrangente, chamada de equipe gerencial executiva, supervisiona todo o esforço de transformação e a estrutura geral da equipe. Além de orientar as equipes de resposta rápida na direção das metas transformacionais e organizacionais, a EGE seleciona quais recomendações apresentadas pelas equipes serão implementadas. Com o poder de tomar as decisões finais, a EGE também é responsável por validar as principais decisões tomadas pelas equipes de resposta rápida, a fim de garantir que essas decisões sejam razoáveis e alinhadas com as metas transformacionais mais amplas. Além disso, a EGE costuma ser lançada pelo líder da transformação e vários consultores, que orientam a estruturação das equipes.

Dependendo do porte da empresa, a EGE normalmente é composta pelo líder da transformação, por alguns consultores seniores envolvidos no esforço (chamados de coaches), patrocinadores executivos de cada equipe e pilotos da equipe de resposta rápida (descritos mais adiante). Apesar de a EGE ser responsável por selecionar quais recomendações aceitar e adotar, é o líder da transformação que tem o poder de tomar a decisão final. O líder da transformação também é responsável por conduzir as reuniões de integração (explicadas mais adiante) e por delegar a responsabilidade em um nível mais alto.

Os consultores do processo de transformação participam da EGE com a função de atuar como uma caixa de ressonância e compartilhar sua expertise, especialmente seu conhecimento das melhores práticas. Como coaches, entretanto, eles normalmente não recebem o poder de tomada de decisões executivas. Isso ocorre para garantir que os consultores não se transformem em ditadores no esforço de transformação e para incluir os executivos que apresentam a expertise necessária. Além disso, os consultores são divididos para atuar como coaches em diferentes equipes, para "salpicar [as equipes e os projetos] de especialistas em cada uma das categorias".[7] Alguns casos podem requerer que um consultor oriente mais de uma equipe de resposta rápida, mas normalmente cada coach deve acompanhar uma única equipe. O papel dos consultores como coaches em equipes individuais será descrito na próxima seção.

Os patrocinadores executivos, normalmente do nível sênior ou de vice-presidência executiva, são líderes de alto nível que trazem consigo um extenso conhecimento da empresa e de sua função ou departamento específicos. Praticamente todos os executivos de alto nível na EGE devem ser designados para patrocinar uma equipe de resposta rápida visando remover os obstáculos diante dessa equipe, bem como para atuar como uma ponte entre as diferentes equipes, facilitando tanto a comunicação quanto a cooperação entre as equipes. O papel específico de um patrocinador executivo na equipe de resposta rápida será descrito em uma seção posterior.

O piloto de cada equipe é responsável pela apresentação dos resultados da análise e recomendações da equipe à EGE e pelas reuniões mensais de integração e reuniões semanais (descritas mais adiante).

Considerando o relacionamento próximo e o alto nível de interligação entre as equipes de resposta rápida e a EGE, um delicado equilíbrio de poder deve ser mantido. Ainda que as equipes devam receber autonomia para tomar decisões importantes e críticas à sua área, parte da tomada de decisões e validação deve restringir-se ao líder da transformação e à EGE. Isso ocorre porque a EGE, que conta com a participação do líder (piloto) de cada equipe de resposta rápida, tem stakeholders e especialistas de várias seções da organização, o que lhe confere a capacidade de ponderar as alternativas associadas a diferentes decisões, projetos e grupos de projetos. Dessa forma, mesmo que as equipes de resposta rápida sejam capazes de tomar decisões-chave referentes às suas recomendações, seu nível de autonomia deve ser definido pela EGE, que detém o direito de aprovar ou vetar as decisões importantes.

O program management officer

Com o potencialmente grande número de equipes envolvidas em um esforço de transformação, a integração e a coordenação podem ser extremamente complexas. O *program management officer* (PMO – diretor de gerenciamento de projetos) é o responsável por lidar com essa necessidade de coordenação. O PMO consiste essencialmente em uma pessoa que atua como o sistema nervoso central do esforço de transformação, garantindo que tudo seja feito pelas equipes certas no momento certo. A principal função do PMO, portanto, é gerenciar e coordenar as equipes, acompanhando todos os seus projetos e prazos. O PMO não deve dizer às pessoas o que fazer, já que ele não tem o poder nem o conhecimento necessário para aprovar ou vetar projetos. Para coordenar todo o esforço de transformação, o PMO deve se reunir regularmente com o gerente de projeto de cada equipe, cujo papel será discutido mais adiante neste capítulo.

As equipes

Cada equipe interdepartamental é composta de um patrocinador executivo, um coach, um piloto, um gerente de projeto e membros da equipe, sendo que alguns atuam como co-pilotos na liderança de subequipes. Cada membro ou subgrupo da equipe desempenha papel único e deve trabalhar em colaboração e comunicar-se abertamente com os outros membros da equipe, a fim de garantir um bom desempenho. Nesta seção examinaremos cada membro da equipe, salientando sua principal função na equipe e no esforço de transformação.

Na qualidade de um coach, o orientador, o consultor atua como uma caixa de ressonância, mas não se envolve nas operações cotidianas da equipe de resposta rápida. Na VeriSign, por exemplo, os consultores deliberadamente evitaram ser o centro das atenções nas principais reuniões das equipes, para permitir que os pilotos administrassem de forma criativa as pressões das responsabilidades e para avaliar indiretamente seu potencial de liderança.[8] Em vez de assumir uma postura impositiva ou ditatorial, os consultores devem manter uma relação mais de "anjo da guarda" tanto com o piloto quanto com a equipe, oferecendo feedback e ajudando o piloto a crescer e amadurecer. Se o consultor tentasse dominar a equipe, ele se tornaria um veículo de transformação de cima para baixo, o que colocaria os canais de comunicação em risco e levaria ao ressurgimento de barreiras organizacionais. Dessa forma, a expertise do consultor deve ser espalhada delicadamente pela equipe e todas as pessoas envolvidas no esforço de transformação devem manter-se atentas a sinais de exagero.

Os patrocinadores executivos são fundamentais para orientar a equipe no nível macroscópico do projeto, supervisionando todos os projetos interdepartamentais, assegurando que os recursos sejam alocados de maneira eficaz e ajudando a priorizar e alinhar os projetos com a visão da empresa. Com uma visão holística dos projetos e da transformação em geral, eles devem manter o quadro geral tanto em mente quanto em foco. Desse modo, o patrocinador executivo é o responsável tanto por decidir pela coisa certa quanto por ajudar a equipe a fazer as coisas corretamente. Além disso, os patrocinadores executivos têm tanto a autoridade quanto a responsabilidade de remover obstáculos e barreiras para a equipe. Como resultado das atualizações periódicas feitas pelo piloto, um bom patrocinador executivo se adiantará a algumas barreiras potenciais que a equipe pode encontrar pelo caminho e as removerá antes de a equipe chegar lá, aumentando, assim, a eficiência e a eficácia da equipe. Além disso, atribuir um patrocinador executivo a cada equipe ilustra a grande importância do esforço de transformação e cria um senso de prestação de contas no que se refere à execução das tarefas e projetos necessários.

Os pilotos das equipes trabalham em colaboração com os patrocinadores executivos que os selecionaram para definir o direcionamento da equipe. A diferença entre o piloto e o patrocinador executivo é o nível de envolvimento com a equipe e os projetos específicos. O patrocinador executivo exerce um papel mais distanciado, enquanto o piloto atua como os olhos e ouvidos do patrocinador, garantindo que os projetos se mantenham alinhados com as metas predeterminadas pelo patrocinador executivo. Os canais de comunicação entre o piloto e o patrocinador executivo devem permanecer abertos e ativos, a fim de maximizar a sinergia entre ambos. Mais especificamente, as comunicações relativas ao progresso e direcionamento da equipe são fundamentais para assegurar que a equipe esteja no rumo certo e alinhada com a estratégia geral de transformação. Com muita freqüência, do mesmo modo como se navega em um navio, pequenas correções de direção são necessárias para que o navio chegue a seu destino no prazo previsto. Caso o piloto de cada equipe a oriente em um nível mais íntimo e interativo do que o patrocinador executivo, o piloto proporcionará à equipe uma liderança mais estratégica e um direcionamento mais específico, incluindo a identificação e a definição da estratégia, metas e especificações, bem como a condução das reuniões da equipe. Ele decompõe as metas mais amplas definidas pelo patrocinador executivo em uma série de metas menores e tarefas a serem realizadas pela equipe. A importância dos pilotos de equipes para o esforço de transformação não foi negligenciada por Ghosn: "Os pilotos desempenham o papel mais importante na [equipe interdepartamental], conduzindo e orientando as discussões em todas as reuniões, e líderes fortes são necessários para manter o foco na resolução de problemas, em vez de culpar os outros ou assumir uma atitude exibicionista por razões egoístas."[9]

Como o piloto é o responsável por selecionar os membros para sua equipe, ele também é o responsável por garantir que a estrutura e a composição da equipe sejam adequadas às suas metas. O piloto ainda é o responsável por motivar e convencer sua equipe, alavancando o moral de seus membros. A equipe deve ser significativamente autônoma para tomar decisões críticas, ainda que o piloto tenha de supervisionar as decisões mais importantes e se manter preparado para se envolver sempre que necessário. Além disso, o piloto é o responsável por relatar as descobertas de sua equipe à EGE em cada reunião de integração e por defender seus projetos e recomendações junto ao resto da organização. Assim, é de responsabilidade do piloto certificar-se de que as metas estejam sendo atingidas em um alto nível de desempenho e que todos os projetos estejam contribuindo para o objetivo geral e a missão da equipe. O piloto deve manter uma visão holística em relação aos vários projetos e integrar seus resultados em uma recomendação mais integrada.

Contudo, o piloto não precisa executar todos os projetos com as próprias mãos. Para se livrar de algumas tarefas de gestão, ele conta com seu gerente de projeto para desempenhar as operações cotidianas da equipe. O gerente de projeto trabalha em estreito contato com os pilotos para desenvolver e administrar planos de projeto, cumprir prazos, distribuir recursos e desempenhar outras tarefas críticas ao bom desempenho das equipes e subequipes. Por meio de reuniões periódicas e comunicações freqüentes, os gerentes de projeto trabalham em estreito contato entre si e com o PMO, a fim de definir o cronograma dos projetos e coordenar a logística com as outras equipes. Além disso, o gerente de projeto é responsável por ajudar os indivíduos a conciliar os projetos de transformação com suas tarefas de rotina. De modo geral, o gerente de projeto deve orientar a equipe e certificar-se de que os prazos e as metas serão cumpridos – é ele quem presta contas pelo progresso da equipe. Pelo fato de o gerente de projeto trabalhar com tanta proximidade com o piloto da equipe, ele é selecionado pelo piloto e aprovado pelo patrocinador executivo.

As equipes normalmente são compostas de aproximadamente sete a dez membros de diferentes áreas de especialidade, embora dez membros ainda não seja o número suficiente para analisar a situação e os processos na profundidade necessária. Para garantir que nem a extensão nem a profundidade sejam sacrificadas e que haja um bom equilíbrio entre ambas, cada equipe tem uma coalizão de subequipes que analisam aspectos específicos do problema em maiores detalhes. Tais como as equipes, as subequipes também são compostas, cada uma, de dez membros e gerenciadas por um co-piloto, que é um membro da equipe original de resposta rápida. Cada equipe deveria ter pelo menos uma subequipe responsável pelo processo da função específica à qual a equipe se dedica. Além de mobilizar forças para coletar ainda mais dados relevantes, as subequipes devem recrutar tropas adicionais para apoiar o esforço de transformação. Isso não apenas serve para conquistar mais adesão dos empregados, mas também para assegurar que uma parcela maior da organização se comprometa com o esforço de mudança. Por exemplo, mais de cinco mil empregados da Nissan participaram diretamente das equipes e subequipes iniciais de resposta rápida, e cada empregado contribui para o sucesso final da transformação da empresa.

VARIAÇÕES DO MODELO DE EQUIPES DE RESPOSTA RÁPIDA

Na seção anterior, analisamos um modelo geral para a formação de equipes interdepartamentais que nossas pesquisas demonstraram ser extremamente efi-

FIGURA 3-6

Variações do modelo de equipes de resposta rápida

| O que é uma equipe interdepartamental de resposta rápida? | Vantagens das equipes de resposta rápida | Estruturação das equipes de resposta rápida | **Variações do modelo de equipes de resposta rápida** | Seleção da equipe | Reuniões de integração |

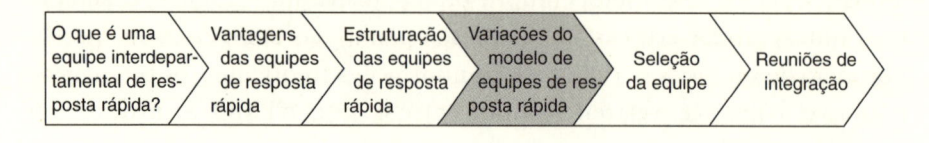

caz. Contudo, na verdade, não existe uma solução única do tipo "receita de bolo" e o modelo geral pode, portanto, ser ajustado de acordo com as necessidades específicas de sua organização. Nesta seção, apresentaremos alguns dos principais ajustes utilizados em alguns esforços de transformação extremamente bem-sucedidos e veremos em quais situações esses ajustes poderão ser mais eficazes (veja a Figura 3-6).

FIGURA 3-7

Estrutura das equipes interdepartamentais na VeriSign

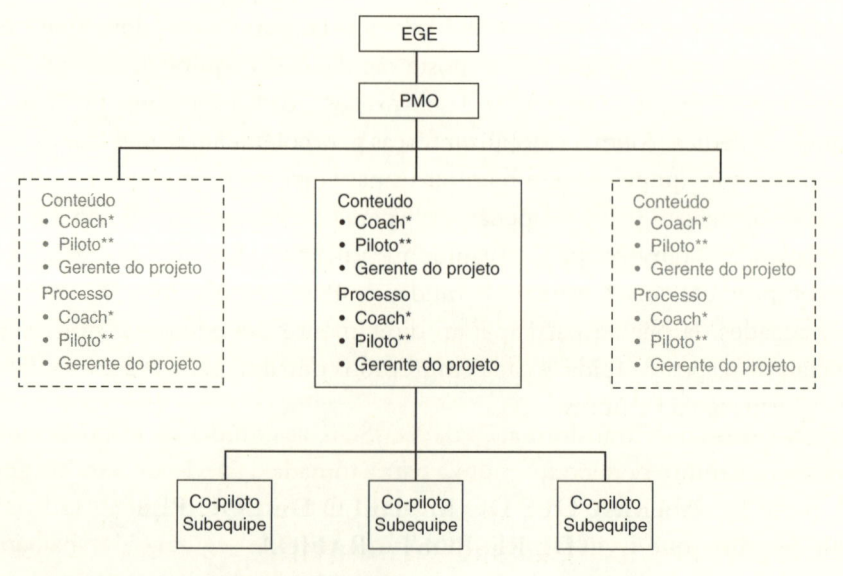

```
                    ┌─────┐
                    │ EGE │
                    └──┬──┘
                    ┌──┴──┐
                    │ PMO │
                    └──┬──┘
     ┌─────────────────┼─────────────────┐
```

Conteúdo
- Coach*
- Piloto**
- Gerente do projeto

Processo
- Coach*
- Piloto**
- Gerente do projeto

Conteúdo
- Coach*
- Piloto**
- Gerente do projeto

Processo
- Coach*
- Piloto**
- Gerente do projeto

Conteúdo
- Coach*
- Piloto**
- Gerente do projeto

Processo
- Coach*
- Piloto**
- Gerente do projeto

| Co-piloto Subequipe | Co-piloto Subequipe | Co-piloto Subequipe |

* Estes membros também costumam fazer parte da EGE.
** O piloto participa da EGE e atua como patrocinador executivo.

VeriSign

A transformação da VeriSign, liderada por seu vice-presidente executivo, Vernon Irvin, foi implementada na maior divisão da empresa, a VeriSign Telecommunications Services. O principal desvio estrutural da VeriSign em relação ao modelo geral proposto acima foi sua utilização de equipes de conteúdo e processo em cada grande área (veja a Figura 3-7).

Nesse modelo, cada área é dividida em várias equipes distintas de conteúdo e de processo. As equipes de processo analisam os processos de uma determinada área ou grupo e se concentram em como aumentar sua eficácia. Dessa forma, essas equipes de *melhorias de processos* respondem à pergunta "Como fazemos isso?". E tentam refinar a resposta a essa questão respondendo à pergunta "Como podemos fazer isso para melhorar o processo?". As equipes de conteúdo, por outro lado, analisam os "quês" do negócio. Por exemplo, uma equipe de conteúdo analisa informações como o tipo de mercado ao qual a empresa pretende se direcionar, essencialmente respondendo às perguntas "O que faremos nessa área?" e "O que estamos buscando?", e procura formas de melhorar e expandir a resposta. Depois de analisar a situação atual, a equipe de conteúdo avalia o futuro da área: "O que queremos fazer nesta área?" e "Para onde queremos ir com isso?"

Por exemplo, na área de equipes de mercado, as equipes de processo incluíram processos de vendas, processos de atendimento ao cliente e processos de operações e engenharia, enquanto as equipes de conteúdo incluíram equipes internacionais e equipes de tecnologias a cabo, com fio e sem fio. Cada equipe de processo e conteúdo foi estruturada como uma equipe de resposta rápida, completada com um coach, um piloto (que exerce o duplo papel também de patrocinador executivo) e um gerente de projeto.

Um modelo que utiliza equipes tanto de processo quanto de conteúdo em uma determinada área teoricamente deveria tentar equilibrar o poder e a influência entre esses dois tipos de equipe. Na prática, contudo, as equipes de conteúdo costumam ter mais influência porque fazem recomendações aparentemente mais críticas para o negócio, como, por exemplo, em quais mercados entrar, quais produtos desenvolver e a estratégia associada a essas decisões.

No esforço de transformação da VeriSign, as equipes de resposta rápida receberam muito poder e autonomia para a tomada de decisões. Isso, em grande parte, foi viabilizado devido ao tamanho relativamente pequeno da divisão, que permitia que Irvin servisse como uma rede de segurança, trabalhando mais próximo das equipes e monitorando seu progresso e suas decisões com mais detalhes do que seria possível de outra forma. De modo similar, os pilotos também receberam muita autonomia e autoridade para tomar decisões importantes.

Este modelo foi particularmente eficaz porque, após a análise inicial da pré-transformação, Irvin e a EGE desenvolveram uma ampla noção do direcionamento geral da empresa mesmo antes da criação das equipes de resposta rápida. Mais especificamente, eles desenvolveram uma ampla noção da estrutura organizacional desejada para a pós-transformação, e a estrutura da equipe proporcionou à EGE uma forma de orientar a concretização dessa visão. Além disso, esse modelo tem o benefício adicional de contar com dois pilotos em uma única área, o que permite que o líder da transformação avalie o potencial de liderança de cada piloto e compare diretamente os dois. Em função desse benefício adicional, essa variação pode ser utilizada quando não houver um líder claro para gerenciar algumas funções ou áreas após a conclusão do esforço de transformação.

Este modelo também se mostra particularmente eficaz em organizações com áreas de conteúdo e processo claramente definidas e delineadas, especialmente em empresas de pequeno a médio porte. A razão pela qual este modelo da VeriSign funciona bem em pequenas empresas é porque o piloto atua no duplo papel tanto de piloto quanto de patrocinador executivo, o que se revela eficaz, pois os empregados envolvidos no esforço de transformação normalmente já vêm de escalões corporativos mais altos. Assim, há menos necessidade de um patrocinador corporativo remover as barreiras institucionais, já que os próprios pilotos têm o poder de fazer isso. Os pilotos não somente são os responsáveis por decompor as metas em um cronograma de metas e tarefas menores, mas também recebem total autonomia e autoridade para tomar as decisões mais importantes. Além disso, neste modelo, as subequipes não foram formalizadas, mas eram equipes informais de pessoas ajudando as equipes de conteúdo a coletar informações adicionais e analisar a situação com mais profundidade.

Nissan

Uma das principais diferenças entre a estruturação das equipes de resposta rápida da Nissan e nosso modelo genérico é que, no modelo da Nissan, cada equipe tinha dois patrocinadores executivos responsáveis pela remoção das barreiras e previsão de obstáculos para a equipe (veja a Figura 3-8).[10] Esses dois patrocinadores executivos eram de áreas extremamente diferentes – por exemplo, o vice-presidente executivo de compras e o vice-presidente executi-

FIGURA 3-8

Estrutura das equipes interdepartamentais na Nissan

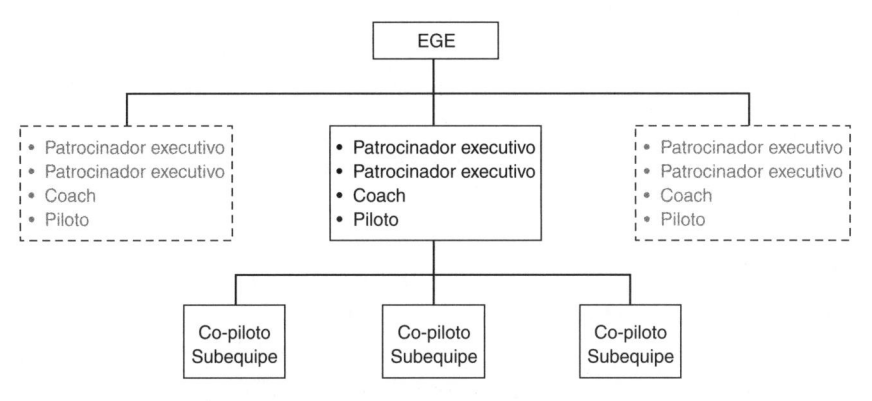

```
                            ┌─────────┐
                            │   EGE   │
                            └─────────┘
         ┌──────────────────────┼──────────────────────┐
┌──────────────────┐  ┌──────────────────┐  ┌──────────────────┐
│• Patrocinador    │  │• Patrocinador    │  │• Patrocinador    │
│  executivo       │  │  executivo       │  │  executivo       │
│• Patrocinador    │  │• Patrocinador    │  │• Patrocinador    │
│  executivo       │  │  executivo       │  │  executivo       │
│• Coach           │  │• Coach           │  │• Coach           │
│• Piloto          │  │• Piloto          │  │• Piloto          │
└──────────────────┘  └──────────────────┘  └──────────────────┘
                              │
              ┌───────────────┼───────────────┐
        ┌──────────┐    ┌──────────┐    ┌──────────┐
        │ Co-piloto│    │ Co-piloto│    │ Co-piloto│
        │ Subequipe│    │ Subequipe│    │ Subequipe│
        └──────────┘    └──────────┘    └──────────┘
```

Observação: Dos membros das equipes, somente os patrocinadores executivos e os coaches participavam da EGE.

vo de engenharia trabalhavam juntos para liderar a equipe de compras. Ghosn argumentou que, ao atribuir dois patrocinadores executivos a cada equipe, em vez de um só, ele impedia que a equipe concentrasse demais seus esforços.

Outra grande diferença é que um único piloto também atuava como o gerente de projeto, já que havia dois patrocinadores executivos capazes de estabelecer a estratégia geral para a equipe e para prever e remover barreiras institucionais. Apesar de isso implicar mais trabalho para o piloto, o modelo se mostra eficaz, por centralizar a gestão das equipes em uma única pessoa, garantindo que a estratégia e a meta geral não se percam no meio do caminho ou sejam mal interpretadas pelos membros da equipe.

O modelo da Nissan é particularmente eficaz quando o líder da transformação e a EGE já têm uma idéia de quem serão os futuros líderes das várias funções e departamentos e precisam de uma oportunidade para orientar esses líderes e avaliar seu potencial. Ele difere do modelo da VeriSign porque o teste-piloto serve como um período de experiência, e não como uma forma de comparar dois líderes potenciais. Além disso, o modelo da Nissan mostra-se mais adequado em organizações maiores, em que a equipe pode se deparar com mais barreiras organizacionais, já que dois patrocinadores executivos podem ser necessários para prever e remover todas elas.

Apesar de as equipes interdepartamentais da Nissan serem totalmente responsáveis pela elaboração das recomendações à EGE, elas não recebiam o mesmo poder de tomada de decisões em comparação com as equipes da VeriSign. Isso ocorre em parte devido ao grande porte da organização, uma situação em que é importante que todas as decisões sejam tomadas em alinhamento tanto com as decisões anteriores quanto com a meta geral do esforço de transformação. Para garantir a coerência entre as decisões, a EGE recebeu poder de tomada de decisões, com Ghosn supervisionando todo o processo decisório.

Na Nissan, Ghosn dividiu sua empresa em nove equipes dedicadas a áreas específicas: (1) crescimento dos negócios, (2) compras, (3) produção e logística, (4) P&D, (5) comercial e marketing, (6) serviços gerais e administrativos, (7) finanças, (8) descontinuidade de produtos, equipamentos e serviços e (9) organização e valor agregado. Em cada uma dessas áreas, as equipes analisaram e lidaram com os principais impulsionadores de desempenho e elaboraram recomendações sobre como recuperar a lucratividade e onde encontrar o maior potencial para o crescimento futuro.

Em alinhamento com nosso modelo geral, cada equipe também tinha subequipes para se concentrar com mais profundidade em questões específicas. As subequipes trabalhavam em colaboração e estreito contato com a equipe de resposta rápida e eram constituídas, cada qual, de dez membros, a fim de assegurar um progresso significativo. Ao envolver mais empregados no esforço de transformação, as subequipes aumentam a adesão ao esforço e ajudam a garantir que, uma vez que as equipes sejam separadas, a implementação não fracassará por falta de apoio e envolvimento.

SELEÇÃO DA EQUIPE

Nesta seção, analisaremos o processo de formação da equipe (veja a Figura 3-9), incluindo os critérios de seleção das pessoas para cada função-chave e os melhores métodos para o processo de seleção.

FIGURA 3-9

Seleção da equipe

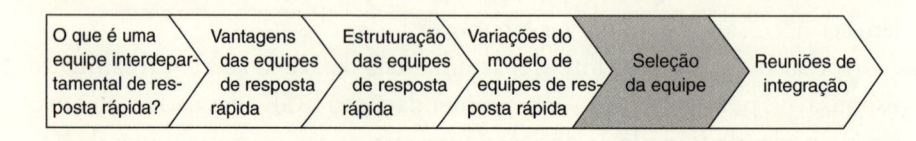

| O que é uma equipe interdepartamental de resposta rápida? | Vantagens das equipes de resposta rápida | Estruturação das equipes de resposta rápida | Variações do modelo de equipes de resposta rápida | Seleção da equipe | Reuniões de integração |

Critérios de seleção

Devido à importância do esforço de transformação, todos os principais participantes, patrocinadores executivos, pilotos, gerentes de projeto e co-pilotos (pilotos das subequipes), sem exceção, precisam apresentar desempenhos espetaculares e ter um histórico profissional comprovadamente acima da média. Como regra geral, as pessoas envolvidas diretamente nas equipes interdepartamentais ironicamente "precisam ser aquelas que a empresa não tem como se dar ao luxo de disponibilizar para o esforço".[11] Pelo fato de os patrocinadores executivos, pilotos e gerentes de projeto já terem responsabilidades adicionais alocadas às suas funções, eles devem ser selecionados com muita ponderação. É fundamental que os empregados selecionados demonstrem excelência e dedicação à organização. (Veja "Critérios para a seleção de equipes" para um resumo de alguns dos fatores mais importantes a serem levados em consideração no processo.)

Normalmente, os empregados podem ser submetidos a uma seleção preliminar com base em sua posição hierárquica. Em um esforço de transformação, o recrutamento de empregados de alto nível para as equipes de resposta rápida acaba por transmitir indiretamente uma poderosa mensagem em relação ao nível de prioridade estabelecido pela empresa para a transformação. Como mencionamos anteriormente, os patrocinadores executivos devem estar no nível dos executivos seniores para ter a capacidade de prever e remover barreiras e obstáculos institucionais de maneira eficaz. Sem a autoridade e o status de um executivo sênior, os patrocinadores executivos não têm como

---

CRITÉRIOS PARA A SELEÇÃO DE EQUIPES

- Dedicação à empresa e ao esforço de transformação.
- Disposição e capacidade de aceitar desafios.
- Disposição e prontidão para trabalhar essencialmente em dois empregos de expediente integral.
- Capacidade de trabalhar sob pressão e em mais de uma tarefa por vez.
- Capacidade e experiência em trabalho de equipe.
- Capacidade e potencial de liderança (especialmente no caso dos pilotos).
- Liderança referencial e grande potencial de sucesso.
- Disposição e capacidade de dar e receber feedback e emitir opiniões abertas e honestas.

exercer suas funções. Os pilotos e os gerentes de projeto também devem ter um alto nível hierárquico. Isso pode ser explicado por três fatores: (1) empregados de alto nível hierárquico que demonstraram capacidade e conhecimento especializado; (2) empregados de alto nível hierárquico que conhecem a empresa, já desenvolveram redes de relacionamentos e têm uma profunda compreensão dos problemas que a afligem e (3) a escolha de empregados de alto nível hierárquico simboliza a importância do esforço de transformação para toda a organização. Por exemplo, na VeriSign, "os [pilotos] quase sempre foram diretores ou vice-presidentes. Os membros da equipe, algumas vezes, eram gerentes seniores. Não acho que tínhamos qualquer pessoa abaixo disso. O principal é: como se certificar de envolver as pessoas que de fato sabem o que está acontecendo. E, para isso, são esses os níveis necessários".[12]

Por outro lado, membros das equipes e subequipes podem pertencer à gerência de nível médio, como no caso da Nissan. Os gerentes de nível médio ou seniores proporcionam uma importante contribuição para a equipe não somente porque, em geral, têm uma visão mais holística da empresa do que seus colegas de níveis mais baixos, mas também por trabalharem tanto com a administração sênior e executiva quanto com os empregados de todos os níveis. Dessa forma, enquanto os executivos seniores podem estar observando a empresa do espaço, e os empregados de níveis mais baixos, do chão, os empregados da gerência de nível médio estão vendo a empresa da linha do horizonte. E o que é mais importante: isso equilibra a visão de alto nível com uma perspectiva mais detalhada. A gerência de nível médio também conta com o benefício de uma rede mais ampla de contatos, o que lhes permite conhecer muito sobre a empresa em um período relativamente curto, acessar mais rapidamente os níveis mais baixos da organização e obter feedback e respostas sinceras.

Apesar dos benefícios normalmente associados à gerência de nível médio, alguns dos empregados altamente qualificados necessários para a transformação podem não pertencer ao segundo escalão. E, embora a posição hierárquica de um empregado muitas vezes constitua uma maneira eficiente, eficaz e útil de se selecionarem membros potenciais da equipe, ela não pode ser utilizada isoladamente, mas em conjunto com outros critérios. Muitos benefícios resultam de ter empregados de diferentes níveis hierárquicos cooperando em uma equipe, como, por exemplo, o rompimento de fronteiras hierárquicas. Contudo, equipes compostas de membros de diferentes posições hierárquicas devem se empenhar em dobro para reconhecer a igualdade dos membros da equipe no esforço de transformação, apesar de seus cargos ou posições na empresa. Para incentivar a colaboração e prevenir conflitos associados com cargos e posições, como lutas de poder, os membros devem ser orientados a deixar seus títulos fora da sala.

Como é fundamental que os pilotos, gerentes de projeto e membros da equipe já tenham algum poder e conhecimento da empresa e de sua situação atual, seria mais apropriado selecionar colaboradores internos para exercer essas funções. Essa seleção interna serve para "assegurar o senso de responsabilidade pelo processo e como um incentivo para que o processo de transferência de tarefas seja conduzido até o fim".[13] Contudo, em alguns casos, os melhores candidatos para atuar como pilotos podem ser contratados externamente. Da mesma forma como o próprio líder da transformação pode ser contratado de fora devido a seu ponto de vista não-institucionalizado sobre a empresa e sua situação, os melhores pilotos também podem ser recrutados fora da empresa. Contudo, os pilotos contratados externamente devem ser extremamente confiáveis e capazes de cooperar com os membros de sua equipe – isto é, seu ponto de vista não-institucionalizado também deve ser compatível com o das pessoas que estão trabalhando para promover a mudança. Diferentemente dos líderes promovidos internamente, os líderes externos podem precisar percorrer uma curva de aprendizagem inicial bastante inclinada para alcançar os membros de sua equipe no que se refere à compreensão da situação, cultura e tradições da empresa. Ghosn, por exemplo, conseguiu trazer uma equipe de trinta pessoas da Renault, parceira da Nissan, e integrar os membros das duas empresas. Com efeito, Ghosn acreditava realmente no fato de que sua equipe da Renault, empresa na qual ele trabalhava antes, seria fundamental para impulsionar e orientar o esforço de transformação.

A "liderança referencial" é uma característica particularmente importante dos pilotos, gerentes de projeto e membros da equipe, como reconheceram Vernon Irvin, da VeriSign, e Dave House, da Bay Networks. Dessa forma, todas as pessoas envolvidas em equipes de resposta rápida devem "ser profissionais de alto potencial, com realizações comprovadas, conhecimento de sua função, energia e comprometimento".[14] Isso sugere que um histórico comprovado de sucesso é muito importante tanto para pilotos quanto para membros da equipe.

A energia e o comprometimento dos membros mostram-se especialmente críticos porque os membros da equipe terão muitas demandas de tempo e energia. O envolvimento no esforço de transformação não é para as pessoas de coração fraco – os membros devem ser competentes, dispostos e prontos para enfrentar intensa pressão e estresse. Não se trata de um papel apropriado a qualquer empregado e, sem dúvida, alguns empregados qualificados podem optar por seu não-envolvimento, devido ao nível de comprometimento esperado ou exigido deles. Os empregados são alocados às equipes e aos projetos enquanto, simultaneamente, conduzem suas tarefas regulares, o que se traduz em dois empregos de expediente integral. Assim, os empregados devem estar dispostos a fazer horas extras, por vezes trabalhando em fins de semana e feriados a fim de cumprir os prazos tanto de seus empregos normais quanto do esforço de transformação. A empresa não pode se dar ao luxo de sacrificar o nível atual de serviço ou produção pelo esforço de transformação, já que seu desempenho nunca deve ser pior do que antes do início do esforço. Apesar de o esforço de transformação mostrar-se vital para o futuro da organização, a empresa não terá futuro algum se não conseguir superar o presente.

Assim, mesmo com esses projetos e responsabilidades adicionais, os membros da equipe devem manter um elevado nível de desempenho e um trabalho de alta qualidade tanto em suas funções cotidianas quanto no esforço de transformação. Esse ponto é salientado por Ghosn: "Nunca pule partes do processo diante de um prazo apertado; aprenda a trabalhar mais rapidamente."[15] Apesar de os membros da equipe estarem trabalhando mais em prol da transformação, eles não podem reduzir a prioridade de seu trabalho regular e permitir-se perder os prazos. Portanto, os membros das equipes interdepartamentais devem possuir capacidade comprovada de trabalhar em vários projetos simultaneamente. Todas as pessoas envolvidas devem ter internalizado a necessidade da mudança e apresentar disposição e prontidão para aceitar esse desafio.

Além disso, os membros das equipes de resposta rápida não devem superestimar a própria capacidade, mas assumir uma postura aberta, no sentido de aprender com os outros membros da equipe, incluindo com seus subordinados. Ainda que devam ser confiáveis e inspirar respeito dos colegas e subordinados, eles também devem mostrar-se abertos a novas idéias e críticas. Os pilotos também devem se mostrar dispostos a aceitar sugestões de seus conselheiros, incluindo os coaches e patrocinadores executivos. Eles devem, ainda, estar abertos a novas idéias, métodos e processos e não se concentrar demais no destino a ponto de ignorar sugestões ao longo da jornada.

Talvez ainda mais importante seja o fato de que os membros da equipe (e não apenas os pilotos) assumam uma postura receptiva em relação a sugestões e críticas. Ao mesmo tempo em que devem ser capazes de *aceitar* críticas construtivas dos outros, também devem ser capazes de *oferecer* taticamente críticas construtivas para os outros. Assim, os membros da equipe devem ser sinceros ao expressar suas opiniões, oferecendo feedbacks para todas as idéias, incluindo críticas construtivas para idéias que consideram ruins. Para isso, devem estar dispostos e ser capazes de se envolver em discussões ativas e abordar o esforço de transformação e seus projetos com uma mente aberta e criativa, dispostos a pensar "fora do padrão".[16] Em função de as discussões representarem um "ponto de encontro" no qual os membros integram abertamente os resultados de suas análises em uma solução viável, a capacidade de participar ativamente dessas discussões é uma qualidade fundamental que deve ser desenvolvida por todos os membros da equipe.

Apesar de termos salientado a importância de selecionar as pessoas de alto nível de desempenho em uma empresa para participar diretamente do esforço de transformação, também devemos observar que, em alguns casos, uma equipe eficaz requer mais do que uma mera coalizão de pessoas-chave. Na VeriSign, por exemplo, "os pilotos se empenharam para formar uma equipe interdepartamental equilibrada. 'Nós definimos alguns critérios para que cada equipe tentasse obter o máximo de representação de diferentes localizações geográficas e funcionais da empresa'".[17] Dessa forma, apesar da importância de selecionar os melhores candidatos para uma equipe interdepartamental, a diversidade também se faz necessária. A essência das equipes de resposta rápida reside em unir empregados de diferentes funções e utilizar as perspectivas distintas a fim de identificar e solucionar o problema de maneira holística. Sem essa diversidade, as pessoas podem apresentar pontos de vista similares, resultando em uma análise limitada dos problemas.

Em nossa análise aprofundada dos critérios para a seleção dos principais membros da equipe até o momento, ignoramos os critérios de seleção para o consultor, ou coach. Embora um histórico de sucesso comprovado e a liderança referencial sejam características importantes para os coaches, suas qualificações residem principalmente na expertise e experiência. Os coaches devem ter trabalhado outros esforços de transformação e conhecer as melhores práticas para as transformações. Além disso, devido ao fato de os coaches atuarem muito próximos aos patrocinadores executivos, suas bases de conhecimento devem ser complementares. Uma sobreposição será inevitável, mas os coaches devem ser capazes de oferecer uma expertise que os patrocinadores executivos não têm, seja em termos de experiência no processo ou em um conhecimento diferente em termos de conteúdo.

Mantendo em mente essa ampla visão geral do que procurar nos candidatos para essas posições-chave nas equipes interdepartamentais, prosseguiremos analisando como é possível avaliar essas qualidades nos candidatos.

Processos e métodos de seleção

Devido ao fato de as equipes interdepartamentais permitirem que o líder da transformação avalie os futuros líderes da empresa, o líder deve estar profundamente envolvido na seleção dos patrocinadores executivos e pilotos (veja "Como House identificou os líderes referenciais na Bay Networks"). Os benefícios associados à escolha dos pilotos a dedo foram reconhecidos por Ghosn: "Os pilotos foram escolhidos dos níveis de gestão com base em sugestões do próprio Ghosn, de modo que ele pudesse observar 'a próxima geração de líderes da Nissan'."[18] O líder da transformação também deve opinar no processo de seleção dos pilotos da equipe e dos patrocinadores executivos, em função do papel crítico que desempenham no esforço. Apesar de os membros da equipe também exercerem um importante papel no esforço, uma seleção tão meticulosa por parte do líder da transformação não seria prática nem eficiente. No caso da Nissan, por exemplo, Ghosn teria de selecionar a dedo aproxi-

---

COMO HOUSE IDENTIFICOU OS LÍDERES REFERENCIAIS NA BAY NETWORKS

Quando Dave House entrou na Bay Networks como CEO e líder da transformação, ele contava com 15 pessoas diretamente subordinadas a ele. Em sua seleção dos pilotos, ele entrevistou o candidato, avaliando fatores como suas forças e fraquezas e seu desejo de liderar uma equipe interdepartamental de transformação. Com essas entrevistas, House acreditou ter identificado, dentre as pessoas da empresa, os "líderes referenciais" que constituíam os verdadeiros formadores de opinião e desenvolviam as idéias que impulsionavam a empresa. Para escolher, nesse grupo de líderes referenciais, os pilotos para liderar suas equipes de resposta rápida, House pediu que cada candidato respondesse a um questionário baseado na Internet (ele assegurou aos candidatos que as informações seriam mantidas em confidencialidade, visando garantir respostas sinceras). As questões incluíram (mais uma vez) avaliações sobre as forças e fraquezas dos candidatos, bem como alguns conselhos que eles dariam ao novo CEO. Com base nas respostas dos candidatos ao questionário, ele escolheu os empregados que considerava mais adequados para liderar as equipes interdepartamentais. Ao utilizar uma ampla variedade de métodos para avaliar as qualificações dos líderes de equipe, House pôde garantir que os candidatos escolhidos eram os mais adequados a cada posição em termos de qualificações, interesses e conhecimento especializado.

madamente quinhentos empregados. Por esse motivo, o líder da transformação deve delegar a responsabilidade pela seleção dos membros ao piloto, com a ajuda do coach, do patrocinador executivo e do gerente de projeto.

Um método comum para selecionar o piloto envolve coletar as indicações das pessoas. Ao solicitar indicações dos principais executivos da empresa em relação aos critérios mais importantes, o líder da transformação deve ser capaz de reduzir a lista de candidatos potenciais. Essas opiniões, contudo, devem ser avaliadas com cuidado, a fim de excluir aquelas afetadas por razões políticas ou pessoais.

Com base nessas indicações, os candidatos podem ser avaliados com mais profundidade pela utilização de questionários e entrevistas. (Veja "Exemplos de questões para a entrevista ou o levantamento".) Esses questionários e entrevistas devem ser elaborados para avaliar as qualificações dos candidatos – mais especificamente, sua formação, histórico de realizações, potencial de liderança, metas pessoais, dedicação à empresa e comprometimento com o esforço de transformação. Os questionários podem ser elaborados por consultores para liberar o líder da transformação da tarefa de levantar as informações dos candidatos. Na maioria dos casos, os questionários representam um precursor e um complemento para as entrevistas, já que somente por meio de entrevistas e interações pessoais, a dedicação, o comprometimento e a motivação dos candidatos podem ser claramente avaliados. Em alguns casos, contudo, em especial nas empresas menores, as pessoas diretamente envolvidas na seleção dos pilotos e membros da equipe podem pular o processo de entrevista, por já conhecerem pessoalmente

---

EXEMPLOS DE QUESTÕES PARA A ENTREVISTA OU LEVANTAMENTO

Por que você acha que se adequaria a essa função?

Quais são suas experiências, formação e qualidades que o ajudariam nessa função?

Se você tivesse de escolher entre estes grupos [relacione vários grupos], quais seriam a primeira e a segunda escolhas? Por quê?

Apesar de o envolvimento direto na transformação por meio das equipes interdepartamentais ser importante para o futuro da empresa e benéfico tanto para o seu desenvolvimento pessoal quanto profissional, ele também pode demandar muito tempo – você está pronto e disposto a se comprometer com isso?

as qualificações e competências dos candidatos, em razão de interações anteriores. Nesses casos, o questionário pode ajudar a esclarecer a formação e as preferências do candidato (veja "A utilização de questionários no processo de seleção da ACI"). Assim, o questionário pode ajudar na avaliação dos candidatos às equipes, enquanto a entrevista proporciona uma perspectiva interpessoal do candidato.

A seleção dos melhores candidatos também envolve conversar com pessoas que trabalham diretamente com o candidato, tanto subordinados quanto superiores. Apesar de uma entrevista poder proporcionar uma forma pessoal de avaliação, uma perspectiva mais objetiva do candidato pode ser obtida por

A UTILIZAÇÃO DE QUESTIONÁRIOS NO PROCESSO DE SELEÇÃO DA ACI

Ao selecionar os membros para suas equipes interdepartamentais, os consultores contratados para a transformação da ACI utilizaram a expertise para ajudar a elaborar um questionário que indicasse em qual equipe interdepartamental o empregado preferiria trabalhar e por quê. Com base nas respostas a esse questionário, o CEO, que também era o líder da transformação, trabalhou com os pilotos das equipes de resposta rápida para selecionar os membros da equipe. Algumas das respostas especialmente ponderadas e avaliadas diziam respeito a formação, histórico, interesses e desempenho passado do candidato. Desse modo, os líderes da equipe não somente puderam selecionar o melhor candidato para a equipe interdepartamental, como também puderam atender aos interesses dos candidatos sempre que possível, a fim de encontrar a melhor correspondência tanto para a equipe quanto para o candidato.

O líder da transformação da ACI pôde trabalhar com muita proximidade com os líderes da equipe na seleção dos membros individuais, em função do porte relativamente pequeno da empresa, o que também explica a possibilidade que os membros da equipe tinham de interagir freqüentemente com o líder da transformação. Dessa forma, o líder da transformação e os líderes da equipe já conheciam os candidatos e seus históricos na empresa, o que dispensou a etapa de uma entrevista formal. Os questionários foram elaborados principalmente para avaliar as metas, interesses e formações dos candidatos, e também para lhes dar a chance de compartilhar quaisquer informações adicionais com o líder da transformação. Com a combinação do conhecimento dos empregados por meio de questionários e interações pessoais, a EGE pôde selecionar os candidatos mais adequados a cada posição.

meio de diálogos abertos com as pessoas que trabalham em estreito contato com ele. Além disso, o departamento de recursos humanos pode ser de grande valia no processo de seleção, não apenas oferecendo recomendações, mas também fornecendo as análises de desempenho passadas do candidato. A análise do histórico profissional do empregado pode ser fundamental no processo de seleção, já que o desempenho passado costuma ser um importante indicador do desempenho futuro e do potencial do candidato.

Segundas chances

Costuma ser muito difícil acertar as coisas da primeira vez. Com efeito, a chave para um esforço de transformação bem-sucedido reside na repetição e na disposição de aprender com os próprios erros e tentar novamente. Muitos dos esforços de transformação de maior sucesso não acertaram na primeira vez. Por exemplo, a tentativa inicial da Best Buy de lançar seu plano de transformação fracassou porque as pessoas deram a entender que estavam implementando o plano sem de fato fazê-lo. Apesar de as lojas individuais aparentemente estarem passando nas verificações e nos testes, na verdade, não estavam cumprindo as orientações. A partir desse ponto, a Best Buy aprendeu que precisava contar com a adesão de todos os níveis ao longo de todo o processo para executar com eficácia o esforço de transformação e, como resultado, sua segunda tentativa foi um enorme sucesso.[19]

De modo similar, a primeira tentativa de Irvin para criar equipes interdepartamentais fracassou. As recomendações feitas por essas equipes não foram implementadas por não atingirem as metas estabelecidas por Irvin. Na tentativa seguinte, Irvin aprendeu a dar às equipes mais orientação e diretrizes. Mudanças adicionais incluíram a criação de uma nova equipe de liderança de alto desempenho, oferecendo estruturas mais claramente definidas às equipes, desenvolvendo padrões superiores para a seleção de membros da equipe, assegurando que a alta gestão comunicasse melhor a prioridade do esforço e fornecendo maiores incentivos aos empregados para se empenhar no êxito do esforço.[20]

Considerando que as transformações são processos de aprendizado, as pessoas envolvidas no esforço de transformação também devem receber segundas chances. Uma gerente regional da Best Buy, por exemplo, percebeu que o "primeiro membro que ela indicou [para a equipe de resposta rápida] não era tão talentoso. [Ele] não entendeu o quão poderosa a posição poderia ser. Para a segunda geração de membros da equipe, ela indicou uma pessoa bem diferente e muito talentosa".[21] As pessoas envolvidas no esforço de transformação deveriam, dentro de certos limites, receber a oportunidade de aprender com seus erros, já que é assim que elas poderão crescer como empregados e líderes. Uma empresa que se livra dos empregados a cada erro que eles cometem pode ver-se em uma das seguintes situações: sem empregados ou com nada além de um agrupamento de erros e pouco progresso. Permitir que as pessoas aprendam com as experiências não apenas as ajuda a crescer, mas também ajuda a organização como um todo a melhorar. Para facilitar o processo de aprendizado, empregados, gestores e executivos devem compartilhar as importantes lições aprendidas de erros passados com o resto da organização, para garantir que o mesmo erro não seja repetido.

Se você vir um empregado com um desempenho abaixo da média depois de ter recebido várias chances, pode querer analisar se essa pessoa de fato se adapta ao envolvimento no esforço. A decisão referente ao papel do empregado no esforço, contudo, deve ser ponderada separadamente de seu papel na organização. Depois da análise, você pode decidir se (1) a pessoa não se adapta ao papel na equipe ou (2) a pessoa é qualificada, mas não se adapta à sua equipe em particular. Se você decidir que o empregado se encaixa na última situação, acreditando que é um bom profissional mas está preso em uma posição inadequada, pode pensar em transferi-lo para uma nova posição, com um tipo diferente de trabalho ou simplesmente outra função. Ao tentar encontrar uma melhor correspondência entre as qualificações de um empregado e seus interesses, é possível poupar muita energia, tempo e dinheiro necessários para contratar e treinar um novo empregado.

Até mesmo as questões relativas a pilotos com desempenho abaixo da média devem ser levadas em conta, apesar da complexidade adicional envolvida em trocar de piloto no meio do caminho ao longo da transformação. Em casos tais, o custo de manter o piloto deve ser ponderado em comparação com o tumulto e a perda de tempo que podem acompanhar a escolha de um novo piloto. Antes de causar mudanças abruptas e precipitadas na dinâmica da equipe, você deve refletir bastante sobre a decisão e avaliar meticulosamente qual seria a melhor solução possível. Se a decisão final envolver encontrar um novo piloto, a comunicação franca e honesta é fundamental para assegurar uma transição menos tumultuada e um melhor entendimento por parte de todas as pessoas envolvidas. Com a comunicação aberta, os relacionamentos podem ser mantidos e a integridade da equipe não será sacrificada (veja "Como a comunicação salvou a equipe da ACI").

COMO A COMUNICAÇÃO SALVOU A EQUIPE DA ACI

Durante o esforço de transformação, determinado membro da equipe de resposta rápida apresentou um desempenho brilhante e um grande potencial depois que as equipes foram formadas e anunciadas. Observando isso, o coach da equipe conversou com o então piloto de sua respectiva equipe interdepartamental e pediu sua opinião em relação ao alto potencial do membro da equipe. Além disso, o consultor perguntou ao piloto o que ele achava de promover essa pessoa à sua posição atual, redirecionando o papel do piloto para uma função de apoio, e não de liderança. Pelo fato de ter entendido a situação e ter sido capaz de vê-la do ponto de vista externo, o piloto original da equipe concordou e apoiou o novo piloto em seus esforços. Mais tarde, por terem estilos muito complementares de liderança e ação, o piloto original foi promovido para liderar a equipe com o novo piloto. Desse modo, todas as partes ficaram satisfeitas e uma situação potencialmente prejudicial foi conduzida por meio da comunicação direta.

REUNIÕES DE INTEGRAÇÃO

Com essa visão geral das equipes interdepartamentais e de seu papel na transformação dos detalhes da estrutura da equipe, analisaremos agora as reuniões de integração, nas quais a equipes fazem a interface umas com as outras, bem como com a EGE e o PMO (veja a Figura 3-10).

Reuniões mensais de integração

As reuniões mensais de integração ocorrem ao final de cada fase do modelo (fase 1, fase 2 e fase 3). Trata-se de reuniões de um ou dois dias inteiros, com a participação dos líderes da transformação, patrocinadores executivos, coaches e pilotos. Além disso, uma pessoa também participa da reunião com a função

FIGURA 3-10

Reuniões de integração

| O que é uma equipe interdepartamental de resposta rápida? | Vantagens das equipes de resposta rápida | Estruturação das equipes de resposta rápida | Variações do modelo de equipes de resposta rápida | Seleção da equipe | Reuniões de integração |

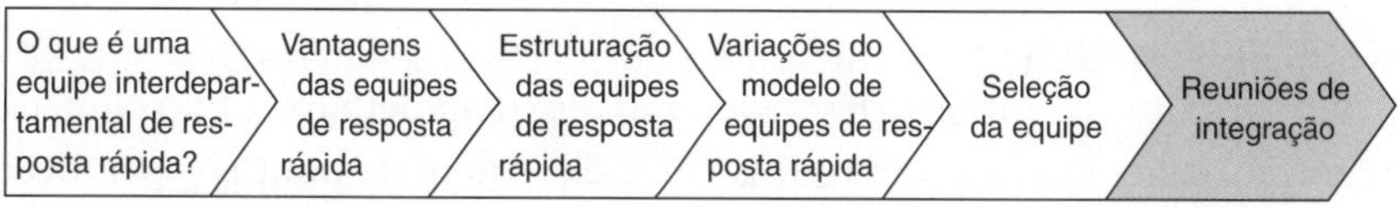

de registrar as ações combinadas visando reforçar a prestação de contas e documentar o progresso da transformação.

Na reunião mensal de integração, cada equipe é solicitada a conduzir uma apresentação de uma hora sobre seu progresso, resumindo o trabalho da equipe e salientando os principais resultados e descobertas do último mês. Pelo fato de essas apresentações serem feitas diante das outras equipes, as pessoas-chave do esforço de transformação obtêm uma visão mais holística da organização e do esforço.

Essas reuniões não apenas proporcionam ao líder da transformação e aos pilotos da equipe a oportunidade de trocar idéias, como também permitem que cada equipe mantenha um canal aberto de comunicação com o líder da transformação e as outras equipes, assegurando a integração e o alinhamento ao longo de todo o processo. As reuniões mensais de integração mostram-se muito úteis para que todos se entendam e os relacionamentos sejam reforçados.

Além disso, as apresentações permitem que o líder da transformação e outras equipes façam ajustes de rumo direcionando e redirecionando as equipes, além de dar a oportunidade de desafiar os pressupostos e premissas da equipe. Assim, essas reuniões mensais de integração são mais do que meras revisões conduzidas pelo líder da transformação para verificar o progresso geral da transformação; elas também representam uma chance de promover importantes melhorias. Por exemplo, Ghosn, da Nissan, dava às equipes feedbacks constantes e exercia contínua pressão para orientá-las a atingir a profundidade que ele esperava em sua busca de respostas e soluções. Esse método de pressionar–revisar–pressionar exigiu que o líder da transformação mantivesse a pressão sobre suas equipes para obter soluções mais agressivas. Com efeito, as equipes foram reiteradamente enviadas de volta a sessões de planejamento, salientando a natureza repetitiva da resolução de problemas e do planejamento de soluções.[22]

Para promover um método uniforme de comunicação durante cada reunião mensal de integração (também chamadas de reuniões do dia 30, dia 60 e dia 90), modelos de apresentações de PowerPoint, com exemplos dos tipos de informações esperadas, devem ser distribuídos a cada equipe. Esses modelos servem como uma ferramenta de empowerment para os líderes da equipe, que podem ter pouca experiência prévia na integração de informações tão complexas. Assim, os consultores devem utilizar sua experiência e expertise para orientar as equipes.

Nos próximos capítulos, descreveremos em mais detalhes cada reunião de integração, salientando as diferenças entre elas, além de pontos específicos a serem abordados.

Reuniões semanais

Apesar de as reuniões mensais de integração representarem o ponto alto de cada fase, a EGE também se envolve em reuniões semanais com todas as equipes. As reuniões são informais e não precisam ser presenciais – na verdade, elas costumam ser conduzidas por conferências telefônicas. Os pilotos e gerentes de projeto informam o líder da transformação e os patrocinadores executivos sobre seu progresso durante a semana. Cada equipe faz uma apresentação de dez minutos, atualizando a EGE sobre a situação atual, os principais resultados, o direcionamento futuro (em especial o plano proposto para a semana subseqüente) e quaisquer barreiras ou obstáculos enfrentados pela equipe. Para se preparar, cada equipe deve submeter uma breve apresentação de PowerPoint com as informações solicitadas nos modelos antes da reunião. Essas apresentações devem ser distribuídas aos membros da equipe, de modo que todos tenham uma cópia para acompanhar durante a apresentação.

Essas reuniões semanais não apenas mantêm canais abertos de comunicação, como também dão ao líder da transformação a oportunidade de manter as equipes no caminho certo, redirecionando-as sempre que necessário. Sem essas reuniões semanais, as equipes podem não ser capazes de cumprir os prazos dos 30 dias ou podem apresentar resultados e descobertas equivocados na reunião mensal de integração. As reuniões semanais ajudam a manter todos no rumo certo, especialmente no início do esforço. Em relação aos prazos, é aceitável ser ligeiramente flexível com os cronogramas no início do esforço, porque é nesse momento que muitos obstáculos inesperados são revelados. Mais tarde, à medida que a equipe se estabelece e os membros se acostumam a trabalhar juntos em sua área específica, alterações no cronograma não devem ser toleradas com indiferença. As reuniões semanais são fundamentais para controlar o ritmo do esforço de transformação e para manter as pessoas-chave envolvidas e no mesmo barco. Além disso, as reuniões proporcionam a cada grupo uma chance de comparar seu progresso em relação aos outros e obter uma visão mais ampla dos problemas enfrentados por todas as equipes.

Apesar de importantes, essas não são as únicas reuniões que devem ser conduzidas pela equipe. Espera-se que os pilotos e gestores de projetos também conduzam várias reuniões internas com sua equipe a cada semana, a fim de certificar-se de que todos se mantenham informados do progresso da equipe como um todo e como ele se encaixa no esforço de transformação mais amplo. Em geral, a logística para essas reuniões é providenciada pelo gerente do projeto. Além disso, o piloto e o gerente do projeto devem manter-se disponíveis para reuniões individuais com membros da equipe, sempre que necessário.

CONCLUSÃO

As equipes interdepartamentais de resposta rápida costumam ser consideradas o cerne do esforço de transformação. Enquanto o esforço de pré-transformação se concentrou em criar as condições necessárias para plantar as sementes da transformação e para estimular o crescimento e a mudança, as equipes de resposta rápida aceleram ativamente a transformação por meio de seus esforços paralelos. Se as equipes de resposta rápida não forem implementadas corretamente, a transformação tem mais chances de ser ineficiente e ineficaz e a probabilidade de fracasso aumenta significativamente. No entanto, se implementadas adequadamente, as equipes de resposta rápida impulsionam o esforço de transformação e melhoram a comunicação em toda a organização, um benefício que se estende muito além da vida do esforço. Elas não somente rompem barreiras organizacionais, como também ajudam o líder da transformação a conquistar um amplo apoio para o esforço.

Agora que analisamos os fundamentos das equipes de resposta rápida, incluindo tanto a estrutura macroscópica quanto a microscópica e a seleção dos membros, abordaremos as interações dentro das equipes e entre elas. O capítulo a seguir, que descreve a fase 1 do esforço de transformação (os primeiros 30 dias), examinará como as equipes analisam a situação atual da empresa e identificam os problemas que a afligem.

4

Fase 1

Diagnosticando o paciente

Todas as verdades são fáceis de entender uma vez que são reveladas; a dificuldade está em revelá-las.
– Galileu Galilei

Depois de formar as equipes interdepartamentais de resposta rápida, o líder da transformação dá início à fase 1 do esforço de transformação. Ao longo dos próximos 30 dias, o líder direciona as equipes de resposta rápida para a identificação dos principais problemas da organização.

Até este ponto, o líder da transformação conduziu a própria análise mais ampla da situação atual da organização. Contudo, recomenda-se a condução de uma análise mais aprofundada pelas equipes de resposta rápida, o que apresenta vantagens distintas. Ao alocar um grupo de pessoas para analisar áreas específicas da empresa, como estratégia, finanças, marketing, recursos humanos, operações, tecnologia da informação (TI) e ofertas de produtos ou serviços, a empresa obterá uma visão mais profunda das pendências em cada área. Mais uma vez, o poder das equipes interdepartamentais implica que essas áreas são estudadas e diagnosticadas paralelamente; atacar todas as áreas ao mesmo tempo é o principal diferenciador dos esforços de reengenharia. Além disso, como mencionamos anteriormente, ao alocar uma variedade tão ampla de empregados ao esforço de transformação, a organização desenvolverá uma coalizão de líderes que sustentarão coletivamente o esforço e orientarão a internalização dessa mudança por toda a organização. O diagnóstico da empresa é a fase mais importante do processo de transformação.

Como qualquer paciente doente em sua primeira consulta com um médico, a organização se submeterá a uma série de perguntas e testes nesta fase, a fim de diagnosticar os problemas a serem analisados e solucionados mais adiante. As equipes utilizarão uma variedade de ferramentas e métodos para coletar dados, visando identificar os problemas fundamentais que acometem a organização. Um dos principais fatores que devem ser tidos em mente durante o diagnóstico da empresa é a diferença entre um sintoma e uma causa fundamental. Apesar de ser uma tarefa significativamente difícil e complexa, é necessário diferenciar essas duas categorias. Se a questão errada for categorizada como uma causa fundamental, a organização desperdiçará muito tempo, energia e recursos para atacá-la, muito provavelmente sem ver resultado algum. Como os problemas identificados nesta fase servirão de diretriz para as fases posteriores do esforço de transformação, é necessário ter muita cautela para garantir um diagnóstico preciso.

Neste capítulo, delinearemos o processo e a metodologia para um bom diagnóstico, apresentando ferramentas e exemplos das principais áreas a serem analisadas. A fase 1 pode ser decomposta em cinco peças principais (veja a Figura 4-1).

Ela tem início informalmente, com uma reunião convocada pelo líder da transformação para motivar e convencer a equipe de liderança. Uma vez que o total comprometimento da equipe de liderança é conquistado, o líder da transformação conduz o lançamento oficial da fase 1. Nessa reunião de dois dias para todos os membros da equipe, o líder da transformação informa as expectativas relativas ao esforço de transformação e as equipes desenvolvem seu plano de ataque ao longo dos próximos 30 dias.

Depois disso, avançamos para o coração da fase 1: a coleta dos dados. Um dos principais fatores de sucesso dos esforços de transformação é o fato de eles serem abrangentes. Ao coletar os dados, as várias equipes interdepartamentais de resposta rápida devem fazer uma análise crítica de cada aspecto da empresa. Considerando a enorme quantidade de dados disponíveis, também examinaremos meios eficazes de organizar e analisar os dados, salientando a utiliza-

FIGURA 4-1

Visão geral da fase 1

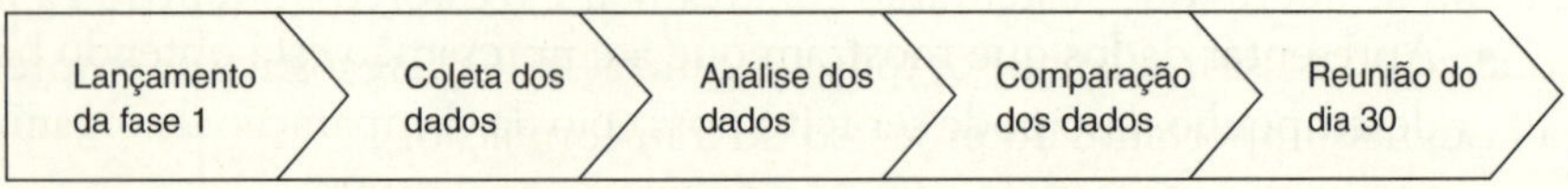

| Lançamento da fase 1 | Coleta dos dados | Análise dos dados | Comparação dos dados | Reunião do dia 30 |

ção de fluxogramas de processo. Um fluxograma de processo é uma ferramenta eficaz para mapear um processo de negócios e esclarecer as áreas problemáticas e principais dificuldades que afligem a empresa.

Depois de os dados serem coletados e analisados, eles apresentam uma utilização adicional: comparações internas e externas. O benchmarking é um meio de coletar mais informações, comparando dados internos com externos. Com as principais informações em mente, cada equipe também cria um conjunto de indicadores de referência, em cuja base o progresso e o impacto do esforço de transformação são mensurados.

A fase 1 é concluída com a reunião de integração do dia 30, a principal reunião, que resume e encerra a fase.

LANÇAMENTO DA FASE 1

O lançamento da fase 1 (veja a Figura 4-2) tem dois componentes: um lançamento informal, com a equipe de liderança, seguido de um lançamento formal, chamado de reunião de lançamento.

Motivando e convencendo a equipe de liderança

No lançamento informal, todos os gestores da empresa e principais colaboradores são convidados pelo líder da transformação a participar de uma reunião fechada. Nessa reunião, teremos uma meta: motivar e convencer as pessoas-chave da empresa, particularmente os membros das equipes gerenciais executivas (EGEs, descritas no capítulo anterior), e garantir que elas estejam plenamente comprometidas com o esforço de transformação. O líder da transformação deve colocar explicitamente a empresa e seu futuro nas mãos dos líderes, capacitando-os a mudar e melhorar a empresa. (Veja "Como Gerstner motivou a administração sênior na IBM" para uma descrição mais detalhada dessa reunião.) Esta serve não somente para criar o importante senso de urgência discutido no capítulo sobre a pré-transformação, como também para reforçar as competências e o potencial dos líderes atuais.

Algumas maneiras eficazes de motivar e convencer a administração sênior incluem:

- Apresentar dados que mostram que a empresa não está obtendo bom desempenho. Isso pode ser feito por meio da comparação da organização com o mercado e com os principais concorrentes.

FIGURA 4-2

Lançamento da fase 1

| Lançamento da fase 1 > | Coleta dos dados > | Análise dos dados > | Comparação dos dados > | Reunião do dia 30 > |

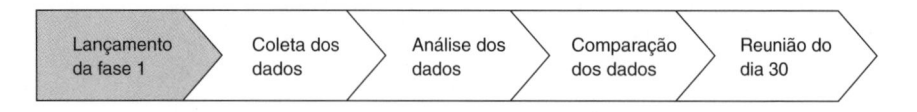

COMO GERSTNER MOTIVOU A ADMINISTRAÇÃO SÊNIOR NA IBM

Na primeira reunião com sua equipe gerencial sênior, Lou Gerstner convidou 420 empregados de todo o mundo para Nova York e informou sua principal meta: "Motivar o grupo para concentrar seus talentos e esforços fora da empresa, não uns nos outros."[1] Ele deu início à reunião mostrando dois gráficos, um da satisfação do cliente e o outro da participação de mercado, ambos mostrando resultados muito desencorajadores para a empresa. Depois de apresentar os dois gráficos, ele resumiu dizendo: "Estamos levando uma surra no mercado!" Ele esperava que essa mensagem provocasse um sentimento de raiva em todos os empregados para que voltassem sua atenção ao mercado acirrado e se determinassem a contra-atacar os concorrentes. Ele ampliou essa meta mostrando fotos de CEOs de alguns dos concorrentes, incluindo Bill Gates e Larry Ellison. Ele leu citações deles criticando a IBM, incluindo uma de Ellison, que disse: "IBM? Nem pensamos mais nesses sujeitos. Eles não estão mortos, mas são irrelevantes."

Para transmitir sua mensagem com ainda mais impacto, ele explicou que 25 mil empregados perderam os empregos devido à crise na qual a IBM entrara. "Esses sujeitos entraram e nos deram uma surra", ele disse. Em um clamor por ação, ele observou: "Quando se tem uma participação de mercado e uma satisfação do cliente desse tipo, não há muito tempo para discutir. Precisamos ir à luta e começar a vencer no mercado." Gerstner explicou a nova cultura baseada no desempenho a ser implementada na IBM, na qual ele selecionaria pessoalmente as pessoas que ocupariam os novos cargos na empresa. Ele estava em busca de resultados e de "pessoas que fazem as coisas acontecer, sem se limitar a observar e discutir sobre o que acontece". Ele queria pessoas que pudessem ajudar a revitalizar a empresa e prometeu que, se todos os empregados seguissem a receita para a mudança que ele sugeria, a empresa voltaria a ter sucesso. Nesse ponto, ele passou a explicar as mudanças comportamentais esperadas de seus líderes, contrastando as práticas de liderança de então com as melhores práticas de liderança que levariam a uma internalização da mudança.

- Explicar que o *status quo* dos negócios levará a uma crise da empresa e que uma mudança deve ocorrer... *rapidamente*.
- Apresentar as oportunidades para a empresa e manter uma atitude positiva, explicando como a revitalização pode levar ao sucesso da empresa.
- Explicar que as pessoas na organização precisam se *comprometer com a mudança* e *internalizar a mudança*.
- Dar a todos os líderes um feedback positivo em relação a seu potencial.
- Apresentar uma série de mudanças comportamentais que transformarão todos os membros da equipe em agentes da mudança na organização.

Quando se reunir com a equipe de liderança, o líder da transformação deve transmitir uma mensagem ao mesmo tempo viável e memorável (veja "Simplificando a IBM"). Antes de solicitar o total comprometimento da equipe de liderança, o líder da transformação deve esclarecer explicitamente as expectativas para o esforço. A partir dessa reunião inicial, o líder da transformação espera que sua equipe de liderança desenvolva um novo conjunto de competências e hábitos, o que é extremamente difícil e requer reflexão e ação deliberadas. Dessa forma, o líder da transformação deve elaborar uma maneira clara de comunicar suas expectativas e incentivar a equipe. Uma das principais

---

SIMPLIFICANDO A IBM

Em sua reunião inicial com a administração sênior, Gerstner apresentou uma série de comportamentos culturais amplos para seus líderes. Contudo, ele logo percebeu que seu pessoal não estava aplicando os comportamentos, e conversou com um dos colegas para entender o problema. O colega respondeu: "No fim de semana, fiz as contas e vi que tinha mais de vinte coisas nas quais você queria que eu me concentrasse assim que saísse da cama pela manhã. Não tenho como fazer isso tudo. Não sou tão bom assim. O que você realmente quer que as pessoas façam?"[2] A partir dessa conversa, Gerstner percebeu que "precisava pegar os princípios da empresa e fazer com que eles fossem claros e concretos para todo o pessoal da IBM. Para isso, ele precisava simplificá-los e incorporá-los no trabalho cotidiano das pessoas". Foi pensando assim que ele desenvolveu a frase "Vença, execute, trabalhe em equipe" para resumir as idéias iniciais que havia transmitido na reunião com a administração sênior, mas de uma forma significativamente mais eficaz.

mensagens devem ser as novas características de lideranças que se espera que os líderes apliquem no ambiente de trabalho. Uma mensagem clara e simples que incorpora as expectativas é importante para evitar sobrecarregar a equipe de liderança e garantir que a mensagem será lembrada e transmitida adequadamente.

Reunião de lançamento

Depois da reunião inicial, o líder da transformação deve convidar a EGE e todos os membros das equipes de resposta rápida para uma convenção de dois dias, a fim de lançar o diagnóstico detalhado do esforço. Se os membros da equipe ainda não tiveram a oportunidade de se encontrar oficialmente, essa é a chance deles. Além disso, os membros da equipe também têm a oportunidade de se reunir e conversar com membros das outras equipes, o que será importante, já que todos estarão trabalhando em colaboração no esforço. Nessa reunião, o líder da transformação deve explicar as diretrizes e estabelecer o tom do esforço de transformação.

A reunião de lançamento deve incluir:

Dia 1
1. Estabelecer uma visão compartilhada.
2. Apresentar a metodologia.
3. Livrar-se de preconceitos e pressupostos.
4. Desenvolver um conjunto de valores-chave.
5. Conduzir uma análise de alto nível para os problemas atuais.

Dia 2
1. Definir regras e responsabilidades claras.
2. Trabalhar em equipe.
3. Desenvolver um plano eficaz para a fase 1.

Dia 1
Apesar de o líder da transformação já ter anunciado oficialmente a transformação na fase de pré-transformação, o primeiro dia da reunião de lançamento marca o pontapé inicial para as atividades do esforço de transformação e confirma formalmente o envolvimento e o total comprometimento dos membros da equipe. O dia 1 da reunião de lançamento salienta os aspectos

fundamentais da pré-transformação. A pré-transformação, contudo, gira em torno do líder da transformação, enquanto a reunião de lançamento orbita ao redor das equipes de resposta rápida. Essa reunião deve se concentrar em envolver todas as pessoas para ganhar velocidade e alinhar-se a uma ampla visão do destino desejado da empresa.

1. Estabelecer uma visão compartilhada. O líder da transformação dá início ao dia 1, com uma discussão da situação atual da organização. Salientando a extrema necessidade de mudança existente na organização, o líder cria um senso de urgência, reiterando muitos pontos discutidos em sua reunião recente com a equipe de liderança e a EGE, ao mesmo tempo em que esclarece as oportunidades para a empresa criadas pelo estabelecimento dessa visão para o futuro. Para que o esforço de transformação tenha sucesso, os próprios membros da equipe devem se empolgar com a mudança e se convencer da necessidade da transformação. Nesse sentido, o senso de urgência e a necessidade da transformação devem ser reforçados nessa reunião.

Uma das tarefas mais difíceis do líder da transformação é motivar sua equipe e alinhar seu entendimento acerca da visão do líder, embora isso possa ser feito de maneira eficaz quando se ajudam as pessoas a visualizar os resultados potenciais da transformação (veja "O 'destino' da Best Buy"). Essa visão é

O "DESTINO" DA BEST BUY

Os consultores comunicaram sua visão de uma Best Buy melhor à Equipe de Implementação da Mudança (EIM) por meio da criação de uma capa de revista e de um artigo para uma revista imaginária de negócios que chamaram de *Destiny*. A capa da nova revista estampava a manchete: "Como a Best Buy navegou pelas águas da mudança e chegou à sua nova plataforma operacional." O título do artigo era "Do caos à disciplina: como foi a mudança da Best Buy".[3] Nesse artigo, os consultores descreveram a Best Buy após a transformação. Eles salientaram "a melhor experiência de compras" e como, segundo os membros da EIM, a liderança atuaria como futuro agente da mudança.

A idéia foi extremamente eficaz para motivar a equipe a implementar o esforço de transformação. Um dos membros da EIM observou: "Para a equipe, a capa e o artigo da revista *Destiny* foram realmente motivadores e o que foi dito no artigo parecia bastante longe da realidade. Aquilo provocou um verdadeiro impacto sobre mim e a equipe."[4]

importante para motivar as pessoas, como Carlos Ghosn, da Nissan, descobriu após tentar uma série de métodos para conquistar a adesão das pessoas. Ele informou claramente como as metas de curto e longo prazos mudariam a empresa ao elaborar uma imagem mental da nova empresa. "Se atingirmos nossas metas", ele disse, "é assim que seremos em dois anos e é assim que seremos em cinco anos".[5]

Comunicar a visão significa, indiretamente, comunicar as metas do esforço de transformação, já que esse esforço ajuda a empresa a atingir sua visão. Dito isso, o líder da transformação também pode optar por comunicar uma visão mais ampla que possa ser mais tangível e quantitativamente mensurada. Por exemplo, na transformação da VeriSign, uma visão para uma receita de US$1 bilhão foi informada nessa reunião de lançamento. Tal visão mensurável deu aos membros da equipe algo concreto e compreensível, passando a representar uma meta para o esforço de transformação como um todo. Supondo que a visão não seja fantasiosa demais ou impossível, uma meta concreta comunicada aqui ajuda a dar aos membros da equipe algo pelo qual lutar e pode representar um complemento eficaz para uma visão mais abstrata.

A comunicação da visão é fundamental porque uma visão provoca efeitos muito mais poderosos do que se limitar a indicar às pessoas um caminho a ser seguido ou uma causa a ser defendida. Antes de mais nada, ela proporciona uma estrutura conceitual para que as decisões sejam tomadas. Por exemplo, quando os empregados estão diante de uma série de alternativas potenciais, eles podem eliminar algumas delas ao perguntar: "Essa alternativa está de acordo com nossa visão geral?" Se não for esse o caso, ela poderá ser eliminada. Essa estrutura conceitual permite que mais empregados assumam a responsabilidade e o controle do processo decisório. As decisões podem ser tomadas mais rapidamente, o que poupa tempo e recursos, que podem, então, ser alocados a projetos que sustentem a visão mais abrangente da empresa.

Em segundo lugar, uma visão ajuda as pessoas a perceber o valor de concluir as tarefas de curto prazo. Ao motivar a ação de curto prazo, uma visão ajuda a informar aos empregados que o trabalho deles será recompensado no futuro. Dessa forma, uma visão minimiza a resistência natural à mudança e energiza os membros da equipe.[6]

2. *Apresentar a metodologia*. Neste ponto, um coach ou especialista no modelo dos 90 dias, junto com o líder da transformação, apresenta a metodologia para os próximos meses do esforço e as regras e expectativas para a transformação. O líder da transformação deve conduzir a apresentação a fim de demonstrar seu apoio em relação ao esforço e ilustrar que ele será executado não pelos consultores, mas pelas pessoas interessadas na empresa, inclusive pelo próprio líder da transformação.

Ao apresentar a metodologia, o líder da transformação ou outro especialista deve explicar a visão do esforço para os próximos três meses. Apesar de isso ser similar à visão antes descrita, ela é mais diretamente relacionada ao esforço de transformação e às maiores oportunidades que o futuro reserva. Por exemplo, o líder da transformação de uma empresa que analisamos utilizou a seguinte meta para motivar sua equipe: maximizar uma excelente oportunidade. Ao descrever essa meta, o líder da transformação relacionou diretamente a meta à sua convicção de que aquela era a chance da empresa de se recuperar e se adiantar em relação aos concorrentes. Além disso, o líder da transformação daquela empresa informou a meta da transformação de lutar por uma cultura disciplinada, baseada em indicadores quantitativos, orientada ao comprometimento e inovadora. Ele expressou que essa nova cultura não seria apenas o resultado do esforço, mas seria desenvolvida e aplicada durante o esforço.

O líder da transformação e o especialista em metodologia devem começar enfatizando que não existe uma solução do tipo "receita de bolo" e que a empresa deve identificar e solucionar os próprios problemas específicos. Todos os empregados precisam entender que a transformação dos 90 dias não é um mero elixir para a empresa. Ela é uma metodologia que orientará a empresa na busca por saltos quânticos de melhoria. Esta também é uma oportunidade para o líder da transformação aplacar o medo de demissões, uma medida comum durante a maioria dos esforços de transformação. O esforço de transformação deve gerar melhores oportunidades para a organização e os empregados precisam saber que serão capazes de colher os benefícios de uma organização melhorada.

Nessa apresentação, o líder da transformação deve estabelecer as regras práticas e as expectativas para o esforço de transformação. Por exemplo, o ambiente do esforço deve estar livre de rumores e fofocas. Isso não apenas permite que os empregados se expressem abertamente e à vontade, mas também aumenta a eficiência do esforço por meio da minimização da política corporativa e de confrontos e rancores desnecessários. Os membros da equipe envolvidos na transformação são todos líderes referenciais da organização e pessoas extremamente competentes, de modo que os rumores não fazem nada além de desperdiçar tempo e reduzir sua capacidade de executar as tarefas necessárias. Da mesma forma, o líder da transformação deve enfatizar que não há "vacas sagradas" ou projetos preferidos – cada aspecto da empresa deve ser analisado objetiva e profundamente. Não deve haver fronteiras que prejudiquem o desempenho do esforço de transformação ou da empresa como um todo.

A apresentação é seguida de um período de perguntas e respostas durante o qual o líder da transformação e os coaches concedem a palavra aos membros das equipes de resposta rápida para esclarecerem dúvidas. Eles devem ser incentivados a fazer perguntas e esclarecer mal-entendidos assim que surgirem. Algumas das perguntas mais comuns são: Como será possível fazer tudo isso em 90 dias? O que faz este esforço ser diferente de outros esforços de revitalização que tentamos implementar no passado? Como sabemos se isso funcionará? (Veja alguns exemplos de respostas em "Perguntas e respostas: como sabemos se o processo funcionará?".) Todas essas perguntas devem ser respondidas neste estágio e todas as dúvidas que restarem precisam ser esclarecidas assim que possível.

3. **Livrar-se de preconceitos e pressupostos.** Ao ajudar os empregados a embarcar no esforço de transformação, o líder deve salientar que todos os empregados deverão se empenhar mais. Para obter o máximo das pessoas durante o esforço e depois de sua conclusão, o líder deve proporcionar a todos uma *tabula rasa* para iniciar o processo. Desse ponto em diante, o desempenho passado é geralmente irrelevante e as pessoas que entregarem resultados mensuráveis serão as primeiras na fila para ocupar posições de liderança após o esforço de transformação. Isso incentiva todos os empregados a se empenharem na transformação.

Ao mesmo tempo, contudo, os empregados não devem ter medo de cometer erros. O líder da transformação precisa enfatizar que a transformação é uma experiência de aprendizado para as pessoas envolvidas e que, em geral, os erros – se tiverem sido erros inteligentes – são aceitáveis e fazem parte da experiência. O fato mais importante a ser esclarecido sobre os erros é que a empresa e as pessoas envolvidas, e não somente a pessoa específica que cometeu o erro, aprendem com isso e não cometem o mesmo equívoco no futuro.

Ao lidar com o inevitável grupo de empregados e membros da equipe que permanecerão céticos em relação ao esforço, o líder da transformação deve, antes de tudo, explicar a gravidade e a realidade da situação, recriando, desse modo, o senso de urgência. O esforço de transformação não apenas impulsionará a organização a um futuro melhor, como também criará novas oportunidades para esses empregados. Apesar das oportunidades futuras, o líder da transformação precisa reconfirmar claramente a pesada carga de trabalho e as horas extras potenciais esperadas pelo envolvimento no esforço de transfor-

> **PERGUNTAS E RESPOSTAS: COMO SABEMOS SE O PROCESSO FUNCIONARÁ?**
>
> Veja, a seguir, alguns argumentos para explicar por que o processo funcionará. Para evitar que essa questão seja levantada, o líder da transformação deve tentar esclarecer esses pontos antecipadamente, em sua apresentação ou em suas reuniões com as pessoas-chave da organização. Algumas questões podem ser previstas e devem ser prevenidas – por exemplo, por que o processo de transformação funcionará:
>
> **Prestação de contas.** A cadeia de prestação de contas e responsabilidade é clara ao longo de todo o processo.
> **Melhores práticas.** O método e o processo se baseiam nas melhores práticas de uma ampla variedade de setores.
> **Continuidade.** Trata-se de um processo orgânico e dinâmico que impulsiona a organização para processos de primeira qualidade.
> **Indicadores.** O processo seria orientado por indicadores. Valores de referência serão definidos para mensurar o progresso.
> **Educação.** Todas as pessoas, incluindo a administração sênior, receberão treinamento no processo.
> **Foco.** O esforço é voltado ao mercado, além de envolver papéis e responsabilidades claros.

mação e comprometimento com ele. Mesmo que os membros da equipe já saibam a extensão de seu comprometimento antes de aderir aos esforços, a reiteração nessa reunião lhes dará uma última chance de sair por conta própria ou reforçar seu comprometimento.

Além de preparar as equipes para o esforço extra que os aguarda, esta é uma oportunidade de reconfirmar a crença de que os membros da equipe são profissionais extremamente capazes e são os líderes referenciais da organização. Ao fazer isso, o líder da transformação eleva o moral e a confiança do grupo, o que é necessário para impulsionar o esforço de transformação.

4. Desenvolver um conjunto de valores-chave. Depois da sessão de perguntas e respostas, o líder da transformação e os coaches devem convidar as equipes de resposta rápida para trabalhar juntas a fim de desenvolver um conjunto de valores voltados ao esforço de transformação e depois de sua conclusão (veja "A ACI desenvolve um novo conjunto de valores"). Esses valores devem ser capazes de sustentar a si mesmos e à empresa no longo prazo. Para incentivar o diálogo e a discussão aberta no grupo, o líder da transformação e os coaches devem sair da sala e dar aos membros do grupo pouco direcionamento para o modo como devem proceder. Uma vez que as equipes atingirem um consenso, elas devem apresentar os valores ao líder da transformação e ao grupo de coaches, que os ajudarão a chegar a uma conclusão por meio de votação. Para assegurar a adesão e o comprometimento, todos os membros da equipe devem concordar com os valores. Nas fases a seguir, o líder da transformação elaborará os valores e os ajustará para que sejam mais mensuráveis e possam detalhar melhor os comportamentos específicos incorporados aos valores mais amplos.

Este método de desenvolvimento de valores é altamente eficaz por uma série de razões. Para começar, ele promove uma coalizão de pessoas empolgadas na defesa dos valores e do esforço de transformação. Essa coalizão será particularmente útil no futuro, quando a execução do esforço pode levar a focos de resistência na empresa. Por exemplo, se, durante o esforço de transformação, um empregado se desviar de um conjunto de valores, outros empregados podem lembrá-lo de agir em conformidade com os valores combinados por todos no início do esforço. Esse "autocontrole" não somente minimiza a responsabilidade dos executivos e do líder da transformação, como também resulta em uma contínua divulgação dos valores e na conformidade com eles. Além

---

A ACI DESENVOLVE UM NOVO CONJUNTO DE VALORES

Durante a transformação na ACI, as equipes de resposta rápida se engajaram em horas de emoções, caos, discussões e conflitos para chegar a seus valores. Ao final, eles não apenas se saíram com um conjunto de valores, mas também estavam ansiosos e entusiasmados por defendê-los. Esses valores foram:

- Trabalho em equipe
- Criatividade
- Transparência
- Honestidade
- Pensamento positivo
- Orientação para o cliente
- Prestação de contas
- Pontualidade
- Respeito pelos colegas

disso, forçar as equipes a conversar entre si e chegar a um consenso faz com que todos os membros se sintam mais à vontade para trabalhar juntos e expressar os próprios pontos de vista.

Depois de as equipes desenvolverem o conjunto de valores, o líder da transformação deve comunicar esses valores à empresa, assegurando-se de que eles sejam expressos com clareza e que os empregados compreendam exatamente o que mudará e o que não mudará (veja "Definindo as fronteiras para a mudança na Procter & Gamble"). O líder da transformação deve confirmar os valores em detalhes para a empresa e, mais uma vez, enfatizá-los às equipes, utilizando os veículos de comunicação que descreveremos mais adiante.

5. Conduzir uma análise de alto nível para os problemas atuais. Depois de as equipes de resposta rápida terem desenvolvido o conjunto de valores, o líder da transformação deve atribuir a cada equipe sua primeira tarefa: conduzir um diagnóstico de alto nível para a área que lhe foi atribuída. Em uma sessão de brainstorm de duas horas, o grupo deve documentar uma lista dos principais sintomas, apesar de ainda ser cedo demais para identificar a causa fun-

---

DEFININDO AS FRONTEIRAS PARA A MUDANÇA NA PROCTER & GAMBLE

Ao analisar os números da Procter & Gamble (P&G), o CEO, A. G. Lafley, primeiramente se concentrou em fatores e aspectos da empresa que seriam mantidos sem mudanças. Ele afirmou claramente que a visão da P&G de melhorar a vida cotidiana das pessoas ao redor do mundo com os produtos de melhor desempenho, qualidade e valor da empresa permaneceria constante. Além disso, Lafley anunciou que os seis princípios orientadores da P&G, além do respeito ao indivíduo, não seriam alterados com o esforço de transformação, e o mesmo se aplicaria ao sistema mais abrangente de valores.

Com isso, Lafley prosseguiu falando sobre os itens que teriam de ser mudados. Por exemplo, ele observou que qualquer negócio que não tivesse uma estratégia precisaria desenvolver uma e qualquer negócio com uma estratégia mas com um desempenho insatisfatório no mercado precisaria mudar sua estratégia ou melhorar a execução. Ao definir o que precisava ser mudado, Lafley estabeleceu fronteiras claras para o esforço de transformação e definiu o que seria mantido constante. Em suas próprias palavras: "Fiz questão de deixar muito claro o que era seguro e o que não era."[7]

damental. A discussão será conduzida pelos coaches e os membros da equipe devem se sentir à vontade para expressar suas opiniões referentes aos mais importantes problemas e sintomas.

Depois desse período de duas horas, os grupos voltam a se reunir e cada equipe apresenta suas descobertas e hipóteses iniciais ao líder da transformação e às outras equipes. Ao incentivar cada equipe a apresentar os resultados de sua análise, o líder da transformação se informa sobre as crenças de suas equipes em relação às principais questões e todos os participantes obtêm uma visão geral dos problemas a serem analisados mais profundamente.

As discussões e as apresentações também ajudam as pessoas a entrar no mesmo barco no que se refere a diferentes áreas e questões da empresa. Além disso, essa sessão inicial dá a todos os participantes do esforço uma chance de se familiarizar com o trabalho em equipe. Podem surgir conflitos, e uma orientação apropriada é fundamental para estabelecer o tom relativo a desentendimentos verbais e debates mais acalorados – os membros da equipe não devem sair dessa discussão inicial com um gosto amargo na boca, porque a reunião representa o primeiro vislumbre de como será o esforço de transformação.

Dia 2

Durante o segundo dia da convenção, as equipes voltam a se reunir e o piloto de cada equipe conduz uma discussão sobre o cronograma e uma série de marcos para os próximos 30 dias. Cada equipe trabalha com seu coach e patrocinador executivo, que orientarão essas tarefas e se assegurarão de que todas as equipes estejam prontas para dar início ao diagnóstico da empresa.

1. Definir regras e responsabilidades claras. Para começar, os coaches e os patrocinadores executivos devem se certificar de que todos os membros das equipes entenderam as metas mais amplas do esforço de transformação como descritas no dia anterior. Depois disso, os coaches devem verificar se cada membro da equipe tem um papel claramente definido em sua equipe e se compreendeu seu papel e suas responsabilidades individuais. (Para um exemplo da importância do desenvolvimento de papéis e responsabilidades claros, veja "Tarefas imprecisas na VeriSign".) Isso deve ser realizado não por imposição, mas por meio de conversas entre os membros da equipe sobre seus pontos fortes e expertise, já que os papéis devem complementar as formações e a experiência das pessoas. Isso não somente leva a uma maior eficiência e minimiza os conflitos, como também ajuda os membros individuais da equipe a ter uma visão mais concreta do que será esperado deles nos próximos meses.

2. Trabalhar em equipe. Durante a convenção, os membros da equipe se sentirão cada vez mais à vontade para trabalhar juntos. Os pilotos das equipes, contudo, são responsáveis por liderar esses grupos diversificados de pessoas, com formações e expertise diferentes. Para aumentar o nível de eficácia dos membros que trabalham juntos em uma equipe, os pilotos podem aproveitar essa oportunidade para conduzir uma atividade em equipe. Uma possibilidade é utilizar o teste de personalidade de Myers-Briggs para esclarecer, valorizar e explorar as diferenças entre os membros da equipe. (Veja "Criando uma equipe coesa na Best Buy".)

3. Desenvolver um plano eficaz para a fase 1. Com apenas 30 dias para diagnosticar uma área da empresa, cada equipe de resposta rápida deve desenvolver uma metodologia e um plano de ataque para maximizar as possibilidades com um prazo tão restrito. Esse plano de ataque deve concentrar-se no que a equipe deve realizar na fase 1. Como os membros da equipe trabalham em suas funções regulares além do esforço de transformação, é muito fácil reduzir a prioridade das tarefas relacionadas à transformação e as semanas passarão sem nenhum progresso significativo. Assim, um cronograma com marcos

---

TAREFAS IMPRECISAS NA VERISIGN

Na primeira tentativa da VeriSign de criar e orientar suas equipes de resposta rápida, os papéis e responsabilidades indefinidos limitaram o impacto das equipes. Uma das equipes criadas nessa primeira tentativa, a de redução de custos, foi solicitada a conduzir um brainstorm para traçar uma nova estratégia e iniciativa de corte de custos na divisão VCS. Entretanto, quando os membros da equipe se encontraram em Denver, Colorado, eles não sabiam com clareza o que estavam tentando realizar. Eles passaram a primeira reunião principalmente tentando definir algumas diretrizes para o trabalho. Eles se perguntavam:

Economias de custo à custa do quê?

Devemos recorrer à demissão de pessoas?

Deveríamos fechar alguns de nossos escritórios?

Quais são as expectativas?

Ao final, eles entregaram um conjunto de recomendações, mas, como não tinham orientações e diretrizes claras, não foram consideradas adequadas e acabaram não sendo implementadas.

e prazos para a fase 1 deve ser desenvolvido logo no início. Apesar de o cronograma incorrer em repetições e mudanças à medida que o trabalho se desenvolve e o foco do diagnóstico é ajustado de acordo com as descobertas, é necessário definir marcos abrangentes para orientar o trabalho. Por exemplo, se uma equipe precisar fazer um levantamento com os empregados em toda a empresa, quando o questionário deverá ser entregue? Quando os resultados deverão ser analisados? Além disso, o plano ajudará a equipe a priorizar e coordenar as várias tarefas.

Também é importante para o desenvolvimento de um plano eficaz relativo à fase 1 definir a freqüência com que a equipe se reunirá todas as semanas para discutir seu progresso e descobertas, além de lidar com problemas e obstáculos. Uma equipe pode decidir que precisa se reunir duas vezes por semana, enquanto outra equipe pode decidir conduzir reuniões individuais para solucionar problemas à medida que eles forem surgindo e só se reunir rapidamente uma vez por semana para se certificar de que todos estejam acompanhando o ritmo do trabalho.

Neste plano para a fase 1, as equipes devem definir sua primeira tarefa. Essa tarefa inicial deve representar um equilíbrio entre o simples e o impossível, já que é ela que propulsionará a equipe em seu direcionamento futuro. Se

CRIANDO UMA EQUIPE COESA NA BEST BUY

Na Best Buy, parte da cultura da empresa envolvia a valorização do herói individual. Assim, os empregados não estavam acostumados a trabalhar em equipes. No começo, os membros da Equipe de Implementação de Mudanças tiveram dificuldades em trabalhar juntos, mas logo perceberam que só conseguiriam manter a credibilidade se trabalhassem em equipe. Para se tornarem agentes de mudança que transformariam a empresa, eles precisariam, antes de tudo, transformar a si mesmos.

Inicialmente, a equipe teve de aprender a lidar com diferentes tipos de personalidade e pessoas com diferentes motivações. Uma vitória foi conquistada pela equipe quando todos eles fizeram o teste de Myers-Briggs, que tenta descrever o tipo de personalidade das pessoas. Ao notar o quanto eles eram ao mesmo tempo similares e diferentes entre si, os membros da equipe foram capazes de se compreender melhor. Além disso, eles rapidamente aprenderam como suas diferenças complementavam-se umas às outras e como eles eram mais fortes em equipe do que individualmente.

ela se mostrar fácil e simples demais, a equipe não será capaz de criar condições favoráveis suficientes para ganhar impulso até a próxima tarefa. Se for difícil demais, contudo, a equipe perderá a motivação mesmo antes de dar início ao esforço. Desse modo, os membros da equipe devem sair da reunião de lançamento com uma idéia do que precisam realizar antes da próxima reunião.

Com o desenvolvimento dos planos das equipes para a fase 1, a reunião inicial pode ser oficialmente finalizada com uma conclusão pelo líder da transformação. Agora que as equipes têm uma idéia geral dos principais sintomas dos problemas de sua área de estudo, dispõem de um plano de ataque geral para os próximos 30 dias e esclareceram os papéis e responsabilidades individuais, podem começar a executar suas tarefas individuais.

COLETA DE DADOS CRÍTICOS

Para cada equipe, o cerne da fase 1 reside na coleta de dados. Durante a reunião de lançamento, cada equipe desenvolveu várias hipóteses consistentes nos principais sintomas de sua área de estudo. Contudo, quais desses sintomas representam a causa fundamental? Nesta fase, cada equipe precisa diferenciar entre sintomas e causas fundamentais. Por exemplo, a escassez de recursos é um problema comum em muitas empresas. Contudo, a falta de recursos é simplesmente uma manifestação de uma causa básica mais profunda, como processos ineficientes, ou é a causa de outros problemas? Em muitas ocasiões, essa fronteira é extremamente vaga, e essas hipóteses podem ser testadas e sustentadas por dados e informações adicionais (veja a Figura 4-3).

Além de coletar dados que ajudarão a diagnosticar os problemas que afligem a empresa, as equipes também devem começar a coletar dados sobre as megatendências do setor e do mercado, como foi feito pelo líder da transformação quando verificou o terreno na fase de pré-transformação. Começar o estudo das megatendências neste ponto ajuda as equipes na fase 2, quando precisarão desenvolver "grandes idéias" baseadas em suas análises.

FIGURA 4-3

Coleta dos dados

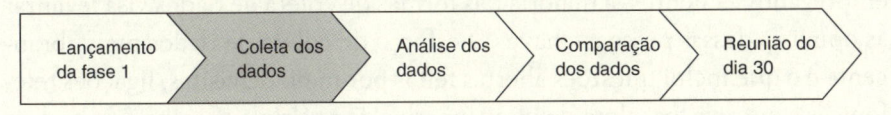

| Lançamento da fase 1 | Coleta dos dados | Análise dos dados | Comparação dos dados | Reunião do dia 30 |

Há muitas formas de coletar dados, cada uma com vantagens e desvantagens. A equipe deve desenvolver um conjunto específico de métodos com base no que seus integrantes gostariam de mensurar e o tipo de informações que serão mais úteis para eles. Uma chave para a coleta de dados é fazer as perguntas certas para obter as respostas necessárias.

Antes de começar a coletar dados, contudo, cada equipe de resposta rápida deve discutir e desenvolver uma série de perguntas que precisam ser respondidas durante o processo. A partir daí, é possível começar a definir o tipo de dados que o grupo precisa coletar e quais métodos seriam relevantes para o trabalho posterior. Muitas vezes, é necessário definir uma combinação de canais, apesar de alguns métodos serem mais confiáveis do que outros. Também é importante definir a meta da fase de coleta de dados, a fim de que a equipe disponha de parâmetros para saber em que ponto já terá coletado informações suficientes. Os membros da equipe descobriram as respostas às questões que se determinaram a responder? Houve alguma descoberta surpreendente que requer acompanhamento?

Como na ocasião em que o líder da transformação verificou o terreno, observe que a coleta de dados deve ser vista como uma ferramenta para testar sua hipótese, não para sustentá-la. Um dos maiores riscos para qualquer equipe nesta fase é começar a trabalhar com preconceitos e tendências, assim como interpretar os dados para sustentar esses preconceitos. A coleta de dados deve ser objetiva. Em algumas ocasiões, as descobertas podem ser surpreendentes e contra-intuitivas, mas não devem ser imediatamente desconsideradas. No mínimo, essas descobertas merecem uma investigação mais aprofundada para descobrir a verdade por trás desses dados específicos.

Ao mesmo tempo, as equipes devem estar preparadas para a dura realidade da coleta de dados. Em vez de esconder os problemas embaixo do tapete, as equipes e a organização devem confrontá-los. Algumas descobertas podem ser dolorosas, mas são justamente essas descobertas que merecem a maior atenção da empresa e devem ser investigadas para possíveis recomendações de mudanças e melhorias. A verdade pode doer às vezes. No entanto, mais uma vez, sem dor nada é conquistado.

Há várias maneiras de se coletarem dados. Pelo fato de a coleta de dados normalmente ser conduzida para obter informações e feedback sincero de empregados e clientes, a maioria das formas de coleta de dados visa levantar as opiniões dessas pessoas-chave. O esforço de coleta de dados mais abrangente é o que inclui questões abertas feitas por meio de visitas, ligações telefônicas e entrevistas, além de questionários de múltipla escolha que podem ser distribuídos para uma grande parcela da empresa. Dependendo das necessidades da equipe, contudo, alguns métodos podem ser mais intuitivos e úteis do que outros.

Questionários

Para coletar um grande volume de dados, uma empresa pode aplicar um questionário on-line ou impresso que inclua solicitar às pessoas que respondam a questões de múltipla escolha ou classifiquem uma série de itens em ordem de prioridade, em vez de pedir que elaborem respostas a questões abertas (veja "Utilização de questionários na Bay Networks"). As questões de múltipla escolha permitem que a equipe conduza uma análise mais quantitativa dos re-

---

UTILIZAÇÃO DE QUESTIONÁRIOS NA BAY NETWORKS

Quando Dave House assumiu o cargo de CEO na Bay Networks, contava com 15 subordinados diretos. Depois de montar 15 equipes de cinco pessoas cada (uma equipe por subordinado direto), ele enviou as equipes a campo para uma missão de coleta de dados: passar uma semana conversando com os clientes. Ele enviou os membros do grupo à Europa, à Ásia e à América do Sul e cada um ficou encarregado de visitar e entrevistar entre três e cinco clientes por dia. Ao final da entrevista, cada cliente recebia um questionário de oito páginas que incluía questões voltadas à avaliação de suas necessidades:

- Qual é sua maior necessidade tecnológica?
- Qual é sua maior necessidade na condução dos negócios?
- Qual é sua maior força?
- Qual é sua maior fraqueza?
- Quais são as forças de seus concorrentes?
- Quais são as fraquezas de seus concorrentes?
- Que conselho você daria ao novo CEO?

Além dos dados coletados, um benefício adicional foi a mensagem enviada aos empregados e clientes ao redor do mundo. Ao final, as equipes fizeram contato com um número enorme de clientes e o esforço indicou às pessoas que algo havia mudado – e que uma mudança muito maior estava prestes a ser realizada. Ao se concentrarem na obtenção de feedbacks dos clientes, elas comunicavam tanto aos empregados quanto aos clientes que, daquele ponto em diante, os clientes estariam em primeiro lugar.

sultados do levantamento. As questões abertas, contudo, que permitem que o entrevistado digite ou redija respostas mais elaboradas, também são necessárias para incluir outros aspectos e coletar dados que, de outra forma, não poderiam ser coletados por meio de questões fechadas, tais como opiniões, sugestões e idéias. Uma alternativa seria os membros da equipe aplicarem pessoalmente os questionários ou conduzirem entrevistas para as questões abertas.

Visitas pessoais

Além de aplicar questionários, as equipes de resposta rápida também podem sair de seus escritórios e conduzir as próprias visitas seja por áreas funcionais ou por diferentes localizações geográficas (veja "Visitas a lojas na Nordstrom"). Essas visitas pessoais podem ser puramente observacionais ou assumir a forma de entrevistas focadas ou informais.

Além disso, as equipes podem visitar não somente diferentes escritórios ou lojas da empresa, como também outros interessados pelas atividades da empresa, como fornecedores e clientes (veja "Visitas ao cliente na IBM: operação abraço de urso"). A coleta de dados não se resume a um fluxo de informações de mão única. Na verdade, visitas a empregados, fornecedores e clientes constituem uma excelente oportunidade de comunicar as mudanças iminentes a eles e fazer com que saibam o quanto são importantes para a organização e qualquer outra mensagem relevante.

VISITAS A LOJAS NA NORDSTROM

Durante o esforço de transformação na Nordstrom, o presidente do conselho, Bruce Nordstrom, tomou uma iniciativa na qual ele e seus filhos visitaram todas as 77 lojas da rede para ouvir opiniões e sugestões. Durante as visitas, eles conversaram com mais de dois mil empregados, dizendo: "Sabemos que cometemos muitos erros. O que vocês acham? O que vocês consideram mais importante e como podemos melhorar?"[8]

As histórias que eles ouviram lhes permitiram obter uma visão mais ampla dos problemas da empresa. Eles descobriram que estavam perdendo clientes porque estavam se distanciando da abordagem voltada ao cliente e de atenção individual, por meio da qual a empresa era conhecida. Eles não estavam dando aos clientes uma razão para entrar na loja. Esse conhecimento e compreensão foram uma descoberta fundamental com a qual Nordstrom sabia que precisava lidar.

VISITAS AO CLIENTE NA IBM: OPERAÇÃO ABRAÇO DE URSO

No início do esforço de transformação da IBM, Gerstner lançou um esforço chamado de Operação Abraço de Urso para identificar as causas de muitos dos problemas internos já identificados.[9] A operação demandava que cada um dos executivos do Conselho de Administração realizasse uma visita com uma postura que eles chamaram de "abraço de urso" a pelo menos um dos cinco maiores clientes da IBM em um período de apenas três meses. Os executivos foram instruídos a ouvir cada cliente, registrar suas preocupações, comunicar o comprometimento da IBM com a satisfação do cliente e implementar uma ação para manter o cliente, conforme o necessário. Cada executivo foi solicitado a submeter a Gerstner e às pessoas envolvidas um relatório de uma a duas páginas detalhando os problemas encontrados. Gerstner lia e comentava cada relatório e, quando as pessoas perceberam que ele estava fazendo isso, houve uma melhoria significativa da capacidade de resposta de seus executivos. Desde o início, a Operação Abraço de Urso teve três objetivos principais:

- Reduzir a percepção do cliente de que os principais executivos da IBM eram de difícil acesso.
- Identificar os principais executivos, de acordo com o nível de desempenho de cada um nessa tarefa.
- Divulgar a nova cultura, orientada ao cliente.

Recomendações de áreas para o diagnóstico

As transformações bem-sucedidas são abrangentes e isso é fundamental na fase de diagnóstico. As equipes precisam olhar embaixo de todas as pedras, sem deixar uma única pedra sem revirar. Pelo fato de a equipe da transformação poder se intimidar com o tamanho da tarefa, salientamos aqui algumas das principais áreas que não devem ser negligenciadas. Apesar da necessidade de que todos os aspectos sejam analisados, esta seção o ajudará a priorizar as áreas nas quais se concentrar, como sugerem nossas pesquisas (veja a Figura 4-4).

Mais especificamente, salientamos sete áreas-chave, algumas delas com várias subáreas: (1) estratégia, (2) excelência organizacional, (3) finanças, (4) ofertas inovadoras de produtos ou serviços, (5) atendimento ao cliente, (6) vendas e (7) tecnologia da informação. Devemos enfatizar novamente que esse diagnóstico deve ser conduzido pelas equipes interdepartamentais de for-

FIGURA 4-4

Áreas para o diagnóstico

```
Estratégia — Excelência organizacional — Finanças — Ofertas inovadoras de produtos ou serviços — Atendimento ao cliente (suporte, TI, indicadores) — Vendas — Tecnologia da informação

Estrutura organizacional — Cultura (unidade, prestação de contas) — Recrutamento e retenção (remuneração e desenvolvimento) — Comunicação
```

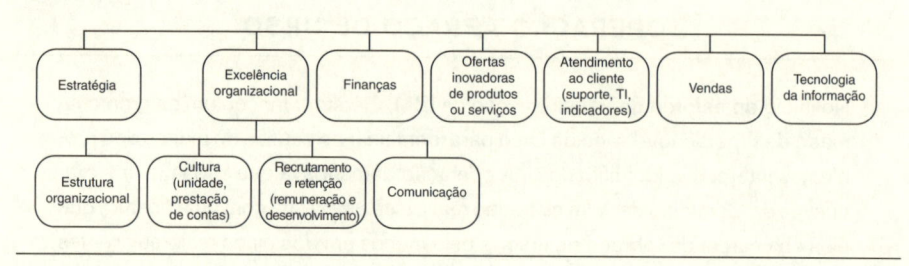

ma paralela, e não serial. Pode ser tentador concentrar-se em uma área que apresenta mais problemas para a empresa, mas as equipes de resposta rápida se asseguram de que tudo seja avaliado e analisado, e que a empresa não se desvie do caminho em virtude de algumas descobertas do diagnóstico. Uma tarefa tão grande pode inicialmente parecer caótica, considerando que todas as engrenagens do motor estão girando ao mesmo tempo, mas na verdade é exatamente essa natureza paralela do trabalho das equipes interdepartamentais que estabelece a ordem no caos.

Área 1: Estratégia

No contexto de uma organização, a estratégia descreve o conjunto de metas e atividades nas quais ela se envolve para conquistar vantagem competitiva. Ela descreve como uma empresa decide alocar seus recursos e detalha o que a utilização desses recursos atingirá. Para elaborar a estratégia de uma organização, a administração deve, antes de tudo, saber onde a empresa está, para onde está indo e, finalmente, quais medidas deve tomar para chegar lá (veja a Figura 4-5). Assim que a nova estratégia for selecionada, cada aspecto da empresa deve ser alinhado a ela e sustentá-la.

Todas as organizações dispõem de uma série de recursos ou pontos fortes além de uma série de pontos fracos. Ao ponderar as estratégias potenciais, um

FIGURA 4-5

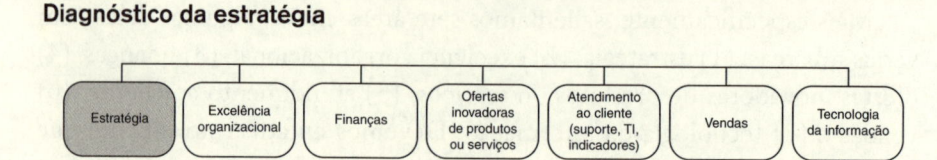

Diagnóstico da estratégia

```
[Estratégia] — Excelência organizacional — Finanças — Ofertas inovadoras de produtos ou serviços — Atendimento ao cliente (suporte, TI, indicadores) — Vendas — Tecnologia da informação
```

executivo não deve negligenciar esses pontos fortes. Em outras palavras, diante de um conjunto específico de recursos e competências, o executivo deve perguntar: "Esta estratégia será possível?" Uma estratégia pode soar muito bem, mas mostrar-se impossível, considerados os recursos da empresa. Dessa forma, um líder deve levar em conta os recursos de uma organização antes de desenvolver alternativas estratégicas potenciais. Ao mesmo tempo, os recursos futuros também devem ser considerados ao elaborar a estratégia. Assim, a seguinte questão também deve ser respondida: Esta estratégia seria possível com os recursos que teremos no futuro?

Para começar, você pode utilizar as perguntas a seguir para se orientar:

- Quem são os concorrentes? Qual é a participação de mercado de cada um deles?
- Qual é a natureza do negócio (commodity/alto valor agregado)? Quais são alguns dos impulsionadores da lucratividade?
- Quais são as forças e fraquezas dos concorrentes?
- Qual é a estratégia atual da empresa? Quais são nossas competências essenciais? Estamos alavancando essas competências?

Para elaborar a estratégia, é necessário ter um bom conhecimento dos concorrentes, do mercado e de sua organização (veja "Elaboração da estratégia na SAS"). O benchmarking, descrito mais adiante neste capítulo, é particularmente importante aqui, apesar de a empresa também não poder perder de vista suas competências inerentes.

Área 2: Excelência organizacional

A excelência organizacional – nesse sentido, muito similar aos recursos humanos – inclui vários aspectos mais "vagos" que precisam se alinhar com a estratégia e o direcionamento da empresa. Uma vez que a estratégia é definida, a equipe de excelência organizacional deve analisar essa área para se certificar de que tudo está alinhado com a nova estratégia. Muitos processos e aspectos incluídos na área de excelência organizacional devem ser abordados no esforço de transformação. Mais especificamente, analisaremos quatro principais subáreas nesta seção: (1) estrutura organizacional, (2) cultura, (3) recrutamento e retenção e (4) comunicação (veja a Figura 4-6).

Subárea da excelência organizacional: estrutura organizacional

Diferentes estruturas organizacionais são elaboradas em resposta às atividades que orientam uma organização. A administração reorganiza constante-

FIGURA 4-6

Diagnóstico da excelência organizacional

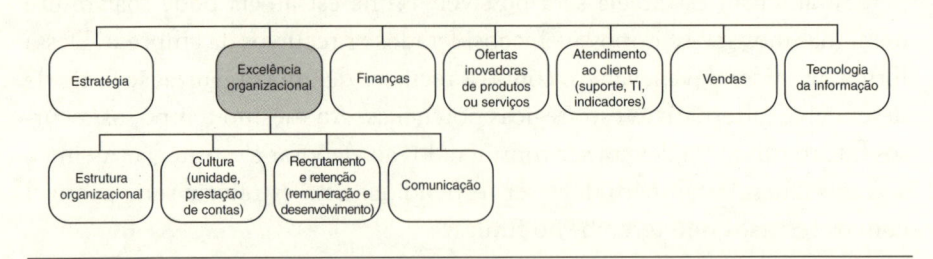

```
                          ┌─────────────┬──────────┬─────────────┬──────────────┬────────┬──────────────┐
                      Estratégia    Excelência   Finanças      Ofertas      Atendimento  Vendas   Tecnologia
                                  organizacional              inovadoras     ao cliente            da informação
                                                              de produtos   (suporte, TI,
                                                              ou serviços   indicadores)

                     ┌──────────┬──────────┬──────────────┬──────────────┐
                 Estrutura    Cultura    Recrutamento   Comunicação
                organizacional (unidade,  e retenção
                              prestação  (remuneração e
                              de contas) desenvolvimento)
```

mente suas estruturas de acordo com vários fatores, como crescimento, mudanças no mercado e inovação tecnológica.

As tendências mais comuns da reorganização normalmente se direcionam a extremos opostos de centralização e descentralização. Ambos têm suas van-

---

ELABORAÇÃO DA ESTRATÉGIA NA SAS

Quando Jan Carlzon assumiu o comando da SAS, o mercado de operações de transporte aéreo estava passando por um período de crescimento zero e Carlzon estava determinado a descobrir como fazer com que a SAS voltasse a ser lucrativa. Até aquele ponto, a empresa tinha, nos piores momentos, recorrido ao que Carlzon chamava de abordagem de "fatiador de queijo", que "corta igualmente os custos de todas as atividades e todos os departamentos" sem levar em consideração as demandas do mercado.[10] Apesar de esse método ter tido sucesso na redução de custos, ele muitas vezes não se concentrava em cortar os custos certos, reduzindo serviços de alto valor ao mesmo tempo em que mantinha alguns que não agregavam valor. Com efeito, a empresa estava "fatiando as próprias forças competitivas". Carlzon percebeu, contudo, que cortar ainda mais os custos seria como "pisar no freio de um carro que já está parado. Você pode pisar no freio até seu pé atravessar o assoalho do carro e causar danos permanentes". A única solução foi aumentar a receita pela análise da estratégia atual e elaborar uma nova.

A primeira medida tomada pela SAS foi conduzir um levantamento do "mundo exterior" e determinar a posição da empresa nele. Com isso, a empresa definiu uma meta – transformar-se na "melhor companhia aérea do mundo para pessoas que viajam freqüentemente a negócios" – e os passos necessários para atingir essa meta. Dessa forma, ao desenvolver os programas de serviços para atender a essas necessidades específicas, a SAS esperava fechar mais negócios com esse público.

tagens e desvantagens e mostram-se eficazes em diferentes tipos de situações (veja "Análise da estrutura organizacional da VeriSign"). Em nossas pesquisas, descobrimos que as empresas que evoluíram constantemente e implementaram melhorias fragmentadas e incrementais costumam tender a uma estrutura mais descentralizada que não consegue se beneficiar das sinergias da empresa. Desse modo, essas empresas costumam ser compostas de silos que prejudicam, em vez de cooperar uns com os outros (veja "Descentralização na IBM" e "Descentralização na Home Depot"). Essas organizações normalmente requerem a centralização como parte de seu esforço de transformação. Essa centralização é importante para criar uma organização mais dinâmica e mais capaz de se revolucionar.

Para começar, você pode utilizar as perguntas a seguir para se orientar:

- Como a organização está estruturada? (Pense nas funções, nas unidades de negócio, nas localizações geográficas, nos segmentos de clientes etc.)
- Como a estrutura *realmente* funciona? Por exemplo, independentemente de como a estrutura organizacional se parece no papel, uma pessoa domina informalmente as outras em função de sua personalidade, e assim por diante?
- Quais são as forças e fraquezas da estrutura atual?
- Como essa estrutura organizacional contribui para a estratégia da empresa?

ANÁLISE DA ESTRUTURA ORGANIZACIONAL DA VERISIGN

Enquanto avaliava a estrutura atual da organização, a equipe de estruturação organizacional na VeriSign descobriu que a relação entre os mercados e os produtos não estava sendo administrada muito bem, e o elo mais fraco não estava evidente. Dessa forma, os produtos não estavam alinhados ao mercado nem à estratégia.

A equipe de estruturação organizacional esperava que a divisão pudesse manter uma organização centralizada de vendas com um grupo de marketing estratégico responsável pela alocação de recursos aos diferentes segmentos de mercado. A equipe também previu a necessidade de uma clara definição para a cadeia de prestação de contas, o processo decisório e um sistema de remuneração alinhado.

> ### DESCENTRALIZAÇÃO NA IBM
>
> No início do esforço de transformação, a IBM consistia em um agrupamento de feudos regionais que se concentravam somente em seus clientes específicos e não se preocupavam em se alinhar com as metas gerais da empresa. Devido a essa divisão regional, as unidades individuais das IBM tinham muita dificuldade em acompanhar o trabalho das outras unidades e despendiam tempo demais reinventando processos de negócios. Além disso, a descentralização resultou em vendedores que tinham muito pouco conhecimento sobre os produtos. Como resultado, em vez de se concentrar em entregar o produto ao cliente, os vendedores de uma determinada unidade de negócio costumavam se concentrar em gerar lucros para essa unidade específica, mesmo que isso significasse não fornecer o produto certo ao cliente.
>
> Com essa experiência, a IBM aprendeu a fazer a si mesma as seguintes perguntas para se certificar de que a organização está bem estruturada:
>
> - As unidades de negócio estão alinhadas com as metas da empresa?
> - As unidades de negócio individuais passam um tempo significativo desenvolvendo os próprios processos de negócio e serviços redundantes?
> - Há muito trabalho paralelo entre as diferentes unidades?
> - Os vendedores têm conhecimento suficiente dos vários produtos da empresa?

Subárea da excelência organizacional: cultura

A segunda principal subárea pela qual a equipe de excelência organizacional é responsável é a cultura da empresa.[11] A cultura da organização costuma estar diretamente relacionada à estrutura organizacional e à estratégia da empresa. A cultura representa a voz e a personalidade da organização. É o conjunto de comportamentos, atitudes, valores e tipos de interações sociais característicos de uma organização. De acordo com Dave House, "a cultura é o que sustenta as pessoas quando elas não recebem instruções. Ela estabelece regras quando não há regras. Isso proporciona uma linguagem comum para o progresso da empresa".[12] As culturas são entidades vivas.

Ao analisar a própria cultura, pense em duas das metas da maioria das empresas: uma cultura de unidade e uma cultura de prestação de contas. As empresas precisam observar a própria cultura e responder a algumas das seguintes perguntas:

DESCENTRALIZAÇÃO NA HOME DEPOT

No início do esforço de transformação da Home Depot, "cada loja era um feudo separado".[13] A filosofia do "faça você mesmo", adotada pelos clientes da rede de varejo de produtos de construção e reformas domésticas, se estendia ao estilo de administração promovido pelos dois fundadores da empresa. De acordo com o CEO Robert Nardelli, "os co-fundadores da empresa costumavam orientar os gerentes de loja a ignorar as mensagens da matriz e fazer o que achassem melhor". Essa estrutura descentralizada levou os comerciantes e os gerentes de loja a elaborar as próprias regras e métodos para avaliar empregados, levando à utilização de mais de 140 diferentes formulários de avaliação. Além disso, essa estrutura frouxa e a falta de procedimentos centralizados se infiltraram na cultura da empresa, que acabou ficando conhecida por seu caráter desestruturado e independente com relação a gerentes insubordinados.

Devido ao grande crescimento da organização, essa cultura de "terra sem leis" estava se transformando em um problema e era considerada incapaz de sustentar a evolução da empresa. De 2000 a 2005, o lucro por ação da Home Depot aumentou aproximadamente 150%, com o dobro de receita, de US$45,7 bilhões em 2000 a US$81,5 bilhões em 2005. Entretanto, devido às otimistas previsões de mercado em 2000, as ações da Home Depot nunca valorizaram, o que levou à resignação de Nardelli em 2006.

- A cultura é capaz de nos impulsionar para onde desejamos ir?
- Quais são as vantagens e desvantagens de nossa cultura?
- Quais atitudes e comportamentos são recompensados em nossa cultura? São essas atitudes e comportamentos que queremos cultivar?
- Quem recebe promoções e como?
- Que tipo de pessoa parece se adequar à cultura e que tipo de pessoa não se encaixa?

Criação de uma cultura de unidade. Mesmo quando as empresas têm uma cultura abrangente, elas muitas vezes têm subculturas. Apesar de essas subculturas serem um resultado natural da estrutura organizacional, é importante ter uma cultura unificada, já que isso alinha toda a organização à estratégia e simboliza a cooperação. Uma cultura de unidade implica uma cultura abrangente que promove cooperação em vez de concorrência interna (veja "Concorrência interna na IBM"). As empresas que passaram por fusões

> ### CONCORRÊNCIA INTERNA NA IBM
>
> Quando Gerstner entrou na IBM, deparou-se com uma empresa totalmente focada em suas regras e conflitos internos. "As unidades competiam entre si, escondiam coisas umas das outras. As pessoas passavam incontáveis horas em debates e administrando termos de determinação de preços de transferência entre as unidades, em vez de promover um processo ágil de transferência de produtos para os clientes."[14] Essa cultura de concorrência interna enfraquecia a empresa e afetava negativamente o cliente.

e aquisições muitas vezes precisam reconciliar duas culturas diferentes, como foi o caso da Bay Networks (veja "Duas culturas sob o mesmo teto na Bay Networks").

Criação de uma cultura de prestação de contas. Toda empresa precisa ser capaz de assegurar que as pessoas prestem contas por seu trabalho. Sem uma cultura de prestação de contas, os empregados não se sentem responsáveis pelo trabalho que executam e os processos são extremamente ineficientes (veja "Alocação freqüente de tarefas na IBM"). A prestação de contas garante que as pessoas cumpram suas promessas, além de proporcionar um mecanismo de acompanhamento das tarefas. Uma cultura de prestação de contas sustenta uma cultura disciplinada, o que é extremamente importante na criação de uma organização eficiente e auto-suficiente.

> ### DUAS CULTURAS SOB O MESMO TETO NA BAY NETWORKS
>
> Quando House entrou na empresa, a Bay Networks tinha uma cultura muito dividida depois de passar pela fusão. A empresa tinha duas matrizes – uma na Costa Oeste dos Estados Unidos e outra na Costa Leste – e a distância entre as duas localizações, ao lado das diferenças culturais associadas, gerava um enorme conflito entre os dois escritórios. Essa situação levava à concorrência interna entre os empregados e acabou se agravando, com as pessoas se concentrando em competir com as da outra matriz. Como resultado, elas estavam cegas à concorrência externa.

ALOCAÇÃO FREQÜENTE DE TAREFAS NA IBM

Na fase de pesquisas, Gerstner solicitou a um de seus executivos seniores que conduzisse uma análise detalhada de um negócio da IBM que estava perdendo muito dinheiro. Quando verificava o progresso do executivo, ele recebia a resposta: "Verei com a equipe e retornarei assim que tiver a resposta." Em outras palavras, Gerstner observou que o executivo sênior entendia a tarefa em questão, alocava a tarefa e esperava sua execução.

Gerstner também observou que os executivos seniores costumavam agir assim na empresa toda. Os executivos seniores estavam "exercendo os papéis que se esperava deles na cultura tradicional da empresa".[15] Eles se acostumaram a simplesmente repassar o serviço para frente, alocando as tarefas. Assim, quando as tarefas não eram executadas no prazo ou corretamente, os executivos podiam culpar os subordinados. Gerstner queria executivos capazes de "se aprofundar nos detalhes, trabalhar nos problemas do dia-a-dia e liderar pelo exemplo, não pelo cargo ou posição. Ele queria que os executivos se responsabilizassem e prestassem contas dos resultados finais e atuassem na organização, em vez de serem apenas nomes no organograma da empresa".

Subárea da excelência organizacional: recrutamento e retenção

O ativo mais importante de uma empresa é seu pessoal. Para ter sucesso, uma empresa precisa atrair, reter e desenvolver as pessoas certas. Em termos de recrutamento e retenção, duas áreas específicas devem ser analisadas no esforço de transformação: (1) remuneração e benefícios dos empregados e (2) desenvolvimento de talentos.

Remuneração e benefícios dos empregados. Muito poucas pessoas estão dispostas a trabalhar de graça, mas isso não significa que você deva pagar um salário exorbitante para atrair as melhores pessoas para a sua organização. Dessa forma, o pacote adequado de remuneração precisa ser avaliado para atrair os melhores talentos para a empresa.

Além disso, ao levar em consideração a remuneração do empregado, é necessário analisar como os empregados – e os executivos – são recompensados e por que eles são recompensados. A remuneração e os benefícios normalmente afetam as metas e motivações dos empregados porque eles tenderão a agir de acordo com a maneira pela qual são mais recompensados (veja "Retenção de talentos na 3M").

> **RETENÇÃO DE TALENTOS NA 3M**
>
> Ao entrar na 3M, James McNerney rapidamente descobriu que os empregados haviam se tornado complacentes e não temiam perder seus empregos. As promoções internas eram muito comuns, e as demissões eram muito raras. Com efeito, muitos empregados trabalhavam na 3M por mais de trinta anos.[16] Desse modo, a administração estava satisfeita com o *status quo*, tendia a agir exclusivamente de acordo com as normas aceitas e apresentava um desempenho medíocre. Além disso, pelo fato de a administração ser avessa a demissões, a empresa não valorizava nem esclarecia relatórios de desempenho, indicadores e benchmarkings.

Um sistema de remuneração apropriado é fundamental para sustentar a organização e todas as suas decisões (veja "Revisão do sistema de remuneração na Nissan"). Além disso, a remuneração baseada no desempenho é importante para alinhar os empregados à estratégia da empresa.

Desenvolvimento de talentos. O recrutamento e a retenção de empregados também dependem de seu desenvolvimento profissional e pessoal. Os empregados precisam saber que crescerão e se desenvolverão trabalhando na

> **REVISÃO DO SISTEMA DE REMUNERAÇÃO NA NISSAN**
>
> A Nissan, como muitas outras empresas japonesas tradicionais, costumava basear-se em uma cultura de tempo de casa em vez da meritocracia.[17] Independentemente de seu desempenho, os empregados da Nissan eram promovidos de acordo com a idade e o tempo na Nissan. Esse sistema permitiu que os gestores e a alta administração assumissem uma postura complacente quando os clientes exigiam carros de alto desempenho, alta qualidade e bom design. Dessa forma, os empregados da Nissan precisavam entregar a tempo produtos de alta qualidade com as características certas, apesar de a cultura baseada no tempo de casa estar prejudicando sua capacidade de fazê-lo.
>
> Além disso, no sistema de remuneração da Nissan, os empregados não recebiam incentivos nem recompensas pelo desempenho e poucas bonificações eram incluídas nos pacotes de remuneração. Dessa forma, os empregados envolvidos nas decisões mais importantes da empresa não recebiam incentivo para concentrar seu tempo e energia nessas decisões.

organização. O desenvolvimento de talentos também é importante para formar os líderes de amanhã e pode ser conduzido em muitos níveis, de salas de aula a programas formais ou informais de mentoring. Algumas empresas podem não dedicar recursos suficientes para o desenvolvimento de talentos, enquanto outras podem aplicar modos de desenvolvimento não-alinhados a suas metas desejadas. O desenvolvimento de talentos pode ser uma forma eficaz de lidar com outras questões fundamentais da empresa, como reconheceu Dave House, da Bay Networks (veja "O treinamento de House na Bay Networks").

Subárea da excelência organizacional: Comunicação
A equipe de excelência organizacional também deve avaliar o nível e os recursos de comunicação presentes na organização. A comunicação é particularmente importante por ser o meio pelo qual as informações são transmitidas. Algumas perguntas que devem ser levadas em consideração:

- As informações chegam às pessoas certas no momento certo?
- As pessoas que deveriam se comunicar umas com a outras recebem recursos apropriados para isso?
- Os empregados são incentivados a se comunicar aberta e francamente uns com os outros e compartilhar informações?

O TREINAMENTO DE HOUSE NA BAY NETWORKS

Em sua análise da empresa, House concluiu que as principais dificuldades envolviam questões básicas como tomada de decisões, gerenciamento de conflito, condução de reuniões eficazes e priorização de tarefas. Para lidar com esses problemas, House decidiu lançar uma série de aulas para ensinar esses fundamentos aos empregados da empresa. Pelo fato de considerar extremamente importante a implementação eficaz desse treinamento, ele se recusou a delegar a tarefa aos recursos humanos ou aos consultores envolvidos no esforço de transformação. Para o "treinamento de House", ele desenvolveu uma metodologia única para treinar todos os empregados da organização. Com seis mil empregados, ele calculou que, se treinasse quatro turmas de trinta pessoas, ou 120 de seus mais altos executivos, estes, por sua vez, poderiam transmitir o conhecimento a todas as outras pessoas da organização. A cada 30 dias, ele dava uma aula diferente, significando que seus executivos tinham 30 dias para treinar o resto da organização.

A comunicação se relaciona diretamente com a cultura. As organizações com uma cultura de concorrência e culpa tendem a reprimir a comunicação, ao passo que as organizações com cultura colaborativa incentivam a comunicação aberta. Algumas vezes, a comunicação vertical, entre diferentes posições hierárquicas, representa um grande problema enquanto em outras ocasiões o maior problema está na comunicação horizontal, entre funções ou grupos.

Área 3: Finanças

Em qualquer esforço de transformação, os indicadores financeiros devem ser analisados. Em alguns esforços, entretanto, a empresa pode perceber que seus processos financeiros, como determinação de orçamentos, mostram-se ineficientes ou inadequados para as necessidades e podem demandar alguns ajustes (veja "Orçamentos demais na IBM"). A Figura 4-7 mostra como esse próximo passo se encaixa no processo.

Além disso, todas as áreas de finanças e contabilidade devem ser diagnosticadas durante a transformação. Os ciclos de contas a pagar e contas a receber, as razões de débito, o fluxo de caixa, a receita, o lucro líquido e os balanços patrimoniais devem ser diagnosticados em termos de passado, presente e projeções futuras. A capacidade da empresa de informar dados financeiros em tempo real aos executivos seniores também deve ser analisada. Finalmente, a transformação costuma demandar investimentos em novos recursos, tecnologias e mercados, e a equipe de finanças deve assegurar reservas suficientes de orçamento para isso.

Área 4: Ofertas inovadoras de produtos ou serviços

Para que uma empresa conquiste vantagem competitiva no mercado, tem de desenvolver ofertas inovadoras de produtos ou serviços (veja a Figura 4-8). Algumas empresas não conseguem se aproveitar dos fluxos de pensamento criativo na organização (veja "Pouca inovação na 3M"), enquanto outras não conseguem priorizar os projetos e diluem recursos demais tentando imple-

FIGURA 4-7

Diagnóstico das finanças

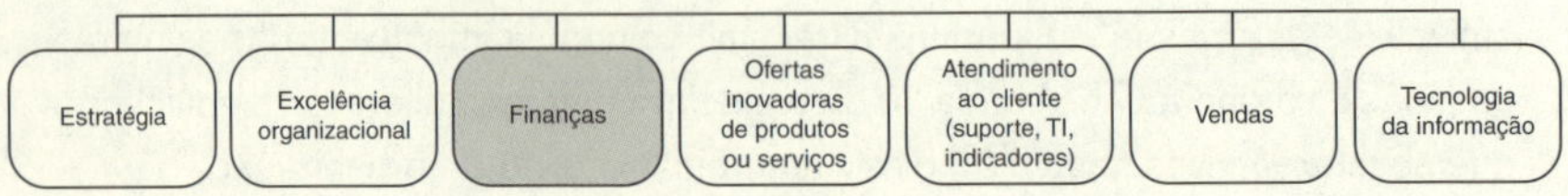

Estratégia | Excelência organizacional | **Finanças** | Ofertas inovadoras de produtos ou serviços | Atendimento ao cliente (suporte, TI, indicadores) | Vendas | Tecnologia da informação

ORÇAMENTOS DEMAIS NA IBM

Quando Gerstner chegou à IBM, percebeu que não havia um orçamento único e consolidado. Cada elemento da "matriz organizacional", incluindo as várias divisões geográficas e de produtos, tinha o próprio orçamento. Desse modo, havia pelo menos dois ou três diferentes orçamentos em qualquer ocasião. Para piorar ainda mais a situação, as alocações orçamentárias eram objeto de constantes debates e eram permanentemente alteradas, dificultando em muito a prestação de contas.[18]

FIGURA 4-8

Diagnóstico de ofertas inovadoras de produtos ou serviços

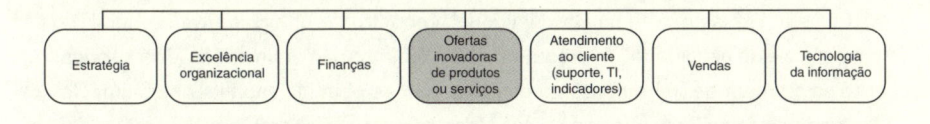

Estratégia | Excelência organizacional | Finanças | Ofertas inovadoras de produtos ou serviços | Atendimento ao cliente (suporte, TI, indicadores) | Vendas | Tecnologia da informação

POUCA INOVAÇÃO NA 3M

Para uma empresa reconhecida pela inovação e dependente dela, a 3M tinha um processo de inovação aleatório quando McNerney entrou na empresa. Apesar de a 3M ter implementado a "regra dos 15%", pela qual os empregados podiam passar 15% de seu tempo em projetos de sua preferência, o desenvolvimento de produtos se baseava em uma estrutura simples e obsoleta. Independentemente de desempenho, lucratividade e potencial, todas as unidades de negócio recebiam o mesmo aumento de financiamento.[19] Essa atitude de extrema liberdade em relação à inovação era um reflexo de um dos primeiros presidentes da 3M, William McKnight, que dizia que administrar uma empresa inovadora "demanda uma considerável tolerância. Esses homens e mulheres a quem delegamos a responsabilidade... vão preferir trabalhar de acordo com o próprio estilo".[20] Contudo, considerando as maiores demandas do cliente e os ciclos de inovação mais curtos, a 3M não pôde mais manter essa atitude de tolerância e se manter competitiva.

mentar todas as idéias que surgirem (veja "Falta de 'controle de natalidade' de produtos na Bay Networks"). Outras empresas também fracassam em desenvolver ofertas inovadoras devido à alocação inadequada de recursos e ao corte indiscriminado de custos (veja "Problemas no desenvolvimento de produtos da VeriSign"). Além disso, algumas empresas têm ofertas inovadoras, mas não conseguem entregar qualidade.

Área 5: Atendimento ao cliente

Em qualquer empresa, o atendimento ao cliente (veja a Figura 4-9) é fundamental e deve ser avaliado, formal ou informalmente, durante a transfor-

---

FALTA DE "CONTROLE DE NATALIDADE" DE PRODUTOS NA BAY NETWORKS

Quando House entrou na Bay Networks, encontrou o que chamava de "falta de 'controle de natalidade' de produtos".[21] Os projetos não eram priorizados, e todos eles morriam de fome porque a empresa não se permitia sacrificar nenhum. Os produtos saíam com atraso e muitas vezes apresentavam problemas, como a falta de alguns itens. Assim, House decidiu "deixar nascer" apenas os projetos aos quais a empresa pudesse alocar 100% dos recursos necessários.

Para solucionar esse problema, House pediu a todos os empregados do desenvolvimento de produtos que submetessem o nome do projeto no qual estavam trabalhando. Para a sua surpresa, as pessoas começaram a sabotar o processo porque não queriam ser identificadas. Em resposta, ele anunciou à empresa que quem não estivesse na lista perderia o emprego. Quando a lista foi submetida pela segunda vez, estava completa. Com isso, House promoveu uma convenção de três dias na qual cada gerente de desenvolvimento de produto apresentou seu projeto a todos os empregados da área. Cada apresentação incluiu as seguintes informações: uma descrição do projeto, suas principais vantagens e desvantagens, a competitividade do projeto em comparação com os produtos existentes, o nível atual de desenvolvimento do projeto, o nível atual de recursos disponíveis, o nível de recursos solicitados e o prazo final programado.

Depois dessas apresentações, House criou uma lista priorizada dos projetos, para excluir os que não agregavam valor à empresa. Com uma caneta vermelha, ele traçou uma linha e explicou que todos os projetos abaixo da linha vermelha seriam cancelados. Em seguida, ele realocou os recursos, tanto humanos quanto financeiros, e anunciou no dia seguinte: "Boas notícias: todas as pessoas na engenharia continuam empregadas. Más notícias: as atribuições vão mudar."

mação. A meta do atendimento ao cliente é conquistar a fidelidade do cliente por meio de um atendimento de qualidade ágil. Uma melhor experiência do cliente leva a um nível mais alto de confiança na empresa, o que a ajudará a desenvolver e manter seus negócios. Com efeito, uma experiência positiva do cliente pode gerar os seguintes benefícios:

- Uma melhoria de curto prazo na retenção dos clientes.
- Uma melhoria de longo prazo na fidelidade dos clientes.
- A criação de vantagem competitiva.

PROBLEMAS NO DESENVOLVIMENTO DE PRODUTOS DA VERISIGN

Durante a análise do desenvolvimento de produto da VeriSign, o grupo descobriu que a VCS estava ocupada demais administrando as ofertas de produtos existentes e tinha recursos insuficientes investidos em novas ofertas. De fato, mais de 95% da receita da VCS provinha dos produtos e serviços antigos. Além disso, o grupo se concentrava mais em conquistas de curto prazo do que na estratégia de longo prazo e, com isso, negligenciava muitas oportunidades de mercado.

Uma investigação mais aprofundada revelou que a causa fundamental das desvantagens estratégicas da VeriSign era uma governança ruim. Não havia prestação de contas ao longo da vida de um produto ou serviço. As revisões pós-projeto eram inexistentes e, portanto, os processos permaneciam estáticos. A administração de recursos não era eficiente, o gargalo estava sobrecarregado e não havia capacidade suficiente para pesquisa e desenvolvimento.

Os problemas nos processos representavam outra preocupação. Os critérios de saída e entrada entre as fases eram subjetivos, o que gerava inconsistências e complicava o fluxo de transferência de tarefas. Não havia como corrigir os documentos de conceito e/ou casos empresariais quando mais informações eram disponibilizadas. Além disso, a VeriSign não dispunha de nenhum processo de priorização; cada produto recebia alta prioridade. Não havia critérios para determinar quando os produtos existentes se tornavam obsoletos ou quando novos produtos deveriam ser lançados para acompanhar o mercado em rápidas mudanças.

Os clientes não eram envolvidos no processo de desenvolvimento de produto e só tinham contato com os gerentes de conta. Não havia uma forma consistente de coletar opiniões ou sugestões dos clientes antes de os problemas virem à tona.

FIGURA 4-9

Diagnóstico do atendimento ao cliente

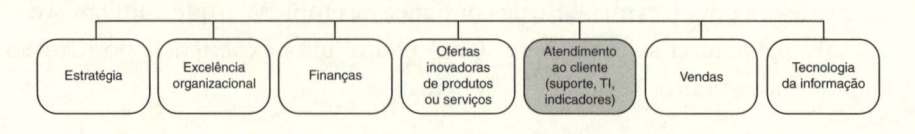

| Estratégia | Excelência organizacional | Finanças | Ofertas inovadoras de produtos ou serviços | Atendimento ao cliente (suporte, TI, indicadores) | Vendas | Tecnologia da informação |

Qualquer empresa tem várias oportunidades de impactar a percepção dos clientes em relação a ela. O CEO da SAS, Jan Carlzon, chama de "hora da verdade" os momentos nos quais o empregado entra em contato com o cliente e, juntos, esses momentos definem se a empresa tem sucesso ou fracasso. (Para vários exemplos de como as empresas lidaram com suas "horas da verdade", veja "Criando uma organização orientada ao cliente na IBM", "O atendimento ao cliente na VeriSign" e "Falta de orientação ao cliente na Nissan".)

Área 6: Vendas

Muitas empresas enfrentam problemas relacionados a vendas. Essas questões costumam estar intimamente relacionadas a outras questões e áreas mencionadas nesta seção (veja a Figura 4-10) e indicam outras ineficiências da organização (veja "Problemas de vendas em uma empresa de telecomunicações anônima").

CRIANDO UMA ORGANIZAÇÃO ORIENTADA AO CLIENTE NA IBM

Gerstner percebeu que, na IBM, o cliente vinha em segundo lugar.[22] Quando entrou na empresa, havia pouco foco no cliente, muito poucas informações sobre os concorrentes e um marketing pouco disciplinado. O foco era dentro da organização. Gerstner percebeu que eles "não poderiam mais administrar o negócio como se fosse o Império Romano, confiantes em sua hegemonia, certos de que os bárbaros que se concentravam nas fronteiras não representavam uma ameaça real". Ele queria que as pessoas passassem a se concentrar no cliente, e não internamente à organização. Ele disse: "Precisamos abrir a janela para o mundo exterior."

FIGURA 4-10

Diagnóstico das vendas

```
Estratégia | Excelência organizacional | Finanças | Ofertas inovadoras de produtos ou serviços | Atendimento ao cliente (suporte, TI, indicadores) | **Vendas** | Tecnologia da informação
```

O ATENDIMENTO AO CLIENTE NA VERISIGN

Depois de uma análise meticulosa do grupo de atendimento ao cliente na VeriSign, a equipe responsável por essa área identificou algumas questões problemáticas: assistência ao cliente, tecnologia da informação e indicadores.[23]

Assistência ao cliente
A qualidade da assistência ao cliente era extremamente baixa. Em função de processos, ferramentas e indicadores não-integrados e indefinidos, o atendimento ao cliente na VeriSign tinha dificuldades em fornecer uma experiência ao cliente consistente e em tempo hábil. Por exemplo, o nível de serviço que um cliente recebia dependia em muito do horário do contato de serviço, do representante e do produto em questão. O problema se agravava pela terceirização de apoio fora do horário comercial.

Para agravar ainda mais a situação, em vez de dedicar tempo e recursos para melhorar a qualidade do atendimento, os grupos existentes nessas áreas alocavam esforços significativos a atividades fora do âmbito do atendimento ao cliente, especialmente em finanças e outras funções de desenvolvimento. Críticas de outras equipes internas referentes à falta de uma orientação voltada ao cliente estavam se intensificando, o que gerava um impacto negativo no moral dos empregados e reduzia ainda mais a qualidade da assistência ao cliente.

Também não havia, no grupo de atendimento ao cliente, conhecimento especializado suficiente para responder às perguntas técnicas. A maioria das consultas que eles recebiam dos clientes se referia ao desempenho de seus produtos. Responder a essas perguntas muitas vezes exigia um detalhado conhecimento técnico, que os representantes do atendimento ao cliente nem sempre tinham; dessa forma, eles eram forçados a perder tempo direcionando as perguntas dos clientes a outros representantes. Em certas ocasiões, os clientes eram forçados a esperar mais de uma hora por uma resposta útil.

Por fim, apesar de os processos existentes se mostrarem relativamente eficazes, muitas vezes eram aplicados de maneira aleatória por toda a organização, o que afetava significativamente a experiência do cliente. Por exemplo, o processo que envolvia a definição do volume de recursos a ser alocado à assistência ao cliente, incluindo horas extras, apresentava grandes variações.

Tecnologia da informação

Devido à falta de integração entre os sistemas e aplicativos destinados a atender ao cliente, a VeriSign era incapaz de criar, por toda a organização, uma visão única de todos os clientes. Com efeito, os aplicativos nem chegavam a ser padronizados entre os departamentos de um único escritório, muito menos nos cinco centros de atendimento ao cliente. Além disso, a VeriSign era incapaz de acompanhar e documentar os contatos dos clientes por não haver um aplicativo de monitoramento de e-mails. Todas essas circunstâncias levavam a ineficiências por toda a organização e um atendimento ao cliente insatisfatório.

Indicadores

Entre os cinco centros de atendimento ao cliente, os indicadores – como satisfação do cliente, desempenho do trabalho, planejamento de recursos e prestação individual de contas – eram definidos, mensurados e administrados de maneira inconsistente. A falta de indicadores padronizados muitas vezes fazia com que a VeriSign fosse incapaz de compilar as mensurações por toda a empresa.

FALTA DE ORIENTAÇÃO AO CLIENTE NA NISSAN

Na Nissan, falava-se muito sobre os clientes, mas os clientes eram pouco valorizados.[24] Os empregados desconheciam a base de usuários para um produto e não tinham idéia do porquê de um cliente escolher a Nissan. Não havia um processo de planejamento de produtos envolvendo o cliente e o mercado, e a tendência era imitar a concorrência ou adaptar modelos existentes, em vez de gerar novas idéias. Em outras palavras, a Nissan não sabia o que cliente queria, nem se permitia parar para investigar a questão e descobrir as respostas.

PROBLEMAS DE VENDAS EM UMA EMPRESA DE TELECOMUNICAÇÕES ANÔNIMA

Considerando o histórico de múltiplas aquisições da Empresa de Telecomunicações Anônima, o grupo de vendas enfrentava ineficiências operacionais e interrupções no fluxo de informações, provocadas em grande parte por processos e sistemas de informação não-integrados. Os representantes de vendas normalmente precisavam passar um tempo significativo lidando com questões não-relacionadas a vendas.

Por exemplo, na área de administração de pedidos, um representante de vendas poderia se ver perdendo tempo ao fazer pesquisas em múltiplos bancos de dados para responder a uma única pergunta do cliente em relação a um pedido. Os pedidos eram impressos, transportados de um lugar a outro e redigitados para o sistema de faturamento. Além disso, os pedidos podiam não ser incluídos no sistema até um contrato ser finalizado; e o atraso nos contratos resultava em negócios perdidos ou clientes insatisfeitos.

Erros de faturamento eram comuns. As estimativas eram de mais de US$1 milhão em receita anual perdidos como resultado desses erros. Uma auditoria interna foi organizada para coletar informações mais específicas sobre o impacto e as causas fundamentais desse problema.

A administração de contratos era outra área problemática. Os representantes de vendas precisavam de aprovação para enviar até mesmo um contrato padrão ao cliente. Esse processo de aprovação podia levar até três semanas para um contrato padrão. A falta de recursos para sustentar negociações ágeis acentuava o problema e os representantes de vendas muitas vezes acabavam na posição de intermediários, transmitindo mensagens de um lado para o outro durante as negociações.

Aprovações eram exigidas para todas as questões relacionadas à determinação de preços. Nem os representantes de vendas ou a gerência de vendas tinham alguma autonomia para aprovar a determinação de preços. Eles não tinham acesso à estrutura de custo ou a informações sobre lucros e perdas. Os vendedores tinham de percorrer até seis camadas de aprovação para a precificação. Além disso, era difícil definir preços para pacotes de produtos, porque a estrutura de incentivos da empresa se concentrava em manter ou aumentar a margem dos produtos individuais. Todo o processo de determinação de preços era muito moroso e pesado.

Para completar, o grupo de vendas da empresa não apresentava uma integração adequada com o grupo de desenvolvimento de produto. Dessa forma, os representantes de vendas não podiam informar os clientes sobre o produto e os clientes sentiam que eram forçados a tomar decisões de compra sem informações suficientes. Por outro lado, sem um mecanismo formal para coletar e disponibilizar o conhecimento dos representantes de vendas sobre as necessidades dos clientes e a competitividade da empresa, a equipe de desenvolvimento de produto muitas vezes lançava novos produtos sem as características desejadas pelos clientes e em momentos fora de sintonia com as tendências do mercado.

Área 7: Tecnologia da informação

A tecnologia da informação (TI), tema desta seção (veja Figura 4-11), é uma área cada vez mais importante. No mercado de hoje, empresas de sucesso utilizam a TI como uma fonte de estratégia competitiva. Negligenciar ou utilizar mal a TI pode ter conseqüências tenebrosas (ver "Uma faxina geral na TI da Home Depot").

Para mais informações sobre o importante papel da TI na transformação da organização, sugerimos a leitura do livro *Becoming a Real-Time Enterprise*.[25]

FIGURA 4-11

Diagnóstico da tecnologia da informação

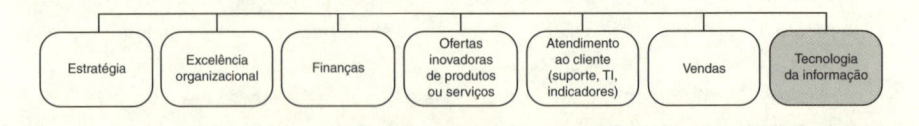

Estratégia | Excelência organizacional | Finanças | Ofertas inovadoras de produtos ou serviços | Atendimento ao cliente (suporte, TI, indicadores) | Vendas | **Tecnologia da informação**

UMA FAXINA GERAL NA TI DA HOME DEPOT

Quando entrou na Home Depot, Nardelli descobriu que a empresa estava extremamente obsoleta no que se refere à revolução tecnológica. Ele lembra: "A primeira coisa que eu queria fazer era enviar um e-mail para a empresa inteira e fui informado por uma pessoa do setor administrativo que não, eu não poderia fazer aquilo. Perguntei: 'Como assim?' e descobri que eu não podia enviar um e-mail para a empresa inteira porque simplesmente não tínhamos infra-estrutura para tanto."[26]

Além da falta de um link eletrônico entre as lojas e a matriz da empresa, sistemas de computador antiquados e uma lacuna tecnológica levavam a processos extremamente manuais, que consumiam tempo e energia da força de trabalho. Ao visitar as lojas, Nardelli percebeu muita intervenção humana e viu que as folhas de pagamento eram manuais. Além disso, ele viu pessoas contando manualmente o estoque, porque a empresa não havia implementado um sistema de leitura de código de barras. Nardelli também viu empregados preenchendo manualmente "comprovantes de recebimento e faturas".[27] Na verdade, já nos anos 2000, cada nova entrega recebida nas lojas ainda era registrada na base da caneta e papel.

ANÁLISE DOS DADOS

Na seção anterior, analisamos as áreas mais importantes a serem diagnosticadas. Depois que os dados forem coletados, o principal passo da fase 1 é entender suas implicações (veja a Figura 4-12). Há muitas maneiras de analisar o enorme volume de dados coletados pelas equipes, e os fluxogramas de processo representam uma poderosa ferramenta.

FIGURA 4-12

Análise dos dados

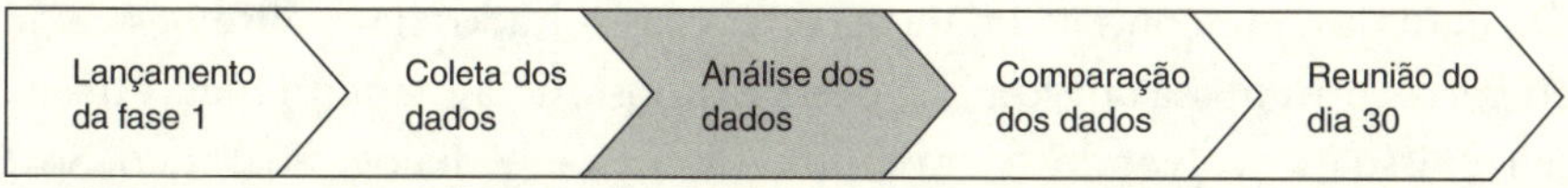

Lançamento da fase 1 > Coleta dos dados > Análise dos dados > Comparação dos dados > Reunião do dia 30

Antes de explicar os fluxogramas de processo, precisamos salientar um importante problema de muitas análises: a falta de distinção entre sintomas e causas fundamentais. Este problema já foi mencionado na seção sobre a coleta de dados, mas representa uma distinção vital também a ser feita na análise.

Distinção entre sintomas e causas fundamentais

Um esforço abrangente e profundo de coleta de dados é importante. Também importante, ou até mais importante, é como os dados são analisados. Os dados podem ser interpretados de várias maneiras, muitas vezes de acordo com as preferências e tendências de quem os analisa. Desse modo, é necessário analisar os dados objetivamente, sem noções ou inclinações preconcebidas.

Com isso em mente, é necessário tomar medidas adicionais para que os dados sejam úteis para a empresa. Mais especificamente, as equipes de resposta rápida precisam distinguir os sintomas das causas fundamentais dos problemas porque o que a empresa quer é lidar com as causas primárias, e não simplesmente com os sintomas, de seus problemas. Por exemplo, uma criança vai a um médico com uma gripe, manifestada com tosse. Se você for o médico, trata a gripe ou a tosse? Muitas vezes, você precisará fazer os dois. Tratar a tosse resulta em alívio imediato para o paciente, mas tratar a gripe resulta em um alívio estendido e previne outros sintomas. Tratar cada sintoma ignorando os outros seria um descuido do médico. Se o médico se limitar a tratar os sintomas, as causas fundamentais acabarão por intensificar os danos. Por outro lado, tratar primeiramente a causa básica pode levar à morte do paciente devido aos sintomas. Dessa forma, um bom médico tenta tratar os dois, mas se concentra mais nas causas fundamentais do que nos sintomas.

De modo similar, uma organização precisa tratar tanto os sintomas quanto as causas fundamentais de seus problemas. Lidar com os sintomas significa que diferentes questões podem vir à tona, mas atacar as causas fundamentais atinge o cerne da questão. Tratar os sintomas pode levar a pequenas melhorias aqui e ali, mas só lidando com as causas básicas é possível dar os saltos quânticos de evolução que representam os objetivos finais do esforço de transformação.

Apesar da importância dessa distinção, contudo, não há uma maneira perfeita e totalmente confiável para agrupar os resultados da análise nessas duas categorias. Em nossas pesquisas, descobrimos que a maneira mais eficaz de realizar isso é envolvendo-se em muitas discussões e diálogo socrático. Só desafiando uns aos outros, as equipes e os membros da equipe podem obter uma compreensão importante e relevante e chegar ao núcleo da questão.

Fluxogramas de processo

O esforço de coleta de dados pode resultar em um enorme volume de dados. Apesar de haver muitos modos de analisar esses dados, uma maneira comum é a criação de um fluxograma de processo. Um fluxograma de processo exibe graficamente um processo de negócios amplo ou detalhado de uma organização.[28] O diagrama acompanha um processo do começo ao fim, mostrando todos os inputs e outputs e todos os pontos de decisão. Ele detalha quem faz o que com quem e quando, e esclarece a seqüência de eventos em um processo e tempos de espera ou atrasos inerentes ao processo, como os gargalos. Por meio dessa representação gráfica, os empregados podem analisar melhor os processos de negócios e trabalhar em sua otimização e melhoria.

Por que criar um fluxograma de processo?

Durante esta fase do esforço de transformação, os membros das equipes de resposta rápida estão se empenhando para diagnosticar completamente a empresa. Um dos principais benefícios da elaboração de fluxogramas de processo é o esclarecimento de toda uma função ou processo de negócios, o que permite a análise e a otimização desse processo *a cada passo*.[29] Cada equipe pode utilizar fluxogramas de processo com a finalidade de identificar e melhorar as áreas mais problemáticas em uma função ou processos de negócios específicos. Os principais benefícios da criação de um fluxograma incluem:

- **Incentivar a compreensão.** Os empregados podem não ter uma visão clara de como um processo funciona hoje. Ao representar graficamente o processo, todos esses passos são esclarecidos, o que estimula as discussões sobre como o processo funciona atualmente, e como deveria funcionar. Isso também ajuda na análise de defasagem entre o ponto em que a empresa atualmente se encontra e aquele em que precisa estar, seguindo para a próxima fase.
- **Analisar e melhorar os processos.** A representação gráfica de um processo aumenta a visibilidade das áreas problemáticas. A elaboração de um fluxograma de processo permite que os empregados identifiquem e eliminem passos no processo que não agregam valor ao produto final e pensem em maneiras de otimizar e agilizar o processo.
- **Criar uma ferramenta para treinar os empregados.** O fluxograma pode passar a ser apresentado aos novos empregados para lhes proporcionar um conhecimento mais aprofundado do processo na forma de um conjunto de passos padronizados.

Como criar um fluxograma?

Para começar a traçar um fluxograma de processo, os líderes das equipes de resposta rápida devem agendar uma reunião de um ou dois dias com os membros de suas equipes e especialistas nos processos específicos a serem estudados. Durante uma série de encontros, os participantes devem utilizar os seguintes passos para se orientar:[30]

1. **Condução do esforço.** Depois de explicar a definição e o propósito geral dos fluxos de processos, o piloto deve:
   – Identificar o processo para o qual a equipe elaborará o fluxograma.
   – Identificar quem utilizará o fluxograma e como ele será analisado.
   – Definir o nível de detalhes necessário.
   – Treinar todos os membros do grupo a interpretar o fluxograma e seus símbolos.
2. **Identificação do processo.** Os membros da equipe devem trabalhar juntos para identificar os passos do processo de negócios em questão. Primeiro, eles devem identificar o início e o fim do processo. Depois, com um flip chart ou um retroprojetor, preencher o diagrama do início ao fim com os símbolos do fluxograma. Para isso, o grupo deve responder a perguntas como: Em que ponto as decisões são tomadas neste processo? Quando são necessárias

aprovações para prosseguir ao próximo passo? Quando são feitas mensurações no processo?
3. *Análise do fluxograma.* Em uma seção posterior, detalharemos como analisar um fluxograma.

O que devemos observar com mais atenção?
Muitas pessoas devem ser envolvidas no esforço inicial para identificar e representar com precisão o processo no diagrama. Essas pessoas podem não representar o processo como ele realmente é por temerem ser solicitadas a explicar por que o processo funciona dessa forma. Para lidar com esses obstáculos potenciais, o líder deve informar as pessoas que todos fazem parte da solução e que não há culpados. Para motivar a equipe, o líder deve salientar que o processo de elaboração do diagrama visa ajudar a melhorar a vida de todos e que os membros da equipe devem sentir-se à vontade e incentivados a atuar nesse processo de melhoria.

Como analisar o fluxograma?
Depois de criar o fluxograma de processo, a equipe está pronta para analisá-lo e identificar as principais áreas com problemas. Os empregados devem começar identificando as áreas nas quais o fluxo do processo é interrompido. Veja a seguir alguns pontos a serem observados.

Questões de processo. Alguns problemas comuns dos processos são:

- *Gargalos.* Os gargalos ocorrem quando o processo é desacelerado e podem ser causados por uma falta de capacidade ou passos desnecessários.
- *Elos fracos.* Um elo fraco pode ocorrer em casos nos quais equipamentos precisam ser consertados ou substituídos ou em que empregados não são adequadamente treinados para o melhor desempenho em sua função no processo.
- *Eventos mal definidos.* Se os passos não forem bem definidos, eles podem ser interpretados e executados de forma diferente por diferentes empregados. Isso pode levar a variações no processo.
- *Passos que não agregam valor.* Esses eventos só agregam custos e nenhum valor real ao processo.
- *Duplicidade.* Documentar tarefas duplicadas.
- *Falta de clareza em papéis e responsabilidades.*[31] Isso pode levar a problemas de comunicação, esforços em duplicidade ou passos não-executados.

- **Tempo de ciclo.** Documentar e tentar reduzir o tempo por evento.
- **Fontes de atraso.** Similares aos gargalos, esses itens tendem a atrasar o processo.
- **Prevenção de erros versus correção de erros.** Deve-se dedicar uma parcela maior de tempo, energia e recursos a medidas preventivas, em vez de corretivas, já que a correção pode ser necessária como uma checagem final do processo.

Pontos de decisão. É necessário fazer perguntas como: Uma decisão é necessária neste ponto? Procure pontos em que a necessidade de uma decisão pode ser eliminada, identificando, por exemplo, uma tendência ou padrão na resposta para uma decisão em determinado ponto. Também é preciso perguntar: Está claro quem toma a decisão?

Depois de finalizar esses fluxogramas de processo, a equipe deve utilizá-los mais tarde para desenvolver um novo fluxograma detalhando um processo melhorado.

COMPARAÇÃO DOS DADOS

Agora todos os dados foram coletados e vocês já começaram a analisá-los. E agora? Como mostrado na Figura 4-13, os dados coletados podem ser utilizados para gerar dados adicionais, já que a comparação de dados e a análise com outros indicadores internos e externos podem resultar em mais dados e estender a análise. Os dados podem ser comparados externamente, por meio do benchmarking, ou internamente, pela criação de medidas de referência.

Benchmarking

O benchmarking é particularmente importante na fase de diagnóstico porque o desempenho da empresa costuma ser mensurado em termos relativos, e não absolutos. A identificação do ponto em que a empresa, nas diferentes áreas, se encontra em uma escala contínua pode ser feita com o benchmarking.

FIGURA 4-13

Comparação dos dados

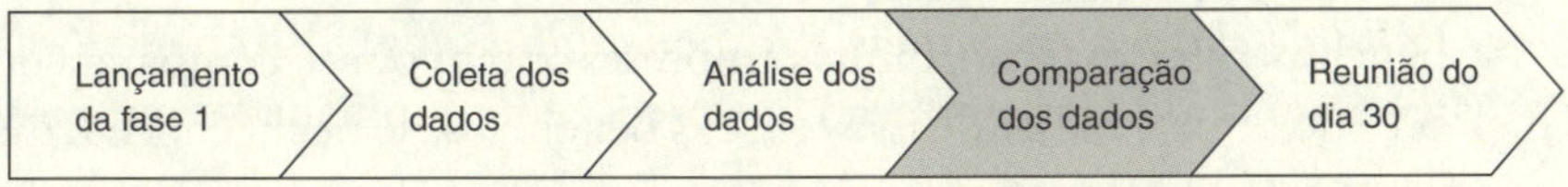

Lançamento da fase 1 → Coleta dos dados → Análise dos dados → **Comparação dos dados** → Reunião do dia 30

O benchmarking é o processo utilizado para melhorar o desempenho de uma empresa pela identificação e incorporação em uma organização das melhores práticas do mercado.³² Sua organização pode estar se questionando: Quem fornece o melhor atendimento ao cliente?, ou mesmo: Quem tem o processo mais eficiente de produção? O benchmarking ajudará a empresa a encontrar resposta a essas questões e a incorporar as melhores práticas.

A maioria das empresas já utiliza o benchmarking de uma forma ou de outra devido aos poderosos resultados que esforços como esses podem gerar. Os métodos tradicionais, contudo, são demorados e custosos, levando em média de seis a doze meses. Nos esforços típicos, os resultados são apresentados à administração sênior, que deixa as recomendações no fundo da gaveta e nunca pára para pensar em sua implementação. Em conseqüência, o processo e a metodologia de benchmarking de uma empresa podem estar entre os primeiros itens a serem reforçados no esforço de transformação (veja "Benchmarking na Hewlett-Packard").

Apresentaremos agora uma abordagem comprovada e eficaz do benchmarking que ajudará sua empresa a identificar e executar os processos que levaram a uma vantagem competitiva. Nesse esforço de benchmarking, é importante acionar os poucos consultores que já estão envolvidos no esforço de transformação, por sua expertise diferenciada e por poderem fornecer valiosas sugestões ao longo do processo. Começaremos explicando algumas regras básicas do benchmarking e, em seguida, explicaremos o processo do benchmarking.

Conheça primeiro os próprios processos

Antes de conduzir um esforço de benchmarking, é preciso definir o que está sendo comparado, porque este é um indicativo importante, como mensurar as forças nessa área e como a empresa atualmente atinge os padrões desejáveis.

Internamente antes e externamente depois

Uma regra fundamental é "benchmarking interno primeiro".³³ Por meio de um esforço de benchmarking interno, a empresa pode identificar as melhores práticas de um processo específico de negócios e aplicar essas práticas a processos similares por toda a organização. Depois de a empresa analisar os processos internos, ela pode procurar novas idéias do lado de fora.

O valor do benchmarking fora do setor

No benchmarking externo, muitas empresas optam por se comparar com os melhores do setor. Apesar de isso ter seus benefícios, se negligenciar o que ocorre fora de seu setor, uma empresa pode ignorar práticas inovadoras que

BENCHMARKING NA HEWLETT-PACKARD

Antes de o líder da transformação, Mark Hurd, entrar na Hewlett-Packard (HP), a empresa se comparava principalmente com a IBM, utilizando apenas um indicativo: os custos como uma porcentagem da receita. Para revitalizar o esforço de benchmarking, Hurd decidiu mudar a estratégia. Como resultado, agora a HP segmenta suas funções e unidades de negócios, compara-as com vários concorrentes do setor, como a Dell e a Sun Microsystems, e utiliza essas informações para tentar ser a melhor em todas as áreas.

Para fazer essas comparações, a HP utiliza uma planilha para analisar os números. Com as unidades de negócio organizadas em colunas, e as funções em linhas, a HP preenche as células com os dados de benchmarking. Com a planilha preenchida, a HP pesquisa a empresa utilizada na comparação e elabora suposições muito bem embasadas sobre a situação do concorrente nas áreas específicas de estudo. A empresa utiliza uma série de variáveis – por exemplo, despesas operacionais como uma porcentagem da margem bruta – para desenvolver os benchmarkings.

Além disso, essas comparações são utilizadas para ajudar a empresa não somente a se tornar a melhor em sua categoria, mas também a cortar custos e aumentar a eficiência. Com uma meta que consiste em economizar US$3 bilhões até 2008, a empresa já está a caminho, tendo poupado US$385 milhões em 2005, com uma redução de 2% nas despesas operacionais como uma porcentagem da margem bruta.[34]

poderiam levar a uma vantagem competitiva. É neste ponto que um consultor pode agregar enorme valor, trazendo para a empresa sua expertise externa. Um artigo intitulado "Fast-Cycle Benchmarking" apresenta um exemplo de uma empresa de cimento que tinha dificuldades em entregar o cimento a tempo nos canteiros de obras. Em vez de estudar as empresas do próprio setor, ela analisou a Domino's Pizza, reconhecida por seu ágil serviço de entrega. Depois de estudar e incorporar as técnicas da Domino's no próprio negócio, seu nível de entrega em tempo hábil aumentou 95% em apenas dois anos.[35]

Alavancando os resultados financeiros pelo benchmarking

O benchmarking pode mostrar-se particularmente eficaz em áreas com métricas e indicativos quantitativos. Uma empresa, por exemplo, pode comparar seus custos com os de outras empresas de seu setor, como fez a Nissan (veja "A utilização do benchmarking para cortar custos na Nissan"). O benchmarking também pode ser conduzido em um nível mais amplo, como comparar a participação de mercado e a receita com os líderes do setor e, assim, descobrir maneiras de alcançar e superar os líderes.

A importância da realidade
A realidade pode ser dura. Na verdade, ela pode ser tão dura a ponto de ser difícil encará-la. O benchmarking pode esclarecer a realidade da empresa em comparação com a de outras empresas. Contudo, os esforços de benchmarking podem ser eficazes só se a empresa estiver disposta a aceitar suas descobertas e utilizar o novo conhecimento que obteve. (Veja "Auto-engano na AlliedSignal" para um exemplo de como uma empresa pode escolher não enxergar a realidade.)

A UTILIZAÇÃO DO BENCHMARKING PARA CORTAR CUSTOS NA NISSAN

Quando Ghosn entrou na Nissan, a empresa estava pagando em excesso pelas peças de automóveis dos fornecedores, o que reduzia significativamente o orçamento operacional da empresa. Em um esforço no sentido de cortar custos e alavancar os resultados financeiros, Ghosn se baseou no benchmarking – ele comparou os preços que pagavam pelas peças com os valores pagos por outras empresas do setor.[36] A partir de sua experiência, Ghosn sabia que perguntar aos gestores "Estamos tomando boas decisões de compra?" só levaria à previsível resposta "Achamos que sim". Ele sabia que os gestores e executivos da Nissan precisavam de "provas concretas de que estavam pagando muito mais do que os valores de mercado".

Ghosn deu início a um extenso esforço de benchmarking que produziria as informações baseadas em fatos necessárias para impulsionar a mudança. Ele disse que "benchmarkings abrangentes e atualizados eram a única forma de a empresa saber se estava fazendo boas compras". Durante o esforço, os membros da equipe de resposta rápida no setor de compra tiveram acesso às informações de compras da Renault. Assim, Ghosn incentivou a equipe a comparar os documentos de compra da Renault com centenas de peças compradas pela Nissan. Esse estudo revelou que a Nissan estava pagando entre 25 e 40% a mais por praticamente todas as peças que comprava.

AUTO-ENGANO NA ALLIEDSIGNAL

Quando Larry Bossidy entrou na AlliedSignal, imediatamente notou a tendência das pessoas de evitar o confronto dos problemas de forma realista. Enquanto conduzia sua análise da empresa, ele percebeu que empregados e clientes tendiam a retratar seus sucessos de dois pontos de vista diferentes. Quando ele perguntava aos empregados sobre a taxa de fechamento de negócios, eles diziam 98%, enquanto os clientes respondiam que essa taxa era de apenas 60%. "A ironia era que", Bossidy disse, "em vez de tentar lidar com as reclamações dos clientes, parecia que nós achávamos que tínhamos de convencê-los de que estávamos certos e eles, errados".[37]

Como conduzir um esforço de benchmarking

Utilize as orientações a seguir para a condução do esforço de benchmarking:

1. ***Definir o que comparar.*** Suspeite de benchmarkings vagos e genéricos demais. Identifique os elementos importantes que levarão a insights importantes e específicos.
2. ***Identificar parceiros de benchmarking.*** Procure as melhores empresas tanto dentro quanto fora de seu setor. Consulte fornecedores, clientes, analistas, publicações e outras fontes de informação para determinar as empresas a serem analisadas.[38]
3. ***Definir o que mensurar.*** Alguns indicadores são mais óbvios do que outros. Tente mensurar variáveis que levarão a conclusões importantes e concretas, e não a conclusões circunstanciais.
4. ***Executar.*** Essa é a parte mais importante do benchmarking. Ela envolve incorporar em sua organização as melhores práticas identificadas. Durante os primeiros três passos, você identificará como coletar dados sobre as melhores práticas, mas nada acontecerá se elas não forem executadas. Neste estágio, comunicação, definição de metas mensuráveis e monitoramento dos resultados são apenas alguns dos fatores que levarão ao sucesso.[39]

Condução de uma auditoria de recursos intangíveis

Uma auditoria de recursos intangíveis é um esforço de benchmarking que identifica os "ativos intangíveis" de uma empresa. Apesar de essas capacidades serem mais difíceis de quantificar, a auditoria pode ser extremamente benéfica por várias razões. A condução de uma auditoria de recursos intangíveis não apenas ajudará a empresa a identificar suas forças e fraquezas, como também esclarecerá várias capacidades que dão à empresa uma vantagem competitiva e ajudam-na na execução de sua estratégia. Para conduzir essa auditoria, siga os seguintes passos:

1. Identifique a divisão ou unidade de negócios a ser avaliada.
2. Identifique os dois ou três recursos intangíveis mais essenciais para a execução da estratégia da empresa.
3. Levante e colete os dados.
4. Com base nos dados, identifique dois ou três recursos intangíveis que se mostram fundamentais para o sucesso; concentre-se nas fraquezas somente quando forem críticas para o sucesso. Esses passos ajudarão a empresa a identificar as lacunas entre o desempenho atual e o desejado em suas duas ou três áreas.
5. Desenvolva um plano de ação para melhorar esses recursos intangíveis.

Criação de um conjunto de indicadores de referência

Além do benchmarking, outra importante utilização interna dos dados coletados é a criação de um conjunto de indicadores de referência que serão utilizados para comparar e mensurar os resultados durante e após o esforço de transformação. Além de mensurar o desempenho das equipes, os indicadores de referência enviam poderosas mensagens aos empregados sobre como eles devem desempenhar seu papel na empresa e ajudam os participantes a acompanhar sua contribuição ao esforço. Além disso, os indicadores de referência:

- Comunicam aos empregados o que a empresa deseja mudar – quais comportamentos serão incentivados, desestimulados ou ajustados.
- Proporcionam aos executivos uma forma de acompanhar seu progresso ao longo do esforço de transformação.
- Orientam continuamente os empregados sobre o que eles precisam ajustar.
- Esclarecem as expectativas de todos os empregados.
- Alinham o desempenho e o comportamento dos empregados a importantes resultados de negócios.
- Informam todos os empregados sobre seu progresso.

- Permitem a prestação de contas em relação à mudança comunicando as expectativas aos empregados.

Muitas vezes, o conjunto de indicadores de referência por meio dos quais a situação futura da empresa será mensurada resulta diretamente dos achados na fase de diagnóstico. Os indicadores de referência costumam ser representados pelo estado atual da empresa. Em algumas ocasiões, contudo, os fatores qualitativos devem ser quantificados para proporcionar métricas mais objetivas e mensuráveis. Nesses casos, as equipes devem trabalhar juntas para desenvolver uma forma de converter a situação e as informações qualitativas em métricas quantitativas. Quando esse processo é desenvolvido, a mesma conversão deve ser conduzida sempre que o progresso ou a situação tiver de ser mensurada em relação à medida de referência.

Com os indicadores de referência identificados e implementados, a organização sabe onde se encontra e está pronta para concluir a fase de diagnóstico.

A REUNIÃO DE INTEGRAÇÃO DO DIA 30

Ao final da fase 1, cada equipe de resposta rápida deve ter concluído o diagnóstico de sua área específica, o que inclui tanto a coleta de dados quanto a análise. As equipes devem ter identificado não somente os sintomas, como também as causas fundamentais a serem abordadas na próxima fase.

Com essas informações em mente, as equipes apresentarão os resultados de seu diagnóstico umas às outras e à EGE na reunião de integração de 30 dias (veja a Figura 4-14). Esse encontro é uma reunião mensal de integração, descrita no início do capítulo, com a duração de um a dois dias. Nessa reunião, as equipes resumem sua experiência no esforço de transformação ao longo do mês anterior, a começar pelo processo de coleta de dados, passando pela análise dos dados, até chegar à identificação dos pontos mais problemáticos.

FIGURA 4-14

Reunião do dia 30

| Lançamento da fase 1 | Coleta dos dados | Análise dos dados | Comparação dos dados | Reunião do dia 30 |

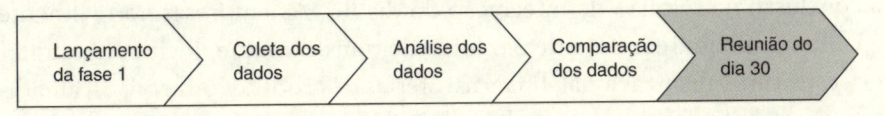

FIGURA 4-15

Leis de combate

As "leis de combate"
- Apresentação de 30 minutos só com breves perguntas para esclarecimento.
- 30 minutos para perguntas.
- Sem tentativas de sabotagem.
- Sem batalhas territoriais.
- Orientado pelos dados e impulsionado pelos fatos.
- Pareto: 20% dos problemas solucionados levam a 80% de impacto positivo.
- Definir o que estará implementado na segunda-feira e quem será o responsável.
- As ações combinadas serão estreitamente relacionadas a pessoas responsáveis e prazos.

Antes das apresentações das equipes, o dia deve ter início com uma visão geral da pauta e uma breve apresentação das "leis de combate" para a reunião (veja a Figura 4-15). As leis de combate representam as regras para a apresentação e para o dia da reunião, bem como diretrizes para as apresentações. O papel do líder da transformação e dos coaches é garantir que as leis de combate sejam seguidas ao longo das apresentações. Como observamos na Figura 4-15, uma pessoa deve registrar as ações combinadas resultantes das apresentações e das discussões, além das pessoas responsáveis pela ação e pelo prazo definido.

No fechamento da reunião de integração do dia 30, o líder da transformação deve enfatizar o progresso que já foi feito ao longo do mês anterior e agradecer às equipes pelo empenho. O líder da transformação também deve proporcionar às equipes uma visão geral para os próximos 30 dias. Mais especificamente, ele deve informar às equipes de resposta rápida que, agora que sabem quais são os principais problemas da empresa, elas também terão de determinar o que a empresa deseja atingir (nos limites do viável).

CONCLUSÃO

Apesar de haver vários fatores distintos na fase de diagnóstico da empresa, o cerne da fase 1 reside na coleta de dados, na análise de benchmarking. A fase 1 tem um início não-oficial com uma reunião visando motivar e empolgar a equipe de liderança e começa oficialmente com a reunião de lançamento, com a conclusão na reunião de integração do dia 30. As empresas normalmente analisam muitas áreas durante o esforço de transformação, incluindo estratégia, estrutura organizacional, finanças, ofertas de produtos ou serviços, atendimento ao cliente, vendas e tecnologia da informação. Neste ponto, a organização deve ter um sólido conhecimento de seus principais problemas, que incluem não somente os sintomas, porém, o mais importante, as causas fundamentais. Nenhuma pedra pode ser deixada sem ser revirada pelas equipes de resposta rápida durante o esforço. A partir deste ponto, as equipes não devem se deparar com grandes surpresas relativas aos diagnósticos da empresa.

Até este momento, as equipes também desenvolveram um conjunto de indicadores de referência para orientar o sucesso de seu grupo de negócios. Além disso, elas conduziram uma análise de benchmarking para identificar as melhores práticas dentro e fora de seu setor de atuação que poderiam incorporar em seu grupo de negócios específico.

Com um diagnóstico preciso, a chave agora é definir o que fazer com as informações para melhorar a empresa e conduzi-la a um futuro melhor. Na próxima fase, as equipes desenvolverão e priorizarão uma lista de "grandes idéias", com recomendações de alto impacto para lidar com os principais problemas identificados na fase 1. Além disso, as equipes podem conduzir uma análise de defasagem para avaliar e identificar os passos necessários para passar da situação atual à situação desejada.

5

Fase 2

Vislumbrando o futuro

> *Se realmente conseguirmos entender o problema, a resposta derivará dele, já que ela não está dissociada do problema.*
> – Jiddu Krishnamurti

Durante a fase 1, as equipes de resposta rápida desempenharam o papel de um médico na identificação dos principais problemas em sua área específica, coletivamente diagnosticando a "saúde" geral da empresa. Agora, é chegado o momento de as equipes mudarem o foco e começarem a buscar soluções para esses problemas. Ao longo dos próximos 30 dias, com esses problemas em mente, as equipes trabalharão na identificação de várias alternativas para o tratamento e a cura (veja a Figura 5-1). Cada equipe de resposta rápida, portanto, vislumbrará o futuro a partir do próprio ponto de vista.

Esse futuro vislumbrado e definido pelas equipes tem início com um processo de racionalização pelo qual a empresa tenta avaliar quais produtos ou clientes devem ser mantidos e quais não devem. Esse processo é acompanhado da alocação de recursos; quando alguns itens são cortados, os recursos podem ser realocados aos projetos que sobreviveram.

Neste próximo passo, as equipes analisam uma série de soluções criativas para os problemas identificados na fase 1. Ao desenvolver o que chamamos de "grandes idéias", as equipes de resposta rápida buscam soluções inovadoras para os problemas da organização, criando indiretamente uma visão abrangente do direcionamento futuro da empresa.

Com o conhecimento do direcionamento da organização, as equipes podem se envolver em uma análise de defasagem, que integra a situação atual da

FIGURA 5-1

Visão geral do capítulo

| Metas em cascata | Criação de um conjunto de indicadores | Racionalização das áreas-chave | Desenvolvimento de um conjunto de "grandes idéias" | Análise de defasagem | Excelência organizacional contínua | Implementação antecipada | Reunião de integração do dia 60 | Tiger teams |

organização ao estado futuro desejado. Por meio dessa análise, as equipes de resposta rápida identificam não somente as diferenças entre esses dois estados, como também os passos necessários para atingir a situação futura, considerando a situação atual da empresa.

Parte da análise de defasagem é conduzida para identificar a lacuna de competências na organização. Com os resultados dessa análise de defasagem de competências, a equipe de excelência organizacional terá uma série de tarefas a serem executadas até o final da fase. Por exemplo, a equipe deve estender os valores determinados pela equipe de transformação na reunião de lançamento, decidir-se por uma estrutura organizacional para sustentar uma nova organização e desenvolver práticas de contratação e treinamento, além de processos de análise de desempenho e pacote de remuneração.

Com as lacunas identificadas, as equipes de resposta rápida precisam definir suas metas específicas. Por exemplo, as equipes sabem que uma organização precisa se orientar para o cliente. Mas o que isso significa para as funções e equipes individuais? Para responder a essa questão, as equipes devem criar metas em cascata, e identificar indicadores em relação aos quais o progresso será mensurado. Assim, os indicadores representam os importantes critérios para que a empresa ou a equipe acompanhe sua evolução.

Ao longo desta fase, os membros da equipe devem manter em foco as vitórias antecipadas (descritas no capítulo de pré-transformação). Muitas vezes, os itens na programação não precisam esperar até a fase de implementação para que sejam executados. Ironicamente, a execução antecipada pode mostrar-se benéfica para o progresso do esforço de transformação e da empresa como um todo.

Da mesma forma como a fase 1 foi concluída com a reunião de integração do dia 30, a fase 2 é finalizada com uma reunião de integração do dia 60. Conduzida de maneira similar à reunião da fase 1, a reunião da fase 2 difere em termos de conteúdo apresentado pelas equipes de resposta rápida.

Antes do final da fase, a empresa pode descobrir que as equipes de resposta rápida são necessárias para cobrir áreas que têm sido negligenciadas ou ignoradas. Essas equipes, chamadas de *tiger teams*, serão necessárias para recuperar o tempo perdido, mas serão apoiadas pelo resto da equipe de transformação.

Lembre-se de que, a cada passo do caminho, todas as equipes de resposta rápida devem levar em consideração a nova estratégia da organização. Isso não apenas mantém todos focados e no caminho certo, como também garante que todas as decisões estejam alinhadas com a visão estratégica essencial da empresa.

Percorreremos agora todas as partes da fase 2, a começar pelo desenvolvimento e identificação de metas em cascata.

RACIONALIZAÇÃO DAS ÁREAS-CHAVE

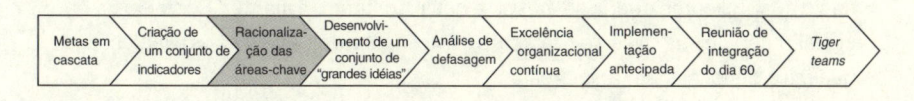

Logo no início da fase 2, a equipe gerencial executiva (EGE) deve trabalhar com algumas das equipes relevantes para "dar a partida" no processo de racionalização (veja a Figura 5-2). Racionalização aqui se refere ao processo de debater e discutir uma área ou aspecto específico da organização a fim de priorizar os elementos e decidir o que manter e o que excluir, considerando a visão estratégica da empresa. Dessa forma, a racionalização pode ser considerada o processo de tentar definir quais elementos são racionais (ou fazem sentido), devendo ser mantidos, por meio do recebimento de recursos da empresa, e quais elementos são irracionais e não devem ser mantidos pela empresa. Inevitavelmente, alguns elementos caem entre essas categorias, o que implica que diferentes critérios devem ser abdicados em troca de outros, mas os debates e as discussões devem levar a uma decisão final.

A racionalização normalmente é conduzida com as ofertas da empresa, sejam serviços ou produtos, e com os clientes. Ao final do processo de racionalização, todos os itens devem ser classificados em uma das seguintes categorias: expandir, manter, reduzir ou cortar. Essas categorias devem ajudar a orientar a realocação de recursos; os itens cortados não devem mais receber recursos, significando que esses recursos podem ser realocados a outras equipes. (Veja detalhes sobre a realocação de todas as quatro categorias na Tabela 5-1.)

FIGURA 5-2

Racionalização das áreas-chave

| Metas em cascata | Criação de um conjunto de indicadores | Racionalização das áreas-chave | Desenvolvimento de um conjunto de "grandes idéias" | Análise de defasagem | Excelência organizacional contínua | Implementação antecipada | Reunião de integração do dia 60 | Tiger teams |

TABELA 5-1

Alocação de recursos após a racionalização

Categoria	Recursos
Expandir	Alocar recursos adicionais e crescentes para estimular o crescimento do item.
Manter	Alocar recursos suficientes mas mínimos para manter o item em seu estado atual.
Reduzir	Descontinuar os recursos atuais de forma que o item gradualmente atinja a categoria de "manter" ou "cortar".
Cortar	Imediatamente cortar todos os recursos hoje alocados ao item.

Pelo fato de as empresas não disporem de recursos ilimitados, o ponto de racionalização é reduzir itens que não estejam contribuindo de forma significativa para os resultados financeiros da empresa ou ajudando-a a atingir suas metas. Esses itens podem chegar a ser prejudiciais, forçando a empresa a se desviar de suas metas. Por exemplo, muitas empresas dedicam um enorme volume de recursos a clientes que não contribuem muito para os resultados financeiros da empresa, e até para os que não contribuem com nada. Outras empresas tentam cortejar indiscriminadamente os clientes, desperdiçando recursos em clientes que nunca se interessariam por seus produtos ou serviços. Em termos de produtos ou serviços, algumas empresas dedicam amplos recursos para tentar consertar produtos que já estão dando prejuízo à empresa quando seria melhor descontinuá-los totalmente.

Antes de decidir como classificar os vários itens, contudo, uma das primeiras tarefas do processo de racionalização é selecionar os critérios a serem levados em consideração. (Veja "Racionalização do cliente na Hewlett-Packard".)

RACIONALIZAÇÃO DO CLIENTE NA HEWLETT-PACKARD

Para racionalizar sua base de clientes, a Hewlett-Packard (HP), sob a liderança de Mark Hurd, analisou suas duas mil contas mais importantes, escolhidas de acordo com o quanto gastavam em TI. Nessa análise, a equipe avaliou trinta parâmetros, tais quais o nível de atratividade da conta, como os gastos em TI eram segmentados pelas unidades de negócio, a porcentagem de inovação que levava a maiores gastos em TI, o quanto a HP estava disposta a compartilhar esse cliente com outras empresas, quanto impacto o aumento dos recursos teria nos gastos do cliente. Como um resultado dessa análise, a HP decidiu em quais clientes queria investir, de quais clientes queria se afastar e quais gostaria de manter. Por meio da racionalização de sua base de clientes, a HP foi capaz de se voltar aos clientes-alvo que mais beneficiariam a empresa.

Por exemplo, alguns critérios comuns a serem considerados incluem: quanto os itens atualmente custam à empresa (isto é, quantos recursos estão sendo alocados a eles), quanta receita eles geram e quais são suas perspectivas de crescimento futuro. Alguns clientes podem não gerar muita receita agora, mas podem gerar enormes receitas no futuro.

Para cada item, como cliente, produto ou serviço, uma coisa deve ser trocada por outra e não existe um conjunto uniforme de critérios que possam ser aplicados a todos os itens. Por exemplo, uma oportunidade de crescimento futuro pode ser considerada mais importante do que a receita atual gerada por um cliente, mas não por outro. Parte da razão se deve à confiança da equipe nas projeções futuras. Mesmo que dois clientes tenham chegado aos mesmos números na análise, a confiança da equipe na precisão dos números de uma empresa em comparação com os de outra pode desempenhar um importante papel quanto à influência da decisão.

A chave para a racionalização é encontrar a baleia além dos cardumes de pequenos peixes. O que queremos dizer com isso? As baleias são grandes e podem crescer muito. Apesar de dominarem o mar, elas também são raras e difíceis de encontrar. Já os pequenos peixes não têm muito potencial de crescimento, mas são abundantes no oceano. Em razão de seu tamanho, as baleias inevitavelmente comem mais do que os pequenos peixes, mas também valem muito mais. No processo de racionalização, é necessário tentar identificar as baleias, o que, em termos de clientes, significa os que dominam o mercado ou têm o potencial de chegar a dominar. Eles podem ser mais exigentes e dispendiosos do que os pequenos clientes, mas também são significativamente mais valiosos. Em termos de produtos, eles são aqueles sem os quais a empresa não tem como se manter. Assim que encontrar uma baleia, mantenha-a por perto, não deixe de alimentá-la e não permita que ela se afaste.

DESENVOLVIMENTO DE UM
CONJUNTO DE "GRANDES IDÉIAS"

Agora que as equipes já analisaram o portfolio atual da empresa, o próximo passo é analisar o portfolio potencial da empresa. O passo mais importante da fase 2 da transformação é o desenvolvimento de uma lista de grandes idéias (veja a Figura 5-3) que:

- abordará os problemas existentes identificados durante a análise do diagnóstico da fase 1;

FIGURA 5-3

Desenvolvimento de um conjunto de "grandes idéias"

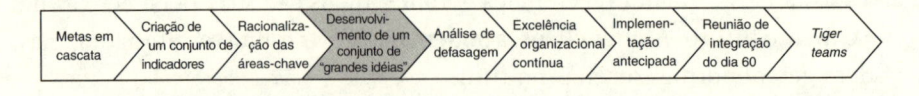

Metas em cascata	Criação de um conjunto de indicadores	Racionalização das áreas-chave	Desenvolvimento de um conjunto de "grandes idéias"	Análise de defasagem	Excelência organizacional contínua	Implementação antecipada	Reunião de integração do dia 60	Tiger teams

- melhorará os processos atuais;
- criará novas fontes de receita e valor aos acionistas;
- criará uma plataforma estratégica e preparará o terreno para o crescimento futuro.

As grandes idéias são desenvolvidas pela equipe estratégica paralelamente aos esforços de racionalização. Uma grande idéia é similar ao conceito da baleia. É o que lhe dá, por falta de uma expressão melhor, mais por seu dinheiro. Uma grande idéia é uma grande área a ser atacada que terá um enorme impacto e agregará significativo valor para a empresa (veja "A grande idéia da Apple: o iPod".). Neste ponto, a análise deve ser feita em um nível muito elevado. Por exemplo, para algumas empresas, uma grande idéia pode envolver pensar em fazer uma aquisição. Ela também pode incluir a entrada em novos mercados ou parcerias de negócios, investimentos em uma nova tecnologia ou até mesmo a descontinuidade de linhas inteiras de produtos (o que também pode resultar do processo de racionalização).

Ao identificar as grandes idéias a serem investigadas e analisadas, as equipes de resposta rápida devem primeiramente examinar as megatendências do setor. As megatendências são grandes tendências que identificam, em um nível muito alto, para onde o setor está se direcionando. Apesar de não ser recomendável que nenhuma empresa siga todas as megatendências do mercado, com certeza há algumas que a empresa não pode, e não deve, ignorar. Depois de as equipes identificarem quais megatendências a empresa deve tentar explorar, elas devem certificar-se de que as grandes idéias desenvolvidas estão alinhadas com essas megatendências. De acordo com o CEO e líder da transformação da Hewlett-Packard, Mark Hurd, "precisamos tentar adivinhar qual será a resposta daqui a cinco anos, de modo que, quando tomarmos a decisão hoje, estaremos tomando uma boa decisão. Tanto em termos de cortar custos quanto em termos de investir no crescimento".[1] As megatendências devem orientar as decisões das equipes no que se refere a quais grandes idéias fazem mais sentido para a organização no longo prazo.

A GRANDE IDÉIA DA APPLE: O IPOD

Por volta de 2001, o CEO da Apple, Steve Jobs, reconheceu uma oportunidade para a empresa e decidiu entrar em um novo mercado e capitalizar a crescente popularidade da música digital. Essa grande idéia resultou da observação de que ainda não se havia encontrado no mercado um aparelho que reproduzisse músicas digitais, e essa era uma grande necessidade dos clientes. Com base nessa grande idéia, a Apple primeiro lançou o iTunes, que logo foi seguido pelo revolucionário iPod, reconhecidamente o produto de maior sucesso da história da empresa. É interessante notar que o iPod foi desenvolvido em apenas dez meses, por meio de diversas parcerias, e seu desenvolvimento foi cercado de mistério. Uma vez que a Apple decidiu entrar no setor de música digital, uma subseção dessa grande idéia envolveu decisões relativas a essas parcerias para o iPod. Ao avaliar o mercado, a Apple reconheceu que, no que se refere ao desenvolvimento da idéia de dispositivos para reproduzir músicas digitais, "os produtos eram péssimos"[2] e o mercado estava repleto de aparelhos pesados com capacidade de memória muito limitada, baterias que falhavam e *upload* lento de músicas aos dispositivos. Por meio da colaboração com empresas como a Pixo, que forneceu o software básico, a Apple rapidamente lançou o revolucionário iPod no mercado em 2001.

Algumas vezes, em discussões sobre as megatendências ou sobre as grandes idéias, um membro da equipe pode perceber a presença de um "elefante na sala" – algo enorme, mas que está sendo negligenciado ou ignorado, como importantes tendências de mercado ou cliente e/ou uma inovação tecnológica. Em outras ocasiões, de forma surpreendente, as pessoas deixam de ver o elefante na sala por estarem concentradas nos detalhes. Elas podem enxergar, por exemplo, um rabo ou uma tromba, mas não conseguem juntar todas as partes para ver o elefante inteiro. Outras vezes, as pessoas podem ver o elefante, mas fingir que ele não está lá, porque não querem lidar com ele ou porque não o consideram importante, já que ninguém mais consegue enxergá-lo. O elefante normalmente representa algo maior que, uma vez que é visto, não deve ser ignorado. Em suas discussões, os membros da equipe devem estar cientes dos elefantes na sala, e algumas vezes até deliberadamente procurar por eles. Pergunte a si mesmo: Há um elefante na sala que nenhum de nós está enxergando?

Com isso em mente, agora você está pronto para desenvolver e definir um conjunto de grandes idéias. Neste estágio, cada equipe deve assumir a seguinte abordagem:

1. Conduzir um brainstorm para as grandes idéias potenciais.
2. Avaliar cada grande idéia de acordo com um conjunto de critérios.
3. Priorizar a lista das grandes idéias.

Passo 1: Conduzir um brainstorm para as grandes idéias potenciais.
Para desenvolver uma lista de grandes idéias potenciais, os pilotos das equipes de resposta rápida devem conduzir uma sessão de brainstorm com cada equipe. Durante essa sessão, os membros da equipe trabalham juntos sob a orientação do piloto para desenvolver soluções criativas que lidem com os problemas identificados durante o diagnóstico na fase 1.

O propósito da sessão de brainstorm é gerar o maior número possível de idéias potenciais. Algumas vezes, as equipes precisarão de mais de uma sessão porque o tempo pode esgotar-se antes de elas acabarem de gerar suas idéias. Em outras ocasiões, as equipes podem esgotar todas as idéias logo no início, de modo que o piloto deve tentar diferentes métodos para estimular a criatividade. Por exemplo, o líder pode tentar ler em voz alta a lista de novas idéias ou repassar cada idéia, discutindo brevemente seus benefícios e custos, na esperança de gerar idéias adicionais. (Veja "Pressionar-revisar-pressionar na Nissan" para um exemplo de um método particularmente eficaz de geração de soluções criativas.) Além disso, ao se preparar para a reunião, o líder deve desenvolver uma série de planos alternativos para esses momentos de infertilidade criativa. Se o piloto não conseguir estimular a criatividade, deve concluir a reunião e incentivar as pessoas a conduzir o brainstorm individualmente.

PRESSIONAR-REVISAR-PRESSIONAR NA NISSAN

Carlos Ghosn implementou um método particularmente eficaz para gerar idéias criativas, conhecido como o método de pressionar-revisar-pressionar. De acordo com esse método, ele analisava as soluções geradas pelas equipes e as pressionava quando soluções não eram agressivas o suficiente. Com essa pressão, Ghosn dava às equipes algumas orientações sobre até onde e em que profundidade elas poderiam procurar as respostas. Por meio desse método de pressionar-revisar-pressionar, as nove equipes de resposta rápida que orientavam a transformação da Nissan geraram mais de duas mil idéias e obtiveram uma visão de 360 graus de cada uma.[3]

Como mencionamos anteriormente, há muitos tipos diferentes de grandes idéias que as equipes podem gerar, dependendo do problema diagnosticado e da meta da equipe. Antes de tomar uma decisão final em relação à qual idéia implementar, deve-se conduzir uma investigação mais aprofundada. Para alguns exemplos de grandes idéias que foram implementadas, veja "Grandes idéias na VeriSign".

GRANDES IDÉIAS NA VERISIGN

Todas as grandes idéias apresentadas a seguir foram selecionadas para implementação após a conclusão do esforço de 90 dias.

- **Entrada em novos mercados.** A VeriSign se tornaria a primeira empresa a oferecer soluções de faturamento que integravam soluções de cobranças pré e pós-pagas. Essa manobra posicionou muito bem a VeriSign no mercado para buscar novas oportunidades e fazer parcerias com empresas líderes do setor.
- **Aquisições.** A VeriSign decidiu adquirir a Jamba!, uma empresa alemã líder na prestação de serviços de faturamento e conteúdo de Internet, e 13 grandes empresas européias. Stratton Sclavos, o CEO da VeriSign, acreditava que a Jamba! poderia expandir a presença da VeriSign no mercado europeu.[4] Ao integrar as ofertas da Jamba! com as plataformas de serviços de comunicação oferecidas pela VCS, a VeriSign esperava "ser capaz de oferecer um abrangente utilitário de dados cobrindo todos os aspectos da cadeia de valor de conteúdos móveis".[5] No segundo semestre de 2004, a VeriSign previu que a Jamba! geraria US$70 milhões em receita incremental líquida.[6]

Passo 2: Avaliar cada grande idéia de acordo com um conjunto de critérios

Quando a equipe e o piloto estiverem satisfeitos com sua lista de grandes idéias, a equipe precisa classificar as idéias em termos de idéias com grande potencial e que merecem uma investigação mais profunda, idéias que podem ter potencial e idéias que podem ser descartadas. Esse esforço é similar ao processo de racionalização e mais bem executado por meio de discussões e debates, embora uma análise mais profunda se faça necessária durante esse passo a fim de coletar os dados necessários à avaliação de cada grande idéia.

Antes de conduzir qualquer avaliação, contudo, a equipe precisa identificar os critérios a serem considerados na análise e na avaliação das idéias.

Alguns critérios comuns são: (1) valor para a empresa, (2) viabilidade, (3) desafios potenciais, (4) prontidão do mercado e (5) tempo de implementação.

Valor para a empresa
O valor para a empresa pode ser mensurado de várias maneiras. Além de contribuir para os resultados financeiros da empresa, as boas grandes idéias também utilizam e se baseiam nas competências essenciais da organização e estão alinhadas com a visão estratégica tanto da empresa quanto da equipe.

Garantir que a idéia alavanque as competências essenciais. De acordo com Lou Gerstner, "a falta de foco é a causa mais comum da mediocridade corporativa".[7] Com muita freqüência, os executivos preferem jogar a toalha e entrar em outro barco a encarar a batalha. É necessário dedicar tempo, esforço e energia às competências essenciais de uma organização, a fim de desenvolvê-las e fortalecê-las, e muitos executivos deixam de perceber isso. Algumas empresas com dificuldades, contudo, pensam em entrar em um novo negócio só porque a grama parece mais verde no quintal do vizinho.

Entretanto, as empresas devem usar de cautela ao entrar em um negócio completamente fora de seu setor. Uma "empresa de tecnologia não pode simplesmente se transformar em uma companhia aérea", por assim dizer. Em outras palavras, "não mergulhe de cabeça em piscinas que você não conhece antes de conhecer a profundidade e a temperatura da água".[8] As empresas devem tentar se manter próximas de suas competências essenciais porque, uma vez que se distanciem delas, podem afundar em um buraco mais profundo e, enquanto isso, dar aos concorrentes a oportunidade de alcançá-las. Desse modo, é especialmente importante certificar-se de que as grandes idéias que podem ser implementadas utilizam as competências essenciais da empresa.

Alinhamento com a visão estratégica. Da mesma forma que as grandes idéias devem se basear nas competências essenciais da organização, elas também devem se alinhar com a visão estratégica geral da empresa. Como a visão estratégica geral é o farol na direção do qual todas as decisões devem se concentrar e se alinhar, as grandes idéias analisadas e avaliadas devem ser examinadas à luz dessa visão. O líder da transformação da IBM, Lou Gerstner, salientou a importância de manter sempre em foco a visão estratégica da empresa. "Cada negócio, para ser bem-sucedido, deve ter um senso de direção e missão, de modo que, não importa onde você esteja e para onde está indo, deve saber como se encaixa no cenário mais amplo e reconhecer que o que você está fazendo é importante."[9]

Contribuição projetada para a receita. As equipes devem conduzir uma análise financeira de alto nível de cada grande idéia, incluindo um projeto de seus custos e fluxo de caixa futuros. Este é o indicador mais objetivo de valor agregado para a empresa por uma grande idéia. Os benefícios financeiros compensam os custos? Além disso, o nível de confiança da equipe nessas projeções deve ser levado em consideração. Qual é o nível de flexibilidade desses números para que o projeto ainda seja desejável?

Viabilidade

Para determinar a viabilidade de uma idéia, a equipe deve saber se a empresa dispõe de recursos suficientes para implementá-la. Tendo em vista as projeções de custo do projeto, a empresa tem como cobrir razoavelmente os custos? E se o projeto exceder o orçamento? Até que ponto o projeto pode exceder o orçamento e continuar viável?

Além disso, a equipe deve definir se a empresa atualmente tem a infra-estrutura, o conhecimento e a expertise para implementar adequadamente a idéia. A idéia é altamente complexa? Quais são as possíveis complicações envolvidas em sua execução? Qual é a probabilidade de a grande idéia ser implementada perfeitamente e sem percalços? As respostas a essas perguntas dadas pela equipe e pela organização são extremamente importantes. Por exemplo, ao desenvolver o Plano de Revitalização da Nissan, Ghosn enfatizou a importância de as pessoas serem realistas e conhecerem a capacidade da equipe e da organização. Ele aconselhou as equipes a traçar metas baseadas em dados objetivos e estabelecer estimativas bem embasadas, além de identificar a fronteira entre ambição e realismo. De acordo com Ghosn, as equipes deveriam ser capazes de "distinguir entre o possível e o impossível, saber até onde ir sem ir longe demais".[10]

Desafios potenciais

Qualquer grande e importante idéia está associada a riscos e desafios. Para cada grande idéia, as equipes devem prever quaisquer obstáculos potenciais na implementação e definir até que ponto esses obstáculos podem ser minimizados. A equipe ou a empresa serão capazes de executar essa grande idéia perfeitamente ou os obstáculos têm o potencial de impedir a execução? As recompensas justificam os riscos? O fato de as respostas a essas perguntas influenciarem a decisão da equipe ou da empresa na implementação da idéia depende em parte do quanto a empresa é avessa ao risco, bem como do quanto essa idéia seria crítica para o futuro da organização.

Prontidão do mercado

Algumas grandes idéias podem soar excelentes e perfeitas para a empresa, mas o momento pode não ser adequado. Historicamente, muitas grandes idéias e produtos foram rejeitados porque o mercado não estava pronto para eles, e só tiveram sucesso mais tarde. Dessa forma, mesmo que a idéia tenha o potencial de agregar valor significativo a um mercado ou a um setor, ela pode ter poucas chances de sucesso se o mercado não estiver pronto para ela ou se ela não atender uma necessidade específica do cliente em um determinado momento. Para cada grande idéia, as equipes devem identificar os clientes relevantes e analisar o mercado.

Tempo de implementação

As equipes devem prever o tempo de implementação para cada grande idéia em termos do momento em que ela começará a gerar um fluxo de caixa para a empresa. Algumas grandes idéias levam anos para ser executadas; a idéia ainda terá um impacto tão grande quando estiver totalmente implementada? O cronograma é tão longo que esse projeto ou idéia pode se tornar extremamente arriscado? A empresa dispõe dos recursos necessários levando-se em conta o tempo de implementação? A organização pode esperar tanto tempo até que a idéia gere um fluxo de caixa positivo?

Passo 3: Priorizar a lista das grandes idéias

Agora que as equipes avaliaram cada grande idéia, elas estão prontas para criar uma lista final e priorizada de idéias (veja "Priorização para o futuro na Hewlett-Packard"). Para isso, as equipes devem observar o conjunto de fatores predefinidos e determinar quais são os mais importantes. Em muitos casos, contudo, cada grande idéia precisa ser analisada e avaliada individualmente, já que os diferentes critérios que devem ser abdicados em troca de outros têm de ser considerados com cautela. Dessa forma, diálogos e discussões devem ser conduzidos para priorizar a lista de grandes idéias.

Depois da criação de uma lista priorizada de grandes idéias, as equipes devem se preparar para apresentar as três a cinco melhores na reunião de integração do dia 60. Essas melhores idéias constituirão as bases para as recomendações que cada equipe de resposta rápida fará à EGE. Detalhes sobre o que deve ser apresentado são dados no final do capítulo, na seção intitulada "Reunião de integração do dia 60".

PRIORIZAÇÃO PARA O FUTURO NA HEWLETT-PACKARD

Para uma de suas grandes idéias, Mark Hurd estava analisando como o plano de crescimento seria desenvolvido. Para isso, a empresa coletou uma série de informações sobre vários fatores, como determinação de preços do produto e participação de mercado, a fim de ter uma idéia do ponto no qual a empresa se encontrava em relação ao mercado e a seus concorrentes. Com esses dados, coletados tanto interna quanto externamente, as equipes desenvolveram aproximadamente trezentas planilhas de informações e modelos.[11]

Para essa análise, a HP decidiu alavancar o crescimento com base em seus produtos de alto potencial já existentes. Esses produtos e áreas foram identificados e priorizados com base em análises meticulosas e aprofundadas. Como resultado, a HP identificou três áreas de pesquisa e desenvolvimento nas quais se concentraria no futuro: impressões digitais, computação móvel e software e equipamentos para uma nova geração de sistemas de dados corporativos.[12]

ANÁLISE DE DEFASAGEM

Agora que a empresa sabe onde está (como resultado da análise na fase 1) e tem uma idéia de para onde deseja ir (as grandes idéias desenvolvidas nesta fase), o próximo passo é a condução pelas equipes de resposta rápida de uma análise de defasagem (veja a Figura 5-4). Em outras palavras, as equipes devem responder às questões: Qual é a diferença entre a situação atual e a situação desejada? Quais medidas a equipe ou a organização pode tomar para reduzir essa diferença ou eliminar totalmente essa defasagem?

Uma análise de defasagem pode mostrar-se especialmente esclarecedora, com dados e informações quantitativas. As análises de defasagem mais comuns envolvem dados de receita ou vendas. Muitas vezes, o líder da transformação anuncia uma meta geral de receita ou vendas no início do esforço. Apesar de esse número inicial basear-se no conhecimento do líder da transforma-

FIGURA 5-4

Análise de defasagem

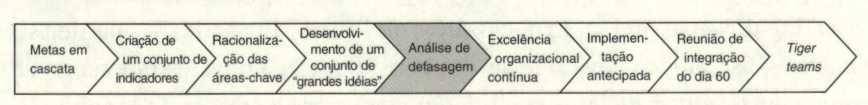

Metas em cascata › Criação de um conjunto de indicadores › Racionalização das áreas-chave › Desenvolvimento de um conjunto de "grandes idéias" › Análise de defasagem › Excelência organizacional contínua › Implementação antecipada › Reunião de integração do dia 60 › Tiger teams

ção em relação ao negócio naquele momento, novas informações reveladas durante o diagnóstico podem demandar o ajuste da meta inicial para que se mantenha realista e viável. Esses ajustes, contudo, devem ser feitos somente após uma análise de defasagem apropriada e quando a meta original mostrar-se absolutamente inviável, mesmo depois de a empresa se beneficiar das sinergias por toda a organização.

A análise de defasagem para receita ou vendas deve ser conduzida com a utilização simultânea de dois métodos: de cima para baixo e de baixo para cima. A análise de baixo para cima deve ser conduzida pela equipe de vendas (ou por uma coalizão dos executivos de vendas) e a análise de cima para baixo deve ser conduzida tanto pela equipe de marketing quanto pela equipe de estratégia (veja "Convergência da análise de defasagem em uma empresa de engenharia"). Ao utilizar dois métodos diferentes, as análises de defasagem resultarão em uma convergência ou uma divergência nos resultados finais. Números convergentes refletem uma meta altamente viável e realista, considerando que as premissas estejam corretas. Números divergentes, por outro lado, refletem premissas diferentes e requerem uma análise mais aprofundada. Essa análise posterior deve incluir uma discussão aprofundada dos níveis de confiança em relação às diferentes premissas, inputs e outputs (as metas). Isso pode revelar que as pessoas que conduziram a análise com a utilização de um método podem se sentir significativamente mais confiantes em relação à precisão de seus números do que a outra equipe, que utilizou o outro tipo de análise. Assim, os níveis relativos de confiança por trás dos diferentes números devem ser levados em consideração ao se fazerem os ajustes para a definição da meta geral final.

As análises de defasagem também podem ser conduzidas utilizando dados mais qualitativos. Mais especificamente, uma lacuna nas competências da organização deve ser avaliada, em muitas ocasiões pela equipe de excelência organizacional, paralelamente a outras análises de competência que estiverem sendo conduzidas. A equipe deve primeiramente avaliar a estrutura atual da organização e como ela sustenta a estratégia da empresa. Em seguida, ela deve analisar a nova estrutura e analisar formas de transformar a estrutura atual em uma nova estrutura. Em particular: Quais são as posições que a organização pode precisar acrescentar? Existem papéis-chave que têm de ser abordados primeiro? A organização apresenta lacunas de competências? Considerando os empregados atuais da organização, há níveis de expertise que ainda não foram atingidos, mas que serão necessários no futuro? Em todas as suas decisões e análises, as equipes devem levar em consideração a nova estratégia da empresa e desenvolver idéias que ajudarão a empresa a crescer no longo prazo.

> **CONVERGÊNCIA DA ANÁLISE DE DEFASAGEM EM UMA EMPRESA DE ENGENHARIA**
>
> Em uma empresa de semicondutores, o líder da transformação conduziu uma análise de defasagem das projeções de receita para os dois anos subseqüentes, concentrando-se no futuro mais próximo. Ele pediu que sua equipe de vendas conduzisse uma análise de baixo para cima e trabalhou com o marketing e a equipe de estratégia para conduzir uma análise de cima para baixo. Na análise de baixo para cima, a equipe utilizou informações e premissas dos níveis de base da empresa para definir a nova meta. Já na análise de cima para baixo, a equipe observou o setor e, em seguida, calculou a participação de mercado da organização em vários submercados do setor. Esses cálculos também resultaram em uma nova projeção de receita.
>
> É interessante notar que as duas equipes chegaram ao mesmo número, apesar de se basearem em premissas distintas. Ambas conduziram uma reunião e compararam resultados, premissas e cálculos, e descobriram que as diferenças resultaram de níveis distintos de confiança nos produtos atuais em comparação com os produtos futuros, bem como da crença das equipes na capacidade da empresa de gerar receita em diferentes localizações geográficas. Como resultado dessa análise de defasagem, o líder da transformação ajustou sua meta original de receita para o ano seguinte e enfatizou a importância de tentar se beneficiar das sinergias da organização, o que permitiria que a empresa superasse as duas estimativas.

Dessa forma, uma análise de defasagem desempenha várias funções. Por um lado, ela pode ser considerada uma verificação calculada da realidade. Ao longo do esforço de transformação, especialmente durante essa fase, a viabilidade das metas estará sendo reavaliada, e a situação, continuamente analisada. Por outro lado, uma análise de defasagem também proporciona tanto às equipes de resposta rápida quanto à organização uma idéia geral do que precisa ser feito para atingir a meta desejada, de acordo com a situação atual da empresa. Todas as equipes de resposta rápida devem conduzir uma análise de defasagem para esclarecer as disparidades entre as situações reais e as ideais, além de facilitar a exploração dos passos para mediar essa disparidade.

METAS EM CASCATA

Apesar de os resultados da racionalização, das grandes idéias e da análise de defasagem representarem importantes metas para a organização, essas metas são grandes e imponentes demais, não-administráveis e não muito úteis para promover comportamentos específicos nas equipes de resposta rápida. As metas de alto nível precisam ser decompostas pelas equipes de resposta rápida em metas apropriadas e atribuídas às equipes relevantes (veja a Figura 5-5). Por exemplo, decisões tomadas por meio do processo de racionalização podem ser segmentadas em metas de nível funcional e segmentadas ainda mais conforme o necessário. Desse modo, as decisões mais importantes são organizadas em cascata por toda a organização, representando metas administráveis e viáveis em todos os níveis (veja "Metas em cascata na Bay Networks").

METAS EM CASCATA NA BAY NETWORKS

Na Bay Networks, Dave House trabalhou com seus subordinados diretos para desenvolver um conjunto de metas corporativas. Quando essas metas foram definidas, ele solicitou aos subordinados diretos que as utilizassem para trabalhar com os membros de suas respectivas equipes a fim de criar as próprias metas e objetivos. Desse modo, o estabelecimento de metas atingiu até os níveis mais básicos da organização, com cada pessoa recebendo uma lista de cinco a dez metas mensuráveis a ser atingidas até o final do trimestre. Depois do desenvolvimento das metas, a execução passou por revisões mensais e avaliações trimestrais.

As metas em cascata em cada nível representam uma contribuição para as metas mais amplas. Neste nível, contudo, a meta pode não parecer um importante fator de contribuição. Quando todas as metas em cascata são combinadas, elas se desenvolvem até chegar à meta original de uma forma incrível, porque as várias metas alavancam umas às outras. Mais uma vez, vemos que o todo é maior do que a soma de suas partes.

Por exemplo, se uma empresa quiser aumentar as vendas de um produto específico, as diferentes funções por toda a empresa precisam coordenar

FIGURA 5-5

Metas em cascata

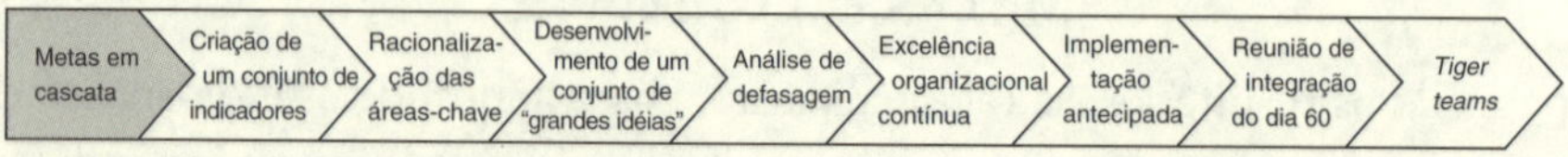

Metas em cascata > Criação de um conjunto de indicadores > Racionalização das áreas-chave > Desenvolvimento de um conjunto de "grandes idéias" > Análise de defasagem > Excelência organizacional contínua > Implementação antecipada > Reunião de integração do dia 60 > Tiger teams

as tarefas a fim de garantir que a meta seja atingida. O marketing talvez tenha de aumentar uma atividade específica voltada a um segmento de clientes com um produto específico e o desenvolvimento de produtos pode precisar investigar e identificar necessidades adicionais do usuário para ser projetadas e incorporadas no produto. Dessa forma, o marketing, o desenvolvimento de produtos e outras funções relevantes precisam cooperar e trabalhar ao mesmo tempo para atingir suas próprias metas, antes que a meta mais ampla para o aumento das vendas seja atingida. Contudo, outras funções, como recursos humanos, podem não precisar contribuir para essa meta específica.

Sempre que se decompõe algo em partes menores como um conjunto de tarefas, há o potencial de sobreposição. No caso das metas em cascata, as inúmeras interdependências entre as várias funções apresentam um potencial de conflitos e redundâncias entre as equipes e os membros da equipe. Para evitar e superar esses problemas potenciais, é preciso definir papéis e responsabilidades claros para cada equipe, com a ajuda e a orientação da EGE. O papel da EGE é certificar-se de que o conjunto finalizado de metas funcionais específicas e o plano de ação para cada equipe sejam coordenados com os das outras equipes. Além disso, a EGE precisa monitorar as diferentes metas e garantir que as metas em cascata estejam alinhadas com a meta e a visão mais ampla da empresa.

A segmentação da meta e da visão mais ampla em metas e ações mais concretas que sejam mais relevantes às equipes específicas também se relaciona a uma ferramenta chamada gestão por objetivos. Com as metas em escala menor, mais claras e mais administráveis, os pilotos das equipes devem trabalhar com os membros de suas respectivas equipes a fim de definir um conjunto específico de ações acompanhadas de prazos, para ajudar a equipe a atingir as metas. Os pilotos podem utilizar a lista de ações, ou objetivos, para acompanhar o progresso da equipe. Isso não apenas melhora a prestação de contas, como também melhora a comunicação entre os membros da equipe.

Ao desenvolver essas metas, os membros da equipe devem assegurar-se de que as metas sejam claras, específicas e facilmente compreendidas (veja "Objetivos claros na Telefónica de España"). As pessoas sentem-se mais motivadas para contribuir com uma meta quando ela é mais facilmente compreendida e visualizada, e a meta tem mais chances de ser atingida quando for entendida. Além disso, uma meta clara é mais fácil de mensurar, acompanhar e avaliar do que uma meta intrincada.

> **OBJETIVOS CLAROS NA TELEFÓNICA DE ESPAÑA**
>
> Julio Linares, presidente do conselho executivo da Telefónica de España, disse em uma ocasião: "Se o objetivo for claro, todas as pessoas têm uma boa visão do progresso realizado." Por exemplo, em 2000, durante a fase de planejamento de seu esforço de transformação, a Telefónica de España definiu um objetivo geral claro de atingir a marca de um milhão de assinantes de Asymmetric Digital Subscriber Line (ADSL)* até 2003. Como o objetivo era simples e claro, foi compreendido por todos.
>
> Além disso, era fácil acompanhar a execução a qualquer momento por toda a organização. Esse objetivo geral também foi segmentado em cascata para os vários níveis da organização, de modo que as diferentes funções sabiam e entendiam como poderiam contribuir para essa meta geral.[13]

Nesta fase, as metas em cascata são importantes para representar uma visão de alto nível em cada equipe, além da visão previamente definida.

CRIAÇÃO DE UM CONJUNTO DE INDICADORES

Uma vez que as equipes tenham desenvolvido metas funcionais, elas devem desenvolver um conjunto de indicadores para mensurar o progresso na direção dessas metas (veja a Figura 5-6). De forma similar às metas de referência desenvolvidas na fase anterior para mensurar o progresso em relação a um estado inicial, os indicadores desenvolvidos aqui visam identificar os critérios específicos com base nos quais o progresso será mensurado. Além disso, os tipos de indicadores utilizados dependem da equipe específica e das metas em cascata definidas. Por exemplo, algumas perguntas utilizadas para definir os principais indicadores incluem:

- Qual é o nível de liderança e o moral das equipes de resposta rápida?
- Qual porcentagem do trabalho cotidiano da organização não está sendo realizada devido à transformação?
- As equipes de resposta rápida estão executando o que foi combinado no início do esforço?

Nota da Tradutora: Tecnologia de comunicação que permite a transmissão de dados mais rápida através de linhas de telefone do que um modem convencional pode oferecer.

Indicadores como esses não somente ajudam a mensurar o progresso, como também enviam importantes mensagens, tanto positivas quanto negativas, à equipe. Ao monitorar de perto esses indicadores, as equipes não apenas conseguem identificar e remediar rapidamente os problemas relacionados às suas metas específicas, como também são as primeiras a vislumbrar as oportunidades futuras. Indicadores claramente definidos podem ajudar os negócios a reagir mais rapidamente às mudanças de seu ambiente.

Depois que tiverem desenvolvido um conjunto de indicadores, as equipes de resposta rápida devem definir com que freqüência esses indicadores serão monitorados. Por exemplo, os indicadores de fluxo de caixa podem demandar monitoramento diário, ao passo que a taxa de cobrança pode requerer monitoramento semanal. Além disso, as equipes devem elaborar planos para o modo como a análise desses indicadores será traduzida em ajuste e mudanças específicas na organização. Pelo fato de os indicadores fornecerem algumas informações importantes, a próxima pergunta lógica seria: O que faremos com as informações agora que as temos? Essas decisões requerem muita discussão e diálogo nas equipes, entre equipes e entre as equipes e a EGE.

FIGURA 5-6

Criação de um conjunto de indicadores

| Metas em cascata | Criação de um conjunto de indicadores | Racionalização das áreas-chave | Desenvolvimento de um conjunto de "grandes idéias" | Análise de defasagem | Excelência organizacional contínua | Implementação antecipada | Reunião de integração do dia 60 | Tiger teams |

EXCELÊNCIA ORGANIZACIONAL CONTÍNUA

Como foi feito na condução de verificações da realidade em relação a metas e objetivos estabelecidos, um conjunto de tarefas específicas à equipe de excelência organizacional – após a análise de defasagem de competências conduzida anteriormente – deve ser executado continuamente ao longo da fase 2. Apesar de não haver um momento específico no qual essas tarefas tenham de ser realizadas, elas devem ser concluídas até o final da fase. Exemplos dessas tarefas são (1) a definição dos novos valores para a organização, (2) o desenvolvimento da estrutura da nova organização, (3) contratação, (4) desenvolvimento de um programa de treinamento, (5) definição do processo de análise de desempenho, (6) desenvolvimento de pacotes de remuneração e (7) implementação de incentivos à equipe.

Muitas dessas áreas foram analisadas e diagnosticadas na fase 1. Neste ponto, a equipe de excelência organizacional deve utilizar a análise de defasagem para começar a criar uma visão voltada ao futuro. Embora todas as equipes de resposta rápida tenham de seguir um processo similar e utilizar sua análise de defasagem para definir os próximos passos da organização, dedicamos uma seção deste capítulo a esses elementos relacionados à excelência organizacional porque eles são generalizáveis para toda a organização e desempenham papel crítico no sucesso do esforço de transformação (veja a Figura 5-7).

FIGURA 5-7

Excelência organizacional contínua

| Metas em cascata | Criação de um conjunto de indicadores | Racionalização das áreas-chave | Desenvolvimento de um conjunto de "grandes idéias" | Análise de defasagem | Excelência organizacional contínua | Implementação antecipada | Reunião de integração do dia 60 | Tiger teams |

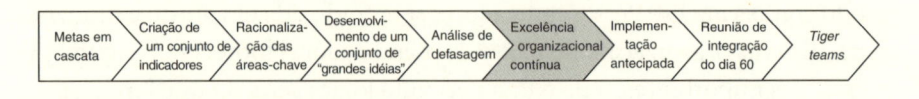

Definição dos novos valores para a organização

Durante a reunião de lançamento da fase 1, a equipe de transformação teve a oportunidade de desenvolver um conjunto de valores a serem seguidos durante e depois do esforço de transformação. Durante a fase 2, a equipe de excelência organizacional precisa analisar os valores e traduzi-los em termos compreensíveis e mensuráveis. Por exemplo, o trabalho em equipe é um valor adotado por muitas organizações. O que, contudo, constitui o trabalho em equipe? Como saber se um empregado sabe trabalhar bem em equipe? (Veja "Subvalores em uma empresa de engenharia" para um exemplo de como elaborar o trabalho em equipe.) Uma empresa que queira que seus empregados incorporem seus valores precisa explicar explicitamente os valores e dar alguns exemplos de ações para ilustrar essa aplicação, o que, por sua vez, permite que os empregados compreendam melhor os valores e, dessa forma, os incorporem. Nesta fase, portanto, a empresa não somente deve definir os valores, como também expandi-los, a fim de que se mostrem tangíveis e compreensíveis para os empregados. A maneira mais eficaz de identificar esses "subvalores" é por meio de discussões ativas, já que o desenvolvimento de valores é um processo repetitivo, que requer feedback de várias pessoas diferentes.

Algumas vezes, esses novos valores da organização influenciam diretamente a nova cultura que a equipe de excelência organizacional, além da equi-

> **SUBVALORES EM UMA EMPRESA DE ENGENHARIA**
>
> Uma empresa de engenharia identificou o trabalho em equipe como um de seus valores e definiu o seguinte conjunto de subvalores:
>
> - Trabalhar em equipe com respeito e confiança recíprocos.
> - Atingir as metas da equipe.
> - Alavancar as competências de todos os membros da equipe.
> - Descobrir formas de contribuir, aprender e apoiar.
> - Reconhecer e apoiar a pessoa responsável pela decisão final.

pe de transformação como um todo, está tentando promover. Essa nova cultura costuma estar diretamente relacionada à nova estratégia da empresa. Ao criar os valores, dessa forma, a empresa deve manter em mente a meta do esforço de transformação e a estratégia da nova organização. Os valores adotados pela organização devem ser uma representação tangível e concreta da cultura da empresa.

Desenvolvimento da estrutura da nova organização

No início da fase 2, a equipe de excelência organizacional deve começar a analisar a estrutura organizacional da empresa e as possíveis alternativas para a reestruturação, considerando os principais problemas identificados na fase 1. (Veja "A Hewlett-Packard aborda seus principais problemas".) Apesar de alguns pequenos ajustes e atualizações poderem ser aplicados à nova estrutura até seu lançamento oficial na reunião de integração do dia 90, após a fase 3, as principais mudanças devem ser definidas assim que possível, a fim de facilitar os outros processos e decisões, tanto no esforço de transformação quanto na organização. Por exemplo, a equipe de excelência organizacional da VeriSign observou que, se pudesse voltar no tempo e escolher um item para fazer de forma diferente, ela teria implementado a nova estrutura organizacional mais rapidamente, porque as decisões das outras equipes de resposta rápida dependiam da estrutura organizacional final da empresa.

Além de elaborar a nova estrutura organizacional, a equipe deve, neste ponto, definir posições específicas na nova estrutura, além de seus respectivos papéis. Apesar de ainda não haver necessidade de identificar os empregados específicos que exercerão esses papéis (isso será feito depois), a descrição de cargo e as responsabilidades para essas posições, especialmente as posições críticas, devem ser identificadas aqui.

Muitas vezes, a pergunta que a equipe de excelência organizacional deve responder em relação à nova estrutura é se a empresa deve voltar-se à centralização ou à descentralização. Por vezes, camadas de gestão são eliminadas totalmente, enquanto, em outras ocasiões, novas camadas e uma maior burocracia são acrescentadas. Embora tanto a centralização quanto a descentralização apresentem suas vantagens e desvantagens, dependendo das necessidades da empresa, o elemento mais importante a ser levado em consideração ao tomar

---

A HEWLETT-PACKARD ABORDA SEUS PRINCIPAIS PROBLEMAS

Um dos principais problemas que prejudicavam a eficiência e o atendimento ao cliente na HP era sua estrutura organizacional, particularmente sua estrutura comercial. Por exemplo, havia 11 camadas de gestão entre o CEO (Mark Hurd) e o cliente, e os representantes de vendas passavam um terço de seu tempo em tarefas administrativas, e não trabalhando com o cliente. Hurd também descobriu que, dos 17 mil empregados que trabalhavam nas vendas corporativas, somente dez mil vendiam diretamente aos clientes, enquanto os outros desempenhavam funções exclusivamente de suporte ou administrativas. Os clientes reclamavam que não sabiam quem contatar para falar sobre questões comerciais e os empregados reclamavam que era um grande sofrimento conseguir um orçamento ou uma amostra de produto para o cliente.

Para lidar com esses problemas, Hurd procurou revitalizar a força de vendas corporativa e, indiretamente, a estrutura organizacional da HP. Ao dispensar três camadas de gestão e demitir empregados com desempenho insatisfatório, a empresa reduziu a distância entre o CEO e o cliente corporativo a oito camadas. Para lidar com as reclamações dos clientes, a HP designou apenas um vendedor para cada um dos dois mil maiores clientes corporativos para atuar como a pessoa de contato com esse cliente. Para ajudar a focar os representantes de vendas, a HP reduziu o número de clientes pelos quais cada vendedor era responsável e reduziu o foco de produtos que cada pessoa venderia, o que ajudaria o vendedor a desenvolver um conhecimento específico sobre produtos e linhas de produtos específicos. Além disso, os vendedores foram alocados a unidades de negócio na nova estrutura organizacional, de modo que essas unidades de negócio poderiam controlar o processo de vendas. Ao reduzir a burocracia da empresa, a HP esperava dobrar a produtividade de sua força de vendas.[14]

essa decisão (além de outras decisões relativas à excelência organizacional) é seu alinhamento com a nova estratégia da empresa.

Em alguns casos, a organização pode descobrir que não são necessárias grandes mudanças para sustentar a nova estratégia. A estrutura organizacional atual é eficaz e deve ser mantida intacta, talvez apenas com alguns pequenos ajustes. Nesses casos, a tarefa mais importante é analisar a estrutura em um nível mais microscópico, analisando as principais posições e identificando os empregados que estão mais adequados a esses papéis.

Contratação

Com a implementação da nova estrutura organizacional (ou seu desenvolvimento), a equipe deve utilizar a defasagem de competências avaliada anteriormente. Com isso, a equipe precisa se assegurar de que as pessoas certas estão nas posições certas para conduzir a execução dos planos desenvolvidos no esforço dos 90 dias, além de desempenhar suas funções normais. Apesar de algumas vezes uma empresa ter muitas pessoas competentes, não é raro descobrir que os talentos certos não estão presentes. Ao abordar essa lacuna de competências, normalmente duas soluções são aplicáveis: contratar as pessoas necessárias para a função certa ou treinar o pessoal existente para que ele possa executar as funções ou tarefas necessárias. Nesta seção, examinaremos as questões de contratação.

A contratação na fase 2 tem duas metas distintas. Para começar, algumas contratações são imediatamente necessárias a fim de preencher lacunas críticas na organização. Em segundo lugar, a equipe de excelência organizacional também precisa se adiantar e tentar reduzir as lacunas da nova estrutura organizacional com as pessoas certas. Mais especificamente, as duas camadas superiores da organização devem ser preenchidas ao final desta fase, de modo que o processo de transferência de tarefas possa ter início na fase seguinte. Essas novas contratações são um reflexo direto da reorganização da empresa e, dessa forma, ainda não precisam ser anunciadas. Apesar de o processo de contratação ter início na fase 2, os seguintes itens devem ser concluídos até o final da fase:

- Contratação de pessoal para preencher lacunas críticas na organização, à medida que forem identificadas na análise de defasagem de competências.
- Alocação de empregados, gestores e executivos na nova estrutura organizacional. Ainda que não sejam realocadas todas as pessoas, as duas ca-

madas superiores da organização devem, no mínimo, ser definidas até o final da fase 2, de modo que o processo de transferência de tarefas possa ter início na fase 3.

A empresa deve, assim que possível, contratar os novos empregados para preencher as lacunas críticas de competências. A eficiência e a agilidade são necessárias porque essas novas contratações exercerão um papel importante no esforço de transformação, especialmente na implementação. Ao contratar essas pessoas antecipadamente, a organização proporciona aos novos empregados uma chance de desenvolver uma rede informal de relacionamentos, além de conhecer tanto a organização quanto o esforço de transformação. Além disso, como as novas contratações teoricamente contribuirão para o desenvolvimento das recomendações finais e dos planos de implementação (descritos no capítulo sobre a fase 3), elas terão mais chances de aderir aos novos planos se participarem de sua criação.

Ao mesmo tempo, contudo, apesar de haver um tempo limitado para contratar as pessoas visando preencher as lacunas críticas assim que possível, a organização não deve se contentar com novas contratações menos do que perfeitas. Se necessário, a empresa pode adiar a contratação até encontrar o candidato ideal. É função da equipe de excelência organizacional certificar-se de que as pessoas certas serão alocadas nas posições certas e que também serão capazes de acompanhar o processo se contratadas nos estágios finais da transformação. Assim, deve-se dedicar muito cuidado à definição das competências e aptidões necessárias a cada posição de gestão e ao recrutamento das pessoas certas. A equipe e o líder da transformação devem garantir que a qualidade do candidato não seja negligenciada em prol da velocidade da contratação.

Ao procurar o candidato apropriado, a empresa pode levar em consideração contratações internas ou externas, e cada uma dessas alternativas apresenta vantagens e desvantagens. Por um lado, sangue novo na organização agrega energia e um novo ponto de vista. Por outro, as novas contratações não necessariamente conhecem a cultura e a visão da organização e devem ser treinadas para acompanhar a velocidade já estabelecida. Ao preencher posições na nova organização, a empresa deve, em geral, começar procurando internamente oportunidades de realocação de pessoal antes de buscar contratações externas, para garantir que a organização utilize plenamente as aptidões e competências que já possui. Como argumentou Corrado Passera, o líder do esforço de transformação na Banca Intesa, "é um grande erro mudar as pessoas só pela mudança. Em qualquer organização, há um orgulho, uma cultura e um agregado de coisas que você precisa entender e respeitar antes de tentar uma mudança".[15] Na Banca Intesa, Passera recrutou colegas da organização na qual trabalhou anteriormente, a Poste, somente depois de se "certificar de que as competências e a experiência necessárias já não estavam disponíveis no banco".

A contratação é um processo muito variável e individualizado. Apesar disso, contudo, a meta é sempre a mesma: encontrar a pessoa certa para a função certa. A equipe pode estar tentando encontrar o candidato perfeito para uma lacuna atual ou para uma vaga futura, mas os membros da equipe devem sempre se certificar de que suas decisões estejam alinhadas com suas metas em cascata, as metas de transformação, as metas da empresa e a nova estratégia.

Desenvolvimento de um programa de treinamento

Além da contratação, a organização também pode desenvolver um programa de treinamento para lidar com a lacuna de competências identificada na análise de defasagem. Um programa de treinamento deve ser utilizado para treinar e desenvolver empregados para a posição à qual eles serão alocados, independentemente de serem novos na função ou não.

A equipe de excelência organizacional deve utilizar os resultados da análise de defasagem de competências para identificar as lacunas que um programa de treinamento pode preencher. Utilizando essas descobertas, a equipe pode elaborar a estrutura e o conteúdo de um programa de treinamento a fim de desenvolver as habilidades e competências necessárias, objetivando que os empregados tenham êxito em suas funções.

Os programas de treinamento desenvolvidos não precisam ser extremamente avançados ou elaborados. Em alguns casos, as lacunas de competência na empresa estão no nível mais básico. Por exemplo, como mencionamos no capítulo anterior, Dave House, da Bay Networks, descobriu que os problemas mais prementes da empresa estavam em seus fundamentos. Como resultado, House implementou programas de treinamento para lidar com essas habilidades básicas, como tomada de decisões, gerenciamento de conflitos, condução de reuniões eficazes e priorização de tarefas. Essas habilidades são obviamente relevantes a um público mais amplo do que, digamos, um curso focado em gerenciamento de projetos. Ambos os tipos de cursos e programas de treinamento são necessários para a empresa; portanto, devem ser desenvolvidos.

Os programas de treinamento, entretanto, não devem se concentrar somente nas necessidades imediatas da organização. Em vez disso, a equipe de excelência organizacional também deve prever as necessidades futuras. Por exemplo, o desenvolvimento de lideranças representa um importante programa de treinamento a ser implementado.

Os programas de treinamento não são estáticos ou congelados no tempo. O processo de desenvolvimento é contínuo, e os programas devem ser dinâmicos, variando de acordo com as necessidades em evolução da empresa. O desenvolvimento de programas de treinamento é um processo repetitivo que requer feedback constante e avaliação de sua eficácia. Mesmo após um programa eficaz ser estabelecido, ele terá de ser ajustado por várias razões, como, por exemplo, para acompanhar o crescimento e o desenvolvimento dos empregados como um todo.

Entretanto, os programas não variam somente de acordo com as mudanças na organização; eles também podem acionar e propagar a mudança. Os programas de treinamento são alavancas eficazes para a mudança, já que dão à empresa a oportunidade de internalizar certas aptidões, hábitos e comportamentos em sua cultura. A organização precisa conciliar esses papéis paradoxais dos programas de treinamento utilizando-os com diferentes finalidades, conforme for necessário.

Definição do processo de análise de desempenho

Com a nova estrutura organizacional identificada e os candidatos sendo avaliados, o próximo passo para a equipe de excelência organizacional é definir como os empregados e os executivos serão avaliados e analisados (veja "Análise de desempenho na Bay Networks"). Ao elaborar esse processo de análise de desempenho, a equipe deve primeiramente garantir a padronização por toda a empresa, a fim de se certificar de que o processo de análise de desempenho seja justo em relação a todos os empregados. Além de decidir as especificidades de como as pessoas serão avaliadas, a equipe de excelência organizacional precisa elaborar a documentação necessária para o processo, além de desenvolver e administrar o banco de dados que registrará e atualizará as informações. Dessa forma, a padronização se refere tanto ao processo quanto ao conteúdo das análises de desempenho.

O processo de análise de desempenho também deve ser alinhado com a nova estratégia da organização, como foi feito na Home Depot (veja "Padronização da análise de desempenho na Home Depot"). Além disso, é preciso levar em consideração o impacto das decisões na organização, já que a forma como os empregados são avaliados afeta suas ações, comportamentos e decisões. Por exemplo, se os empregados souberem que estão sendo avaliados de

> **ANÁLISE DE DESEMPENHO NA BAY NETWORKS**
>
> Na Bay Networks, House implementou um estilo único para conduzir as análises de desempenho. Ao final de cada ano, ele distribuía a seus subordinados diretos cópias de seus quatro últimos objetivos e metas trimestrais. Em seguida, ele e o empregado elaboravam outra análise de desempenho com as duas maiores realizações, os dois principais pontos fortes, duas áreas-chave a serem melhoradas e o que precisaria ser realizado no ano seguinte. Tanto House quanto o empregado entregavam a um representante dos recursos humanos suas revisões completas.

acordo com a aplicação dos valores da empresa, eles os incorporarão em seus comportamentos mais do que se não forem analisados com base nesse critério. Dessa forma, as decisões relativas à análise de desempenho mostram-se extremamente relevantes para o esforço de transformação e exercem uma função fundamental para o sucesso da implementação.

> **PADRONIZAÇÃO DA ANÁLISE DE DESEMPENHO NA HOME DEPOT**
>
> Em alinhamento com a nova estratégia e direcionamento da organização, a Home Depot padronizou seu processo de avaliação de empregados. Isso ajudou a criar uma cultura renovada, mais disciplinada e organizada, em contraste com a antiga cultura individual e independente da organização. Com isso, os 157 diferentes formulários de avaliação de empregados foram reduzidos a apenas dois. Além disso, todos os empregados, do CEO aos empregados de loja, recebem avaliações de 360 graus tanto por subordinados quanto por superiores com base em critérios idênticos. Essa classificação uniformizada de desempenho também ajuda a definir os salários dos empregados.[16]

Desenvolvimento de pacotes de remuneração

Depois da definição dos processos e critérios para a análise de desempenho, a equipe de excelência organizacional precisa desenvolver os pacotes de remuneração, pelo menos no nível mais amplo, tanto para cargos antigos quanto novos na nova estrutura organizacional. Em muitas ocasiões, os pacotes individuais de remuneração terão de ser identificados na condução das análises de desempenho, já que os pacotes dependem do resultado dos empregados nessas análises de desempenho. Entretanto, um método e um processo para definir pacotes de remuneração específicos devem ser elaborados neste ponto (veja "Pacotes de remuneração na Bay Networks").

Apesar de os pacotes individuais de remuneração não poderem ser identificados e generalizados para todos os empregados, o processo deve estipular diferentes faixas de planos de remuneração possíveis para empregados em diferentes posições na nova estrutura organizacional. Por exemplo, um empregado em determinada posição deve estar limitado a uma faixa limitada de pacotes de remuneração, de acordo com os papéis e responsabilidades previamente identificados.

Implementação de incentivos para a equipe

Apesar de a equipe de excelência organizacional precisar manter os olhos no futuro, ela não pode se esquecer do presente. No presente, os membros da equipe estão, na prática, trabalhando simultaneamente em dois empregos de expediente integral e, sem os incentivos apropriados, eles se desencorajarão e se ressentirão. As equipes de resposta rápida se empenham muito mais do que os esforços que lhes são normalmente exigidos e merecem ser reconhecidas.

Nesse contexto, a excelência organizacional tem a responsabilidade de identificar e implementar incentivos para a equipe (veja "Incentivos para as equipes na VeriSign"). Isso não somente reforça o que os membros da equipe estão fazendo, como também ajuda a impulsionar a equipe rumo a um futuro mais eficaz. A fase 2 é um bom momento para utilizar os incentivos porque as equipes estão a meio caminho do esforço dos 90 dias e costumam valorizar um empurrão a mais.

PACOTES DE REMUNERAÇÃO NA BAY NETWORKS

A fim de definir o pacote de remuneração para o empregado individual, House e o empregado se reuniam após a análise de desempenho com os dois documentos de análise de desempenho (veja a seção anterior sobre análise de desempenho) e conversavam sobre as semelhanças e diferenças entre eles. Com base nessa reunião, eles definiam o aumento salarial geral e as opções sobre ações futuras para o empregado.

INCENTIVOS PARA AS EQUIPES NA VERISIGN

Para motivar ainda mais sua equipe de transformação, a equipe gerencial executiva (EGE) na VeriSign reservou um orçamento exclusivamente para as equipes de resposta rápida. Para definir como o bônus seria distribuído, a EGE classificou cada membro da equipe de acordo com uma série de variáveis, incluindo criatividade e trabalho de colaboração da equipe e entre equipes. Os membros da equipe eram pagos de acordo com sua classificação e desempenho, e os bônus eram distribuídos no longo prazo, de acordo com os desempenhos mensurados em 90 dias, seis meses e um ano. Esses incentivos estimulavam os membros da equipe ao trabalho não somente com a própria equipe, mas também com as outras equipes.

ANTECIPAR A IMPLEMENTAÇÃO

A implementação começa oficialmente na conclusão da fase 3. Contudo, como mencionamos no capítulo de pré-transformação, é importante conquistar vitórias antecipadas a fim de criar condições favoráveis para o esforço de transformação e elevar o moral tanto da equipe de transformação quanto da equipe como um todo. Neste estágio, a implementação pode, e deve, ter início antecipado para determinados projetos considerados frutas nos galhos mais baixos (veja a Figura 5-8). A implementação dos fundamentos dessa fase preparará o terreno para a implementação dos planos e projetos futuros.

Por exemplo, dois elementos descritos na seção anterior podem constituir vitórias antecipadas implementáveis neste estágio. Primeiramente, a equipe de excelência organizacional deve ter definido e expandido os valores organizacionais. Uma vez que esses valores expandidos são finalizados e recebem a luz verde da EGE, do líder da transformação e do CEO da empresa, os valores podem ser apresentados para a organização como um todo. O líder da transformação pode trabalhar com seus executivos no sentido de compartilhar e explicar os novos valores corporativos aos empregados de toda a organização. Apesar de as

FIGURA 5-8

Antecipar a implementação

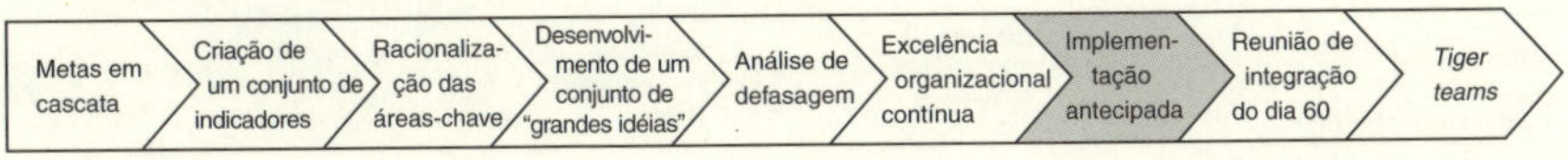

Metas em cascata › Criação de um conjunto de indicadores › Racionalização das áreas-chave › Desenvolvimento de um conjunto de "grandes idéias" › Análise de defasagem › Excelência organizacional contínua › Implementação antecipada › Reunião de integração do dia 60 › Tiger teams

análises de desempenho poderem não estar diretamente relacionadas aos valores, a apresentação antecipada desses valores no mínimo dá aos empregados tempo para internalizá-los e praticá-los em suas atividades cotidianas.

O segundo elemento da excelência organizacional que pode ser abordado antecipadamente na implementação inicial são os pilotos para os programas de treinamento. Isso é especialmente importante se a equipe considerar que a empresa não apresenta alguns desses fundamentos básicos, por exemplo, uma empresa que pesquisamos observou que as reuniões eram extremamente ineficazes e ineficientes e, portanto, muito custosas. Assim, ela decidiu desenvolver e lançar imediatamente um programa de treinamento para a condução de reuniões eficazes. Com isso, permitiu que os empregados aplicassem essas novas aptidões durante o esforço de transformação, o que facilitou o próprio esforço. Ao não esperar até a fase de implementação para executar esse novo programa de treinamento, a equipe poupou à empresa muito dinheiro e preparou o terreno para programas futuros de treinamento.

REUNIÃO DE INTEGRAÇÃO DO DIA 60

Da mesma forma que a conclusão da fase 1, o fechamento oficial da fase 2 é marcado por uma reunião de integração: a reunião de integração do dia 60 (veja a Figura 5-9). Essa reunião deve ser conduzida como a reunião do dia 30, apesar de o conteúdo ser diferente.

Nessa apresentação, cada equipe deve fazer o seguinte:

1. Reiterar o principais problemas identificados na fase 1, além de problemas adicionais descobertos durante a fase 2.
2. Apresentar entre três e cinco melhores idéias, incluindo os custos e os benefícios de cada uma, os riscos potenciais e as ações associadas, como as grandes idéias foram priorizadas e por que elas foram consideradas as recomendações mais importantes.

FIGURA 5-9

Reunião de integração do dia 60

| Metas em cascata | Criação de um conjunto de indicadores | Racionalização das áreas-chave | Desenvolvimento de um conjunto de "grandes idéias" | Análise de defasagem | Excelência organizacional contínua | Implementação antecipada | Reunião de integração do dia 60 | Tiger teams |

3. Apresentar soluções detalhadas de alto impacto para as frutas nos galhos mais baixos.
   Essas soluções devem incluir:
   — Quando a solução estará operacional.
   — Quem serão os responsáveis pela solução.
   — Como a empresa garantirá que ela será executada.
   — Como ela será mensurada e atualizada conforme o necessário.
   — Como ela impactará o plano ou a situação atual quando se tornar operacional.
   — Como a equipe assegurará a sustentabilidade da solução.
4. Apresentar planos detalhados para a fase 3 e planos abrangentes para depois da fase 3. Esses planos abrangentes podem estar relacionados às grandes idéias apresentadas anteriormente.

Como na fase 1, cada apresentação deve durar aproximadamente 30 minutos, e outros 30 minutos devem ser reservados a perguntas. Depois dessa reunião de integração, a EGE se reunirá para discutir sobre as grandes idéias apresentadas e dar às equipes a luz vermelha, amarela ou verde. As equipes com luz verde receberam a aprovação da EGE e podem prosseguir com suas idéias na fase seguinte. As idéias com luz amarela demandarão mais pesquisas e coleta de dados, enquanto as idéias com luz vermelha serão totalmente descartadas. Todas as decisões finais devem ser validadas pelo líder da transformação.

Ao tomar essas decisões, a EGE deve analisar todo o portfolio de grandes idéias. Elas não somente devem estar todas alinhadas com a nova estratégia da organização, mas, juntas, devem criar um portfolio de soluções e recomendações que não apenas lidarão com os principais problemas atuais da organização, como também prepararão a empresa para oportunidades futuras de crescimento. As empresas não podem simplesmente dizer: "Haverá um momento para a redução de custos e outro para o crescimento." Em vez disso, as duas tarefas precisam ser executadas simultaneamente, e o portfolio de grandes idéias oficialmente aprovado deve refletir as duplas necessidades da empresa.

TIGER TEAMS*

Em algumas ocasiões, durante as discussões, a equipe da transformação pode perceber que algumas áreas-chave não estão sendo abordadas em função das

---

*Nota da Tradutora: Nesse contexto, a expressão *tiger teams* se refere a uma equipe formada unicamente em resposta a uma situação ou problema específico.

estruturas específicas das equipes. Essa discussão pode ocorrer durante a reunião de integração do dia 60 ou antes disso. Lacunas específicas na análise podem ocorrer devido a sobreposições entre duas equipes, porque alguns aspectos não se encontram expressamente na área de atuação de qualquer equipe ou porque algumas áreas foram ignoradas ou totalmente esquecidas. Quando houver uma sobreposição entre as áreas de atuação de diferentes equipes de resposta rápida e nenhuma equipe estiver analisando a área relevante, o líder da transformação pode decidir delegar a área a uma determinada equipe ou criar uma nova equipe de resposta rápida para lidar com a lacuna (veja a Figura 5-10). Por exemplo, Ghosn acrescentou uma décima equipe quando a transformação estava a meio caminho para cobrir os custos e a eficiência dos investimentos da Nissan.[17]

FIGURA 5-10

Tiger teams

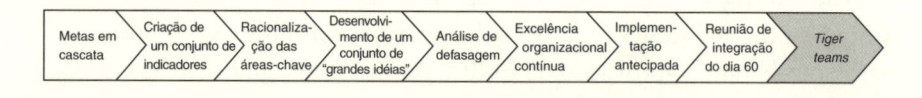

| Metas em cascata | Criação de um conjunto de indicadores | Racionalização das áreas-chave | Desenvolvimento de um conjunto de "grandes idéias" | Análise de defasagem | Excelência organizacional contínua | Implementação antecipada | Reunião de integração do dia 60 | *Tiger teams* |

Essas novas equipes, chamadas *tiger teams*, devem, preferencialmente, incluir membros já envolvidos no esforço de transformação e que apresentem expertise relevante, mas algumas vezes novos membros ou membros de subequipes podem ser solicitados a se unir a essas equipes. As *tiger teams* devem ser criadas a tempo para a fase 3 e devem começar com um diagnóstico de sua área.

CONCLUSÃO

Na fase anterior, as equipes de resposta rápida analisaram e diagnosticaram os principais problemas da organização. Nesta fase, as equipes racionalizaram e otimizaram seu portfolio de produtos e serviços e utilizaram a análise de defasagem para projeções de receita. As equipes também desenvolveram grandes idéias, que representaram recomendações compartilhadas com a EGE na reunião de integração do dia 60. Em alguns casos, novas equipes de resposta rápida, chamadas de *tiger teams*, precisam ser criadas para lidar com áreas que tenham sido previamente ignoradas ou negligenciadas.

Agora que as equipes já definiram as grandes idéias e conduziram uma análise de defasagem apropriada, devem levar suas grandes idéias para o próximo nível e criar planos de negócios e implementação. Na próxima fase, as equipes de resposta rápida elaborarão os detalhes de suas recomendações e verificarão os pormenores de sua área.

6

Fase 3

Pavimentando a estrada

Permita que seus planos sejam tão escuros e impenetráveis quanto a noite e, quando você se movimentar, caia como um relâmpago.
– Sun Tzu

Cada moeda tem dois lados e isso se faz especialmente verdadeiro quando analisamos a fase 3. Por um lado, a fase 3 representa a conclusão oficial do esforço de transformação de 90 dias. Por outro, representa o primeiro passo para a implementação, um novo início para a organização. Dessa forma, a fase 3 representa o momento decisivo entre o passado e o futuro, o começo e o fim.

Nesta fase, as equipes de resposta rápida devem primeiro ajustar os detalhes e seguir em frente até a conclusão do estágio de planejamento do esforço de transformação. Ao mesmo tempo, contudo, as equipes devem plantar as sementes e pavimentar o caminho para um esforço de implementação bem-sucedido. Ao criar os planos detalhados para o futuro, as equipes de resposta rápida devem ter em mente os problemas que conduziram a organização à situação atual que estão tentando mudar. Elas devem certificar-se de que tudo está alinhado, que os novos planos funcionarão e serão executados.

A fase 3 tem início com o planejamento da campanha externa de relações públicas (RP), se a organização decidir que deseja anunciar as mudanças para o público e para os investidores (veja a Figura 6-1). O planejamento dessa campanha será elaborado ao longo dessa fase e a campanha em si será oficialmente lançada no 91º dia, o que explicaremos mais adiante neste capítulo. Em

FIGURA 6-1

Visão geral do capítulo

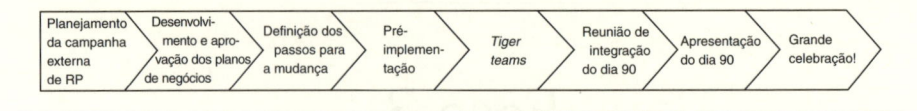

| Planejamento da campanha externa de RP | Desenvolvimento e aprovação dos planos de negócios | Definição dos passos para a mudança | Pré-implementação | Tiger teams | Reunião de integração do dia 90 | Apresentação do dia 90 | Grande celebração! |

virtude do fato de as recomendações continuarem a mudar e evoluir nesta fase, a campanha em si deve ser dinâmica e evoluir com as recomendações.

A primeira tarefa para as equipes individuais de resposta rápida é utilizar todas as grandes idéias que receberam a luz verde na fase anterior para desenvolver planos de negócios que envolvam a exploração de novos territórios, como a entrada em um novo mercado, a criação de um novo produto, o desenvolvimento de um novo serviço ou a aquisição de uma nova empresa. Esses planos de negócios devem ser solidamente embasados em extensas pesquisas sobre os mercados e a base de clientes e dispor dos recursos necessários para a sua execução.

Com o plano de negócios finalizado e aprovado pela EGE, as equipes de resposta rápida precisam definir os passos para a mudança, ou plano de implementação. Esses passos se aprofundam nos detalhes da implementação do plano de negócios, como quem será o responsável por quais tarefas e quando. Alguns passos para a mudança precisam ser elaborados para todas as grandes idéias que virão a ser implementadas, e não apenas para as que demandaram um plano de negócios. Todos os passos definidos pelas equipes de resposta rápida precisam ser integrados pelo *program management officer* (PMO) em um plano geral de implementação da transformação.

Ao longo desta fase, as *tiger teams* criadas na fase anterior estarão trabalhando a todo vapor para desenvolver recomendações apropriadas que devem ser apresentadas na reunião de integração do dia 90. Enquanto isso, todos os membros das equipes de resposta rápida também devem estar plantando as sementes para uma implementação bem-sucedida em seu trabalho de rotina. Isso pode ser feito, por exemplo, falando sobre a importância do esforço de transformação em conversas informais do dia-a-dia.

A reunião de integração do dia 90 marca a conclusão oficial do esforço de transformação de 90 dias. Depois disso, contudo, o líder da transformação ainda faz uma apresentação detalhando o esforço de transformação e o plano de implementação final da transformação para os empregados de toda a empresa. Nesta apresentação, a empresa toda finalmente é mobilizada para o esforço de transformação e preparada para a implementação. Antes de os membros da equipe de transformação darem esse primeiro passo, contudo, eles têm de tomar fôlego e celebrar suas realizações e progressos alcançados até então.

PLANEJAMENTO DA CAMPANHA EXTERNA DE RELAÇÕES PÚBLICAS

Como mencionamos no capítulo de pré-transformação, os detalhes do esforço de transformação e de seu progresso devem ser mantidos em confidencialidade e protegidos da imprensa e da mídia durante o processo. Agora que a organização está chegando ao fim da transformação de 90 dias, é ainda mais importante manter as informações confidenciais, já que qualquer vazamento pode ser muito desmoralizante para a empresa e devastador para o esforço de transformação. Com informações limitadas, o público pode tirar conclusões do pouco que sabe sem ter uma visão completa da situação em questão.

Por exemplo, a maioria dos planos de transformação inclui esforços de corte de custos, como demissões, mas decisões desse tipo podem ser facilmente mal interpretadas sem a explicação completa da logística das demissões, como a empresa planeja ajudar seus empregados a se recolocar no mercado ou como isso pode representar uma manobra benéfica no longo prazo. O corte de custos costuma ser apenas parte da história, com foco em solucionar os problemas da situação atual. As organizações que estão se transformando, contudo, também contam com estratégias de longo prazo que envolvem crescimento e oportunidades gerais melhoradas e maximizadas. Sem essa visão completa, críticas em relação a pontos específicos do esforço geram uma reação negativa contra a transformação e costumam levar a reações exageradas. Como o líder da transformação não tem a oportunidade de explicitar aspectos particulares do plano antes de submetidos a rumores do público, o esforço de transformação nunca recebe um julgamento justo e a organização precisará superar, desnecessariamente, mais barreiras à implementação e dificuldades para reconquistar a confiança do público.

Contudo, apesar de as informações ainda precisarem ser mantidas em estrita confidencialidade nesse ponto, isso não significa que este seja o caso por toda a vida da organização. Muitas vezes, uma organização deseja compartilhar com o público suas descobertas e as recomendações feitas durante a transformação depois da conclusão oficial do esforço e do momento em que a empresa passa para a fase de implementação. Além disso, ela pode desejar aumentar o comprometimento interno em relação às metas e aos planos, o que também pode ser obtido comunicando interna e externamente as metas e os planos do esforço. Para tanto, ela pode desejar lançar oficialmente uma campanha de RP ao final da fase 3, no que chamaremos de 91º dia.

Antes de tomar quaisquer decisões sobre a campanha de RP em termos do que e de como anunciar, os líderes do esforço de transformação e da organização como um todo devem decidir se querem de fato revelar o esforço de transformação ao público. Em alguns casos, a organização pode não querer revelar suas descobertas ao público em virtude dos efeitos potencialmente prejudiciais dessas informações. Por exemplo, se a empresa não for de capital aberto, divulgar os problemas da organização pode levar a reputação e imagem negativas. Além disso, um anúncio desse tipo pode fazer com que os clientes percam a confiança na empresa, apesar do fato de a organização estar tomando medidas para corrigir seus erros. Mesmo que a organização seja uma empresa de capital aberto, ela ainda pode desejar tomar muito cuidado com os detalhes do esforço que revelará ao público. Por exemplo, a organização pode desejar manter a exclusividade para os resultados de sua análise e as grandes idéias resultantes do processo a fim de conquistar uma vantagem competitiva.

Se a organização decidir que não quer revelar detalhes ou partes do esforço de transformação ao público, deve começar a planejar nesta fase a campanha de RP (veja a Figura 6-2), devido à logística e à necessidade de coordenação entre os diferentes fatores. Desde o anúncio oficial do esforço de transformação na pré-transformação, o público pode não ter recebido mais do que vislumbres ocasionais do esforço e de seu progresso. A campanha de RP finalmente proporciona ao público, inclusive aos clientes e investidores, a oportunidade de avaliar o progresso que a empresa realizou e ver o novo direcionamento da organização. A campanha de RP deve envolver especialmente os analistas, já que esta será a primeira vez que eles serão expostos ao plano de transformação.

Considerando o número de partes interessadas que serão atingidas pela campanha de RP, a organização deve certificar-se de comunicar uma visão justa e holística do esforço de transformação e as conclusões e recomendações resultantes dela. Apesar de não poder entrar imediatamente no barco da transformação, o público pode, no mínimo, obter da campanha de RP uma nova compreensão da organização e saber o que foi feito na empresa antes, durante e depois do esforço de 90 dias.

Metas da campanha de relações públicas

Uma das metas da campanha de RP é recuperar a crença do público na empresa. Assim, o líder da transformação deve elaborar com cuidado uma mensa-

FIGURA 6-2

Planejamento da campanha externa de RP

| Planejamento da campanha externa de RP | Desenvolvimento e aprovação dos planos de negócios | Definição dos passos para a mudança | Pré-implementação | Tiger teams | Reunião de integração do dia 90 | Apresentação do dia 90 | Grande celebração! |

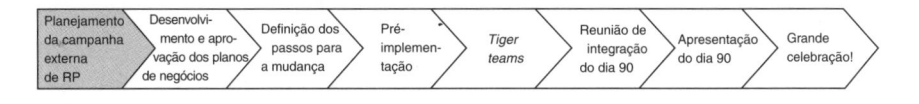

gem que será transmitida aberta e francamente. Essa mensagem, contudo, mudará ao longo de um processo contínuo durante a fase 3, em função das enormes mudanças pelas quais as idéias e as recomendações passarão à medida que forem finalizadas nesta fase. Considerando o tempo e o esforço dedicados ao desenvolvimento de uma mensagem que incorpore o esforço de transformação, essa mensagem também deve ser utilizada na campanha interna de RP, que é salientada na apresentação do dia 90 (discutida mais adiante).

Ainda que a essência da mensagem deva ser a mesma tanto para as campanhas internas quanto externas de RP, as metas comunicadas internamente devem ser mais ambiciosas do que as anunciadas externamente. É muito importante que a empresa atinja suas metas publicamente divulgadas, porque isso é feito em um momento crítico no qual a organização está tentando se consolidar. Metas não-atingidas e desempenho insatisfatório neste momento terão efeitos devastadores na empresa e comunicarão ao público que a organização ainda não está bem, fazendo com que sua confiança seja abalada. Dessa forma, ao seguir o lema "Prometa menos, entregue mais", a empresa se permite mais espaço de manobra e flexibilidade no caso do surgimento de obstáculos imprevistos, minimizando, assim, a possibilidade de arruinar sua nova imagem e reputação.

Outra meta da campanha externa de RP deve ser comunicar ao público a nova imagem da marca, incluindo novos produtos e mercados nos quais a empresa planeja entrar, com a meta de recuperar a confiança do público na empresa. Dessa forma, o branding e o rebranding são importantes facetas da campanha externa de RP. Contudo, o branding demanda tempo, e a campanha de RP é somente o primeiro passo. De acordo com o líder da transformação da Nissan, Carlos Ghosn, somente depois que a empresa inteira se orientar plenamente na direção do ideal definido é que terá uma imagem de marca por meio da qual o público poderá formar uma imagem desse ideal, percebê-la e refleti-la de volta à empresa.[1] Dessa forma, para ser eficaz, a imagem e as metas transmitidas devem estar de acordo com as estratégias e ações da empresa (veja "Uma mensagem de unidade na VeriSign"). Não basta comunicar uma mensagem internamente; uma empresa deve se alinhar totalmente com a mensagem em todos os aspectos, ou a integridade da mensagem será questionada (veja "Alinhamento da mensagem na IBM").

O planejamento de uma campanha de RP envolve vários passos. Não analisaremos a maioria desses itens em profundidade, mas o processo deve pare-

---

UMA MENSAGEM DE UNIDADE NA VERISIGN

Como parte da nova estratégia de mercado da VeriSign, a empresa decidiu integrar todas as organizações que herdou em uma única entidade, o que foi formalmente comunicado pela VeriSign aos clientes e acionistas externos no primeiro trimestre de 2004. Esse anúncio oficial divulgava não somente as novas soluções resultantes dessa integração, mas também as novas ofertas de produto da VeriSign. Além disso, essa mensagem da importância da integração para a nova estratégia de mercado da VeriSign foi claramente evidenciada no nível de recursos e empenho que a empresa dedicou ao esforço. Como resultado, uma mensagem consistente foi claramente comunicada e mais facilmente compreendida e aceita por seu público-alvo.

ALINHAMENTO DA MENSAGEM NA IBM

Uma das principais metas do esforço de transformação da IBM foi criar uma cultura de unidade. Internamente, a mensagem de unidade foi comunicada de maneira eficaz durante todo o esforço de transformação, tanto verbal quanto não-verbalmente. Entretanto, a mensagem comunicada ao público externo não foi tão clara assim. Depois de pesquisar o branding da IBM, a executiva de marketing Abby Kohnstamm descobriu que a mensagem de marca da empresa variava muito e era completamente confusa em função de sua estrutura descentralizada. Como cada gerente de produto contratava a própria agência de publicidade, a IBM estava trabalhando com setenta agências, o que levava a uma ampla variedade de mensagens e nenhuma declaração clara ou consistente. Como resultado, a cultura interna da unidade não estava sendo comunicada externamente. Dessa forma, Kohnstamm unificou todas as mensagens de marca da IBM e concentrou todos os esforços de propaganda em uma única agência. Isso levou a uma nova campanha publicitária que comunicava claramente a importante mensagem de que, embora a IBM fosse uma empresa global, ela estava criando soluções integradas e abrangentes por meio da cultura da unidade.[2]

cer lógico e intuitivo. Nas seções a seguir, voltaremos nosso foco à mensagem da campanha e às várias mídias de comunicação. Os passos são:

1. *Definir um orçamento de alto nível.* A quantia relativa depende da importância que a empresa atribui à compreensão do esforço de transformação pelo público externo.
2. *Identificar o público-alvo.* A empresa pode desejar se comunicar com investidores, acionistas, clientes, fornecedores e assim por diante.
3. *Elaborar a mensagem da campanha.* Qual é a mensagem que a empresa deseja comunicar? Ela é simples, fácil de comunicar e fácil de entender?
4. *Definir a mídia de comunicação apropriada.* Exemplos incluem mídia tradicional, comunicados à imprensa, cobertura em jornais e eventos itinerantes.
5. *Alocar o orçamento adequado.* Dependendo do público-alvo e dos veículos de divulgação escolhidos, é possível definir como alocar o orçamento geral a cada uma dessas atividades individuais de marketing.
6. *Desenvolver um plano de divulgação.* Para cada atividade de marketing, desenvolva um plano de execução e comunique esse plano a todas as pessoas envolvidas na divulgação. Assegure-se de que os papéis e responsabilidades estejam claramente definidos e que cada atividade de marketing receba recursos adequados. Além disso, o plano deve ser sustentável ao longo de um determinado período e o negócio deve receber os recursos necessários para que o plano seja lançado paralelamente com outros esforços de marketing.
7. *Mensurar os resultados.* A organização deve elaborar um sistema para mensurar os resultados dessas atividades de marketing, como preço das ações ou número de novos clientes, de modo que os benefícios possam ser posteriormente comparados com o custo dessas atividades.

Mensagem da campanha

Até este ponto, discutimos as metas da campanha de RP e o conteúdo mais amplo que deve ser divulgado, como uma visão holística da empresa e do esforço de transformação. Falamos sobre a importância de elaborar uma mensagem que incorpore o esforço de transformação, mas exatamente o que essa mensagem deve abranger? Uma campanha de RP completa deve incluir os seguintes aspectos:

- explicação da transformação;
- principais conclusões;
- principais recomendações;
- nova organização;
- expressão de confiança.

Ainda mais importante que o conteúdo em si, a campanha deve integrar esses aspectos em uma mensagem geral que seja coerente. Dessa forma, todos esses aspectos devem se relacionar e se alinhar com a nova estratégia da organização.

Explicação da transformação

Antes de o líder da transformação começar a discorrer sobre o que vem acontecendo nos últimos três meses, ele deve explicar o histórico do esforço de transformação, ilustrar por que a transformação foi necessária e proporcionar uma visão geral do que a equipe de transformação vivenciou durante os 90 dias do esforço. O que diferenciou esta transformação das outras revitalizações que a organização tentou implementar no passado? Por que este esforço será bem-sucedido e eficaz?

Principais conclusões

Antes de prosseguir, o líder da transformação deve explicar a nova visão corporativa que resultou do esforço de transformação. Ela deve ser a visão motivacional, e não a visão estratégica, que será divulgada mais tarde.

Depois disso, ele pode descrever e explicar as principais conclusões da fase de diagnóstico da transformação. Quais foram as principais questões identificadas pelas equipes? O que foi particularmente surpreendente ou esclarecedor? Quais eram os principais problemas que afligiam a empresa? O líder da transformação pode aproveitar essa oportunidade para salientar a distinção entre os sintomas e as causas fundamentais.

Essas informações podem ser as mais difíceis de compartilhar pelo líder da transformação e podem até mesmo soar contraditórias, considerando as metas da organização de criar uma nova imagem de marca e recuperar a confiança do público. Entretanto, ser sincero em relação às fraquezas da empresa restaura a crença do público, já que indica que a empresa planeja solucionar os problemas. Tentar mascarar as questões e esconder os problemas só aumentará as suspeitas em relação aos problemas da empresa e a desconfiança entre os investidores e clientes externos. Ao falar franca e abertamente sobre os problemas, o líder da transformação está criando uma transparência que é extremamente reconfortante para o público.

Apesar de ser natural querer mostrar só o lado bom, é mais do que justo que a empresa e os investidores tenham uma visão equilibrada e mais realista. Dessa forma, além de confrontar os problemas da organização, o líder da transformação também deve divulgar ao público os pontos fortes da empresa. Quais aspectos estavam indo bem, dentre todos os problemas que a empresa enfrentava? Quais pontos fortes a empresa pode alavancar por meio da transformação? Por que a empresa tem o potencial de ser a melhor do setor?

Independentemente de como forças e fraquezas são organizadas, o mais importante é mostrar-se aberto, franco e direto na divulgação das questões. Se a organização não tiver a coragem de enfrentar e atacar seus problemas, o que fará o público pensar que ela tem a capacidade de superar os obstáculos e melhorar sua situação?

Principais recomendações

Com os problemas expostos para ser analisados e avaliados por todos, a próxima etapa é o líder da transformação explicar os passos que a organização planeja seguir para lidar com eles. Conhecer os problemas só é útil quando você planeja solucioná-los, e as informações são úteis somente se forem necessárias e aplicadas.

Antes de tudo, porém, a empresa precisa explicar a nova estratégia que orientará seu direcionamento futuro. Pelo fato de se tratar da meta e da visão mais amplas com as quais os outros aspectos serão alinhados, o líder da transformação deve explicá-las clara e diretamente. Para se certificar de que as pessoas compreendam a lógica por trás da nova estratégia, ele também deve explicar como essa nova estratégia foi elaborada e justificar a razão pela qual ela será eficaz. Além disso, o líder da transformação deve informar as metas quantitativas do esforço de transformação, bem como algumas metas em cascata mais abrangentes, conforme se fizer necessário.

Depois de esclarecer a estratégia, as recomendações farão mais sentido. Ao explicar as recomendações das equipes, o líder da transformação deve voltar-se a uma visão mais abrangente do plano geral de implementação (descrito mais adiante neste capítulo), abordando algumas das grandes idéias desenvolvidas na fase anterior, que podem incluir novos produtos e serviços ou planos para uma aquisição ou parceria. As recomendações objetivas devem ser apresentadas em conjunto com o modo como a empresa pretende solucionar os problemas da empresa e como a organização se certificará de que a implementação será executada sem percalços. Como as mudanças serão sustentadas? Por que essas recomendações foram escolhidas? Que valor esses produtos, serviços ou idéias agregam à organização e a seus clientes?

É importante escolher recomendações que representem um equilíbrio entre o presente e o futuro para criar uma visão holística da transformação. Esforços de cortes de custos podem ser chocantes e desmoralizantes, especialmente se incluírem demissões. Entretanto, recomendações que abordam a situação atual da empresa precisam ser contrabalançadas com decisões que afetam as oportunidades de crescimento futuro da empresa, como investimentos em pesquisa e desenvolvimento. Além disso, pelo fato de a empresa haver passado por um abrangente processo de transformação, as recomendações divulgadas devem refletir as várias funções, apesar de elas poderem se concentrar mais em determinadas funções, em caso de necessidade.

Esta é uma oportunidade de proporcionar ao público uma visão holística do esforço de transformação e das recomendações desenvolvidas. O líder da transformação deve se certificar de que essa visão faz justiça ao esforço e à organização.

Nova organização

O líder da transformação também pode escolher anunciar, na campanha de RP, a nova organização, desenvolvida na fase 2. Naturalmente, somente as principais mudanças devem ser mencionadas, como a nova estrutura ou a reestruturação do nível executivo. Por exemplo, a campanha externa de RP da Nissan explicou que a equipe de transformação uniu as posições de executivos seniores redundantes na estrutura global.[3] Essas mudanças especialmente relevantes à nova estratégia, como a centralização ou a descentralização, devem ser explicadas e justificadas.

Expressão de confiança

O líder da transformação deve tomar algumas providências para recuperar a confiança do público. Por que o público deveria acreditar em você? Ele pode fazer isso explicando novamente por que o esforço terá sucesso e como as mudanças serão sustentadas. Pode demonstrar que a empresa realmente investiu em seu crescimento. Pode dar alguns exemplos de vitórias antecipadas e utilizar ações e resultados para demonstrar o progresso que a empresa já obteve. E, em alguns casos, pode até recorrer a afirmações ousadas e ultimatos dramáticos (veja "O ultimato de Ghosn na Nissan").

> **O ULTIMATO DE GHOSN NA NISSAN**
>
> No dia 18 de outubro de 1999, Carlos Ghosn subiu ao palco para revelar o Plano de Revitalização da Nissan, ao qual muitos empregados dedicaram tempo e empenho pelos últimos três meses. Esse tão esperado anúncio público resumiu o plano de implementação em três principais metas para a Nissan: (1) recuperar a lucratividade no ano fiscal de 2000, (2) atingir uma margem de lucro em excesso de 4,5% das vendas até o ano fiscal de 2002 e (3) reduzir 50% no nível atual de dívida até 2002. Apesar de esses anúncios não causarem nenhuma surpresa aos empregados, sua próxima declaração chocou a empresa: Ghosn anunciou que ele e seu comitê executivo pediriam demissão se qualquer uma das metas mencionadas não fosse atingida no prazo e no nível determinados. O mais surpreendente foi que ele deu esse ultimato ousado sem ao menos consultar seus executivos. Entretanto, o comprometimento de Ghosn com o esforço de transformação da Nissan e sua determinação ajudaram a recuperar a confiança do público na empresa, comprovando a nova cultura baseada no desempenho da Nissan e reforçando a prestação de contas.[4]

Mídias de comunicação

A maioria das campanhas externas de RP é lançada com uma apresentação pelo líder da transformação com uma ampla cobertura da mídia. Contudo, a campanha também pode ser comunicada por várias mídias, incluindo eventos itinerantes voltados ao público externo, comunicados à imprensa, reuniões, anúncios em publicações de negócios e aparições na mídia.

Ao comunicar essa nova mensagem, o público-alvo deve ser mantido em mente. Mais especificamente, o público-alvo pode não falar a mesma língua que os empregados, especialmente no que se refere a terminologias, jargões, processos, ferramentas e estratégias. Assim, ao elaborar uma mensagem externa, a linguagem utilizada deve ser compreendida pelos clientes, investidores e público geral. Simplicidade e clareza são fundamentais.

Além disso, a mídia de comunicação deve ser selecionada de acordo com o público. Por exemplo, se a base de clientes e o público mostraram-se extremamente experientes em termos de tecnologia, pode fazer sentido para a organização utilizar blogs e anúncios on-line. Apesar de uma organização poder gastar uma pequena fortuna na mídia de comunicação, a chave é encontrar o modo mais eficaz de atingir o público relevante. Da mesma forma como ocorre na propaganda, mensagens customizadas são mais eficazes do

> **REBRANDING NA APPLE**
>
> Quando entrou na Apple, em 1997, Steve Jobs identificou que um importante ativo subutilizado da empresa era a sua marca. Com isso em vista, Jobs buscou fortalecer a marca por meio de uma campanha de rebranding que divulgava importantes aspectos da transformação da empresa. No final de 1997, a Apple lançou a campanha "Pense diferente", com um comercial na televisão, seguido por anúncios na imprensa, na televisão, em pôsteres, outdoors e cartazes para os vários produtos da Apple. Nessa campanha, a Apple utilizou uma série de diferentes mídias de comunicação para renovar e revigorar sua marca enfraquecida e enfatizar a criatividade.

que uma mensagem direcionada às massas. Seria impraticável tentar atingir todas as pessoas, de modo que a organização deve tentar atingir somente as pessoas certas.

Essa campanha externa de RP não deveria ser considerada uma campanha isolada (veja "Rebranding na Apple"). Apesar de a apresentação inicial ser fundamental para comunicar a mensagem essencial e conquistar o apoio e a adesão de investidores e clientes externos, na verdade, uma campanha externa de RP consiste em uma série de comunicações por meio de diferentes mídias, que se estende muito além do 91º dia. Por exemplo, notas técnicas constituem um importante meio de comunicar o plano geral de implementação da transformação e podem ser divulgadas no site da empresa no 91º dia, com o lançamento da campanha externa de RP. Apesar de esses estágios posteriores da comunicação serem de difícil planejamento neste ponto, a empresa e o líder da transformação devem estar preparados para esses esforços futuros de campanha, já que isso consumirá tempo e recursos da empresa.

O líder da transformação deve estar preparado para receber as críticas e o ceticismo do público na principal apresentação em entrevistas subseqüentes na mídia. Afinal, a meta do esforço de transformação foi melhorar o desempenho, e a organização provavelmente prometeu executar uma série de planos no passado que nunca foram entregues. Esse ceticismo pode perdurar por algum tempo e o líder da transformação deve estar preparado para administrá-lo. De acordo com Corrado Passera, o líder da transformação da Banca Intesa, "não se pode esperar que as pessoas mudem de idéia até ter alguns fatos para persuadi-las, o que demonstrará que você cumpre suas promessas".[5] A chave é ter paciência, já que o público normalmente precisa "ver para crer".

DESENVOLVIMENTO E APROVAÇÃO DOS PLANOS DE NEGÓCIOS

As equipes de resposta rápida que apresentaram grandes idéias ou recomendações envolvendo a entrada em novos mercados ou o desenvolvimento de novos produtos precisam desenvolver um plano de negócios para avaliar a viabilidade dessas idéias (veja a Figura 6-3). Um único plano de negócios deve ser elaborado para cada grande idéia – dessa forma, o plano deve ser orientado ao portfolio, e não ao produto.

O plano de negócios desempenha o importante papel de incorporar uma verificação para a solução proposta, forçando a equipe a desenvolver um pensamento crítico em relação à recomendação e desafiar a viabilidade e a desejabilidade do plano. Uma idéia que não consegue ter um plano de negócios aprovado levanta uma bandeira vermelha e sinaliza à equipe que há algo de errado, ou na solução proposta ou na abordagem à solução. A recomendação não pode ter continuidade até o plano de negócios ser aprovado.

Além disso, neste estágio, um sólido plano de negócios é importante para obter o financiamento necessário ao projeto. Um plano de negócios que desenvolve um bom embasamento para o projeto tem mais chances de receber uma alta prioridade e o financiamento necessário à sua execução. Planos de negócios mal elaborados levam a equipe de volta ao estágio de planejamento, forçando-a a repensar a solução e os aspectos financeiros do projeto. Dessa forma, um bom plano de negócios justifica o investimento no projeto e prioriza a solução, explicando claramente o valor agregado.

Pelo fato de um plano de negócios ser baseado em uma grande idéia para criar novos produtos, entrar em novos mercados, fazer uma aquisição e assim por diante, ele se fundamenta em uma megatendência identificada pela empresa. Vista de um ponto de vista diferente, essa megatendência justifica esse determinado plano de negócios. Por exemplo, uma empresa de telecomunicações pode desejar adquirir uma empresa de prestação de serviços relacionados à Internet por achar que a Internet é o negócio do futuro e esse será um bom acréscimo para as suas

FIGURA 6-3

Desenvolvimento e aprovação dos planos de negócios

| Planejamento da campanha externa de RP | Desenvolvimento e aprovação dos planos de negócios | Definição dos passos para a mudança | Pré-implementação | Tiger teams | Reunião de integração do dia 90 | Apresentação do dia 90 | Grande celebração! |

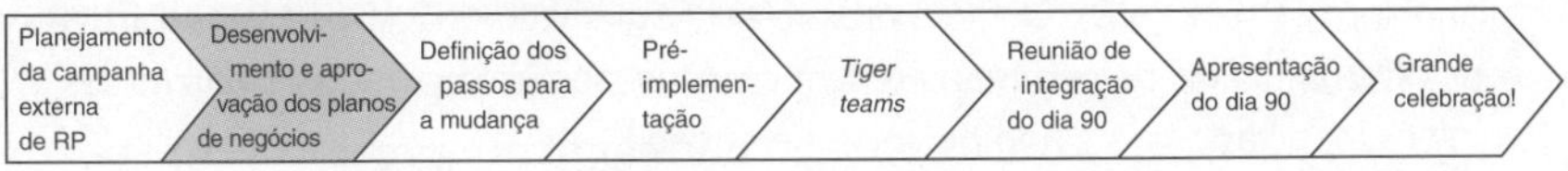

ofertas em telecomunicações. O plano de negócios e as grandes idéias, portanto, se baseiam em uma convicção sobre as megatendências. A empresa deve estar convencida das megatendências antes de criar um plano de negócios.

Definição do plano de negócios

Um plano de negócios é, no nível mais genérico, um plano que detalha por escrito o que a empresa planeja realizar e como isso será feito. Trata-se de uma lista de passos para o projeto e informa não somente aonde o projeto ou negócio planeja ir, mas como espera chegar lá. Nesse sentido, ele se assemelha à visão estratégica, mas um plano de negócios é, na verdade, mais específico e detalha importantes aspectos da execução do projeto e da implementação das soluções.

Apesar de haver diferentes pontos de vista em relação ao escopo ideal de um plano de negócios, todos os planos responderão às mesmas questões essenciais (veja "Questões típicas respondidas pelos planos de negócios"). Na próxima seção, descreveremos as seções de um plano de negócios com mais profundidade.

QUESTÕES TÍPICAS RESPONDIDAS PELOS PLANOS DE NEGÓCIOS

O quê? Qual é o problema? Qual é a solução ou plano e como isso soluciona o problema? Qual é o objetivo do projeto? Que resultados esperamos do projeto? O que isso pode agregar à empresa? Quais são os riscos e incertezas da solução?

Por quê? Por que este plano é necessário? Por que é a melhor solução possível? Por que deveríamos alocar recursos a este projeto? Por que deveríamos correr os riscos envolvidos na execução deste projeto?

Quando? Quando esta solução será implementada? Quanto tempo levará para implementá-la? Qual é o cronograma para o projeto? Quanto tempo levará para atingirmos o ponto de equilíbrio?

Quem? Quem é o público-alvo para o projeto? Quem compõe nosso mercado? Quem são nossos clientes? Quais são os nossos concorrentes? Quem será o responsável pela execução do plano? Quem administrará ou supervisionará o projeto? Quantas pessoas precisarão ser envolvidas no projeto? Quem exercerá as funções de apoio?

Como? Como atingiremos nosso objetivo e implementaremos a solução? Como financiaremos o projeto? Como o projeto será administrado? (*Observação*: Este "como" é um como de alto nível em termos de implementação – os detalhes devem ser reservados ao plano de implementação.)

Desenvolvimento do plano de negócios

Pelo fato de se mostrarem fundamentais na avaliação e priorização dos projetos, todos os planos de negócios desenvolvidos pelas equipes interdepartamentais devem seguir um modelo padronizado para permitir comparações entre os projetos. Para isso, a EGE deve desenvolver um modelo de plano de negócios para ser utilizado pelas equipes, da mesma forma que desenvolveu um modelo para as apresentações das reuniões de integração. Esse modelo é simplesmente uma estrutura conceitual com base na qual as equipes elaboram e explicam seus projetos. É importante notar que as equipes devem saber quais seções devem ser expandidas ou mesmo cortadas, dependendo da solução. Apesar dessas alterações, contudo, o formato básico do plano de negócios deve permanecer o mesmo. Por outro lado, esses elementos básicos não são totalmente abrangentes, e outras seções podem ser acrescentadas se necessário. (Veja "Plano de negócios em poucas palavras" para elementos típicos de um plano de negócios.)

PLANO DE NEGÓCIOS EM POUCAS PALAVRAS

- Sumário executivo (um resumo de todo o plano de negócios, enfatizando suas principais partes; elaborado depois de todas as outras partes serem concluídas e limitado a duas páginas)
- Descrição do problema/oportunidade
- Arquitetura/definição do produto
- Segmentação de mercado, tamanho do mercado e previsão de mercado
- Canais de vendas/plano de vendas
- Plano de desenvolvimento de produto/plano operacional
- Operações financeiras/lucros e perdas/modelo de negócios
- Riscos/mitigação
- Plano de financiamento, retorno sobre o investimento esperado, estrutura de capital

Observação: Um plano de negócios elaborado para uma aquisição terá seções diferentes. Ele deve incluir várias análises, por exemplo, como a aquisição se encaixa na estratégia existente da empresa (isto é, se ela trará novos clientes, tecnologia, recursos, expertise), planos para a integração das duas empresas (em termos culturais, estratégicos, logísticos e assim por diante), como um retorno sobre o investimento será gerado e o que a empresa planeja fazer com os novos empregados.

Os planos de negócios normalmente têm vinte páginas ou menos e a qualidade do conteúdo é muito mais importante do que o número de páginas. Com efeito, para fins de tempo e eficiência, a EGE deve limitar a extensão do plano de negócios para garantir que as equipes não caiam na tentação de encher as páginas de detalhes irrelevantes.

Em virtude da natureza interdepartamental do plano de negócios, elaborá-lo e desenvolvê-lo muitas vezes requer a colaboração entre as equipes de resposta rápida, especialmente se considerarmos que um dos fatores críticos de sucesso das transformações é o fato de serem integradoras. Mesmo com o envolvimento de mais de uma equipe, o desenvolvimento de cada plano de negócios deve ser de responsabilidade de uma única equipe. Neste caso, a colaboração entre as equipes representa, essencialmente, mais uma consulta do que uma colaboração igualitária. A equipe principal atua como um hub central, buscando opiniões, sugestões e conselhos de outros grupos, ao mesmo tempo em que mantém o poder relativo à decisão final.

A colaboração entre as equipes deve ser organizada, ordenada e administrada pelo PMO. Lembre-se de que o PMO coordena todos os esforços das várias equipes de resposta rápida e acompanha todos os aspectos logísticos (veja o Capítulo 3; *program management officer* – diretor de gerenciamento de projetos). Neste caso, o PMO deve organizar e convocar reuniões entre as equipes, além de coordenar cronogramas e prazos.

Processo de aprovação do plano de negócios

O desenvolvimento e aprovação dos planos de negócios é um processo contínuo. Um bom plano de negócios demonstra um sólido conhecimento do mercado, do cliente, do modelo financeiro, dos riscos e dos recursos necessários para uma implementação bem-sucedida. Como a aprovação é um pré-requisito para a implementação, os planos de negócios não aprovados devem ser modificados até a sua aprovação, ainda que prazos devam ser impostos às equipes para submeter novamente os planos de negócios, visando incentivar a discussão e o diálogo produtivo.

Do mesmo modo que a EGE e o líder da transformação são responsáveis por tomar as principais decisões no esforço de transformação, também estão encarregados de rever e aprovar os planos de negócios. Além disso, a EGE e o líder da transformação precisam priorizar esses projetos e alocar recursos adequados a eles. (Para alguns aspectos comuns levados em consideração nas decisões de priorização, veja "Critérios típicos para a priorização".) Ironicamente, talvez o

CRITÉRIOS TÍPICOS PARA A PRIORIZAÇÃO

- Viabilidade
- Lucro estimado (imediato e de longo prazo)
- Investimento necessário e recursos disponíveis
- Análise de risco – tamanho e modos de mitigação
- Adequação ao negócio e ao modelo estratégico existentes
- Cronograma para a implementação
- Prontidão do mercado
- Como a recomendação aborda as necessidades dos clientes

aspecto mais importante da priorização não sejam os critérios, mas o diálogo gerado no processo e o conhecimento subseqüente compartilhado como parte do processo de revisão. Nas discussões sobre a priorização dos projetos, a EGE e o líder da transformação são capazes de desenvolver um pensamento crítico sobre o projeto, o valor que o projeto agrega tanto para a transformação quanto para a empresa e como ele se encaixa com as outras iniciativas.

Além disso, apesar de a EGE ser crítica no processo de revisão, o líder da transformação tem o poder de tomar a decisão final. Ao priorizar planos de negócios e projetos, a EGE e o líder da transformação devem desenvolver os próprios sistemas de classificação e critérios a serem levados em consideração. Entretanto, é importante concentrar-se no cliente ao analisar esses planos de negócios – qualquer decisão tomada deve voltar-se às necessidades e aos desejos do cliente.

DEFINIÇÃO DOS PASSOS PARA A MUDANÇA

Os passos para a mudança, normalmente chamados de plano de implementação, constituem o produto mais importante desta fase (veja a Figura 6-4). Sem uma sólida, detalhada e meticulosa lista de passos para a mudança, a fase de implementação certamente deparará com muitos problemas que poderiam ter sido evitados. A chave para o plano de implementação é responder a todas as questões que envolvam os detalhes da implementação. Para cada solução que lida com cada grande idéia, o plano de implementação deve responder às seguintes perguntas-chave: *Quem* fará *o que*, e até *quando*? *Como*? O plano de implementação detalha o caminho a ser percorrido, passo a passo, para trans-

FIGURA 6-4

Definição dos passos para a mudança

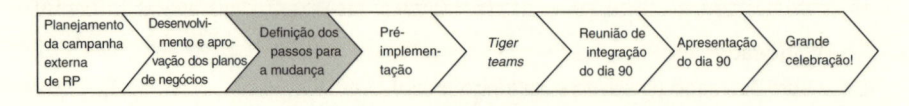

Planejamento da campanha externa de RP → Desenvolvimento e aprovação dos planos de negócios → **Definição dos passos para a mudança** → Pré-implementação → *Tiger teams* → Reunião de integração do dia 90 → Apresentação do dia 90 → Grande celebração!

formar a solução em realidade. Além disso, o plano deve incluir marcos e pontos de verificação, metas de desempenho e outras metas que permitirão que as equipes e a organização como um todo celebrem com freqüência e mantenham o moral alto. Os detalhes são extremamente importantes no plano de implementação, por se tratar do documento que orientará as pessoas durante a execução. De acordo com o líder da transformação da Nissan, Carlos Ghosn, "é preciso elaborar um plano com qualidade e profundidade – que seja detalhado o suficiente para ser executado... quando chegar a hora da ação".[6] Apesar da importância de ter um plano detalhado, contudo, as pessoas devem reconhecer que a lista de passos a serem percorridos é um documento vivo que deve ser constantemente revisto, ajustado e alterado de acordo com o progresso do projeto.

Colaboração para definir os passos para a mudança

O plano de implementação constitui o próximo passo lógico após a aprovação de um plano de negócios. Agora que o EGE e o líder da transformação aprovaram entrar em um determinado mercado ou desenvolver um produto específico, considerando as previsões e estimativas de custos apresentadas no plano de negócios, a questão relativa ao *como* deve ser respondida em profundidade de acordo com a estratégia esboçada no plano de negócios.

Por outro lado, os passos para a mudança não devem ser limitados a soluções que requerem um plano de negócios, como entrar em um novo mercado ou desenvolver um novo produto. Em vez disso, os planos de implementação devem ser desenvolvidos para cada solução que lide com cada grande idéia. Por exemplo, até mesmo iniciativas de corte de custos requerem um plano de implementação detalhando exatamente o quanto será cortado, além de onde, quando e como.

Independentemente de o plano de implementação se seguir à aprovação de um plano de negócios ou não, a criação de uma lista de passos para a mudança normalmente requer a colaboração entre as equipes de resposta rápida.

Isso é feito de forma similar ao trabalho colaborativo para a criação de um plano de negócios e deve ser direcionado pelo PMO. O PMO não somente deve coordenar as reuniões entre os grupos e garantir sua colaboração, como também deve trabalhar com a EGE para se assegurar de que todas as equipes alinhem suas metas umas às outras e em relação à grande idéia. Como no caso do esforço colaborativo na elaboração do plano de negócios, uma equipe central permanece responsável pelas principais decisões e por consolidar todos os inputs das várias equipes de resposta rápida. O momento certo e a alocação apropriada de recursos a essas solicitações e projetos mostram-se fundamentais, considerando a maior complexidade e inter-relação da rede de relacionamentos entre as equipes.

Desenvolvimento dos elementos dos passos para a mudança

Há muitos elementos em uma lista de passos para a mudança – essa lista não somente deve responder às perguntas sobre os detalhes da implementação, mas incluir seções explicando as metas e as "não-metas" da solução, os recursos necessários e as complicações ou problemas previstos para a implementação. A Figura 6-5 salienta os principais elementos dos passos para a mudança. Discutiremos cada um desses elementos mais adiante neste capítulo.

Os coaches podem agregar um valor significativo no desenvolvimento dos planos de implementação ao fazer as perguntas certas. Algumas vezes, as equipes deixam de ver elementos críticos ao desenvolver o plano. Quando o coach observa isso, ele deve entrar em ação e orientar a equipe pensando nas perguntas certas e nas respostas que levarão a uma lista de passos mais útil. Por exemplo, para cada tarefa, o coach deve certificar-se de que a equipe sabe quem é o responsável e como essas pessoas assegurarão a conclusão da tarefa. Apesar de muitas vezes se tratar de questões que os membros da equipe, a essa altura, já deveriam elaborar sozinhos, o coach deve manter-se atento para per-

FIGURA 6-5

Principais elementos dos passos para a mudança

| Metas | Não-metas | Ações, alocação de tarefas, cronograma e pontos de verificação | Garantia da execução do processo | Recursos necessários | Barreiras, complicações e obstáculos previstos | Como o progresso será mensurado |

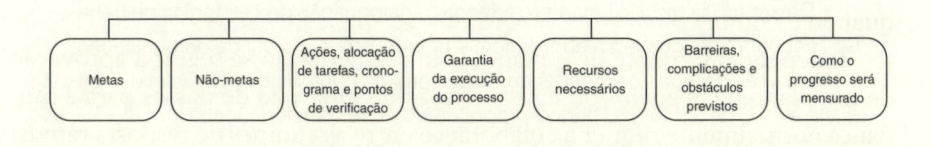

ceber lacunas e falhas no plano de implementação. Ainda que ele deva evitar a imposição do processo ou das respostas, o papel do coach é supervisionar o processo e se certificar de que a equipe esteja desenvolvendo um pensamento crítico em relação à implementação.

Metas

Neste ponto, as equipes já devem estar familiarizadas com a utilização de metas e metas em cascata. No plano de implementação, cada equipe (independentemente do número de equipes envolvidas no desenvolvimento da solução) deve ter em mente não somente as metas em cascata corporativas, como também as funcionais, além das grandes idéias.

A essa altura, cada plano de implementação específico deve incluir um novo subconjunto de metas com o objetivo de atingir as metas funcionais. Em essência, as metas utilizadas nos passos para a mudança estão em um nível mais profundo do que as metas funcionais. Como mencionamos no capítulo anterior, essas metas são metas em cascata, que descem do nível superior e são segmentadas ao longo do caminho para garantir que sejam administráveis e alinhadas por toda a organização. As pessoas que lêem o plano de implementação devem ter um conjunto de metas mais administráveis do que as pessoas que só têm acesso às metas da equipe, mas, ao atingir as metas do plano de implementação, os empregados estão indiretamente apoiando as metas da equipe (veja "Ondas de mudança na Telefónica de España").

ONDAS DE MUDANÇA NA TELEFÓNICA DE ESPAÑA

Na Telefónica de España, a transformação foi segmentada em "ondas" de um ano de duração, elaboradas pela equipe executiva para atingir as metas e prioridades para cada ano. As ondas poderiam ser divididas em três ou quatro grandes "blocos" de trabalho, que eram áreas de atuação que, juntas, constituíram o desempenho e as metas transformacionais daquele ano. Esses blocos de trabalho representavam as metas funcionais em cascata e também foram segmentados em projetos menores.

De acordo com Julio Linares, o líder da transformação da Telefónica de España, "descobrimos que essa abordagem é um recurso muito útil de comunicação: ela ajudou as pessoas a entender como seu projeto contribuiria para as metas daquele ano e, dessa forma, para o programa geral de transformação".[7]

Não-metas

Uma lista de não-metas também constitui um elemento importante do plano de implementação. Apesar de o termo *não-meta* poder soar paradoxal, as não-metas esclarecem o direcionamento e formam as bases para a fase final da transformação. As não-metas são, essencialmente, coisas que as pessoas não deveriam estar fazendo ou opções que elas não deveriam estar levando em consideração. Dessa forma, uma lista de não-metas é uma lista de coisas que não devem ser feitas. Essas não-metas mantêm as equipes de resposta rápida focadas e no caminho certo, impedindo a discussão de opções alternativas que já foram descartadas e que, neste ponto, só as desviariam do rumo (veja "As 'não-metas' da Procter & Gamble"). Especialmente quando as equipes estão trabalhando em coordenação e há leves conflitos e desacordos em relação às decisões, é fundamental que os membros não recorram a alternativas passadas ou repensem decisões que já tomaram. Em vez disso, a melhor forma de utilizar o tempo das pessoas é se concentrar na solução escolhida e se certificar de que essa escolha específica seja implementada da melhor maneira possível.

Ações, alocação de tarefas, cronograma e pontos de verificação

Esta seção constitui a essência do processo de definição dos passos para a mudança. Neste caso, as ações específicas não somente são definidas e delegadas às pessoas e responsáveis, como também são especificados cronogramas e a duração esperada de cada tarefa. Com o plano de implementação, as tarefas

---

AS "NÃO-METAS" DA PROCTER & GAMBLE

Na Procter & Gamble, o CEO e líder da transformação, Alan G. Lafley, percebeu que, para manter suas equipes focadas e no caminho certo, ele precisava desenvolver uma lista de coisas que os membros da equipe não poderiam fazer. A lista incluía outras opções que as equipes haviam previamente levado em consideração como soluções potenciais, mas que acabaram sendo descartadas. Contudo, a experiência de Lafley lhe mostrou que essas opções irrelevantes muitas vezes reapareciam nas discussões mesmo após a escolha de outra solução. Dessa forma, como foi feito quando os programas de inovação corporativa foram escolhidos, Lafley pediu para as suas equipes incluírem na lista de não-metas essas opções tentadoras, além de outras tarefas que não contribuíam para a solução escolhida. Quando as pessoas eram pegas fazendo coisas da lista de não-metas, Lafley e sua equipe as lembravam da lista.[8]

devem ser especificadas em detalhes para facilitar uma implementação sem percalços. Ao ler o plano de implementação, todos devem entender claramente qual é seu papel e quando e como executar a tarefa. Entretanto, a equipe também deve estar preparada para aceitar que esta seção do plano de implementação está sujeita a maiores mudanças devido a obstáculos inesperados. Devido às mudanças freqüentes, também é importante definir pontos de verificação para monitorar o cronograma do plano, já que eles proporcionam uma oportunidade de acompanhar o progresso realizado por pessoas e equipes. É importante notar que os pontos de verificação permitem celebrar o progresso, que ajuda a manter o moral alto.

Garantia da execução do processo

Uma coisa é as pessoas saberem quem é o responsável pela tarefa, outra é saberem como garantir que a tarefa será executada. Ao desenvolver o plano de implementação, mesmo sem documentá-lo explicitamente, a equipe deve analisar como os responsáveis estão se certificando de que as tarefas estão sendo concluídas a tempo e o que acontecerá se isso não estiver sendo feito.

Além disso, a equipe precisa decidir como garantir a adesão à nova cultura ou a processos por toda a empresa. Como eles podem se certificar de que os empregados seguirão as novas regras e executarão os processos? Apesar de ser normal para as pessoas recaírem em suas rotinas e processos já conhecidos, os novos processos precisam ser executados para que o esforço seja bem-sucedido (veja "Garantia da execução dos processos em uma empresa de engenharia").

Recursos necessários

Um plano de implementação deve ser claro e explícito em relação aos requisitos necessários para a implementação e a execução bem-sucedidas de uma solução específica. Os recursos necessários levados em consideração não devem limitar-se a recursos financeiros, mas incluir limitações de tempo e capital humano. Por exemplo, se uma empresa precisar contratar novo pessoal, esses empregados devem ser incluídos nos recursos necessários não somente em termos financeiros (seus salários), mas também em termos de tempo e capital humano necessários para treiná-los em suas novas funções. Desse modo, os planos de treinamento também devem ser incorporados ao plano de implementação, à medida que se fizer necessário. Uma estimativa apropriada dos recursos necessários é fundamental para a priorização e a integração.

GARANTIA DA EXECUÇÃO DOS PROCESSOS EM UMA EMPRESA DE ENGENHARIA

Por meio de uma série de discussões em uma empresa de engenharia, as equipes de resposta rápida finalmente se decidiram pela utilização de seus gestores do programa para garantir a execução dos processos em toda a organização.

Para monitorar a conformidade com o processo, os gestores do programa precisavam rubricar as aprovações e os documentos, além de supervisionar todas as aprovações dos processos incluídos no plano do projeto. Em casos de violação, depois de um período de carência predefinido, os gestores do programa eram solicitados a reportar as violações aos gerentes funcionais, que tomariam as medidas corretivas. Se as medidas corretivas não fossem tomadas ou as violações se repetissem, os gestores do programa reportavam as violações ao vice-presidente funcional. Com essas condições claramente definidas e comunicadas, a implementação e a garantia da execução dos novos processos foram muito facilitadas.

Previsão de barreiras, complicações e obstáculos

O plano de implementação detalhado também deve tentar se antecipar a complicações e requisitos especiais, como o lançamento planejado e a logística detalhada que sustenta o plano. Contudo, essas complicações e barreiras não apenas podem ser previstas, mas devem ser discutidas; também deve ser conduzido um brainstorm para levantar uma lista de maneiras potenciais de lidar com elas. A antecipação bem-sucedida também pode desempenhar um importante papel em prevenir a manifestação dessas complicações. A implementação e a execução são facilitadas quando essas barreiras são precisamente antecipadas e abordadas.

Como o progresso será mensurado

Apesar de muitos projetos utilizarem pontos de verificação para mensurar o progresso, o plano de implementação deve detalhar como o progresso para determinado projeto será mensurado. Por exemplo, o progresso depende de fatores qualitativos, como satisfação do cliente ou do empregado? Ele depende do aumento da receita? Como a organização mensurará esses fatores? Ela conduzirá um levantamento? A equipe deve identificar como o progresso será mensurado para definir as expectativas para a organização e estabelecer as regras básicas para a execução da implementação.

Integração dos passos para a mudança

O PMO não somente orienta o esforço colaborativo para o desenvolvimento de cada lista de passos para a mudança, como também é o responsável pela integração dos diferentes passos, visando à criação de um amplo e abrangente plano de implementação da transformação. Mais uma vez, essa integração é fundamental para o sucesso do esforço de transformação. O PMO administra todos os aspectos logísticos dos planos de implementação, desde assegurar o alinhamento dos planos de implementação de diferentes equipes ou redes de equipes, passando pela utilização de modelos e o planejamento do cronograma para os planos de implementação, de modo que os diferentes planos que possam utilizar os mesmos recursos ou enviar mensagens destoantes aos empregados não sejam lançados ao mesmo tempo (veja "Falta de coordenação do lançamento planejado da Best Buy"). Além disso, para soluções similares ou complementares, a integração dos planos é fundamental para impedir a duplicidade de esforços e maximizar o impacto. Ao final, a EGE e o líder da transformação devem validar o plano de implementação de cada equipe, além do plano integrado de implementação da transformação submetido pelo PMO. De preferência, tanto a equipe quanto os planos integrados devem ser aprovados antes da reunião de integração do dia 90, mas, na prática, alguns problemas costumam surgir e atrasar o processo de aprovação.

Além disso, ao validar o plano integrado de implementação, a EGE e o líder da transformação também são responsáveis pela priorização de projetos e

---

**FALTA DE COORDENAÇÃO DO LANÇAMENTO
PLANEJADO DA BEST BUY**

Em sua primeira tentativa de transformação, a Best Buy lançou uma Plataforma Padrão de Operação a ser implementada em todas as lojas. Entretanto, as várias iniciativas da plataforma não foram bem integradas. Como observou um gerente-geral de Houston, três grandes iniciativas tiveram o lançamento programado para o mesmo período, sem levar em consideração questões de cronograma ou como as iniciativas interagiam e se afetavam umas às outras. Essa implementação simultânea das três iniciativas foi extremamente penosa para o gerente e o pessoal das lojas. Em virtude da falta de coordenação e priorização entre as iniciativas, a implementação de todas as três iniciativas fracassou.[9]

alocação de recursos. A priorização dos projetos deve ser conduzida da mesma forma que a priorização do plano de negócios. A alocação de recursos deve espelhar a priorização dos projetos – isto é, projetos no topo da lista de prioridades devem ser os primeiros a receber os recursos necessários. A EGE e o líder da transformação, contudo, podem querer consultar o CFO para definir o orçamento, bem como o CEO, se ele não fizer parte da EGE.

Para coordenar e integrar os passos necessários à mudança, o PMO deve conduzir uma reunião com todos os gerentes de projeto para assegurar que os prazos finais e as mensagens implícitas não entrem em conflito uns com os outros. Em uma reunião entre os líderes das equipes, os gerentes dos projetos relevantes e o PMO, os vários planos de projeto são combinados em um plano de implementação coerente e logicamente integrado.

Os passos para a mudança na prática

Agora que você já sabe como funcionam os planos de implementação, como colocar tudo junto na prática? Veja o exemplo do Plano de Revitalização da Nissan, desenvolvido com base nas recomendações das equipes de resposta rápida.[10]

O Plano de Revitalização da Nissan concluído por Ghosn foi extremamente preciso e detalhado. Em relação a outras metas de desempenho e prazos finais, o plano foi extremamente factual e quantificado, a ponto de não haver espaço para interpretação ou mesmo escolha. Ao comunicar o plano, Ghosn fez questão de deixar bem claras as metas para elevar o nível de qualidade. O plano de implementação foi extremamente detalhado, com cronogramas e prazos claros, e grupos alocados a determinadas tarefas. Além disso, quando o plano foi elaborado, também foi dividido em seqüências com pontos de verificação para que as pessoas seguissem. É importante notar que, apesar de as metas e o cronograma para atingi-las não terem sido negociáveis, o plano de execução era adaptável. Isso deu aos empregados flexibilidade para ajustar o plano de implementação de acordo com as mudanças na situação ou quando surgiam obstáculos inesperados.

As não-metas também foram incluídas no Plano de Revitalização da Nissan, já que Ghosn comunicou à empresa que as discussões teriam fim quando uma decisão tivesse sido tomada, e somente pequenos ajustes (e não mudanças substanciais) poderiam ser feitos depois. Essa comunicação indireta das não-metas fez com que a organização se concentrasse no futuro, evitando que se voltasse na tentativa de retomar decisões passadas.

Para se certificar de que a implementação fosse executada sem percalços e que os envolvidos em implementar os passos para a mudança se empenhassem no esforço, Ghosn deu aos empregados que discordavam do plano de implementação, seja em termos de metas ou tarefas, a opção de sair da empresa.

PRÉ-IMPLEMENTAÇÃO

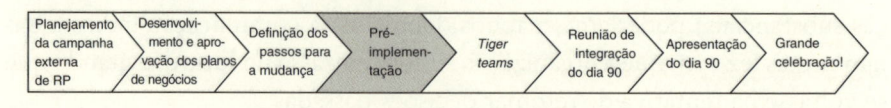

Pelo fato de esta ser a fase que precede a fase de implementação, as equipes de resposta rápida devem plantar as sementes para uma implementação bem-sucedida, além da definição de passos detalhados para a mudança. Embora sejam itens que devem ser executados ao longo de todo o esforço de transformação, é especialmente importante tomar medidas deliberadas neste ponto visando preparar ativamente a organização para a implementação (veja a Figura 6-6).

Os membros da equipe de resposta rápida, por exemplo, devem prover a transformação e preparar o terreno para o esforço em seu trabalho rotineiro, com suas equipes permanentes. Neste ponto, sua função é conquistar a adesão das pessoas que os cercam, o que pode ser feito por meio de discussões e diálogos informais. Os membros da equipe precisam alertar as pessoas do que está por vir, de modo que elas não entrem em choque quando o líder da transformação fizer o anúncio. Ao mesmo tempo, contudo, os membros da equipe devem fazer isso sem revelar informações confidenciais. Os próprios planos de implementação, tanto para as equipes individuais quanto para o esforço em geral, devem ser mantidos em sigilo até o líder da transformação conduzir a apresentação do dia 90. Pelas mesmas razões que a empresa deve evitar que algumas recomendações sejam de conhecimento do público, também deve evitar que as informações sejam divulgadas internamente. Em vez disso, os membros da equipe devem se concentrar em enfatizar a melhoria contínua, mesmo em meio ao esforço de transformação. Nesse ambiente, a melhoria contínua não implica melhoria incremental.

FIGURA 6-6

Pré-implementação

| Planejamento da campanha externa de RP | Desenvolvimento e aprovação dos planos de negócios | Definição dos passos para a mudança | Pré-implementação | Tiger teams | Reunião de integração do dia 90 | Apresentação do dia 90 | Grande celebração! |

TIGER TEAMS

Ao longo desta fase, as *tiger teams* recentemente criadas estão trabalhando freneticamente para acompanhar as outras, já que precisam diagnosticar a situação em sua área relevante *e* desenvolver recomendações até a reunião de integração do dia 90. Felizmente, o escopo da equipe é menor do que o de uma equipe de resposta rápida, já que as áreas já foram abordadas e atacadas pelas equipes originais. As *tiger teams* também costumam ser mais específicas do que as equipes de resposta rápida originais, por cobrirem uma área específica que foi negligenciada pelas outras equipes. Além disso, o trabalho das *tiger teams* é facilitado, já que elas podem se beneficiar do trabalho que já foi feito até o momento, ao longo do esforço de transformação (veja a Figura 6-7).

Nesta fase, as *tiger teams* devem ter diagnosticado sua área ou tarefas específicas e desenvolvido uma solução. Apesar de suas recomendações muito provavelmente demandarem um plano de negócios, a *tiger team* não precisa criar um plano de implementação, com atribuição de responsáveis individuais e cronograma. Para assegurar que as *tiger teams* possam concluir suas tarefas a tempo, a EGE deve trabalhar em estreito contato com elas e certificar-se de que todos os obstáculos sejam imediatamente removidos. Ao final desta fase, as *tiger teams* devem ter um conjunto de recomendações prontas para a implementação. Elas apresentarão suas recomendações com as outras equipes na reunião de integração do dia 90, embora, neste caso, somente o conteúdo seja relevante para a análise.

REUNIÃO DE INTEGRAÇÃO DO DIA 90

A reunião de integração do dia 90 representa o auge de todo o trabalho dedicado ao esforço de transformação e é o ponto no qual os planos de negócios finais são apresentados (veja a Figura 6-8). Contudo, a reunião de integração do dia 90 deve ser conduzida da mesma forma que as outras reuniões de integração. Espera-se que cada equipe de resposta rápida faça sua apresentação e que as

FIGURA 6-7

Tiger teams

Planejamento da campanha externa de RP → Desenvolvimento e aprovação dos planos de negócios → Definição dos passos para a mudança → Pré-implementação → **Tiger teams** → Reunião de integração do dia 90 → Apresentação do dia 90 → Grande celebração!

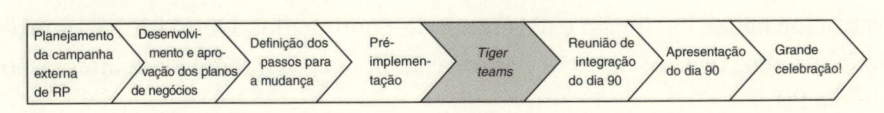

FIGURA 6-8

Reunião de integração do dia 90

| Planejamento da campanha externa de RP | Desenvolvimento e aprovação dos planos de negócios | Definição dos passos para a mudança | Pré-implementação | Tiger teams | **Reunião de integração do dia 90** | Apresentação do dia 90 | Grande celebração! |

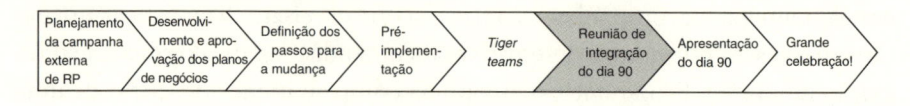

outras equipes e a EGE possam fazer perguntas e oferecer críticas construtivas em relação às recomendações. Da mesma forma que a EGE precisou dar a luz verde para as grandes idéias depois da reunião do dia 60 antes de as equipes poderem prosseguir com a idéia, ela deve, neste ponto, validar a definição dos passos para a mudança antes de sua execução.

Cada equipe deve apresentar os seguintes itens:

- Um resumo dos problemas encontrados.
- Soluções e recomendações propostas (os planos de negócios e/ou passos para a mudança). Nesta seção, as equipes podem detalhar um problema em um projeto específico que a solução resolverá.
- O progresso até o momento.
- Quaisquer ações (que não foram concluídas na transformação de 90 dias) e seus responsáveis.
- Lista priorizada de processos a serem implementados nos próximos meses.
- Como a equipe garantirá a implementação bem-sucedida.
- Como o progresso será mensurado.
- Cronograma planejado (similar ao cronograma dos passos para a mudança, mas neste caso integrado entre os projetos).

De preferência, todas as pontas soltas devem ser amarradas até o final da reunião de integração do dia 90. A maioria dos planos de negócios deve ter sido aprovada até a reunião, apesar de a reunião de integração do dia 90 ser o momento em que as equipes oficialmente recebem, da EGE, luz verde para seus projetos. A EGE também pode dar luzes amarelas ou vermelhas, como foi feito na reunião de integração do dia 60. Os planos de negócios que receberem luz amarela devem ser revistos, enquanto os projetos que receberam a luz vermelha não se justificam e devem ser descontinuados. Dessa forma, os projetos a serem revistos obterão a aprovação final após a reunião de integração do dia 90.

Para os projetos que receberam a luz verde, a priorização é feita imediatamente após a reunião de integração do dia 90 e os recursos são alocados de acordo com o plano de implementação. Com a alocação de recursos, uma reserva deve ser definida em conjunto pelo responsável pelo projeto e a EGE. Isso significa que certo espaço de manobra é concedido em termos de recursos antes de a EGE precisar conceder aprovações posteriores.

A reunião de integração do dia 90 também é o momento no qual a reorganização é anunciada oficialmente pela primeira vez para o público interno diretamente envolvido na transformação. A reorganização é anunciada internamente para a empresa toda na apresentação do dia 90 e anunciada externamente no 91º dia, na campanha externa de RP. Oficialmente, a transferência de responsabilidades não ocorre antes do 91º dia.

Anúncio da reorganização

Ao longo dos primeiros 60 dias, a EGE e a equipe de excelência organizacional refletiram sobre a reorganização da empresa. Por vezes, a reorganização pode ser tão simples quanto transferir internamente as pessoas-chave para maximizar seu impacto na organização. Em outras ocasiões, a reorganização requer a reestruturação da empresa inteira e a transferência de empregados-chave a funções que eles jamais poderiam imaginar. Independentemente do nível de reorganização na empresa, contudo, a EGE e a equipe de excelência organizacional devem ter definido as pessoas que desejam alocar às funções de liderança – os dois escalões superiores. Ainda que as discussões sobre a atribuição de papéis devam ser conduzidas pela EGE, é o líder da transformação quem toma a decisão final sobre quem é transferido para onde.

Nesta fase da transformação, a reorganização, além das novas posições e das pessoas alocadas a essas posições, é anunciada, apesar de o processo de transferência de responsabilidades ainda não ter começado. O anúncio da nova organização é acompanhado de novos planos de remuneração, além de processos e critérios de análise de desempenho. Algumas vezes, uma reorganização mais profunda da empresa é incorporada ao esforço de transformação. Na VeriSign, por exemplo, toda a estrutura da organização passou de um foco funcional a um foco segmentado, resultando em uma mudança de 70% nos níveis mais altos de liderança. As mais importantes posições de liderança foram preenchidas por meio de promoções internas ou contratações externas neste ponto do esforço, e as novas posições foram anunciadas na reunião de integração do dia 90.

O anúncio oficial da reorganização deve ser elaborado com cuidado, já que a situação e as decisões são delicadas, especialmente para as pessoas que sairão da organização. Dessa forma, a reorganização deve ser meticulosamente planejada, e todas as pessoas envolvidas devem conhecer os planos antes de serem oficialmente anunciados à organização. As pessoas precisam abrir mão de seus velhos cargos e assumir novos cargos conforme o necessário. Um dos aspectos mais difíceis da reorganização é assegurar-se de que o conhecimento seja transferido por toda a nova organização. Além disso, os novos empregados e as pessoas alocadas às diferentes posições da nova organização devem aderir à transformação e compreender o plano de implementação.

APRESENTAÇÃO DO DIA 90

A apresentação do dia 90 é uma apresentação interna para a empresa inteira conduzida pelo líder da transformação. Apesar de haver muitas formas de conduzir e comunicar essa apresentação, a meta é informar todos os empregados da organização sobre o esforço de transformação, as principais conclusões e os próximos passos (veja "O anúncio do Plano de Revitalização da Nissan"). Depois da reunião de integração do dia 90, a apresentação do dia 90 representa um resumo oficial e uma explicação do esforço de transformação a todos os empregados (veja a Figura 6-9). Trata-se de uma oportunidade de garantir que toda a organização se informe sobre o trabalho e as recomendações da trans-

---

O ANÚNCIO DO PLANO DE REVITALIZAÇÃO DA NISSAN

Quando Ghosn anunciou o Plano de Revitalização da Nissan em 1999, ele se certificou de comunicar diretamente às pessoas – sua apresentação foi assistida via transmissão simultânea em vídeo. Por meio desse esforço, os empregados foram apresentados à nova visão e direcionamento da Nissan, já que aquela foi a primeira vez na história da empresa que o presidente falou diretamente a todas as pessoas da organização. Ghosn continuou comunicando seu plano em visitas subseqüentes aos escritórios e instalações da empresa, conversando constantemente com empregados de todos os níveis em pequenos grupos.[11]

Nessa apresentação, o líder da transformação anuncia formalmente a reorganização mais uma vez, mas agora para a organização toda. Além disso, uma das principais metas da apresentação do dia 90 é informar o novo direcionamento para a empresa aos empregados e conquistar seu apoio para essa nova abordagem.

FIGURA 6-9

Apresentação do dia 90

| Planejamento da campanha externa de RP | Desenvolvimento e aprovação dos planos de negócios | Definição dos passos para a mudança | Pré-implementação | Tiger teams | Reunião de integração do dia 90 | Apresentação do dia 90 | Grande celebração! |

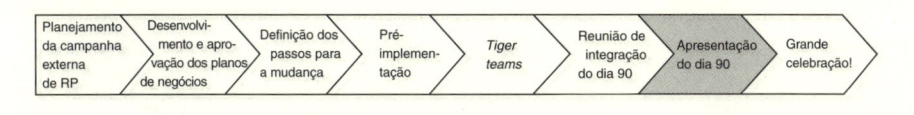

formação. Partindo do princípio de que todos os empregados na organização devem falar a mesma língua, a mensagem pode ser obscura para as pessoas de fora. Dessa forma, durante a comunicação, o líder da transformação deve se lembrar da importância da simplicidade no desenvolvimento de uma mensagem eficaz. Comunicar abertamente os problemas da empresa é tão importante na campanha interna de RP quanto na campanha externa. Como uma precursora da campanha externa de RP, contudo, a apresentação do dia 90 deve comunicar metas superiores em relação às anunciadas externamente, como já mencionado.

GRANDE CELEBRAÇÃO!

Com todo o empenho dedicado a esta fase e o desenvolvimento dos planos de implementação e reorganização, além da campanha de relações públicas, os membros da equipe de transformação devem se sentir valorizados por todo o tempo e esforço e reconhecidos por suas realizações. Depois da reunião de integração do dia 90, que marca a conclusão do planejamento oficial da transformação (o esforço de 90 dias), a organização deve promover uma grande celebração para marcar o início de um futuro melhor (veja a Figura 6-10). Essa celebração não somente simboliza um novo início, mas serve para elevar o moral e renovar a energia dos empregados.

Essa celebração pode ter a forma de um retiro, permitindo que os empregados se descontraiam e se preparem mental e emocionalmente para o próximo passo da transformação, a fase da implementação. Ela também pode ser uma celebração no próprio local de trabalho, onde os empregados podem conversar sobre o que quiserem.

Todos os participantes envolvidos no esforço devem ser reconhecidos pelo empenho e pelas realizações diante de toda a organização. Por exemplo, Dave House, o líder da transformação da Bay Networks, solicitou que as equipes individuais subissem ao palco diante da empresa inteira em reconhecimento por seus esforços e dedicação. Ao mesmo tempo, os líderes-chave que

FIGURA 6-10

Grande celebração!

| Planejamento da campanha externa de RP | Desenvolvimento e aprovação dos planos de negócios | Definição dos passos para a mudança | Pré-implementação | Tiger teams | Reunião de integração do dia 90 | Apresentação do dia 90 | Grande celebração! |

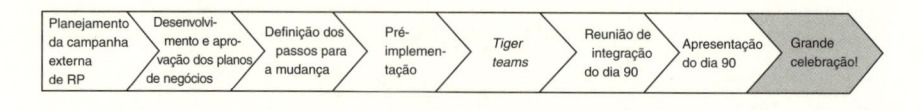

exerceram papéis particularmente significativos devem receber reconhecimento e agradecimentos especiais por sua participação no esforço.

Além de reconhecer os participantes, a celebração proporciona às pessoas envolvidas na transformação uma chance de elaborar considerações finais e re-

A CELEBRAÇÃO NA VERISIGN

Depois da reunião de integração do dia 90, a VeriSign se certificou de reconhecer e salientar o papel e a importância dos principais líderes do esforço de transformação na grande comemoração da empresa. Cada participante-chave foi chamado ao palco diante de todos os outros empregados e recebeu agradecimentos especiais por sua grande contribuição ao esforço. Essa expressão pessoal de gratidão não somente valida o trabalho do empregado, como o motiva a continuar se empenhando por saber que está sendo reconhecido por isso.

Além disso, a celebração foi uma oportunidade de discutir informalmente as principais lições que os participantes aprenderam durante o esforço de transformação, além de obter feedback sobre o avanço da transformação. Durante essa discussão, os participantes expressaram sua surpresa com tudo o que aprenderam e realizaram, e o consenso geral foi que o esforço de transformação foi uma experiência maravilhosa e valiosa. Mais especificamente, os participantes observaram que o senso de urgência os ajudou a pensar fora do padrão. Também digno de nota foi o reconhecimento dos participantes em relação ao importante papel do trabalho em equipe e da unidade desenvolvida no esforço de transformação. Como observou um empregado: "Se nos unirmos, poderemos chegar a qualquer lugar." As equipes interdepartamentais de resposta rápida constituíram um tema comum das discussões. No feedback, os empregados observaram a importância das redes de relacionamentos informais e da comunicação sem fronteiras. Além disso, muitos participantes do esforço no início consideravam impossível suplantar as barreiras entre funções e trabalhar juntos para solucionar os problemas em um território neutro, mas passaram a valorizar profundamente o processo ao final da experiência.

fletir sobre seus esforços. Nessa discussão, a EGE e o líder da transformação podem não somente obter feedback dos participantes sobre a transformação, como também avaliar o valor agregado aos empregados como um resultado do esforço (veja "A celebração na VeriSign"). É importante que as pessoas tenham a chance de conversar sobre as lições que aprenderam com o esforço de transformação e analisar essa experiência, mesmo em um ambiente informal. Por meio da celebração, em geral, e da discussão, em particular, os participantes envolvidos no esforço finalmente podem parar para avaliar o quanto cresceram e se desenvolveram em apenas três meses.

Apesar da importância de um espírito de celebração ao final desta fase, contudo, algumas organizações cometem o erro de declarar a vitória cedo demais. A celebração não é o momento de promover a complacência ou declarar a vitória final – em vez disso, trata-se de uma chance de reconhecer o progresso que a organização realizou até o momento, ao mesmo tempo em que reconhece o empenho necessário para a implementação bem-sucedida. Dessa forma, a celebração do "dia 90" não significa necessariamente que ela deve ocorrer no 90º dia da transformação; em alguns casos, a empresa se beneficia do adiamento da comemoração do esforço até que a transformação esteja preparada para prosseguir na implementação.

Por mais importante que seja essa celebração para marcar oficialmente a conclusão do esforço de transformação de 90 dias e lançar oficialmente a fase de implementação, ela deve ser apenas a primeira (apesar de a maior) comemoração de várias outras que se seguirão. Na verdade, a organização deve celebrar freqüentemente o fato de atingir suas metas de desempenho para manter as condições favoráveis e o moral alto.

CONCLUSÃO

Na fase 3, as equipes de resposta rápida desenvolveram as grandes idéias selecionadas na fase 2. Por meio de seus esforços, criaram um plano de negócios e um plano de implementação para pavimentar o caminho da implementação. Sem esses documentos, a implementação seria um esforço às cegas, no qual as equipes poderiam por vezes se perder ou em outros momentos ser forçadas a recuar.

Na fase 3, as equipes devem ajustar os detalhes enquanto planejam e se preparam para a fase de implementação. A campanha externa de RP deve ser planejada nessa fase, e a nova estrutura organizacional deve ser anunciada internamente. As recomendações finais que receberam a luz verde para a implementação são fundamentais para solucionar os problemas identificados na fase 1 e para possibilitar um futuro melhor para a organização.

O dia 90 marca oficialmente a conclusão da transformação de 90 dias, proporcionando um fechamento aos empregados. As celebrações servem como pequenos interlúdios no esforço de transformação, que prosseguirá com a implementação e a execução a partir do dia 91. O 91º dia abre uma nova porta no esforço de transformação – a fase de implementação da transformação. A partir do 91º dia, as mudanças se materializam por toda a organização, de acordo com o definido nos planos de implementação.

7

Implementação da transformação

Execução

*Todo homem tem o poder de realizar qualquer coisa,
desde que esteja convencido de que é capaz.*
– Johann Wolfgang von Goethe

No final do esforço de transformação de 90 dias, a empresa está pronta para embarcar na fase mais crítica do esforço de transformação. Essa fase de "implementação da transformação", também chamada de fase de execução, costuma durar entre seis e doze meses. Contudo, não se deve pensar nela como uma fase que tem início no 91º dia. A implementação começa antes disso e já vem sendo executada ao longo do esforço de transformação na forma de vitórias antecipadas e frutas nos galhos mais baixos. Esta fase difere das anteriores no sentido de que a equipe de transformação e a organização como um todo estão totalmente dedicadas à implementação e à execução, ao passo que a implementação no passado fazia parte de um cenário mais amplo. Agora, a implementação se transforma *no próprio* cenário. É claro que, para certos planos e idéias, a implementação tem início nesta fase, mas, no geral, a fase de implementação da transformação é o ponto no qual as condições para a implementação mostram-se mais favoráveis. Dessa forma, as vitórias antecipadas da empresa são capitalizadas e as condições favoráveis não precisam ser criadas do zero.

Durante esta fase, a empresa executa os planos de implementação desenvolvidos durante a fase anterior. Ao longo dos últimos 90 dias, os empregados de todas as partes da empresa se uniram para diagnosticar a organização e desenvolver um plano para recuperar a saúde da empresa. Uma estratégia e uma visão abrangentes inspiraram a criação de uma série de planos de implementação. Apesar de essa visão ter sido fundamental para mobilizar uma equipe forte e motivada, o verdadeiro sucesso do esforço de transformação depende da capacidade da empresa de traduzir esses planos em verdadeiras mudanças e resultados. Fracassar na fase de implementação é como treinar intensamente para uma corrida mas tropeçar nos cadarços durante a corrida. Na verdade, o que importa é a implementação, já que, a não ser que vocês consigam implementar seus planos para resolver os problemas da organização, as soluções não passam de pedaços de papel. A empresa agora tem em mãos os cheques que podem financiar seu crescimento futuro. Se ela não os sacar ou depositar, os cheques serão inúteis.

Tanto Dave House, da Bay Networks, quanto Carlos Ghosn, da Nissan, falaram sobre a importância da execução para melhorar os resultados. "Na Bay Networks", House disse, "tudo girava ao redor da execução".[1] Apesar de a estratégia ter sido importante para House, sua capacidade de escolher uma direção e mobilizar as pessoas para conduzir a empresa por esse caminho foi uma de suas maiores qualidades de liderança. Ghosn demonstrou algumas das mesmas qualidades e reiterou essa idéia ao dizer: "A execução representa 95% do trabalho. A estratégia representa só 5%."[2] No esforço de transformação, a implementação pode ser vista como uma suave transição entre as seguintes fases: descongelar, mudar, recongelar e manter as mudanças. Apesar de não nos concentrarmos nessas fases específicas, mantê-las em mente lhe dará uma idéia geral de onde você está atualmente e fornecerá uma visão mais ampla dos passos que podem ser necessários no futuro.

Neste capítulo, começaremos descrevendo o 91º dia: o dia seguinte à conclusão oficial do esforço de transformação de 90 dias e que marca o início da implementação da transformação (veja a Figura 7-1). No 91º dia, a campanha de relações públicas (RP) é lançada (presumindo que a organização tenha decidido elaborar uma) e o lançamento planejado organizacional tem início. O lançamento planejado não somente significa que os dois mais altos escalões da organização começam a atuar em suas novas funções, mas também que as equipes de resposta rápida são desfeitas. No 91º dia, o czar da integração do processo também é formalmente apresentado à equipe de transformação.

FIGURA 7-1

Visão geral do capítulo

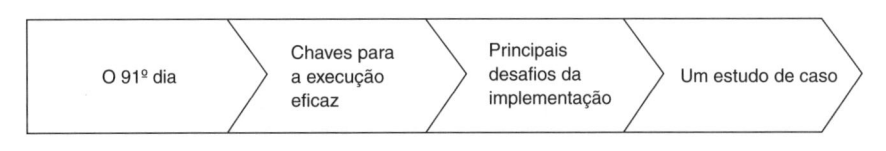

| O 91º dia | Chaves para a execução eficaz | Principais desafios da implementação | Um estudo de caso |

Depois de descrever o 91º dia, salientaremos várias melhores práticas da execução, algumas delas mais específicas a um esforço de transformação do que outras. A execução eficaz é fundamental para uma implementação bem-sucedida. Algumas chaves para a execução eficaz incluem manter as condições favoráveis, criar uma cultura de prestação de contas e desenvolver uma ferramenta para mensurar e avaliar o progresso. Depois de apresentar essas chaves, passaremos a descrever algumas das barreiras mais comuns à implementação. Essas barreiras, quando previstas e abordadas adequadamente, não exercerão um impacto significativo sobre a implementação dos planos e idéias da organização. Com uma boa implementação, as sementes da execução eficaz são plantadas na empresa de forma que ela poderá prosseguir muito além da fase de implementação da transformação.

O 91º DIA

Figurativamente, o 91º dia representa o início da nova organização e é o momento em que a bola começa a ganhar velocidade. Ele não precisa ser exatamente no 91º dia do esforço de transformação, mas é quando a organização começa a tomar as medidas oficiais mais importantes para a implementação (veja a Figura 7-2). Neste dia, a campanha externa de RP é desencadeada, o lançamento planejado da organização tem início e o czar da integração do processo é apresentado. Por ser muito importante começar com o pé direito, o 91º dia não deve ter início até a organização estar preparada.

Lançamento da campanha externa de relações públicas

Na fase 3, a organização precisou decidir se lançaria ou não uma campanha externa de RP para informar o público sobre as mudanças pelas quais a empresa está passando. Supondo que a organização tenha decidido lançar a campanha externa, sabemos que a mensagem da campanha passou por diferentes ajustes

FIGURA 7-2

O 91º dia

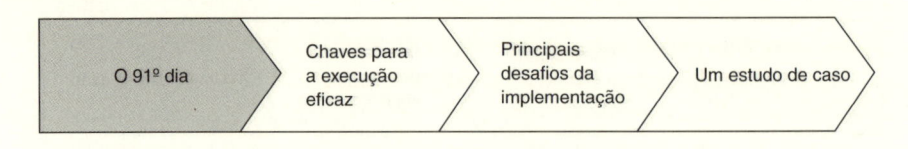

| O 91º dia | Chaves para a execução eficaz | Principais desafios da implementação | Um estudo de caso |

e formas ao longo da última fase. Agora, o líder da transformação deve finalizar a mensagem e a campanha deve ser lançada.

Um dos resultados mais importantes da campanha externa de RP é seu efeito na percepção do público em relação à empresa, já que o esforço de transformação e a imagem da empresa aos olhos do público se afetam mutuamente. A equipe de transformação molda sua imagem pública por meio da campanha de RP e ao cumprir suas promessas. Por outro lado, a imagem do público em geral afeta o esforço de transformação, influenciando suas condições. De acordo com Corrado Passera, o líder da transformação da Banca Intesa, "[seus empregados] não acreditarão em você a não ser que você seja capaz de mudar a imagem da organização na mídia".[3] Desse modo, é importante administrar o relacionamento entre a empresa e seus clientes, investidores e analistas para manter as condições favoráveis da transformação.

O lançamento da campanha externa de RP pode envolver mais do que a simples condução de uma apresentação pelo líder da transformação. Como mencionamos no capítulo anterior, há muitas formas diferentes de comunicar a mensagem da campanha e normalmente mais de uma precisa ser aplicada simultaneamente (veja "A campanha de relações públicas da VeriSign"). Apesar de o ideal ser que o próprio líder da transformação conduza as principais apresentações sobre a transformação, ele pode delegar algumas delas a uma equipe em prol da eficiência.

Depois do lançamento da campanha, no entanto, a equipe de transformação não deve se sentar e esperar por um milagre. Como mencionamos anteriormente, a reação natural do público a esse tipo de anúncio e promessas sobre o esforço e o futuro da empresa é normalmente de ceticismo. Por exemplo, as ações da Nissan caíram 20% no dia em que o Plano de Revitalização da Nissan foi anunciado.[4] De forma similar, quando os investidores ficaram sabendo das rápidas mudanças que foram promovidas na Home Depot, o preço das ações caiu 50%.[5]

Por mais difícil que possa parecer, é importante não permitir que essas reações negativas iniciais desmoralizem a equipe de transformação e a organiza-

A CAMPANHA DE RELAÇÕES PÚBLICAS DA VERISIGN

Imediatamente depois dos primeiros 90 dias, a VeriSign lançou uma campanha publicitária de RP para comunicar a nova visão a seus clientes. Ao enfatizar sua intenção de entregar produtos de alta qualidade, a organização esperava conquistar uma validação mais ampla por parte dos clientes por meio de sua campanha.

A campanha de RP foi multifacetada. Para começar, a VeriSign elaborou e distribuiu duas notas técnicas que ajudaram a conscientizar o público de sua nova estratégia orientada ao mercado. A VeriSign também anunciou em publicações de negócios. E o mais importante: Vernon Irvin se engajou em eventos itinerantes para a imprensa, os clientes e analistas financeiros e do setor, nos quais instruiu o público em relação às ofertas da VeriSign e seu valor para o cliente, ao mesmo tempo em que apresentou as metas da empresa.

ção. Em vez disso, elas devem ser previstas e a empresa deve continuar a comunicar por que a nova visão e as metas corporativas são ao mesmo tempo convincentes e promissoras. Da mesma forma como o líder da transformação precisou convencer a empresa do esforço de transformação e converter antagonistas em defensores, o negócio terá de conquistar aos poucos a confiança do público. A oportunidade é acessível a qualquer empresa, já que, uma vez que o público começa a se convencer do sucesso e do impacto do esforço de transformação, a confiança pode ser alavancada para criar uma confiança ainda maior entre o público geral.

Apesar de a conversão do público, de antagonistas a defensores, ser em geral um processo natural e gradual, a empresa pode tomar algumas medidas para acelerar o processo. Pelo fato de o público querer ver resultados, a organização deve demonstrar-se capaz de cumprir suas promessas. Em outras palavras, em sua campanha externa, a empresa deve informar os resultados de suas vitórias antecipadas, especialmente as de alto impacto. Em comunicados à imprensa ou apresentações futuras, a organização pode continuar informando o progresso do esforço.

Outra forma de aumentar a confiança do público na empresa é manter a transparência. Ao longo do tempo, a organização pode comunicar seu progresso e proporcionar atualizações de maneira previsível e periódica, o que pode ser feito de diversos modos, como divulgar artigos e comunicados à imprensa em seu site. Essas atualizações devem incluir os resultados, o que está tendo ou não sucesso, além de quais medidas estão sendo tomadas para mitigar os problemas. Os investidores e o público valorizam a honestidade, especialmente em se tratando de informações que as pessoas naturalmente tendem a ocultar. Essa honestidade leva a uma maior credibilidade, o que ajuda a melhorar a imagem da empresa. Ao manter essa postura de transparência, a empresa pode criar um relacionamento aberto e franco com seus investidores, analistas e clientes.

Uma camada de transparência, contudo, deve ser mantida não apenas em relação ao público. Ela também deve ser mantida nas comunicações internas para a empresa. Apesar de nem todas as informações precisarem ser acessíveis a todas as pessoas em todos os momentos, as pessoas certas devem obter as informações certas no momento certo. É justamente o que esse programa de comunicação deve fazer. Por exemplo, a organização precisa informar todas as principais decisões internamente e para toda a empresa (veja "A 'HDTV' da Home Depot"), além de comunicar aos empregados onde as informações de interesse podem ser encontradas.

O início do lançamento planejado organizacional

A segunda parte do 91º dia é dedicada ao lançamento planejado organizacional. Ao longo das fases 2 e 3, a equipe de excelência organizacional trabalhou com o líder da transformação para planejar a nova organização. Ao final da fase 3, a nova organização foi oficialmente anunciada à equipe de transformação e à organização em geral. Mesmo antes desse anúncio oficial, contudo, os empregados relevantes já devem ter sido informados das mudanças iminentes e tomado as medidas apropriadas para facilitar um processo sem percalços de transferência de responsabilidades. No 91º dia, os empregados, em especial os executivos dos dois escalões mais elevados da empresa, estão finalmente prontos para assumir suas novas posições, já com pleno conhecimento dos papéis e responsabilidades associados a elas.

A "HDTV" DA HOME DEPOT

Na Home Depot, Robert Nardelli criou o próprio programa de televisão da empresa, denominado "HDTV" (Home Depot TV). Nesse programa, informações importantes eram "transmitidas ao vivo a cada loja continuamente". Além disso, os programas ao vivo da empresa informavam os planos semanais elaborados pela alta administração a gerentes individuais de loja.[6]

Também no 91º dia normalmente é feito o desmembramento das equipes de resposta rápida. As equipes são dispensadas e os membros retornam à organização como missionários da transformação. Os membros da equipe, em especial os pilotos, normalmente voltam a posições de poder para que possam utilizar, de forma plena, as novas aptidões e afetar a mudança de maneira eficaz. Como um resultado do lançamento planejado organizacional, as pessoas certas devem estar nas posições certas para instigar e implementar a mudança. Começaremos analisando o processo de transferência de responsabilidades.

Processo de transferência de responsabilidades

No 91º dia, os dois escalões superiores da administração assumem suas funções. Para as pessoas que estão assumindo novas funções, a antiga administração se envolve em um processo de transferência de responsabilidades, o que ajuda os novos gestores a se adaptar rapidamente às suas novas posições. Para garantir uma transferência satisfatória de conhecimento e expertise, o processo de transferência de responsabilidades deve ser gradual e cooperativo, e não abrupto e competitivo. As duas camadas superiores da organização devem ser as primeiras a serem substituídas para impulsionar as mudanças necessárias de cima para baixo. Esses dois escalões mais altos são parcialmente responsáveis pela transferência de responsabilidades e substituição bem-sucedida dos principais gestores e empregados até os escalões mais baixos da organização. Ao longo do restante da fase de implementação, o processo de transferência de responsabilidades será executado até a nova organização estar completa. Assim, a transferência de responsabilidades desce pela organização, a começar pelo topo.

O processo organizacional de transferência de responsabilidades não deve, de forma alguma, interferir na fase de implementação do esforço de transformação. Em vez disso, alocar as pessoas certas às posições certas deveria facilitar a fase de implementação, porque são as pessoas com a expertise e as aptidões certas que incutirão a mudança na organização. Desse modo, apesar de as posições e os cargos de algumas pessoas-chave poderem mudar, elas ainda serão responsáveis pelas tarefas definidas no plano de implementação da transformação. Em resumo, elas continuam sendo as responsáveis, embora tenham uma nova descrição de seu cargo.

Na prática, o processo de transferência de responsabilidades tem seus desafios. Na maioria dos casos, cada posição terá uma descrição de cargo e requisitos únicos, o que demandará uma estratégia individualizada de transferência de responsabilidades. Além disso, diferentes pessoas têm diferentes métodos de transferir a expertise, e algumas resistem mais do que outras a mudar de posições na organização. Cada situação deve ser abordada individualmente, apesar de uma comunicação aberta e uma ênfase nas melhores oportunidades futuras poder facilitar o processo.

Algumas vezes, a nova organização será radicalmente diferente da organização anterior, exigindo muito mais coordenação no processo de transferência de responsabilidades (veja "Reorganização na ACI"). Nessas situações, a nova estrutura organizacional deve ser claramente explicada a toda a organização, e os novos papéis e as expectativas para cada papel precisam ser especialmente esclarecidos. Por exemplo, os empregados precisam saber exatamente a quem se reportar. Em alguns casos, os empregados podem resistir à nova estrutura organizacional. Para lidar com essas preocupações, a equipe de transformação e os líderes da empresa devem explicar os custos e ineficiências de manter a antiga estrutura e os benefícios de adotar a nova. Eles devem deixar claro que a nova estrutura é o resultado de intensas e abrangentes discussões e que a empresa não abrirá mão dela.

Há casos, no entanto, em que uma decisão de reestruturar a organização foi tomada mas as mudanças não são eficazes devido a fatores não-previstos. Nesses casos, a organização precisa reconhecer que a idéia e o plano não se concretizaram conforme o esperado e o próximo passo é remediar a situação e pensar em uma estrutura organizacional mais viável. Mudar a estrutura muitas vezes pode não beneficiar a organização, mas algumas vezes essas mudanças se fazem necessárias (veja "Reorganizações múltiplas na Hewlett-Packard").

REORGANIZAÇÃO NA ACI

Depois de uma longa série de discussões, a equipe de excelência organizacional da ACI, junto com a equipe gerencial executiva (EGE), decidiu virar a estrutura organizacional da ACI de cabeça para baixo e transformar a empresa de uma organização baseada em unidades de negócio a uma organização baseada em funções de negócios. Essa nova estrutura facilitou a comunicação entre as unidades de negócio, além de aumentar a eficiência e assegurar a consistência dos processos de negócio. A equipe de excelência organizacional informou seu plano de mudar a estrutura organizacional às outras equipes interdepartamentais à medida que progrediam no esforço de transformação antes de consolidá-lo e comunicá-lo ao restante da organização.

DIVERSAS REORGANIZAÇÕES NA HEWLETT-PACKARD

Na Hewlett-Packard (HP), a líder da transformação, Carly Fiorina, reorganizou a empresa em um cubo matricial em 3D, no qual cada pessoa tinha três chefes, um chefe de cada uma das seguintes áreas: regional, negócios e funcional. Apesar de isso assegurar que cada área recebia importantes informações, a nova estrutura se provou ineficaz, ineficiente e criava dificuldades para o processo decisório.

Quando Fiorina saiu da empresa, o líder da transformação, Mark Hurd, percebeu a ineficácia da nova estrutura organizacional e a mudou de volta para uma matriz 2D. Apesar de essas freqüentes mudanças organizacionais terem causado tumulto na empresa, retomar a matriz 2D foi ao mesmo tempo benéfico e crítico para a organização.

Desfazendo as equipes de resposta rápida

Ao final dos 90 dias, os membros das equipes de resposta rápida devem voltar à nova organização para atuar como agentes da mudança. A equipe de excelência organizacional desempenha importante papel na alocação dos membros das equipes de resposta rápida a posições nas quais eles poderão assumir um alto nível de responsabilidade e controle.

Os membros da equipe de resposta rápida devem ser alocados em posições de poder e influência por vários motivos. Para começar, os membros da equipe foram inicialmente escolhidos em função de seu potencial de liderança. Depois de serem avaliados, analisados e testados ao longo do esforço de transformação, esses membros da equipe se provaram capazes de liderar a execução de seus planos de implementação. Mesmo que o líder da transformação tenha manifestado reservas no início do esforço, esses membros da equipe desenvolveram muitas aptidões aplicáveis para a execução ao longo do processo. E o mais importante: essas pessoas já devem ter demonstrado a disciplina e a dedicação necessárias para a execução.

Além disso, depois de sua inclusão no desenvolvimento dos planos de implementação, essas pessoas estão na melhor posição para executá-los. Isso não somente reduz o risco de mal-entendidos e divergências de interpretação em relação ao plano, como também garante que a implementação tenha adesão suficiente para ser executada até o fim. Eles conhecem a lógica e a argumentação por trás dos planos, os responsáveis e o cronograma. Na Nissan, por exemplo, Ghosn envolveu mais de quinhentos empregados nas equipes e subequipes de resposta rápida. Pelo fato de os membros da equipe terem exercido um importante papel no desenvolvimento dos planos de implementação, a adesão já estava conquistada.

Desfazer as equipes de resposta rápida e reintegrá-las na nova organização deve ser um processo tranqüilo e sem percalços. Os membros das equipes de resposta rápida levam consigo a expertise obtida por seu envolvimento no esforço de transformação e devem disseminá-la na nova organização. Desse modo, a reintegração deve ser um esforço colaborativo no qual o conhecimento é transferido por todos os níveis da organização.

Em alguns casos, ex-membros da equipe substituirão seus gestores e executivos. Tal qual ocorre no processo de transferência de responsabilidades para os dois mais altos escalões da organização, um processo gradual de transferência é mais eficaz para a média gerência e a alta administração. Foi o que demonstrou o caso da Nissan, onde o poder for gradualmente retirado das mãos de toda uma geração de gestores seniores.[7] Mesmo uma renovação organizacional radical pode ser tranqüila e sem percalços.

Apresentando o czar

Um membro particularmente importante da equipe de transformação é o novo czar da integração do processo, apresentado no 91º dia. Essa pessoa foi cuidadosamente selecionada na equipe de transformação e executa suas funções de czar além de sua função de rotina e as outras tarefas do esforço de transformação. O czar da integração do processo deve ser, de preferência, um vice-presidente sênior ou superior e deve ter formação em processo de garantia de qualidade ou operações. Além disso, o czar da integração do processo deve ser extremamente orientado aos detalhes.

O papel do czar da integração do processo é garantir que a implementação e os principais pontos de transferência de responsabilidades estejam sendo executados no mais alto nível de qualidade (veja "Desfazendo as equipes e nomeando o czar na VeriSign"). Ele é o responsável pela qualidade de todo o processo de transformação, do começo ao fim. Seu papel é certificar-se de que as interfaces entre os processos estejam trabalhando bem juntas e que, em um nível mais abrangente, a implementação progrida conforme o planejado. Ele também deve ser capaz de solucionar problemas, certificar-se de que tudo está documentado adequadamente e assegurar-se de que as pessoas estão sendo bem treinadas. Por ser a única pessoa que executa essas funções, ele deve acompanhar de longe a qualidade do trabalho e interferir principalmente quando surgirem problemas.

> ### DESFAZENDO AS EQUIPES E NOMEANDO O CZAR NA VERISIGN
>
> Na VeriSign, as equipes de resposta rápida foram desfeitas logo após a reunião de integração do dia 90. Entretanto, os ex-membros da equipe tinham um interesse especial na implementação do plano de ação. Para assegurar que os planos sejam implementados, um gerente sênior alocado ao programa e que reportava a um executivo sênior acompanhava todos os planos e sua execução até a conclusão. Apesar de o *program management officer* (PMO) do esforço de 90 dias não ter assumido essa importante tarefa, a VeriSign atribuiu a função a uma pessoa com expertise similar em gestão de projetos capaz de supervisionar o plano até o fim. Além disso, os novos papéis dos ex-membros da equipe lhes atribuíram a autoridade necessária para consolidar os resultados do plano de implementação em suas respectivas funções.

CHAVES PARA A EXECUÇÃO EFICAZ

Como afirmou Ram Charan, "a execução é mais do que tática; é uma metodologia e um sistema. Ela precisa ser incorporada na estratégia da empresa, em suas metas e em sua cultura".[8] De forma similar, A. G. Lafley, ex-CEO da Procter & Gamble, disse que o desafio para atingir a excelência na execução é aprender a "desempacotar" a idéia. "Não é possível atingir a excelência sem ter feito escolhas estratégicas disciplinadas, dispor de uma estrutura capaz de sustentar a estratégia, sistemas que permitam que grandes organizações trabalhem e executem juntas uma cultura positiva e uma liderança inspiradora. Se você contar com tudo isso, terá uma excelente execução."[9] Dessa forma, a execução eficaz não é somente outro aspecto da organização. Ela é uma cultura, uma forma de pensar, algo que orienta todas as decisões e ações da organização (veja a Figura 7-3).

A execução é essencial para a eficácia da fase de implementação. Para que a implementação seja bem-sucedida, a equipe de transformação e a organização como um todo precisam ser capazes de executar. De outra forma, todo o trabalho e esforço dedicados à fase de transformação até agora serão desperdiçados. Por outro lado, apesar de a execução eficaz mostrar-se crítica na fase da implementação da transformação, seus elementos devem ter sido desenvolvidos ao longo do esforço. As ferramentas para a execução não são algo que o líder da transformação tira do bolso e apresenta apenas na implementação – elas precisam ser elaboradas e desenvolvidas em toda a organização.

FIGURA 7-3

Chaves para a execução eficaz

| O 91º dia | Chaves para a execução eficaz | Principais desafios da implementação | Um estudo de caso |

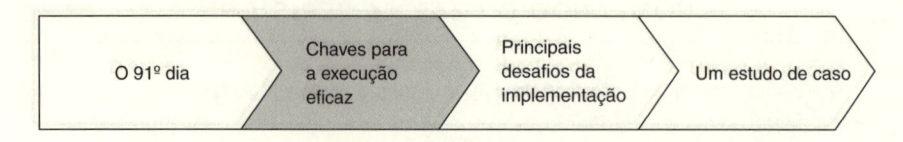

A execução eficaz envolve muitos diferentes fatores. Em nossas pesquisas, segmentamos a excelente execução em seus elementos mais importantes: alinhamento com a visão estratégica, escolha de líderes entusiasmados, manutenção das condições favoráveis, elaboração de uma ferramenta para mensurar e avaliar o progresso, desenvolvimento de uma cultura de prestação de contas, criação de uma cultura de aprendizado, flexibilidade e assunção de riscos e comunicação (veja a Figura 7-4).

Apesar de alguns desses fatores não serem específicos a um processo de transformação, têm um enorme efeito no sucesso do esforço e, dessa forma, merecem ser mencionados.

Alinhamento com a visão estratégica

Ao longo de todo o esforço de transformação, todas as decisões foram tomadas com a visão estratégica em mente, seja diretamente por meio das metas transformacionais ou indiretamente por meio das metas em cascata (veja a Figura 7-5). Na execução eficaz, todas as decisões e ações devem continuar alinhadas com a estratégia da organização e da transformação. Um artigo publicado pela Harvard Business School observou que manter o foco constitui uma das chaves da execução eficaz e que as características que ajudam uma organização a manter o foco são "uma atitude realista, simplicidade e clareza".[10] Todos esses elementos devem caracterizar uma visão estratégica eficaz.

FIGURA 7-4

Principais elementos da execução eficaz

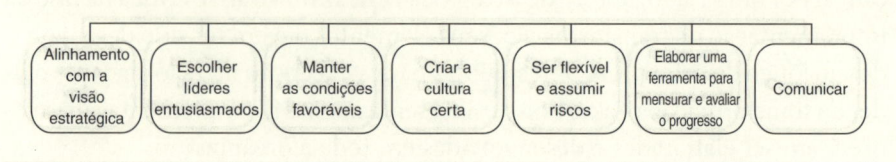

| Alinhamento com a visão estratégica | Escolher líderes entusiasmados | Manter as condições favoráveis | Criar a cultura certa | Ser flexível e assumir riscos | Elaborar uma ferramenta para mensurar e avaliar o progresso | Comunicar |

EXECUÇÃO 245

FIGURA 7-5

Execução pelo alinhamento com a visão estratégica

| Alinhamento com a visão estratégica | Escolher líderes entusiasmados | Manter as condições favoráveis | Criar a cultura certa | Ser flexível e assumir riscos | Elaborar uma ferramenta para mensurar e avaliar o progresso | Comunicar |

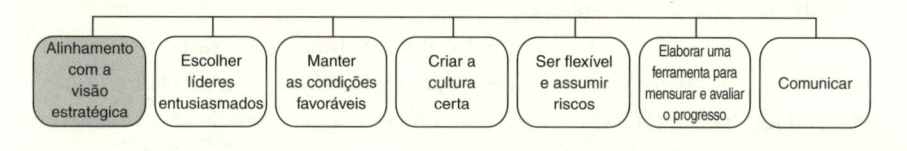

Para manter o foco na visão estratégica, a organização deve comunicar clara e reiteradamente a estratégia geral da empresa. Cada empregado na organização deve entender, adotar e internalizar a estratégia. Da mesma maneira como uma cultura de execução eficaz deve ser incorporada ao DNA da organização, o mesmo se aplica à estratégia orientadora da organização. Os empregados devem conhecer as metas de seu projeto específico e saber como ele contribui para a estratégia geral da empresa.

Escolher líderes entusiasmados

Como vimos até este ponto, uma forte coalizão de empregados orientada por líderes entusiasmados e envolvidos tem sido fundamental para o esforço de transformação. Na implementação, a empresa precisará que os líderes permaneçam comprometidos com os planos estabelecidos no esforço de 90 dias. Os líderes têm de se mostrar envolvidos, confiáveis e entusiasmados, a despeito de eventuais mudanças (veja a Figura 7-6).

Mais importante do que o entusiasmo, naturalmente, é a capacidade. Os líderes precisam, antes de tudo, ser selecionados e alocados em função de sua capacidade de liderar e motivar os outros. Além disso, eles devem ser focados na execução para orientá-la pelos vários níveis da organização.

Muitas das empresas que analisamos eram reconhecidas por seus líderes entusiasmados e orientados pelos resultados. A execução representa um foco

FIGURA 7-6

Execução pela escolha de líderes entusiasmados

| Alinhamento com a visão estratégica | Escolher líderes entusiasmados | Manter as condições favoráveis | Criar a cultura certa | Ser flexível e assumir riscos | Elaborar uma ferramenta para mensurar e avaliar o progresso | Comunicar |

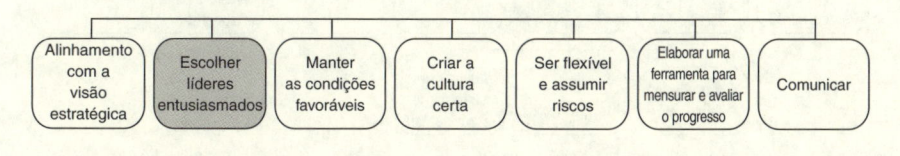

particularmente importante para os líderes. Como disse Larry Bossidy, "o líder da organização deve estar profundamente envolvido [na execução]. Ele não pode delegar sua essência".[11]

O foco na execução não deve se limitar aos líderes da transformação. Ele deve estar presente em todos os líderes da organização, seja de grupos funcionais, unidades de negócio ou projetos. O foco na execução deve ser transmitido de cima para baixo, até atingir a empresa toda.

Manter as condições favoráveis

Ao longo do caminho, a organização inevitavelmente se deparará com vários obstáculos à implementação. A empresa terá de se manter ágil e aberta às mudanças ao mesmo tempo em que progride no esforço de transformação. Dessa forma, as condições favoráveis criadas nas primeiras três fases devem ser mantidas para superar esses obstáculos e manter a empresa seguindo adiante.

Também é fundamental manter as condições favoráveis, porque elas normalmente são reduzidas e enfraquecidas na fase de implementação. Muitas vezes, as empresas relaxam após a conclusão dos estágios de planejamento, por sentirem que já superaram um grande marco com o final do esforço dos 90 dias. A transição para a fase de implementação também marca uma mudança significativa na natureza do papel dos participantes no esforço, do planejamento à execução. Essa interrupção na rotina do planejamento, aliada à incerteza do futuro, leva à hesitação e cria um obstáculo que temporariamente reduz as condições favoráveis. Dessa forma, a empresa precisa tomar providências para manter as boas condições desenvolvidas durante o esforço de transformação.

FIGURA 7-7

Execução via manutenção das condições favoráveis

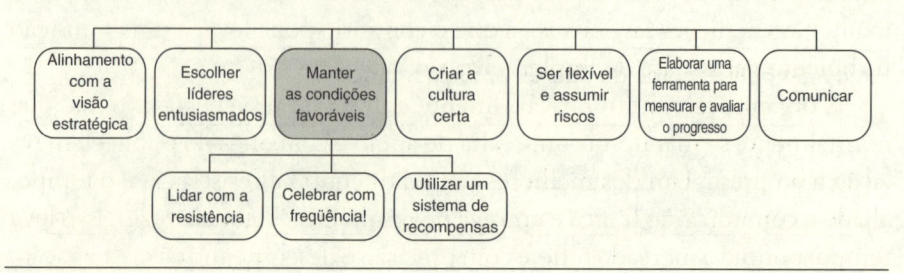

As três ferramentas mais importantes para manter as condições favoráveis são (1) lidar com a resistência, (2) celebrar com freqüência e (3) utilizar um sistema de recompensas (veja a Figura 7-7).

Lidar com a resistência

Da mesma maneira que a resistência na forma de atrito atua contra uma bola em movimento e reduz tanto a sua velocidade quanto o seu *momentum*, a resistência atua contra o *momentum* do esforço de transformação. Em um esforço de mudança organizacional, essa resistência à mudança pode se originar tanto de fontes internas quanto externas. A resistência interna normalmente resulta de empregados que não internalizam o esforço de transformação e que podem ser abordados de duas maneiras. Primeiro, a organização pode tentar ajudar os empregados a internalizar o esforço reforçando a nova cultura, comunicando a necessidade da mudança e a visão da empresa. Apesar de essas atividades terem sido praticadas ao longo de todo o esforço de transformação, uma última tentativa neste ponto pode conquistar os últimos resistentes que, de alguma forma, passaram despercebidos nas análises iniciais para identificar os empregados que resistiam à mudança. Se esses esforços se mostrarem ineficazes, os empregados devem ter a chance de sair da empresa por conta própria, apesar da obrigação, por parte desta, de tomar todas as providências necessárias para facilitar uma boa transferência de conhecimento. As pessoas que não quiserem sair devem se assegurar de que, a despeito de suas diferentes opiniões, elas não prejudicarão deliberadamente a transformação.

Ex-membros da equipe interdepartamental de resposta rápida podem desempenhar um importante papel em lidar com a resistência interna na empresa. A organização já conquistou a adesão dos membros da equipe de resposta rápida, que podem defender o esforço de transformação por toda a empresa. À medida que assumem suas novas funções, esses membros da equipe podem lidar com a resistência e conquistar a adesão dos colegas. Além disso, à medida que eles entram nas novas posições, um processo de transferência de responsabilidades bem-sucedido e sem percalços é extremamente importante para manter as condições favoráveis, já que o contrário pode levar a uma transição turbulenta para a fase de implementação.

A organização muito provavelmente enfrentará resistência externa, que normalmente se manifesta como falta de apoio e confiança do público em relação à empresa. Um dos melhores remédios contra a resistência é o tempo, aliado a comunicação franca e entrega de resultados. Algumas vezes, isso leva tempo, porque o mercado reflete com precisão o desempenho da organização.

Ao se manterem preparadas para essa reação negativa do público, as empresas podem sustentar o moral e as condições favoráveis apesar da resistência externa. Como discutimos anteriormente, a campanha externa de RP pode mostrar-se eficaz em minimizar e lidar com a resistência e o ceticismo externo.

Celebrar com freqüência!

O moral é fundamental para manter as condições favoráveis e, dessa forma, deve ser cultivado a partir da celebração do dia 90. Como mencionamos no capítulo sobre a fase 3, as celebrações representam um importante e eficaz recurso para manter e até mesmo elevar o moral. De acordo com um extenso estudo conduzido por Cross, Baker e Parker, as pessoas são energizadas em empreendimentos marcados pelo progresso e as celebrações são uma forma eficaz de anunciar e reconhecer o progresso realizado.[12] Celebrações freqüentes que reconhecem os sucessos, especialmente as vitórias de curto prazo, são fundamentais para manter os empregados motivados e incentivados, além de neutralizar o ceticismo em relação ao esforço. Bons exemplos de conquistas de curto prazo a serem celebradas incluem receber um bom feedback do cliente e passar com sucesso por pequenos pontos de verificação. Comemorações desse tipo fazem com que os empregados percebam que o sacrifício vale a pena, já que ninguém gosta de trabalhar sem sequer saber se o trabalho está surtindo o efeito desejado. As celebrações são particularmente eficazes porque o moral e as condições favoráveis são mantidos quando as pessoas sentem-se reconhecidas e valorizadas por seu esforço e empenho. De acordo com o ex-CEO da GE, Jack Welch: "Quando um grande líder compartilha as grandes vitórias, o resultado é a realização de um grande trabalho pelos empregados."[13]

Ao mesmo tempo, contudo, pode ser prejudicial celebrar demais, já que as pessoas podem ficar entorpecidas em relação aos efeitos das celebrações e passar a considerá-las superficiais. Enfatizamos alguns alertas já descritos no final do capítulo anterior. Os elogios são mais eficazes quando forem sinceros e não forem distribuídos com muita freqüência, e as celebrações prematuras devem ser evitadas. As vitórias não devem ser declaradas cedo demais, já que isso pode levar à complacência e prejudicar o progresso futuro.

Utilizar um sistema de recompensas

As celebrações, contudo, não são as únicas ferramentas disponíveis para reconhecer os sucessos. As recompensas, quando utilizadas corretamente, também constituem uma maneira eficaz de manter as condições favoráveis e o moral. Para ser útil, um sistema de recompensa deve reforçar o comportamento desejado. Assim, o líder deve definir claramente o comportamento desejado antes de criar um sistema de recompensa para incentivá-lo. Por exemplo, os líderes da Best Buy acreditavam no seguinte: "Para que os novos comportamentos sejam incorporados, é preciso alinhá-los a novas prioridades em termos de recompensa e reconhecimento. Os novos comportamentos são os cheques da mudança. Desconte-os no banco."[14]

Um sistema de recompensas pode ser aplicado paralelamente às celebrações, como foi o caso da SAS (veja "O sistema de recompensas na SAS"). Um fator importante para se ter em mente é que as recompensas devem ser distribuídas em público e as críticas, em particular. As recompensas e reconhecimentos públicos que valorizam as realizações individuais são ferramentas extremamente úteis para elevar o moral em uma organização e incentivar um comportamento similar no futuro. Como as críticas derrubam o moral quando feitas de forma imprópria, elas devem ser feitas em particular, quando os

O SISTEMA DE RECOMPENSAS NA SAS

Para agradecer e recompensar os empregados por todo o empenho que dedicaram ao esforço de transformação, a SAS, uma companhia aérea, decidiu enviar a cada um de seus vinte mil empregados um pacote de Natal em dezembro. Cada pacote incluía um relógio de ouro com o ponteiro dos minutos na forma de um avião, uma nota explicando as regras mais flexíveis para que os empregados ganhassem viagens gratuitas, um "livreto vermelho" intitulado *The Flight of the Century* (diferente do primeiro livro, chamado de *Let's Get in There and Fight*, que detalhava a visão da empresa), um convite para uma festa e uma nota de agradecimento por todo o esforço dos empregados para ajudar a SAS a passar dos maiores índices de perda ao maior lucro da história da empresa.

A SAS dividiu seu plano de recompensas em duas fases, que se refletiam na escolha dos itens do pacote. A primeira fase era dar um "símbolo individual de reconhecimento", representado pelo relógio. A segunda fase era a festa. Ambas as recompensas transmitiam uma mensagem implícita. O relógio se relacionava diretamente à meta da empresa de se tornar a companhia aérea mais pontual do mundo, enquanto a festa simbolizava o fato de a SAS ser uma coletividade e todas as pessoas terem um papel essencial na transformação. Dessa forma, o pacote não somente motivou os empregados a se empenharem ainda mais por estarem sendo valorizados e reconhecidos por seu trabalho, mas também reforçou os principais valores e metas que a transformação e a organização estavam tentando promover.[15]

argumentos e as expectativas que sustentam as críticas, além de suas implicações, podem ser discutidos abertamente. Portanto, as críticas também podem ser recursos eficazes para a manutenção das condições favoráveis ao esforço de transformação.

Criar a cultura certa

O tipo de cultura adotada por uma organização é um determinante-chave de seu sucesso transformacional, por atuar no ciclo auto-regulado que reforça os principais aspectos do esforço.

Cultura de prestação de contas

Uma organização deve ser capaz de contar com seus empregados para cumprir suas promessas e os prazos propostos, mesmo sem utilizar constantemente uma ferramenta para mensurar o progresso. Para tanto, a organização deve promover uma cultura que automaticamente oriente as pessoas na direção de uma execução eficaz, fazendo com que elas prestem contas por suas promessas (veja a Figura 7-8). A prestação de contas assegura que os prazos sejam cumpridos, que as tarefas sejam concluídas e a qualidade seja mantida. De fato, uma cultura de prestação de contas garante que as pessoas que fazem o bebê não apenas o concebam, mas também cuidem dele. Ao criar uma cultura de prestação de contas, a empresa estará incorporando um dos mais importantes princípios da execução excelente ao DNA da organização. As pessoas que se sentem responsáveis por suas tarefas e ações inevitavelmente buscam melhorar a qualidade e concluir as tarefas a tempo. Ao criar uma cultura orientada à execução, uma cultura de prestação de contas também se mostra muito

FIGURA 7-8

Execução via criação da cultura certa

```
┌─────────────┬─────────────┬─────────────┬─────────────┬─────────────┬─────────────┬─────────────┐
│ Alinhamento │ Escolher    │ Manter      │ Criar a     │ Ser flexível│ Elaborar uma│ Comunicar   │
│ com a       │ líderes     │ as condições│ cultura     │ e assumir   │ ferramenta  │             │
│ visão       │ entusiasmados│ favoráveis │ certa       │ riscos      │ para        │             │
│ estratégica │             │             │             │             │ mensurar e  │             │
│             │             │             │             │             │ avaliar o   │             │
│             │             │             │             │             │ progresso   │             │
└─────────────┴─────────────┴─────────────┴─────────────┴─────────────┴─────────────┴─────────────┘
                                          │
                              ┌───────────┴───────────┐
                              │ Cultura de            │ Cultura
                              │ prestação             │ de
                              │ de contas             │ aprendizado
```

eficaz para manter as condições favoráveis e elevar o moral e a confiança, tanto interna quanto externamente.

Como mencionamos anteriormente, as condições favoráveis também são mantidas por um sistema adequado de recompensas. Ao mesmo tempo, quando utilizadas corretamente, as recompensas também são eficazes em reforçar um comportamento desejado (veja "Mapas comportamentais na Best Buy") e garantir que as pessoas prestem contas por suas ações. Recompensas baseadas no desempenho incentivam os comportamentos desejados, enquanto recompensas insuficientes podem reduzir a prestação de contas, o que, por sua vez, minimiza as atitudes e comportamentos não-desejáveis na organização.

Mesmo sem as recompensas, a análise de desempenho também aumenta a prestação de contas e melhora a execução. Essas análises de desempenho podem cair na categoria de revisões de projeto, que também podem ter o benefício adicional de lidar com o ceticismo em relação à capacidade de execução de uma pessoa ou grupo (veja "Mensurando o progresso nos recursos humanos da Home Depot"). Além disso, as análises de desempenho ou projeto aumentam ainda mais a prestação de contas se forem conduzidas em público. Comprometimentos em público exercem um grande efeito no senso de responsabilidade das pessoas, porque sua reputação e imagem pessoal são subitamente colocadas em jogo.

Além disso, a prestação de contas pode ser aumentada por meio da simplicidade. A simplicidade, na forma de uma mensagem, um papel ou uma responsabilidade clara, tem o benefício de reduzir os ruídos e a oportunidade para dar desculpas. Um aspecto central de uma cultura de prestação de contas

---

MAPAS COMPORTAMENTAIS NA BEST BUY

Para mudar toda a cultura da organização e incentivar os empregados a se comportar da forma desejada, os líderes da Best Buy primeiramente desenvolveram mapas comportamentais, que eram descrições detalhadas mostrando padrões dos novos comportamentos. Esses mapas comportamentais foram importantes no esclarecimento dos comportamentos desejados na nova organização. Para garantir que os empregados se dispusessem a se comportar conforme o desejado e continuassem a aprender, a Best Buy criou oportunidades que permitiam que os empregados agissem da nova maneira, oferecendo críticas construtivas. Essas críticas capacitavam os empregados e os responsabilizavam por suas ações. Além disso, o feedback pode ajudar a orientar os empregados na direção certa.

> ## MENSURANDO O PROGRESSO NOS RECURSOS HUMANOS DA HOME DEPOT
>
> Os presidentes de divisão expressaram a Dennis Donovan, o vice-presidente executivo de recursos humanos (RH) da Home Depot, seu ceticismo em relação à capacidade do departamento de RH de cumprir suas promessas. Em resposta a esse ceticismo, Donovan assegurou que o pessoal do RH prestasse contas por suas ações e exigiu que eles submetessem planos detalhados para cada projeto pelo qual eles eram responsáveis. Além disso, solicitou que eles documentassem detalhadamente seu progresso a cada mês. De acordo com Donovan, "cada pessoa da equipe de RH analisa cada área de processo, e isso é feito religiosamente. É assim que nos concentramos na parte da 'execução'".[16] Essas ações ajudaram a minimizar o ceticismo dos presidentes de revisão, além de elevar o moral e a confiança no departamento de RH e na organização como um todo.

é a recusa em tolerar desculpas, faltas e violações do cronograma. Os empregados precisam ter confiança no estabelecimento de suas metas e na capacidade de atingi-las (veja "Prestação insuficiente de contas na Hewlett-Packard"). Em uma cultura de prestação de contas, as pessoas assumem a responsabilidade por suas ações, independentemente de se orgulharem ou não delas. Para o

> ## PRESTAÇÃO INSUFICIENTE DE CONTAS NA HEWLETT-PACKARD
>
> Durante a administração de Carly Fiorina, a Hewlett-Packard não tinha uma cultura de prestação de contas em parte devido à sua estrutura centralizada. Ninguém assumia a responsabilidade por nenhum projeto ou defendia alguma meta. Na verdade, em 2003, a empresa não tinha nem mesmo cotas de vendas! Sem essa meta, ninguém poderia ser responsabilizado por não atingir as metas de vendas. Ainda mais surpreendente, levou três anos antes de a empresa finalmente demitir o vice-presidente de vendas por não fazer seu trabalho e não definir uma meta. Além disso, os líderes das unidades de negócio que trabalhavam com o pessoal de vendas só recebiam o controle de 30% dos custos sob o comando de Fiorina.[17] Quando pressionados para responder por seu desempenho, eles respondiam: "Vocês não podem nos responsabilizar quando só temos 30% em nosso controle e 70% fora do nosso controle!"

bem ou para o mal, as pessoas devem ser responsabilizadas. Os empregados não podem ser resistentes à prestação de contas.

Apesar de ser importante para os líderes investigar por que alguns projetos não cumpriram os prazos e por que a execução fracassou, também é importante distinguir entre os verdadeiros motivos e as desculpas. Conhecer a verdade por trás dos obstáculos e problemas enfrentados pelas pessoas permite que os líderes previnam a ocorrência da mesma situação no futuro. Conhecer as desculpas, contudo, não ensina nada à organização. Ao diferenciar entre um motivo e uma desculpa, os líderes devem enfatizar que a motivação para a investigação de um prazo perdido ou uma meta não-atingida não é encontrar um culpado, mas melhorar a organização e ajudar o empregado, encontrando e removendo os obstáculos. Para que isso ocorra, a equipe de liderança deve primeiramente conhecer as pessoas e suas competências, já que, em alguns casos, o plano de implementação e a tarefa podem não ter sido realistas, considerando o conjunto de aptidões e a carga de trabalho dos empregados. Em uma cultura de prestação de contas, a organização deve investigar e identificar os problemas, solucioná-los e aprender a evitá-los no futuro.

Cultura de aprendizado

Em uma cultura de prestação de contas, os empregados estão dispostos a aprender com os casos nos quais a execução fracassou. Essa cultura de aprendizado é extremamente importante para a execução eficaz. Todas as organizações cometem erros, alguns mais custosos do que outros. Uma das principais diferenças entre uma empresa bem-sucedida em sua fase de implementação e uma empresa que fracassa é o que é feito depois desses fracassos. Se analisados do ponto de vista certo, os fracassos podem representar grandes oportunidades de aprendizado. As empresas bem-sucedidas conduzem uma "análise de fracassos", que as força a aprender com seus erros. Nessa análise, a organização não apenas avalia o fracasso, como também desenvolve soluções potenciais e aprende como evitar cometer os mesmos erros ou erros similares no futuro.

Um importante aspecto da análise de fracasso é perguntar: Por quê? Por exemplo, quando uma empresa não apresenta uma boa execução, os líderes devem perguntar: Por quê? Por que a execução fracassou? Teria sido por falta de apoio? Por que perdemos o prazo? O que podemos fazer para garantir que isso não se repita? Fazer as perguntas certas é fundamental na análise de fracassos. De certa forma, a análise de fracassos se assemelha ao trabalho investigativo realizado na fase 1. Em ambos os casos, uma análise profunda deve ser conduzida para analisar os sintomas e a causa do problema. Como mencionamos na seção anterior sobre a prestação de contas, ao fazer as perguntas certas, é necessário saber se as respostas corretas serão obtidas. Essas respostas devem ser sinceras e incluir os principais pontos da questão.

Entretanto, a análise de fracassos representa apenas um aspecto de uma cultura de aprendizado. Para uma execução eficaz, os empregados devem estar dispostos a aprender o tempo todo, não somente depois de um fracasso. Assim, é importante criar toda uma cultura na qual cada interação ou experiência seja uma oportunidade de aprender, não apenas a partir das próprias experiências, mas também das experiências dos outros. A comunicação de mão dupla deve ser estabelecida para que o aprendizado seja possível em todas as frentes. Além disso, uma comunicação de mão dupla é particularmente útil ao oferecer feedback, o que promove ainda mais a cultura de aprendizado na nova organização, ajudando a moldar novos comportamentos e ações.

Ser flexível e assumir riscos

Apesar de a excelência na execução basear-se na disciplina, não basta incentivar comportamentos de rotina. A execução também requer assumir riscos e ser flexível e adaptável (veja a Figura 7-9). As situações e os ambientes mudam com freqüência e incidentes inesperados estão sempre ocorrendo. Se puder se adaptar a essas mudanças no ambiente, a organização terá mais chances de transformar obstáculos em oportunidades e impedir que esses problemas prejudiquem a execução. De acordo com Jan Carlzon, CEO da SAS, uma organização deve "abrir o caminho como se fosse um trator".[18] Mais especificamente, não permita que pequenos obstáculos fiquem em seu caminho e não desista cedo demais. Muitas vezes, as empresas permitem que pequenas barreiras interrompam a execução eficaz, mas, em muitos casos, essas barreiras podem ser superadas com persistência e capacidade de adaptação.

FIGURA 7-9

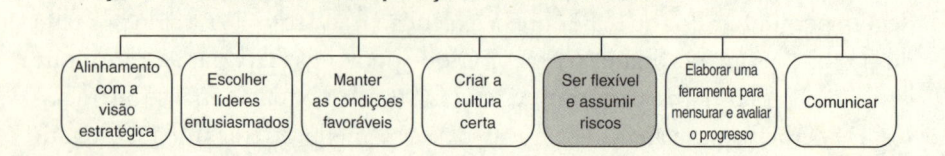

Execução via flexibilidade e disposição de assumir riscos

| Alinhamento com a visão estratégica | Escolher líderes entusiasmados | Manter as condições favoráveis | Criar a cultura certa | Ser flexível e assumir riscos | Elaborar uma ferramenta para mensurar e avaliar o progresso | Comunicar |

A execução implica assumir riscos. Em muitas ocasiões, há várias formas de executar uma idéia ou princípio. Escolher uma idéia em detrimento de outra requer a avaliação das alternativas e dos riscos dessa escolha. Contudo, a escolha mais segura nem sempre é a melhor opção. Carlzon observa que "não adianta dar pequenos passos quando se está à beira do precipício. A alta administração não somente precisa aprender a saltar para cruzar o abismo, mas a disposição de assumir riscos deve reverberar por toda a organização".[19] Além disso, em alguns casos, um método de execução pode se provar ineficaz. Neste ponto, a equipe ou organização deve ser flexível e levar em consideração as outras alternativas (veja "Execução eficaz na Bay Networks").

EXECUÇÃO EFICAZ NA BAY NETWORKS

Dave House salientou a importância da execução na transformação da Bay Networks. Ele disse: "Tudo girava em torno da execução." E explicou: "Pode haver dez maneiras de executar qualquer tarefa. Oito delas podem funcionar, e você pode passar muito tempo discutindo sobre qual será a mais eficaz. Mas o poder da execução é escolher uma delas e fazer com que todos o sigam. Se um método se provar ineficaz, você pode perceber isso logo de cara e escolher outro método."[20]

Elaborar uma ferramenta para mensurar e avaliar o progresso

A execução eficaz provém da capacidade de avaliar se o progresso está sendo realizado na velocidade apropriada (veja a Figura 7-10). A ferramenta mais popular para mensurar o progresso é o balanced scorecard, também chamado de change scorecard.

FIGURA 7-10

Elaborar uma ferramenta para mensurar e avaliar o progresso

- Alinhamento com a visão estratégica
- Escolher líderes entusiasmados
- Manter as condições favoráveis
- Criar a cultura certa
- Ser flexível e assumir riscos
- Elaborar uma ferramenta para mensurar e avaliar o progresso
  - Utilizar um balanced scorecard
  - Acompanhar o plano de implementação
- Comunicar

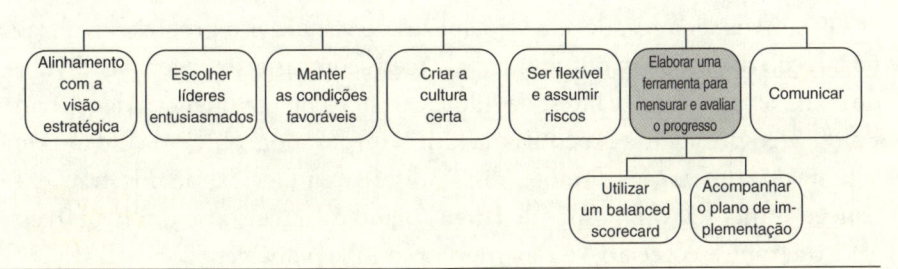

Utilização de um balanced scorecard

Um balanced scorecard é uma ferramenta de gestão que segmenta a visão estratégica geral da empresa em diferentes perspectivas em cuja base o desempenho é mensurado. Ele utiliza indicadores e metas em cascata para assegurar-se de que as metas estão sendo atingidas nas várias frentes. Em resumo, ele consiste de um documento ou uma interface que acompanha o progresso feito na direção de diferentes metas em cascata, que, quando combinadas, compõem a meta estratégica mais ampla da organização. De acordo com John Kelly, presidente e CEO da Crown Castle International, uma empresa de telecomunicações, "o [balanced scorecard] nos proporcionou uma relação tangível; ele mostrou a nosso pessoal o que era necessário ser feito para ajudar a implementar a estratégia".[21] As quatro principais perspectivas estratégicas mais comumente abordadas no balanced scorecard são o ponto de vista financeiro ou dos acionistas, o ponto de vista do cliente, o ponto de vista interno (tais como os processos internos) e o ponto de vista da capacidade da empresa de inovar, aprender e crescer.

Em um esforço de transformação, quando se tenta mudar os comportamentos naturais e rotineiros dos empregados, é necessário encontrar formas de fazer com que as pessoas adotem ativamente as novas formas de pensar e os novos comportamentos. Um scorecard não somente se certifica de que as pessoas conheçam e compreendam os novos comportamentos esperados, como também proporciona uma forma de garantir sua execução e mensurar o progresso da organização na incorporação desses comportamentos em seu DNA.

Para garantir o progresso na direção das metas definidas no scorecard, a equipe de liderança deve avaliar periodicamente o progresso em um painel de controle. Os desempenhos na direção das metas podem ser classificados em luzes vermelha, amarela ou verde, com cada cor simbolizando a distância das pessoas em relação aos objetivos. Uma luz vermelha sinaliza à organização que mais energia precisa ser alocada a uma determinada área, ao passo que uma luz verde significa que tudo está caminhando de acordo com o planejado. Um balanced scorecard deve ser claro e todas as pessoas da organização, não somente os executivos seniores, devem ser capazes de visualizar o progresso realizado na direção das metas. Contudo, os balanced scorecards só devem ser divulgados para as partes relevantes, devido a questões de confidencialidade. Larry Brady, vice-presidente executivo da FMC Corporation, observou em uma entrevista que um de seus diretores disse, "diferentemente das demonstrações financeiras mensais ou mesmo do [meu] plano estratégico, se um rival tivesse acesso a [meu] scorecard, [eu] perderia a [minha] vantagem competitiva".[22]

A equipe de transformação deve desenvolver um amplo scorecard no nível corporativo que inclua as principais metas do esforço de transformação, além das metas em cascata relevantes e os principais indicadores de desempenho. As pessoas que acompanham o progresso do esforço de transformação têm mais chances de concentrar sua energia e promover ainda mais a evolução. Além de um amplo scorecard para a transformação, contudo, as unidades de negócio ou funções individuais também costumam demandar um scorecard para mensurar o progresso de menor escala na direção das metas. Nesses casos, as equipes precisam se assegurar de que os diferentes scorecards ainda enviarão uma mensagem clara e consistente e não sobrecarregarão os empregados (veja "Utilização ineficaz dos scorecards na Best Buy").

Um scorecard não é uma entidade estática. Ele precisa ser dinâmico, mudando de acordo com as metas, que, por sua vez, estão em constante evolução. Um scorecard congelado no tempo logo se torna obsoleto. Apesar de um scorecard ser importante para direcionar a organização, ele só é eficaz se direcionar a organização para as metas e os fatores certos. Além disso, um scorecard só pode ser tão eficaz quanto seus indicadores. Para cada uma das principais perspectivas, a organização precisa selecionar alguns indicadores em cuja base o desempenho e o progresso serão mensurados. Esses indicadores devem transmitir a essência da estratégia ou das metas sem se mostrar amplos ou estreitos demais.

UTILIZAÇÃO INEFICAZ DOS SCORECARDS NA BEST BUY

Antes de sua transformação em 1999, a Best Buy utilizava um scorecard para mensurar o desempenho de cada um de seus gerentes de loja. Apesar de a Best Buy reconhecer o valor de mensurar o desempenho utilizando esses scorecards, a empresa não conseguia fazê-lo de maneira sistemática. O processo impunha aos gerentes requisitos demais, muitas vezes emitindo até trinta scorecards diferentes, cada um com seus próprios, e muitas vezes contraditórios, requisitos. Além disso, a empresa acompanhava os resultados dos negócios, e não os comportamentos que, de fato, haviam levado aos resultados. Os bônus também estavam relacionados a esses indicadores de desempenho e não demorou muito para que cada gerente de loja adotasse a missão de "bater o scorecard". Assim, pelo fato de os scorecards serem inadequadamente aplicados, eles acabaram se provando altamente ineficazes e até mesmo prejudiciais à empresa.[23]

Acompanhamento do plano de implementação

Um scorecard é uma ferramenta eficaz para mensurar continuamente o progresso e o desempenho dos empregados em relação às metas estabelecidas pela equipe de transformação e tem uma importante influência sobre a mudança comportamental em toda a organização ao direcionar e alinhar todas as pessoas. Entretanto, o verdadeiro progresso das tarefas dos planos de implementação desenvolvidos pelas equipes de resposta rápida também deve ser continuamente avaliado.

Para avaliar especificamente o progresso do esforço de transformação e garantir que a implementação esteja evoluindo conforme o programado, o PMO deve integrar as ações e seus respectivos prazos conforme o definido pelo plano da implementação de transformação em um único documento ou planilha. No que se refere aos prazos, essa planilha deve conter duas colunas: uma para o prazo originalmente planejado e outra para o prazo ajustado. Inevitavelmente, surgirão circunstâncias que atrasarão os projetos, mas a chave é não permitir que as situações saiam do controle e não deixar que esses atrasos se tornem a norma.

O PMO deve conduzir uma reunião quinzenal (similar às reuniões semanais conduzidas durante o esforço dos 90 dias), em que as equipes poderão atualizar a EGE e toda a equipe de transformação sobre o progresso de suas tarefas. Essa reunião aumenta a prestação de contas e o comprometimento porque os pilotos e responsáveis devem responder pelo progresso realizado em relação aos itens do plano de implementação. Cada equipe deve repassar cada uma de suas tarefas e informar o progresso realizado desde a última reunião, inclusive se a tarefa está de acordo com o cronograma ou atrasada e o motivo. Os responsáveis que se mostram incapazes de manter os prazos de suas tarefas devem explicar por que seus cronogramas não estão sendo cumpridos e o que pretendem fazer a respeito. Dessa forma, o PMO e a equipe da transformação podem assegurar uma implementação em tempo hábil do plano de implementação.

Comunicar

A comunicação, que foi enfatizada ao longo de todo o esforço de transformação, não deve ser interrompida neste ponto. A execução eficaz é facilitada pela comunicação franca e objetiva, com as pessoas conversando abertamente sobre os problemas e obstáculos que encontram sem se preocupar em ser repreendidas por eles (veja a Figura 7-11). A comunicação franca e honesta

FIGURA 7-11

Execução via comunicação

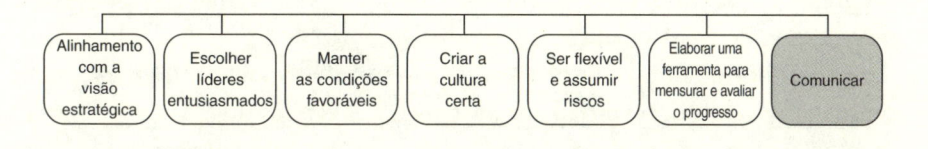

| Alinhamento com a visão estratégica | Escolher líderes entusiasmados | Manter as condições favoráveis | Criar a cultura certa | Ser flexível e assumir riscos | Elaborar uma ferramenta para mensurar e avaliar o progresso | **Comunicar** |

mantém todas as pessoas atualizadas com as últimas notícias sobre a transformação e a empresa, e ajuda a proporcionar às pessoas certas as informações certas, no momento certo. As pessoas devem se sentir à vontade para expressar e informar o surgimento de qualquer problema, e devem se sentir confortáveis para pedir ajuda quando necessário. Além disso, muitos casos de mal-entendidos somente são superados por meio de uma comunicação aberta, e muitos problemas são minimizados pela comunicação. Os canais de comunicação devem permanecer abertos ao longo da implementação e depois dela, especialmente entre funções e fronteiras.

PRINCIPAIS DESAFIOS DA IMPLEMENTAÇÃO

Todas as organizações passarão por complicações na implementação, embora algumas sejam capazes de superar esses obstáculos com mais facilidade e com mais elegância do que outras. Conhecer os problemas mais comuns enfrentados pelas empresas na fase de implementação permite adiantar-se a esses problemas e solucioná-los antes de saírem do controle (veja a Figura 7-12). Para que uma organização possa sobreviver e crescer, ela deve aprender com os próprios erros, ser persistente e ter disposição para continuar tentando, a despeito de algumas derrotas – isto é, ela precisa ter uma cultura de aprendizado e estar disposta a assumir riscos, como afirmamos anteriormente. Muitas das organizações que analisamos já haviam passado por processos de transformações e revitalizações, algumas das quais tiveram um grande sucesso, enquanto outras nem tanto. Independentemente disso, cada uma aprendeu com seus erros e foi capaz de lidar com os obstáculos quando surgiram novamente. Não existe uma transformação única e "final". As organizações estão em constante mudança e a chave é sobreviver até a próxima grande transformação. Conhecer e lidar com esses principais desafios da implementação aumenta a probabilidade de que a empresa não padecerá até o próximo esforço.

FIGURA 7-12

Principais desafios da implementação

O 91º dia → Chaves para a execução eficaz → **Principais desafios da implementação** → Um estudo de caso

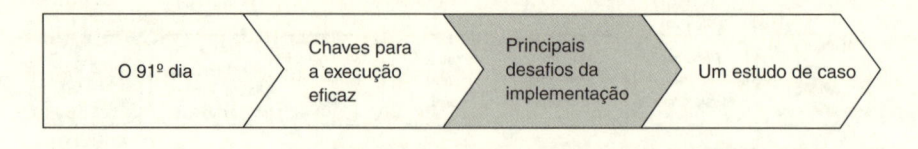

Subestimando a complexidade da implementação e da execução

A implementação requer extrema atenção aos detalhes e um sólido conhecimento das nuances da organização. Um dos fatores críticos da implementação em um esforço de transformação é mudar o comportamento dos empregados, o que não é tarefa fácil. Sem a utilização adequada de ferramentas e sem processos definidos e claros, a empresa descobrirá que a inércia e o poder do hábito tendem a neutralizar as tentativas de mudança. Como a Best Buy aprendeu após sua primeira tentativa fracassada de transformar a empresa, "não tínhamos idéia da extensão da complexidade envolvida em mudança comportamental e não sabíamos quanto tempo isso levaria para ser implementado".[24] Se tiver a chance, a maioria das pessoas recairá, feliz, em sua rotina confortável e habitual. A mudança comportamental demanda muita energia e ação deliberada. Recompensas baseadas no desempenho, além de freqüentes comunicações abertas e francas, normalmente simplificam e agilizam o processo de mudança.

As maiores complexidades da implementação incluem a coordenação entre o curto e o longo prazos e exigir que os empregados se empenhem tanto no esforço de transformação quanto em seu trabalho do dia-a-dia. Muitas vezes, as pessoas dizem que um dos mais difíceis aspectos da implementação é levar adiante todas as mudanças planejadas, além de atingir as metas trimestrais. As empresas de sucesso conseguem fazer as duas coisas, já que um fracasso em qualquer um desses âmbitos não é uma opção viável.

Subestimando o poder da resistência interna

Como mencionamos na seção anterior, as pessoas, por vezes, têm muita dificuldade em mudar. Ao longo deste livro, temos mencionado o poder que a resistência interna tem de minar o esforço de transformação. Os empregados que resistem ao esforço levantarão barreiras e obstáculos de outra forma para evitar a transformação, o que será especialmente devastador na fase de implementação. A resistência interna pode espalhar-se por toda a organização, e pessoas que poderiam ter aderido ao esforço talvez comecem a questioná-lo. Uma organização não-unificada também é inconsistente, e a falta de uniformidade na organização, especialmente nos altos escalões, enviará uma perniciosa mensagem: ou que a administração não leva a implementação da mudança a sério ou que não está disposta a contribuir com seu esforço. Nenhuma dessas mensagens tem um efeito positivo no esforço de transformação.

A resistência à implementação muitas vezes é o resultado da falta de adesão da organização ao esforço. Para que a implementação tenha sucesso, as pessoas precisam entender a mudança e internalizá-la logo no início do esforço, antes de serem informadas dos detalhes do plano de implementação. Elas precisam saber como a transformação as afetará para se preparar adequadamente para o esforço.

Algumas vezes, a resistência provém da falta de compreensão. Se os empregados não estiverem envolvidos no desenvolvimento do plano, eles podem facilmente interpretá-lo mal. Além disso, eles precisam conhecer os detalhes sobre como implementar o plano. Um plano de implementação de alta qualidade pode ser facilmente traduzido em ação, além de incluir formas de reforçar o novo comportamento desejado. Para facilitar o processo, contudo, a pessoa responsável pela implementação do plano deve ter a chance de participar de seu desenvolvimento – daí o valor das equipes de resposta rápida. Isso ajudará a reforçar não somente o entendimento do plano, mas também a adesão à implementação. Nas tentativas iniciais da Best Buy de transformar a empresa, em que consultores externos desenvolveram um plano a ser implementado, a organização conseguiu conquistar apenas 44% de adesão.[25] Essa resistência interna, apesar de não ser explícita, se manifestou na forma de uma implementação insatisfatória do plano.

Em alguns casos, a resistência começa a vir durante a implementação, especialmente se as pessoas não sentirem que estão obtendo os resultados esperados. Isso pode ser um efeito da resistência interna original, mas também pode representar insatisfação com o progresso da implementação. Para se beneficiar das condições favoráveis criadas durante o esforço de transformação de 90 dias e para superar um sentimento de progresso lento, a equipe da transformação deve acreditar e investir na implementação. Ao dedicar tempo e esforço significativos na frente de batalha, a equipe proporcionará às pessoas um maior senso de progresso e ajudará a combater a estafa que normalmente se abate sobre as pessoas nos últimos estágios da implementação. Esse empenho extra se beneficiará do entusiasmo e das novas idéias associadas ao início da implementação e combaterá a resistência interna ainda no começo.

Outra forma eficaz de neutralizar o problema da resistência interna é lidar com as pessoas que não estão dispostas a mudar. A Banca Intesa, por exemplo, substituiu 70% de seus gerentes de agência em três anos, adotando a filosofia de investir em novo pessoal, em vez de alocar tempo e energia para mudar a forma de pensar tradicional dos empregados.[26] De forma similar, Jack Welch, o ex-CEO da GE, dispensou os empregados que não se alinhavam à cultura da GE, embora apresentassem potencial de desempenho satisfatório. Ao final de sua gestão, a GE tinha somente noventa mil empregados, em comparação com os 420 mil que Welch encontrou quando entrou na empresa.[27]

Coordenação ineficaz das atividades de implementação

A implementação dos planos desenvolvidos no esforço de transformação de 90 dias é extremamente difícil e complexa. Dessa forma, a coordenação entre os diferentes programas é especialmente crítica e importante. (Veja "Falta de coordenação no lançamento planejado da Xerox" para um exemplo do fracasso de um programa causado pela coordenação ineficaz.) Como mencionamos no capítulo sobre a fase 3, a Best Buy não coordenou os esforços em seu primeiro esforço de transformação, resultando em três grandes iniciativas sendo lançadas

---

FALTA DE COORDENAÇÃO NO LANÇAMENTO PLANEJADO DA XEROX

Em 1997, a Xerox contratou Richard Thoman como CEO e se empenhou em um urgente esforço de transformação. Como um resultado do esforço, a empresa lançou, paralelamente, duas grandes e importantes iniciativas: (1) reorganizar a força de vendas de trinta mil pessoas e (2) consolidar os 36 centros de administração e faturamento de clientes em somente três. Pelo fato de a Xerox não ter sido capaz de executar esses dois esforços paralelos, a empresa se viu imersa em caos, deixando de fechar negócios com os clientes e com uma força de vendas sobrecarregada, obrigada ao mesmo tempo a organizar o sistema de faturamento de pedidos e restritos à venda de soluções em vez de produtos. Além disso, Thoman não tinha autoridade para montar a própria equipe de liderança e não contava com o apoio suficiente da equipe existente, que se mostrou cética em relação à sua visão desde o início.[28]

ao mesmo tempo e competindo entre si por recursos e prioridade.²⁹ Devido a essa falta de integração e coordenação, a implementação de todas as três iniciativas fracassou. Sem comunicação e coordenação, várias iniciativas que, de outra forma, teriam sucesso competirão entre si e muito provavelmente fracassarão.

Ao pensar em como lançar diferentes planos de implementação da transformação, a equipe de transformação, o PMO e a EGE devem levar em consideração planos complementares e que se beneficiem dos lançamentos em paralelo. Ao mesmo tempo, a equipe deve analisar os planos que competem pelos mesmos recursos e que, portanto, não devem ser lançados juntos, devido a recursos limitados ou pelo fato de poder confundir os empregados. As prioridades dos diferentes projetos e planos são importantes, mas o sucesso depende muito da coordenação entre eles.

Promessas não-cumpridas

A equipe de transformação e a organização estão sob constante pressão externa para entregar resultados e apresentar um desempenho satisfatório. Com os holofotes direcionados a ela, a organização é tentada a fazer promessa que não tem condições de cumprir. A credibilidade na implementação é extremamente poderosa e difícil de reconquistar depois que for perdida.

O excesso de promessas normalmente resulta de uma ênfase excessiva na imagem pública da empresa. Apesar de isso funcionar no curto prazo se o público acreditar nas promessas, essa postura costuma ser prejudicial no longo prazo. Se a empresa reiteradamente deixar de cumprir suas promessas, o público perderá a confiança nela e deixará de acreditar em qualquer promessa no futuro. Para combater a compulsão de prometer demais, a empresa deve perceber que um bom desempenho fala por si só, acompanhado ou não de anúncios chamativos e grandes promessas. Como explicou Dennis Cain, um veterano de 22 anos na Hewlett-Packard, "não fale sobre o que você fará. Simplesmente faça e deixe que os outros falem a respeito".³⁰

Outra forma de impedir promessas excessivas é atribuir o papel de "advogado do diabo" a um executivo, já que promessas demais muitas vezes se relacionam a uma falta de realismo (veja "Promessas demais na Lucent"). Ao ter alguém para analisar suas promessas com um olhar crítico, a empresa tem mais chances de manter os pés no chão e menos chances de fazer promessas irreais, que a organização sabe não ter condições de cumprir. Ao mesmo tempo, contudo, a empresa deve buscar um equilíbrio entre fazer promessas impossíveis e promessas muito fáceis de atingir. Isso é feito elevando as me-

> **PROMESSAS DEMAIS NA LUCENT**
>
> Richard McGinn foi nomeado CEO da Lucent Technologies em 1996 e imediatamente prometeu um grande e rápido crescimento a seus investidores. Ele começou a definir metas não-realistas, buscando voltar-se a mercados para os quais a Lucent ainda nem tinha os produtos! Além disso, ele ignorou a dura realidade de que a Lucent não era capaz de lançar os produtos no mercado com agilidade suficiente. E, ainda pior, a equipe de McGinn o alertou quanto às metas impossíveis que estavam sendo definidas e o incentivou a levar em consideração metas mais realistas e atingíveis. Pelo fato de McGinn ter negligenciado as sugestões e opiniões de sua equipe, ele se afastou de sua equipe e perdeu o apoio necessário para implementar a mudança.[31]

tas até os limites do possível, o que é extremamente eficaz também para motivar uma organização.

Reuniões ineficazes

Embora esse ponto pareça de importância marginal na discussão dos desafios da implementação, a condução de reuniões ineficazes é um problema diretamente relacionado a um dos maiores obstáculos à execução: falta de tempo. As pessoas só têm 24 horas por dia para fazer todo o necessário e, ao acrescentar o encargo do processo de implementação, elas muitas vezes se sentem sobrecarregadas. Entretanto, muitos empregados deixam de perceber que grande parte do tempo que passam em reuniões pode, na verdade, ser realocado à implementação sem causar muito impacto no restante do trabalho se as medidas corretas forem tomadas para que as reuniões sejam mais eficazes.

Uma maneira de combater as reuniões ineficazes é instruir as pessoas sobre o quanto sua vida será facilitada com a otimização do tempo gasto em reuniões. Algumas vezes isso pode ser feito em sessões de treinamento formal ou em coaching *on the job* e em tempo real. Um fator relevante nas reuniões ineficazes é a tomada de decisões. Todos nós já participamos de reuniões em que muito foi discutido mas nem todos os participantes eram relevantes para o tema em questão. Essas discussões devem ser realizadas somente na presença das pessoas relevantes. A condução mais eficaz de reuniões e de um processo decisório melhor também pode melhorar a implementação ao incentivar as pessoas a serem mais eficientes e produtivas em seu trabalho cotidiano.

CONSIDERAÇÕES FINAIS: UMA COMPARAÇÃO

Agora que apresentamos os fundamentos de uma implementação bem-sucedida, compararemos dois esforços de transformação corporativa implementados na mesma empresa e na mesma década: um foi, em geral, um fracasso e o outro pode ser considerado preliminarmente bem-sucedido (veja a Figura 7-13). Os líderes desses dois esforços tinham estilos radicalmente diferentes, e a variação do resultado pode ser atribuída à execução eficaz, por um lado, ou à total falta de execução, por outro.

A Hewlett-Packard, uma empresa de tecnologia que entrega produtos, serviços e soluções, enfrentou uma série de problemas na última década. As esperanças da empresa se reacenderam quando Carly Fiorina entrou na posição de CEO em 1999, mas, em seis anos, a HP se desiludiu e Fiorina foi forçada a sair da empresa. Quando Mark Hurd entrou na organização em 2005, ele foi recebido com uma onda de ceticismo e muitas pessoas duvidavam de sua capacidade de revitalizar a empresa. Até o momento da escrita deste texto, a transformação promovida por Hurd tem sido um inquestionável sucesso desde o início de 2005, quando Hurd entrou na HP.

Nesta seção, comparamos as abordagens desses dois recentes líderes da HP. A maioria dos especialistas diria que a queda de Fiorina não resultou da falta de visão, mas da falta de execução e implementação. De acordo com Pat Dunn, membro do Conselho de Administração da HP, "a grande diferença não foi na estratégia, mas na execução; o Conselho de Administração considera que a execução tem uma importância vital para a evolução".[32] Apesar de os esforços de Fiorina terem sido, em grande parte, malsucedidos, pode-se considerar que ela pavimentou o caminho para Hurd, criando uma visão forte para a empresa e lançando vários projetos.

FIGURA 7-13

Um estudo de caso

| O 91º dia | Chaves para a execução eficaz | Principais desafios da implementação | Um estudo de caso |

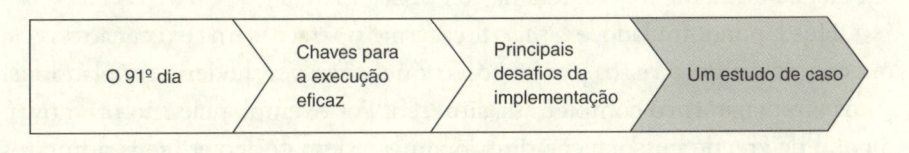

O início

Quando Carly Fiorina entrou na HP, ela assumiu o cargo já a pleno vapor. De acordo com um executivo da HP, "Carly enxergava tão à frente que às vezes não conseguíamos correr na velocidade suficiente para acompanhá-la. Tínhamos de construir rapidamente pontes na tentativa de acompanhar o ritmo dela". No começo, ela dedicou um tempo desproporcional comunicando sua visão à nova organização. Durante os primeiros seis meses no cargo, Fiorina passou muito tempo viajando, para falar sobre seus planos e visão para o futuro. Essas conversas, contudo, eram extremamente impessoais e Fiorina nunca aproveitou a oportunidade para tentar conhecer os empregados e ouvir suas queixas no nível individual. Ela estava muito focada em criar uma boa imagem para si mesma e conquistar apoio para sua visão, tanto interna quanto externamente.

Mark Hurd, contudo, entrou na HP com uma postura de aprendizado. Nos primeiros meses, absteve-se de agir. Em vez disso, ele se dedicou a investigar a situação e diagnosticar a empresa reunindo-se com empregados de todos os níveis e conversando com os consumidores para tentar enxergar a HP do ponto de vista do cliente. Só nos primeiros três meses, Hurd conversou pessoalmente com mais de mil clientes. Apesar de também ter conduzido várias conversas informais em vários escritórios da empresa, seu principal objetivo não era criar uma boa imagem e visão para si mesmo e para a empresa, mas identificar os principais problemas que afligiam a empresa. Nessas conversas, ele utilizava um flip chart para que todos conhecessem os resultados quantitativos da empresa, como metas de receita e metas de lucro líquido. Ele queria que os números falassem por si e impulsionassem a mudança de baixo para cima.

Foco organizacional

Fiorina concentrou seus esforços em mobilizar a organização com base em sua visão. Ela entrou na HP com planos grandiosos para mudar e melhorar a empresa e manteve uma perspectiva ampla e elevada. Devido à sua carismática imagem pública e à fascinação promovida pela mídia, as pessoas nunca questionaram o que ela almejava, mas como ela pretendia fazer isso. Com efeito, ela chegou a se recusar a nomear um Chief Operating Officer (COO) para ajudá-la a implementar os detalhes de sua estratégia.[33]

Hurd, por outro lado, era mais focado nas operações e na execução do que na criação de uma visão, por acreditar que a visão só poderia ser elaborada após um diagnóstico completo da situação. Por exemplo, ele não promoveu nenhuma grande mudança no direcionamento estratégico em seus primeiros cinco meses na HP. Como bem resumiu Todd Bradley, vice-presidente executivo do grupo de sistemas pessoais da empresa, "Mark parecia muito mais concentrado em criar valor por meio do desempenho operacional do que simplesmente tentar convencer as pessoas de suas grandiosas visões".[34] Por outro lado, Hurd poderia não ter sido capaz de se concentrar nos aspectos operacionais da empresa se Fiorina não tivesse desenvolvido e defendido uma visão para a nova organização durante o tempo em que ocupou o cargo, já que ambos os aspectos são críticos para impulsionar a mudança em qualquer organização. De acordo com Hurd, "quando entrei na empresa, grande parte do trabalho já tinha sido feito. Não foi um espetáculo de uma pessoa só".[35]

Estilo de gestão e liderança

O estilo de gestão e liderança de Fiorina provocou uma enorme controvérsia na HP. "Ela era tudo o que a HP não era – carismática, ousada e até glamorosa."[36] Uma visionária, Fiorina tendia a "mirar para cima" e definir metas aparentemente impossíveis. Enquanto essa postura por vezes a favorecia, outras vezes também a prejudicava. Por exemplo, ela definiu, para a organização, uma meta de crescimento de 15% para o ano fiscal de 2000. Apesar de muitos empregados não acreditarem na possibilidade dessa taxa de crescimento em meio a uma reorganização e uma acirrada concorrência, as vendas da HP, na verdade, cresceram mais de 15%.[37]

Por outro lado, algumas vezes ela definia metas tão irreais que elas de fato se provavam impossíveis e impraticáveis. Quando Fiorina solicitava que os líderes das unidades de negócio e funções elaborassem um plano, costumava enviar o plano de volta para ajustes, pedindo que definissem metas mais agressivas. Depois de várias idas e vindas, Fiorina finalmente se satisfazia com o plano, que estava tão distante do plano original que o próprio responsável deixava de acreditar nele. Como resultado, ele era forçado a errar no planejamento, mas o fracasso no planejamento e na execução não teria conseqüências para ele.

O estilo de liderança de Hurd é radicalmente diferente do de Fiorina. Quando solicita um plano de negócios ou a definição de uma meta, ele claramente especifica que seu pessoal lhe traga um plano viável e lhe informa que será necessário executar o plano ou se preparar para enfrentar as conseqüências. Dessa forma, ele faz com que as pessoas se responsabilizem por suas ações, não somente pelas metas definidas, mas pelo atingimento dessas metas. Ao mesmo tempo, Hurd, conhecido por ser orientado por números e dados concretos, não se limita a aceitar qualquer número ou meta apresentados a ele.

Se os dados ou metas forem irreais ou ilógicos, Hurd questiona os números e as premissas das pessoas. Nesse sentido, Hurd lidera e gerencia indiretamente por meio de dados quantitativos, que orientam sua análise e suas decisões.

Relacionamento com as pessoas

O estilo glamoroso e ostensivo de Fiorina, embora carismático, a deixava isolada de muitos de seus executivos-chave, devido ao grande contraste com o "Estilo da HP". Ao perceber que só precisava de aproximadamente 15% de comprometimento da organização para concretizar sua visão, ela concentrou seus esforços para conquistar os 15%. Pelo fato de não ter adesão suficiente e estar muito distante dos empregados, eles nunca executaram a visão, o que contribuiu significativamente para a sua queda. Apesar do isolamento, contudo, ela era dedicada aos empregados e tentou desenvolver os talentos existentes, em vez de contratar pessoas de fora. Ela queria utilizar as forças dos empregados existentes na empresa.

Hurd, com um estilo mais parecido, em muitos aspectos, com o dos fundadores da HP, conseguiu se aproximar mais das pessoas, o que motivou a organização. Ao manter uma postura simples, clara e coerente, Hurd foi capaz de energizar a empresa e criar uma organização orientada pelos dados e sustentada por inteligência analítica e prestação de contas. Diferentemente de Fiorina, Hurd estava disposto a trazer empregados de fora, por acreditar que as pessoas certas conduziriam a estratégia certa. Por exemplo, em dois anos, Hurd gradualmente substituiu mais de 60% de seu Conselho Executivo.

Estrutura organizacional

Como mencionamos anteriormente neste capítulo, tanto Fiorina quanto Hurd mudaram a estrutura organizacional da empresa durante sua gestão. Fiorina organizou a empresa em um cubo matricial em 3D, no qual os empregados precisavam reportar-se a três chefes: um chefe de cada uma das seguintes áreas: regional, negócios e funcional. A reorganização também envolveu a consolidação da organização como um todo em duas frentes organizacionais, de vendas e marketing, e duas amplas áreas organizacionais de suporte, pesquisa e desenvolvimento e produção.[38] Apesar de a nova estrutura ter sido elaborada para integrar vários negócios e divisões diferentes e incentivar a comunicação, Fiorina não obteve o apoio necessário da organização. Na verdade, os executivos e os líderes de divisão se opunham fortemente à reorganização, questionando sua viabilidade e a complexidade da cadeia de prestação de contas. De acordo com um executivo, "não sei de ninguém que estivesse a favor daquilo além da própria Carly. Ela simplesmente foi em frente".[39]

Hurd, por outro lado, reverteu a reorganização e retomou a matriz 2D. Dessa forma, os líderes dos negócios tinham mais controle de suas unidades e podiam ser responsabilizados por seus resultados. Os líderes das unidades de negócio também conquistaram o controle de 70% dos custos associados às suas operações, em relação aos 30% durante a gestão de Fiorina.[40] Ao descentralizar a estrutura organizacional da HP, Hurd esclareceu as responsabilidades dos empregados e reduziu as chances de responsabilizar os outros pelo baixo desempenho. Essa estrutura organizacional ajudou a criar uma cultura de prestação de contas na empresa.

Recompensas e remuneração

Fiorina utilizou várias ferramentas para mensurar e avaliar o progresso e o desempenho dos empregados e dos planos. Com a fusão da Compaq e da HP, por exemplo, ela criou um balanced scorecard para mensurar o sucesso da integração. Ela também tentou implementar um plano padrão de recompensas e remuneração, que, ironicamente, muitos consideraram incompreensível. O plano de remuneração incluía uma série de estatísticas, algumas fora do controle dos empregados, como o desempenho da empresa em relação ao índice das ações da empresa na Standard & Poor's 500.[41]

Hurd retomou o processo de recompensas e remuneração e o simplificou de modo que os empregados fossem remunerados de acordo com o desempenho tanto de suas unidades de negócio quanto da HP. Esse novo plano de remuneração tem se mostrado altamente eficaz em motivar os empregados e alinhá-los às metas e à estratégia geral da organização.

Impacto

Apesar de Fiorina ter tido muitos sucessos durante sua gestão na HP, o consenso foi que ela não apresentou um desempenho satisfatório. Diante dos enormes desafios da fusão Compaq-HP, Fiorina foi forçada a sair em 2005. Com efeito, as ações das HP subiram 7,5% no dia do anúncio de sua saída.

A transformação de Hurd até o momento parece estar sendo muito promissora. (Veja no Apêndice uma tabela que compara os dados de quando Hurd entrou na empresa com dados mais recentes.) Até maio de 2007, os preços das ações, a receita e os lucros excederam as expectativas dos investidores. Hurd disse a respeito: "Conquistamos participação de mercado, mas este não é nosso principal objetivo. Queremos que nosso negócio melhore."[42] Em 2006, a HP reportou US$91,7 bilhões em receitas anuais, superando a IBM como a maior empresa de tecnologia do mundo em vendas.[43]

CONCLUSÃO

Neste capítulo, discutimos o 91º dia e nos concentramos na implementação de sucesso e na execução eficaz. A implementação é uma parcela fundamental do esforço de transformação e não deve ser negligenciada. Com efeito, o esforço de transformação depende da execução eficaz, já que, até os planos serem executados, o impacto na organização será mínimo. O ideal é que, ao longo deste esforço de transformação, a execução eficaz seja incutida no DNA da empresa. Uma organização capaz de executar de maneira eficaz terá mais sucesso no longo prazo do que uma que não consiga isso.

Algumas chaves para a execução eficaz incluem escolher líderes entusiasmados, manter as condições favoráveis, criar uma cultura de prestação de contas, criar uma cultura de aprendizado, desenvolver uma ferramenta para mensurar e avaliar o progresso, ser flexível e comunicar. As empresas capazes de uma execução eficaz não somente verão um maior sucesso de seu esforço de transformação, como também uma organização melhor como um todo. A implementação não pode ser negligenciada ou ignorada. As chaves para uma organização vencedora são uma estratégia forte combinada com uma execução estratégica.

O FINAL OU O COMEÇO?

Na conclusão de uma implementação da transformação, temos o fechamento do esforço dos 90 dias. Ao longo do esforço de transformação, os empregados foram desafiados a sair de sua zona de conforto e adotar novas perspectivas e formas de pensar. Por meio dessa experiência, empregados, líderes e executivos cresceram e se desenvolveram, tornando-se profissionais mais capazes. Eles viram que, com empenho, podem fazer diferença e promover saltos quânticos do desempenho da organização.

Como mencionamos anteriormente, as chaves para o sucesso da transformação de 90 dias é o fato de o esforço ser abrangente, integrador, rápido e contar com a adesão da organização. As equipes de resposta rápida são os impulsionadores do esforço de transformação, conduzindo a análise, elaborando as recomendações apropriadas e espalhando pela empresa para implementar os planos. Só por meio das equipes de resposta rápida é que a organização pode analisar todos os aspectos de suas operações e melhorá-los paralelamente com suas operações normais e com tamanha velocidade. Só por meio das equipes de resposta rápida o líder da transformação é capaz de conquistar tamanha adesão de todos os níveis da organização tão rapidamente. Além disso, essas equipes de resposta rápida rompem as fronteiras da organização e abrem canais de comunicação.

Com a conclusão da transformação, o líder deve refletir sobre o esforço e pensar no que ele teria feito diferente. Os efeitos da transformação se manterão enquanto a empresa continuar a se adaptar, executar e antecipar-se a tendências no mercado. Algumas vezes, contudo, as condições mudam, e a organização pode se ver novamente tropeçando. Se este for o caso, a empresa deve refletir sobre o esforço de transformação e as chaves que ajudaram a alavancar a excelência no desempenho. A empresa pode olhar em retrospecto e se lembrar das principais lições aprendidas com esse esforço e implementá-las.

Contudo, é só uma questão de tempo até uma nova mudança ser necessária. A questão, então, é: Como continuaremos mudando antes de precisarmos mudar? A beleza do modelo dos 90 dias é que ele recruta um exército de agentes de mudança com redes informais de relacionamentos e experiência trabalhando através de diversas fronteiras e que internalizaram a mudança e seu processo. Ao criar uma organização com líderes de mudança que pensam fora do padrão, a empresa estará mais bem preparada para mudar no futuro, já que os empregados serão menos resistentes e mais experientes.

As organizações inevitavelmente crescem e mudam. Mas, se as ferramentas e habilidades aprendidas com a transformação puderem ser internalizadas, a organização não mais temerá a mudança. Em vez de lutar contra isso, a empresa será capaz de canalizar e utilizar a energia gerada pela mudança em benefício próprio. Ela será capaz de trabalhar com a mudança e ajustá-la para se encaixar às suas necessidades. Em vez de ser temida, a mudança passa a ser vista como algo que proporciona confiança e força. A mudança promove o crescimento. É este o maior poder das transformações.

APÊNDICE

Modelo do índice de desempenho da transformação

Nesta seção, descreveremos um modelo quantitativo inovador que nos ajudou na distinção de transformações corporativas bem-sucedidas e malsucedidas. Isso permitiu que nossa equipe de pesquisa conduzisse um estudo aprofundado e rigoroso das várias práticas das empresas e os diferentes cursos de ação que afetaram os respectivos resultados.

A tarefa de definir o sucesso, contudo, não é tão simples e direta quanto pode parecer. Por exemplo, diversos fatores são indicativos de sucesso. Como equilibrar, priorizar e selecionar as variáveis que ilustram apropriadamente e de maneira eficaz um esforço de transformação bem-sucedido? E, uma vez que alguns indicadores-chave de sucesso tenham sido selecionados, como conciliar os dados quando algumas variáveis indicam claramente o sucesso mas outras não? Quando uma variável deve pesar mais do que a outra, e quando não? E o mais importante: como padronizar o processo de avaliação para que ele seja objetivo e imparcial? Esses são alguns dos desafios que nossa equipe de pesquisa enfrentou no desenvolvimento do modelo do índice de desempenho da transformação. Eles serão explicados nas seções a seguir.

A EQUIPE DE PESQUISA E UMA VISÃO GERAL DO PROCESSO DE ANÁLISE

O modelo do índice de desempenho da transformação foi desenvolvido por um grupo de especialistas liderado pelo autor. Esse painel de especialistas incluía:

- o CFO de uma empresa de US$1 bilhão, com experiência em administração sênior em uma das cinco maiores empresas de contabilidade, como um auditor;
- um ex-associado de uma renomada empresa de consultoria, com mais de vinte anos de experiência em mudança organizacional;
- um especialista em avaliação patrimonial de empresas que trabalha para um grande fundo hedge na Costa Leste dos Estados Unidos;
- um especialista em finanças da Stanford University.

O painel foi selecionado de acordo com o conhecimento especializado em finanças e administração, seguindo os principais e mais relevantes indicadores de desempenho para determinar o sucesso ou o fracasso da transformação. Esse painel de especialistas fez uma série de ajustes no modelo antes de chegar à versão final. Os membros do painel se envolveram em extensas discussões e debates ao longo de todos os estágios do processo de desenvolvimento, desde analisar com um olhar crítico as premissas que fundamentaram o esboço original do modelo até selecionar e priorizar os indicadores de sucesso. Com isso, eles validaram o modelo do índice de desempenho da transformação final apresentado neste apêndice.

Uma vez que os membros do painel finalizaram o desenvolvimento do modelo, eles selecionaram uma amostra aleatória de empresas que passaram por alguma transformação e cujos critérios se encaixavam nas restrições do modelo (veja detalhes na próxima seção). Com o modelo desenvolvido e a amostra selecionada, a equipe de pesquisa, composta de cinco estudantes universitários da Stanford University com significativa formação em finanças e contabilidade, coletou os dados necessários e conduziu a análise das empresas.

Depois que as empresas foram quantitativamente analisadas e classificadas com base em sucessos ou fracassos, a equipe de pesquisa passou a avaliar as práticas e os métodos utilizados na transformação dessas organizações, identificando relações entre essas práticas e métodos com o resultado do esforço de transformação. Mais especificamente, a equipe de pesquisa se concentrou na identificação das melhores práticas associadas aos esforços de transformação.

Todo o processo de pesquisa, incluindo o desenvolvimento do modelo do índice de desempenho da transformação, levou mais de dez anos.

AMOSTRA

O painel de especialistas começou com uma lista de mais de quinhentas empresas que passaram por mudanças nos últimos vinte anos. O painel utilizou relatórios anuais, apresentações trimestrais, além de publicações como periódicos de negócios (*BusinessWeek*, *The Wall Street Journal*) e notícias, a fim de identificar as empresas que passaram por esforços de mudança que se encaixavam nas restrições do modelo. As razões mais comuns para a exclusão de uma empresa de nossa análise foram as seguintes:

- A empresa passou por uma mudança incremental, não transformacional.
- A empresa não era de capital aberto.
- A data de início não se adequava às restrições do modelo.
- Alguns dados estavam disponíveis, mas eram incompletos.

Explicaremos cada um desses critérios ao final desta seção, e também como asseguramos a exclusão com base nesses critérios.

As restrições do modelo levaram a uma amostra final de 56 empresas. Essas empresas foram escolhidas aleatoriamente, sem noções preconcebidas sobre o impacto da transformação. Não conduzimos a análise após a escolha das empresas. Em vez disso, a análise e os dados falaram por si.

Outra observação sobre a nossa amostra final, representando uma ampla variedade de setores, é que, apesar de acreditarmos se tratar de uma amostra representativa e aleatória, admitimos que ela não é completa. Com efeito, muitas empresas ou organizações passaram por transformações que se adequavam às nossas restrições, mas que não foram incluídas em nossa análise. Nas últimas seções, explicaremos como sabemos que a amostra é representativa e abrangente o suficiente.

Agora, vamos retomar as principais razões pelas quais as empresas foram excluídas de nossa análise e a lógica por trás da definição dessas restrições.

Mudança incremental, não transformacional

Como a equipe de pesquisa desejava analisar o impacto das transformações organizacionais sobre o desempenho da empresa, primeiramente tivemos de definir o que constituía uma transformação. Depois de analisar várias definições, a equipe concluiu que a premissa básica de uma transformação é uma mudança fundamental, muitas vezes radical, no funcionamento de uma empresa. Isso contrasta com a melhoria incremental, em que uma organização promove mudanças menores e mais graduais. Diferentemente dos esforços de mudança incremental, as transformações tendem a ter efeitos mais drásticos em uma empresa.

Para identificar se uma empresa já passou por uma transformação, e não simplesmente por uma melhora incremental, a equipe de pesquisa e o painel de especialistas procuraram palavras como *transformação, mudança radical* e *reengenharia* nas documentações referentes a cada empresa e a descrição de seu esforço de mudança. Uma vez que as fontes dessas palavras tenham sido identificadas, o painel de especialistas mergulhou na análise das fontes para se certificar de que a utilização das palavras definia precisa e apropriadamente um esforço de transformação. Em pesquisas posteriores, descobrimos que muitas empresas de nossa lista original de mais de quinhentas tinham, na verdade, passado por melhora incremental, e não por uma transformação.

Empresas de capital fechado

Para comparar as empresas objetivamente de forma padronizada, o painel de especialistas decidiu utilizar vários indicadores financeiros comuns para avaliar o impacto dos vários esforços de transformação. Dessa forma, empresas de capital fechado e órgãos governamentais não foram incluídos na análise, em razão da ausência de mercados de capital e da falta de informações disponíveis e acessíveis sobre seu desempenho financeiro.

Data de início

Uma questão-chave no desenvolvimento das restrições para o modelo foi: Quais transformações são relevantes no mundo atual? O painel de especialistas observou que, desde o início da década de 1990, uma grande mudança em todo o ambiente de negócios transformou tanto a maneira como as empresas são administradas quanto a forma como os negócios são conduzidos. Essa mudança precisou ser levada em consideração ao selecionar uma data de início adequada para definir as empresas a serem analisadas.

Na década de 1990, todo o cenário passou de uma economia industrial e internacional a uma economia informacional e verdadeiramente global, uma mudança facilitada e acelerada pelo advento da World Wide Web e pela rápida globalização. Em meio a todas essas mudanças, uma organização na década de 1990 precisava lidar com vários novos desafios de administração e reavaliar sua cultura e processos em função do rápido acesso às informações. As empresas precisaram repensar o que estavam fazendo e como lidar com os novos e diferentes desafios com os quais se deparavam.

Essa grande mudança resultou no que chamamos de mundo corporativo pós-moderno, ou pós-Web, dominado por empresas pós-modernas. Neste novo e hipercompetitivo ambiente, as transições dos mercados são muito mais rápidas e o ciclo de inovação tem se tornado cada vez mais curto. Como as pessoas e as empresas aprenderam a inovar a partir de qualquer lugar do mundo, novos produtos e serviços começaram a surgir com cada vez mais freqüência, resultando em uma concorrência ainda mais acirrada. Essa mudança de cenário também presenciou a rápida adoção de ferramentas de trabalho em equipe e o poder da informação em tempo real.

Para que as conclusões de nossa pesquisa fossem relevantes para as empresas pós-modernas de hoje, o painel de especialistas determinou que as empresas analisadas teriam de fazer parte deste mundo pós-Web. Dessa forma, seus esforços de transformação precisariam ocorrer a partir de meados da década de 1990, quando o cenário já havia mudado de várias maneiras. Para incluir esse fator no modelo, o painel de especialistas decidiu que as transformações ocorridas antes de 1995 deveriam ser descartadas, pelo fato de essa data corresponder aproximadamente ao momento da mudança.[1]

É interessante notar que, nas discussões sobre essa grande alteração no cenário corporativo, o painel de especialistas observou outro importante evento que exerceu um grande impacto no ambiente dos negócios. Esse evento se passou aproximadamente na virada do século e é conhecido como a *bolha das pontocom*, que testemunhou uma supervalorização sem precedentes de empresas pelos mercados financeiros nos anos que precederam o ano 2000, seguida de uma queda igualmente notável nos anos pós-2000. A fase pré-bolha se caracterizou pela abundância, enquanto a pós-bolha, pela escassez. Com isso, a equipe de pesquisa se viu tentando responder a outra pergunta: As ferramentas adotadas no ambiente pós-bolha refletiram uma grande mudança em que as técnicas e os processos do passado deixaram de ser relevantes no período pós-bolha? Em outras palavras, a bolha das pontocom seria um reflexo de outra grande mudança no cenário? Depois de consideráveis debates e discussões, os especialistas finalmente decidiram que não precisariam tomar essa decisão – eles permitiram que os dados falassem por si.

Para identificar o ano de início para os esforços de transformação, o painel de especialistas analisou as fontes documentais a fim de identificar eventos marcantes que sinalizaram o início do esforço. Em muitas ocasiões, isso ocorreu simultaneamente à entrada de um novo CEO para transformar a empresa. Em outras ocasiões, uma empresa pode ter feito um anúncio ao público sobre o esforço, falando sobre o início da transformação. As empresas identificadas não somente precisavam ter iniciado seu esforço a partir de 1995, como também precisavam ter disponibilizado informações um ano antes do início da transformação, devido à forma como o modelo foi desenvolvido. Os dados de um ano antes da transformação proporcionariam uma medida de referência para a análise.

Duração dos dados disponíveis

Os efeitos do esforço de transformação normalmente começam a se evidenciar no desempenho financeiro da empresa em dois ou três anos. Contudo, o foco de uma transformação não é apenas maximizar os ganhos de curto prazo, mas também criar novos processos sustentáveis. Um período de cinco anos pode refletir a sustentabilidade das operações e permitir que a transformação se traduza em retornos financeiros de uma maneira que ainda esteja relacionada aos efeitos da transformação. Contudo, um período mais curto que três anos não pode mostrar com precisão o impacto da transformação sobre o desempenho da organização. Dessa forma, a maioria das empresas foi analisada ao longo de um período de três a cinco anos, dependendo da data de início e da disponibilidade dos dados e da situação da empresa. Os dados nem sempre estavam disponíveis devido a aquisições ou fusões ocorridas no período de estudo. Na falta de dados disponíveis suficientes para todo o período mínimo de três anos, a companhia era descartada.

Apresentamos a lista de empresas analisadas após a descrição dos modelos, dos fundamentos e do processo de avaliação.

ANÁLISE 1: INTRODUÇÃO AO MODELO

Pelo fato de um esforço de transformação normalmente ser executado para melhorar drasticamente o desempenho de uma organização, é possível presumir que o esforço deve refletir-se em um impacto no desempenho financeiro da empresa.

O modelo do índice de desempenho da transformação utiliza 11 critérios financeiros (chamados aqui de *fundamentos*) em cinco áreas para avaliar o sucesso relativo dos vários esforços de transformação. Esses fundamentos são classificados em primários e secundários, com os critérios primários representando os indicadores mais importantes do sucesso de um esforço. Uma análise primária utilizando somente fundamentos primários é conduzida primeiramente para separar os sucessos dos fracassos evidentes. Para as empresas medíocres, uma análise secundária, incluindo os fundamentos secundários, também é conduzida para distinguir entre os esforços que foram medianos, acima da média e abaixo da média. Os esforços de transformação de cada empresa são comparados entre si, representando todas as empresas analisadas em uma curva de distribuição normal e examinando o percentil de cada empresa.

A Tabela A-1 mostra os principais passos para a análise das empresas em nosso modelo. Explicaremos alguns dos principais termos a seguir e nas seções correspondentes.

TABELA A-1

Condução da análise

Para cada empresa:

1. Para cada fundamento:
   a. Coletar os dados financeiros relevantes.
   b. Calcular o valor percentual do fundamento. Dependendo do fundamento, essa porcentagem pode refletir uma mudança absoluta (positiva ou negativa) ou uma mudança da média do setor ao longo do período da transformação.[a]
   c. Traduzir o valor percentual em um valor semântico preliminar. Isso pode ser feito utilizando a fórmula descrita mais adiante.
   d. Ajustar o valor semântico preliminar conforme o necessário para obter o valor semântico final. Ajustes só podem ser feitos aos valores semânticos que reflitam um impacto negativo da transformação.
2. Conduzir uma análise primária pelo cálculo da soma ponderada do valor semântico ajustado apenas para os fundamentos primários. A média ponderada fornecerá um índice primário para a empresa.
3. Conduzir uma análise secundária pelo cálculo da soma ponderada do valor semântico ajustado para os fundamentos primários e secundários combinados (fundamentos primários com peso maior do que os fundamentos secundários). Isso fornecerá um índice secundário para a empresa.

Para categorizar as empresas:

1. Tanto para a análise primária quanto para a secundária, crie uma curva de distribuição normal com base na mediana e no desvio padrão dos respectivos índices de todas as empresas combinadas.
2. Calcular o percentil de cada empresa para a análise primária, utilizando o índice primário e a distribuição gerada.
   a. As empresas no 70º percentil ou acima representam sucessos claros.
   b. As empresas no 30º percentil ou abaixo representam fracassos claros.
3. Calcular o percentil de cada empresa para a análise secundária, utilizando o índice secundário e a distribuição gerada de todas as empresas, mas categorizar, de acordo com o percentil da análise secundária, somente as empresas que não foram classificadas na análise primária.
   a. As empresas no 66º percentil ou acima estão acima da média.
   b. As empresas entre o 33º percentil e o 66º percentil estão na média.
   c. As empresas no 33º percentil ou abaixo estão abaixo da média.

[a] Para calcular o valor percentual do ano de início, os dados do chamado ano-base devem ser obtidos.

Fundamentos

O esforço de transformação de cada empresa é avaliado utilizando critérios de cinco categorias: desempenho operacional, desempenho do *common equity*, produtividade, condições financeiras (liquidez e solvência) e retorno sobre o investimento. Os fundamentos são categorizados em dois grupos: (1) fundamentos primários e (2) fundamentos secundários. Os fundamentos primários são considerados os mais cruciais do ponto de vista financeiro e potencialmente mais reativos à transformação. O desempenho operacional e o desempenho do *common equity* da empresa nos mercados de capitais (desempenho do mercado de ações) são considerados fundamentos primários. Os fundamentos secundários incluem critérios menos cruciais, mas ainda financeiramente importantes, de produtividade, condições financeiras e retorno sobre o investimento.

Para cada fundamento, calculamos um valor percentual que reflete a mudança absoluta (positiva ou negativa) ou a mudança da média do setor ao longo do período da transformação. Levamos em consideração os benchmarks da indústria para os fundamentos que fazem sentido apenas no contexto do setor primário da empresa. Os fundamentos relevantes do benchmarking também levam em consideração grandes explosões no mercado em geral, como as vivenciados durante a bolha das pontocom. Para ganhar pontos, as empresas ainda precisam apresentar um desempenho melhor do que as outras, em termos da média do setor. Em resumo, o valor percentual, independentemente de refletir uma mudança absoluta ou uma diferença em relação à média do setor, transmite a extensão e o direcionamento, seja uma melhoria ou um retrocesso, da mudança no fundamento básico durante o período da transformação.

Valor semântico para cada fundamento

Para cada fundamento, a porcentagem calculada é então ponderada e normalizada em um *valor semântico*. Um valor semântico é uma representação numérica do desempenho percebido de um dado fundamento durante o período de transformação e que permite a comparação direta entre as empresas. Essa representação numérica é um número entre −10 e 10, inclusive, onde 0 implica neutralidade, valores positivos implicam resultados desejáveis e números negativos refletem resultados menos desejados.

Processo de avaliação e categorização: Visão geral

A categorização é um processo de dois passos. No primeiro passo, os sucessos e fracassos claros são identificados. Essas empresas cujos resultados da transformação no primeiro passo não as qualificam como sucessos ou fracassos evidentes são levadas para uma análise mais profunda no segundo passo. Depois da análise secundária, as outras empresas que ainda não foram classificadas na análise primária são categorizadas como na média, acima da média ou abaixo da média. Ambas as análises, a primária e a secundária, requerem os mesmos passos – a única diferença é o volume de dados analisados em cada uma. A análise secundária utiliza tanto fundamentos primários quanto secundários, ao passo que a análise primária se limita aos fundamentos primários.

A análise se baseia nos valores do índice, que são uma soma ponderada de todos os valores semânticos dos fundamentos básicos para uma determinada empresa. Devido à sua importância como indicadores do desempenho de uma empresa, os fundamentos primários recebem um peso maior do que os fundamentos secundários. Esse valores de índice resultantes representam o impacto financeiro geral da transformação, em que valores de índice mais altos e positivos refletem melhores desempenhos da transformação, valores negativos refletem desempenhos mais fracos e 0 reflete essencialmente resultados neutros.

Salientamos que os valores de índice são uma *soma ponderada* dos fundamentos. Em alguns casos, uma empresa pode apresentar uma alta pontuação em um fundamento, mas uma baixa pontuação em outro. Por exemplo, o preço das ações, apesar de, em geral, ser um bom indicador do desempenho de uma empresa, nem sempre é preciso. A maioria dos administradores sabe que algumas vezes o preço das ações se antecipa ao desempenho da empresa e que outras vezes o desempenho da empresa se antecipa ao preço das ações. Dessa forma, o preço das ações não é o único fundamento primário do nosso modelo. Em vez disso, analisamos vários indicadores, como o índice P/E (lucros por ação) e a receita. O cálculo do valor do índice pela utilização de uma soma ponderada desses indicadores proporciona um reflexo mais preciso e equilibrado do desempenho da empresa.

Os valores de índice permitem a comparação direta das transformações em diferentes empresas pela padronização do desempenho da transformação em uma base financeira comum. Como os indicadores financeiros relevantes são submetidos a um benchmarking relativo ao próprio setor da empresa, a comparação é justa e leva em consideração as diferentes estruturas dos setores com os quais as empresas precisam lidar. Por exemplo, uma empresa em um setor de alto crescimento precisaria de um crescimento absoluto ou indicadores de desempenho superiores aos de uma empresa em um setor maduro ou estável para receber uma pontuação mais alta no índice.

A maior vantagem de utilizar um valor de índice é a capacidade de conduzir comparações entre empresas. Com essa finalidade, calculamos a mediana e o desvio padrão dos valores de índice de todas as empresas e utilizamos os resultados para gerar uma curva de distribuição normal, o que nos dá os valores dos percentis para cada empresa. (Veja a Figura A-I para um exemplo de uma curva de distribuição normal, desvios padrão relevantes e os percentis correspondentes.) Essa curva de distribuição normal é importante por, indireta e estatisticamente, expandir o tamanho de nossa amostra de acordo com a mediana e o desvio padrão. Supondo que a mediana e o desvio padrão sejam representativos de todas as empresas do mundo que se encaixam em nossas restrições, os percentis calculados refletirão como a transformação de uma determinada empresa se classifica em comparação com outras transformações no mundo, mesmo aquelas que não foram analisadas em nosso conjunto de dados.

A questão lógica então seria: Como sabemos se nossa mediana e desvio padrão são representativos das empresas do mundo todo? No começo, quando dispomos de poucos pontos de dados, qualquer acréscimo afetará significativamente a mediana do conjunto de dados. Contudo, à medida que cada vez mais pontos de dados são acrescentados, qualquer ponto de dado adicional exerce um efeito cada vez menor na mediana e no desvio padrão. Uma amostra pode ser considerada representativa para os propósitos de nosso modelo quando pontos de dados aleatórios adicionais que são acrescentados não afetam significativamente a curva de distribuição normal.

A mediana (M) representa o topo do gráfico, no 50º percentil, onde o desvio padrão é 0. A utilização de uma curva normal permite a representação do valor de índice de cada empresa em relação à curva para gerar um valor de percentil correspondente. Por exemplo, se o valor de índice de uma determinada empresa for 1 desvio padrão (1s) acima da mediana, o percentil da empresa será 50% + 34,1% = 84,1%, o que significa que o esforço de transformação da empresa teve um desempenho melhor do que 84,1% de todas as outras transformações. Se o valor de índice de uma determinada empresa for 2 desvios padrão (2s) acima da mediana, o percentil da empresa será 50% + 34,1% + 13,6% = 97,7%, o que significa que apenas 2,3% das transformações realizadas, independentemente de serem ou não incluídas em nossa amostra, tiveram um desempenho melhor do que o dessa empresa. Dessa forma, utilizamos esse percentil de distribuição normal para classificar o impacto financeiro percebido do processo de transformação nas empresas transformadas.

FIGURA A-1

Percentis de distribuição normal

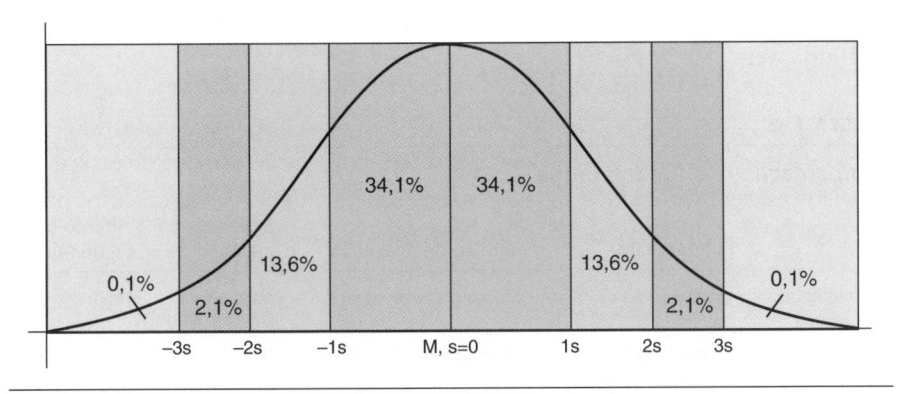

```
        0,1%   2,1%   13,6%   34,1%   34,1%   13,6%   2,1%   0,1%
        -3s    -2s    -1s     M, s=0  1s      2s      3s
```

Desse modo, os esforços de transformação de diferentes empresas podem ser objetivamente classificados de acordo com a utilização de um processo padronizado.

OS FUNDAMENTOS

A Tabela A-2 resume as principais informações dos fundamentos utilizados em nossa análise. A seguir, descreveremos cada um deles.

As três seções gerais a seguir explicarão em maiores detalhes as três áreas mencionadas acima: os fundamentos, o valor semântico e o processo de avaliação e categorização.

Os fundamentos com métrica de avaliação "média do benchmarking" se referem ao fato de que a análise que utiliza esses fundamentos foi comparada com os níveis do setor, como descrevemos anteriormente. Esses fundamentos baseados em benchmarking são mais dependentes do setor específico da organização, ao passo que os outros fundamentos, aqueles analisados com a utilização da "mudança percentual", podem ser adequadamente avaliados independentemente do setor. Para que um esforço de transformação seja considerado bem-sucedido em relação a um indicador comparado com a média do setor (de benchmarking), ele precisa apresentar um desempenho superior à média do setor. Como mencionamos anteriormente, esse benchmarking também leva em consideração as condições dinâmicas do mercado.

O indicador de sucesso mostra se o sucesso se reflete em um valor alto ou baixo. Nos fatores comparados em relação à média do setor, as empresas com valores mais altos do que a média do setor são penalizadas para alguns fundamentos, mas valores mais baixos são penalizados para outros. Nesse sentido, "mais alto" na coluna do indicador de sucesso significa que um valor mais alto reflete o sucesso do esforço de transformação da empresa para esse determinado fundamento.

TABELA A-2

Segmentação dos fundamentos

	Fundamento	Métrica de avaliação	Indicador de sucesso	Primário ou secundário
Desempenho operacional	Crescimento da receita	Mudança percentual	Mais alto	Primário
	Margem de lucros antes dos juros e impostos (líquida)	Mudança percentual	Mais alto	
Desempenho no mercado de ações	Preço das ações	Preço das ações CAGR ao longo do período da transformação[a]	Mais alto	Primário
	Índice P/E (lucros por ação)	Média do benchmarking	Mais alto	
	Índice preço por vendas	Média do benchmarking	Mais alto	
Produtividade	Receita/empregado	Média do benchmarking	Mais alto	Secundário
	Renda/empregado	Média do benchmarking	Mais alto	
Condições financeiras (solvência e liquidez)	Índice dívida/patrimônio	Média do benchmarking	Mais baixo	Secundário
	Índice de liquidez	Média do benchmarking	Mais baixo	
Retorno sobre o investimento	Retorno sobre o patrimônio líquido (ROE)	Mudança percentual	Mais alto	Secundário
	Retorno sobre o ativo (ROA)	Mudança percentual	Mais alto	

[a] A sigla CAGR representa *compound annual growth rate* (taxa de crescimento anual composta), a taxa de crescimento ano a ano aplicada a uma parte das atividades da empresa ao longo de um período de vários anos. A fórmula para o cálculo da CAGR é (valor atual/valor-base) × (1/nº de anos) − 1.

Os fundamentos primários recebem peso 2, ao passo que os fundamentos secundários recebem peso 1. Esses pesos refletem, na pontuação, apenas a importância relativa de um parâmetro, em comparação com outros parâmetros, em vez da significância absoluta dos fundamentos na avaliação do desempenho de uma empresa.

Categoria: *Desempenho operacional*

A análise mais básica, porém a mais importante, de uma empresa se refere às tendências de lucratividade e receita. Dessa forma, os dois indicadores utilizados aqui são considerados fundamentos primários.

Fundamento: Crescimento da receita

A receita é naturalmente um indicador fundamental do desempenho operacional de uma empresa. Uma alta taxa de crescimento pode ser atribuída a uma série de fatores, incluindo a capacidade da empresa de entregar os produtos e serviços certos ao mercado, definir preços corretos ou executar seus planos de vendas e marketing. Para cada ano do período de transformação, o crescimento ano a ano da receita é calculado, seguido pelo valor médio das taxas de crescimento anuais.

Fundamento:
Margem (operacional) de lucros antes dos juros e impostos

Uma empresa com altas taxas de crescimento de receita ainda pode perder dinheiro por várias razões, como operações ineficientes ou aumentos incontroláveis de despesas para sustentar a expansão da receita. Para estimar melhor as eficiências operacionais da empresa, consideramos os lucros antes dos juros e impostos (EBIT) com uma margem da receita.[2] Altas margens EBIT indicam operações eficientes, já que uma grande porcentagem da receita é mantida constante depois de subtrairmos o custo dos produtos vendidos, das atividades de vendas, gerais e administrativas, de pesquisa e desenvolvimento e outras despesas operacionais. Para cada ano do período de transformação, as mudanças ano a ano na margem EBIT são calculadas, e o valor médio das mudanças anuais da margem EBIT foi utilizado.

Categoria: *Desempenho no mercado de ações*

A forma mais comum de avaliar uma empresa do ponto de vista dos investimentos é analisar seu desempenho no mercado de ações. O preço das ações e os índices de preço refletem a estimativa do mercado em relação ao futuro de uma empresa. O desempenho das ações também reflete as mudanças no ambiente de negócios no qual a empresa opera. Nessa análise, utilizamos a taxa de crescimento anual composta do preço das ações (CAGR) e uma média dos índices de preço, tanto o preço por lucro (P/E) quanto o preço por vendas (P/S), comparados com os níveis do setor. O preço das ações e o P/E são considerados fundamentos primários, já que são os parâmetros mais freqüentemente utilizados na análise do mercado de capitais. O índice P/S é utilizado para complementar o índice P/E e é especialmente útil nos casos em que a análise não é possível devido a lucros negativos. Apesar de as comparações diretas de preços e índices entre empresas e setores não fazerem muito sentido, as métricas de benchmarking nos permitem transformar essas comparações "entre maçãs e laranjas" em comparações "entre maçãs e maçãs".

Fundamento: Preço das ações

O preço das ações é uma medida direta do quanto uma empresa e seu futuro são valorizados pelos investidores. Um aumento no preço das ações indica a crença dos investidores no potencial de crescimento da empresa, já que o preço é o valor presente dos fluxos de caixa esperados no futuro.

Fundamento: Índice P/E (preço por lucro)

O índice P/E é um indicador muito melhor do valor de uma ação do que o preço de mercado isoladamente. Ele estima a velocidade e a extensão do crescimento esperado de uma empresa e de seu setor. Um índice P/E maior do que a média do setor indica que se espera que a empresa cresça mais rapidamente do que seus concorrentes. Isso resulta em um efeito positivo na pontuação da empresa em nossa análise.

Fundamento: Índice P/S (preço por vendas)

O índice P/S mostra o quanto os investidores valorizam cada unidade monetária das vendas de uma empresa. O P/S, apesar de não ser o índice utilizado com mais freqüência, mostra-se muito eficaz na análise de empresas quando elas apresentam uma renda negativa, já que o índice P/E não faz sentido nesses casos. O benchmarking do P/S também é utilizado para identificar situações de recuperação e para fazer uma verificação cruzada da possível supervalorização do crescimento da empresa.

Categoria: Produtividade

A produtividade é uma medida do desempenho da força-tarefa e da administração de uma empresa, em comparação com o setor primário no qual essa empresa opera. Os dois indicadores mencionados a seguir são comparados com as médias do setor e utilizados como parte da análise secundária.

Fundamento: Receita por empregado
Este fundamento nos indica o nível de eficácia no qual a força-tarefa de uma empresa pode gerar receita para a empresa, em comparação com as outras empresas do setor.

Fundamento: Renda líquida por empregado
Este fundamento nos indica o nível de custo-benefício da força-tarefa de uma empresa em suas operações, em comparação com as outras empresas do setor.

Categoria: Condições financeiras (solvência e liquidez)
Essa análise nos ajuda principalmente a entender a viabilidade financeira de longo e curto prazos da empresa. Os dois parâmetros utilizados aqui são o índice dívida/patrimônio (D/E), que nos informa a extensão da alavancagem financeira de uma empresa, e o índice de liquidez, que dá indicativos da capacidade de uma empresa de pagar seus passivos a curto prazo, como dívidas e contas a pagar. Quanto mais alto for o índice D/E, maior será a liquidez da empresa. Como os índices tendem a variar entre os diferentes setores, eles são comparados com a média do setor. Os fundamentos de solvência e liquidez são considerados secundários e, portanto, recebem pesos menores, por não serem medidas absolutas de uma transformação organizacional e serem vulneráveis e suscetíveis a fatores como "ajustes 'cosméticos' dos dados contábeis".

Fundamento: Índice dívida/patrimônio (D/E)
O índice D/E é uma medida de solvência. Apesar de o índice D/E informar pouco sobre a perspectiva de crescimento de uma empresa, ele indica a força financeira da empresa e sua capacidade de sobreviver à turbulência. Um índice D/E elevado pode dever-se ao financiamento por dívidas para o crescimento, apesar de acrescentar volatilidade aos lucros futuros, em razão dos maiores passivos de juros. Apesar de certa quantidade de dívida poder beneficiar uma empresa, por proporcionar certa proteção fiscal e permitir que financie outras oportunidades de crescimento, a dívida também resulta em mais risco para os acionistas. Desse modo, é necessário definir um equilíbrio entre financiamento por emissão de ações e financiamento por dívida. Em função do risco relativamente maior de dívidas muito grandes, as empresas com um D/E mais alto do que a média do setor são penalizadas. A métrica é um fundamento secundário, por ser só um indicativo, e não uma medida absoluta do crescimento, eficácia ou desempenho financeiro de uma empresa.

Fundamento: Índice de liquidez

Este fundamento secundário é uma medida da eficiência do ciclo operacional e de liquidez de uma empresa e se refere à capacidade da empresa de transformar seus produtos e serviços em caixa. Quanto mais alto for o índice de liquidez, mais capaz uma empresa será de atingir seus passivos circulantes a serem pagos em um ano. Apesar de um índice mais baixo não significar que a empresa entrará em falência no futuro próximo, isso também não indica uma condição financeira saudável, já que a empresa pode ter problemas de liquidez. As empresas com um índice de liquidez mais baixo do que a média do setor são, portanto, penalizadas.

Categoria: Retorno sobre o investimento

A última parte da pontuação é o retorno sobre o investimento, que se refere à capacidade da empresa de extrair altos e positivos retornos do dinheiro investido na empresa na forma de patrimônio e ativos de capital alocados às operações da empresa. Os dois parâmetros utilizados são retorno sobre o ativo (ROA) e retorno sobre o patrimônio líquido (ROE). Apesar de essas duas medidas serem até certo ponto similares, juntas, elas possibilitam uma visão mais clara do desempenho da empresa do que individualmente, indicando o equilíbrio da estrutura de financiamento, como o equilíbrio entre o financiamento por emissão de ações e financiamento por dívida. Por exemplo, um alto ROE poderia resultar de um crescimento altamente alavancado da empresa, o que indicaria um ROA significativamente mais baixo. Para cada ano do período de transformação, as mudanças ano a ano do ROA e do ROE são calculadas, seguidas dos valores médios das taxas de crescimento anuais. Os indicadores de lucratividade são considerados fundamentos secundários por serem "artificialmente elevados" pelas mudanças na estrutura de capital e podem não resultar diretamente de melhorias operacionais promovidas no processo da transformação.

Fundamento: Retorno sobre o patrimônio líquido (ROE)

Esta é uma medida da boa utilização do dinheiro dos investidores para gerar lucros e promover o crescimento da empresa e, dessa forma, a participação dos investidores na empresa. O ROE também indica o nível de eficiência no qual uma empresa é capaz de crescer sem levantar capital próprio adicional. Há, contudo, um limite ao ROE sem o acréscimo de capital na forma de patrimônio ou dívida, e o ROE é significativamente dependente do setor. Apesar de o ROE ser um bom indicador de desempenho quando comparado com a média do setor, ele não leva em consideração toda a estrutura de capital da empresa, especialmente o financiamento por dívidas para as operações e o crescimento.

Fundamento: Retorno sobre o ativo (ROA)

O retorno sobre o ativo (ROA) indica o quanto de lucro foi gerado pela administração de cada unidade monetária dos ativos da empresa, tanto em termos de dívidas quanto de patrimônio líquido, independentemente do porte da empresa. Um ROA elevado indica um bom desempenho financeiro e operacional. Contudo, uma empresa altamente alavancada mostrará um ROE muito mais alto do que o ROA, já que a parcela do patrimônio líquido é reduzida com uma dívida maior. Nesse sentido, o ROA confirma se um alto ROE é um verdadeiro indicador do futuro da empresa ou se ele é enganoso devido a uma posição alavancada. Juntos, o ROA e o ROE, quando comparados com o setor, são bons indicadores tanto da eficiência da utilização do capital disponível para promover o crescimento da empresa quanto da saúde financeira de longo prazo da empresa.

A ESCALA SEMÂNTICA

Os valores absolutos dos fundamentos descritos anteriormente não permitem comparações entre empresas, tanto em parâmetros individuais quanto combinados. Dessa forma, uma escala semântica foi utilizada para criar uma escala padrão na qual as pontuações percentuais pudessem ser normalizadas e as transformações, comparadas. Ela traduz o desempenho em diferentes indicadores uns em relação aos outros em uma única métrica dimensional. Essa escala semântica final varia de –10 a 10, com –10 indicando extremamente fraco, 0 indicando neutro e 10 indicando extremamente bom.

Para transformar os valores levantados acima na escala semântica, traduzimos todos os valores absolutos em valores percentuais, a fim de documentar a mudança percentual de um ano a outro. Dessa forma, um ano-base precisa ser utilizado para mensurar o progresso no primeiro ano da transformação. Depois disso, utilizamos a função apresentada na Figura A-2 para converter as porcentagens para uma escala semântica preliminar, onde x é o valor percentual calculado para um determinado fundamento. Quanto maior for o valor de x, maior será a pontuação semântica e melhor será o desempenho da empresa em relação a esse indicador.[3]

Neste ponto, o índice de desempenho varia de 0 a 10, com 0 representando baixo desempenho, 5 representando neutro e 10, excelente. Por exemplo,

FIGURA A-2

Escala semântica

$$10.\left(\frac{1}{1+\frac{1}{2^x}}\right)$$

quando $x = 0$, significando que não houve mudança no fundamento (nem para melhor nem para pior), a pontuação semântica preliminar retornada pela função é 5. A Figura A-3 mostra como um valor absoluto, o eixo x, pode ser traduzido em uma escala semântica preliminar, o eixo y. Como mostrado na fórmula, 0% no gráfico corresponde a 5 na escala semântica preliminar. Pontuações negativas na escala semântica significam que a empresa apresentou um desempenho pior depois da transformação do que antes, ao passo que valores positivos significam que o desempenho melhorou.

As pontuações com valores de desempenho eqüidistantes dessa pontuação neutra (5) devem ser ponderadas igualmente no cálculo da escala semântica geral. Desse modo, para pontuações abaixo de 5, 10 (uma pontuação perfeita) foi subtraído para gerar uma pontuação negativa. Para um exemplo de como os números inteiros mudaram da escala semântica preliminar à escala semântica final, veja a Tabela A-3.

FIGURA A-3

Conversão à escala semântica

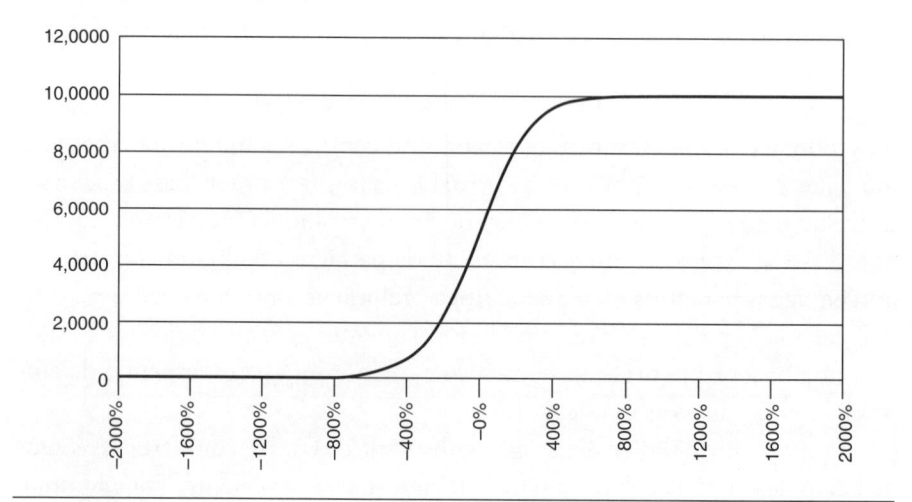

TABELA A-3

Conversão à escala semântica final

Preliminar	0	1	2	3	4	5	6	7	8	9	10
Final	−10	−9	−8	−7	−6	0	6	7	8	9	10

Portanto, os valores eqüidistantes do valor neutro multiplicados pelo peso resultam no mesmo valor, mas com sinais diferentes. Isso significa que uma pontuação de −8 e 8 têm a mesma magnitude de impacto, mas a primeira teve um impacto negativo enquanto a segunda teve um impacto positivo. Isso permitirá que os cálculos e os valores sejam mais intuitivos.

A Figura A-4 apresenta um gráfico que converte um valor absoluto ao valor semântico ajustado final. Esse valor semântico foi utilizado no cálculo do índice total. O eixo x representa o valor absoluto, ao passo que o eixo y representa o valor semântico final ajustado.

Como podemos observar tanto na tabela quanto no gráfico, na verdade, uma pontuação semântica final de −5 e 5 não pode ser atingida. Isso, contudo,

FIGURA A-4

Conversão ao valor semântico ajustado

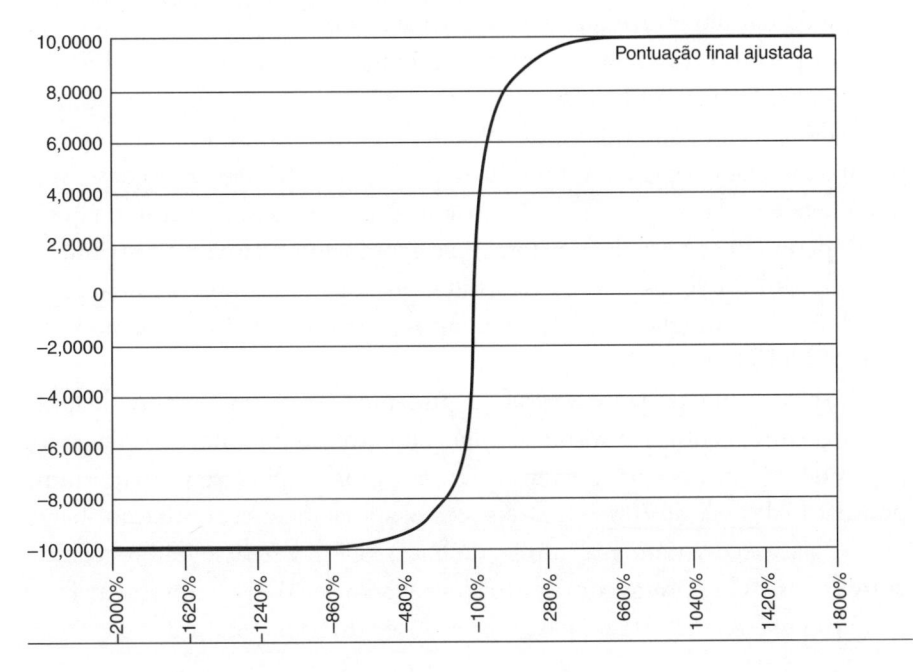

não afeta nossa análise nem o índice geral. Por meio dos ajustes feitos na escala semântica preliminar, entretanto, uma pontuação negativa indicando um esforço de transformação inferior é representada por um número negativo, e não por um número entre 0 e 5. Isso não somente faz com que a análise seja mais intuitiva, como também facilita o processo de avaliação.

O PROCESSO DE AVALIAÇÃO

Como discutimos na visão geral do processo de avaliação, a avaliação é conduzida em dois passos: uma análise primária seguida de uma análise secundária. Apesar de uma análise secundária ser conduzida para todas as empresas visando obter a mediana e o desvio padrão para gerar uma curva de distribuição normal, só as empresas que não foram categorizadas após a análise primária, as empresas "médias", serão categorizadas na análise secundária.

Análise primária

Uma vez que os fundamentos foram convertidos aos valores semânticos e ajustados para o desempenho negativo, um valor de índice baseado na soma ponderada dos fundamentos primários é calculado. O modelo contém cinco fundamentos primários, cujos valores semânticos são escalados por fator de 2, resultando em um índice que varia de −100 a 100.[4]

Para permitir comparações entre empresas, a média e o desvio padrão dos valores de índice são utilizados para gerar uma curva de distribuição normal, como descrevemos anteriormente. Na curva normal gerada, um valor de percentil é associado a cada empresa. O valor do percentil classifica o desempenho financeiro da empresa em relação às outras empresas, presumindo que o desempenho financeiro da transformação acompanhe a curva de distribuição normal. Utilizando os percentis resultantes, categorizamos o impacto da transformação em relação aos fundamentos primários, conforme demonstrado na Tabela A-4.

Ao representar os dados no gráfico, pudemos perceber um ponto de inflexão no 70º percentil. De forma similar, no extremo inferior, ocorreu outro ponto de inflexão no 30º percentil. Dessa forma, na análise primária, uma pontuação de mais de 70% reflete o sucesso, apesar de uma pontuação abaixo de 70% não necessariamente implicar o fracasso. Em vez disso, diferenciamos entre fracassos (empresas com pontuações abaixo de 30%) e empresas na faixa média, que são categorizadas para uma análise posterior mais profunda. Todas as empresas passam por mais uma análise que incorpora os fundamentos secundários, apesar de somente as empresas na faixa média serem classificadas. Essa nova análise indicará se o impacto do esforço de transformação é visível nos outros fundamentos.

Lembre-se de que esses percentis se baseiam em uma curva de distribuição normal e não representam percentis em relação à nossa amostra de pesquisa. Dessa forma, mais de 30% de nossa amostra pode cair no 70º percentil, o que pode não ser intuitivo para um estatístico amador. De forma similar, mais de 30% de nossa amostra pode atingir pontuações, ou percentis, abaixo de 30%.

TABELA A-4

Categorização da análise primária

Percentil	Resultados da transformação
Menor ou igual a 30%	Fracasso
Entre 30% e 70%	Mediano – classificação final pendente de análise posterior
Maior ou igual a 70%	Sucesso

Análise secundária

Na análise secundária, a classificação envolve o cálculo de um novo conjunto de valores de índice com base na soma ponderada tanto dos fundamentos primários quanto secundários. O índice variará de –160 a 160, com peso 2 para os fundamentos primários e peso 1 para os seis fundamentos secundários.[5] Como foi feito na análise primária, a mediana e o desvio padrão dos valores de índice calculados para todas as empresas são utilizados para criar uma curva de distribuição normal, e a comparação é feita utilizando os valores resultantes dos percentis.

Há duas diferenças básicas na avaliação: (1) apesar de todas as empresas passarem por uma análise secundária, só a empresas com desempenho mediano, entre 30% e 70% na análise primária, são classificadas novamente; e (2) utilizaremos indicadores diferentes para categorizar os esforços de transformação das empresas. Essas empresas agora são categorizadas em média, acima da média e abaixo da média, criando o terceiro, o quarto e o quinto grupos. Desse modo, podemos diferenciar as empresas de acordo com esses termos. As empresas na média, além daquelas acima e abaixo da média, foram classificadas na análise secundária, ao passo que os sucessos e os fracassos foram definidos na análise primária. As empresas consideradas medianas na análise primária foram categorizadas de acordo com os critérios apresentados na Tabela A-5.

Nosso procedimento não permitiu categorizações inconsistentes com base nas análises primária e secundária, já que somente as empresas medianas foram classificadas pela análise secundária. Contudo, nos casos em que as empresas apresentaram diferentes classificações nas análises primária e secundária, a análise primária recebeu um peso maior. Por exemplo, suponha que a empresa A apresente um desempenho no 65º percentil na análise primária e a empresa B apresente um desempenho no 75º percentil. Na análise secundária, a empresa A recebe pontuação de 68%, e a empresa B, de 60%, por uma razão qualquer. A empresa B é classificada como um sucesso, enquanto a empresa A é classificada como acima da média. Isso é importante porque os fundamentos primários são mais reveladores do que os secundários, que estão sujeitos à "maquiagem", ou "decoração de vitrine". Eles também são indicadores mais claros do desempenho de uma empresa, que residem no coração daquilo que um esforço de transformação deve abordar.

TABELA A-5

Categorização da análise secundária

Percentil na análise secundária	Resultados da transformação: categoria
Menor ou igual a 33,33%	Abaixo da média
Entre 33,34% e 66,66%	Na média
Maior ou igual a 66,66%	Acima da média

RESULTADOS DETALHADOS E IMPLICAÇÕES

Nesta seção, apresentaremos os resultados das análises por meio de uma série de gráficos e tabelas, acompanhados das explicações relevantes. Para começar, a Tabela A-6 apresenta a lista de empresas que analisamos quantitativamente utilizando o modelo explicado acima, selecionadas de uma lista original de mais de quinhentas empresas. Essas empresas refletem uma amostra representativa de empresas do mundo todo, já que a mediana e o desvio padrão utilizados para gerar a curva de distribuição normal permaneceram estáveis e só mudaram ligeiramente quando as últimas cinco a dez empresas foram adicionadas. (A explicação da geração da curva de distribuição normal e de como identificar a representatividade da amostra foi apresentada anteriormente.)

TABELA A-6
Empresas analisadas

	Empresa	Código da ação	Anos[a]
1	3Com	COMS	2001-2005
2	3M	MMM	2000-2004
3	Abbott Laboratories	ABT	1999-2003
4	Agere Systems	AGR	2002-2006
5	Amdocs	DOX	2002-2006
6	Apple	AAPL	2001-2005
7	Archer Daniels Midland	ADM	1999-2003
8	Avaya	AV	2001-2005
9	Barclays	BCS	1999-2003
10	Bay Networks	BAY	1995-1997
11	Best Buy	BBY	2002-2006
12	Boeing	BA	1996-2000
13	Brocade Communications Systems	BRCD	1999-2003
14	Brunswick	BC	2000-2004
15	Caterpillar	CAT	2003-2006
16	Corning	GLW	2001-2005
17	DaimlerChrysler	DCX	2000-2004
18	Dell	DELL	1997-2001
19	Delta Air Lines	DALRQ	1999-2003
20	Dun & Bradstreet	DNB	2000-2004
21	Eastman Kodak	EK	2000-2004
22	Electronic Data Systems	EDS	2003-2006
23	EMC Corp.	EMC	2001-2005
24	Ford	F	1999-2003
25	General Electric	GE	1995-1999
26	General Electric	GE	2001-2005
27	General Motors	GM	2000-2004
28	Hewlett-Packard	HPQ	1999-2003
29	Hilton Hotels	HLT	1997-2002
30	IBM	IBM	1996-2000[b]
31	Ingram Micro	IM	2000-2004
32	Intel	INTC	1997-2001
33	Lucent	LU	2000-2004
34	McDonald's	MCD	2003-2006
35	Motorola	MOT	2004-2006
36	New York Times	NYT	2002-2006
37	Nissan	NSANY	2000-2004
38	Nokia	NOK	1999-2003
39	Nordstrom	JWN	2000-2004

TABELA A-6 *(continuação)*

Empresas analisadas

	Empresa	Código da ação	Anos[a]
40	Nortel Networks	NT	1998-2002
41	Office Depot	ODP	2000-2004
42	Procter & Gamble	PG	2000-2004
43	Quest Communications	Q	2002-2006
44	RadioShack	FISH	1999-2003
45	Redback Networks	RBAK	2001-2005
46	Sanyo	SANYY	2001-2005
47	Schering-Plough	SGP	2003-2006
48	Sony	SNE	1999-2003
49	Symbol Technologies	SBL	2003-2006
50	Telefónica de Espana	TEF	2000-2004
51	The Home Depot	HD	2000-2004
52	Time Warner	TWX	2000-2004
53	Tyco International	TYC	2002-2006
54	VeriSign	VRSN	2002-2006
55	Whirlpool	WHR	1999-2003
56	Xerox	XRX	2001-2005

[a] Observe que as datas apresentadas nesta tabela e nas tabelas subseqüentes são inclusivas. Desse modo, os anos 2000-2002 são considerados, em nossa análise, um período de transformação de três anos.
[b] Lou Gerstner entrou na IBM em 1993. A IBM foi incluída na análise apesar do fato de a data inicial ter sido anterior a 1995 em função da notoriedade do esforço. Se tivéssemos utilizado uma data anterior em nossa análise, a IBM receberia uma classificação superior à que apresentamos aqui (veja as tabelas a seguir). Isso se deve ao fato de que, quando Gerstner entrou na IBM, a empresa estava no ponto mais baixo de sua história, e o desempenho da empresa melhorou ligeiramente em 1996, o ano em que demos início à nossa análise.

Das 55 empresas listadas, analisamos 56 esforços de transformação (os dois esforços da GE foram analisados separadamente). Uma empresa adicional, a ACI (um pseudônimo), também foi incluída na pesquisa, mas não analisada, por ser uma empresa de capital fechado. É possível afirmar, contudo, que a transformação da ACI foi um sucesso (veja explicação mais adiante).

Por meio de uma análise primária das empresas, identificamos a mediana e o desvio padrão para a nossa amostra, mostrados na Tabela A-7.

Utilizando esses dados, desenvolvemos a curva de distribuição normal e os percentis correspondentes para a faixa de pontuações (veja a Figura A-5). A curva marcada com triângulos, uma curva cumulativa, reflete o percentil representado por cada pontuação. Por exemplo, uma pontuação 0 se traduz em um percentil de aproximadamente 30%.

TABELA A-7

Mediana e desvio padrão da análise primária

Mediana	7,38
Desvio padrão	26,08

Como um resultado da análise primária, 18 empresas foram rotuladas como sucessos, enquanto vinte foram rotuladas como fracassos. As Tabelas A-8 e A-9 apresentam essas empresas, suas pontuações e percentis relativos. Lembramos que os percentis refletem suas classificações em relação não à amostra analisada, mas à curva de distribuição normal baseada na mediana e no desvio padrão. Presumimos que, de acordo com nossa amostra, outros esforços de transformação, se tivessem sido analisados, teriam se adequado à nossa curva de distribuição, considerando a mediana e o desvio padrão utilizados. Dessa forma, se uma empresa recebeu uma pontuação de 70%, isso não significa que ela tenha tido um desempenho melhor do que 70% das empresas de nosso conjunto de dados. Em vez disso, a empresa apresentou um desempenho melhor do que 70% das empresas no conjunto de dados geral e projetado.

As empresas com esforços de transformação de sucesso constituíram 32% de nosso conjunto de dados, enquanto os esforços de transformação fracassados constituíram 36% de nossa amostra. Observe que, apesar de termos utili-

FIGURA A-5

Curva de distribuição normal para os fundamentos primários

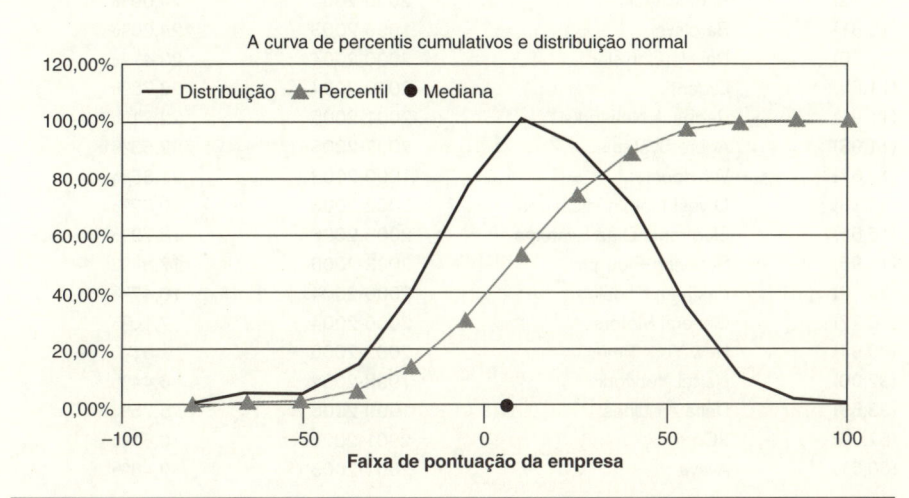

TABELA A-8

Transformações bem-sucedidas (análise primária)

Pontuação	Empresa	Anos	Percentil
57,20	Bay Networks	1995-1997	97,06%
55,28	Telefónica de Espana	2000-2004	96,53%
54,48	3M	2000-2004	96,29%
40,53	General Electric	1995-1999	89,48%
33,75	Apple	2001-2005	83,99%
33,64	VeriSign	2002-2006	83,89%
33,35	Nissan	2000-2004	83,62%
33,12	The Home Depot	2000-2004	83,42%
32,92	Abbott Laboratories	1999-2003	83,21%
32,05	IBM	1995-1999	82,36%
31,60	Best Buy	2002-2006	81,91%
31,43	General Electric	2001-2005	81,74%
31,36	McDonald's	2003-2006	81,67%
30,98	Procter & Gamble	2000-2004	81,28%
30,83	Brunswick	2000-2004	81,13%
30,76	Nokia	1999-2003	81,06%
30,22	Brocade Communications Systems	1999-2003	80,49%
29,57	Symbol Technologies	2003-2006	79,80%

TABELA A-9

Transformações fracassadas (análise primária)

Pontuação	Empresa	Anos	Percentil
(7,82)	Ford	1999-2003	27,67%
(8,48)	Hilton Hotels	1997-2002	26,84%
(9,55)	Hewlett-Packard	1999-2003	25,52%
(10,72)	RadioShack	2000-2004	24,09%
(10,81)	Barclays	1999-2003	24,00%
(11,26)	DaimlerChrysler	2000-2004	23,47%
(11,85)	Lucent	2000-2004	22,78%
(11,91)	Redback Networks	2001-2005	22,71%
(11,98)	Agere Systems	2002-2006	22,63%
(12,67)	Whirlpool	1999-2003	21,85%
(14,33)	Qwest Communications	2002-2006	20,02%
(15,50)	Electronic Data Systems	2003-2006	18,79%
(16,95)	Schering-Plough	2003-2006	17,34%
(25,19)	Eastman Kodak	2000-2004	10,47%
(30,77)	General Motors	2000-2004	7,10%
(30,94)	New York Times	2002-2006	7,01%
(32,08)	Nortel Networks	1998-2002	6,44%
(33,59)	Delta Air Lines	1999-2003	5,75%
(57,99)	3Com	2001-2005	0,61%
(60,51)	Avaya	2001-2005	0,46%

zado o 70º percentil para categorizar empresas bem-sucedidas, na verdade, os sucessos em nossa amostra foram representativos do 80º percentil, já que todas as empresas de sucesso receberiam pontuações acima dos 80%.

Nossa análise primária nos deixou com 32% da amostra, as empresas medianas, pendente de ser categorizada após a conclusão da análise secundária. Com isso, conduzimos uma análise secundária para todas as empresas, utilizando fundamentos primários e secundários, e descobrimos a mediana e o desvio padrão para o conjunto de dados, apresentados na Tabela A-10.

TABELA A-10

Mediana e desvio padrão da análise secundária

Desvio padrão	3,86
Mediana	36,3

Como foi feito na análise primária, desenvolvemos uma curva de distribuição normal e identificamos os valores correspondentes dos percentis para as pontuações utilizando esses dados (veja a Figura A-6).

Com base nesses dados, distinguimos entre empresas que tiveram esforços de transformação acima da média, na média e abaixo da média. As empresas

FIGURA A-6

Curva de distribuição normal para os fundamentos secundários

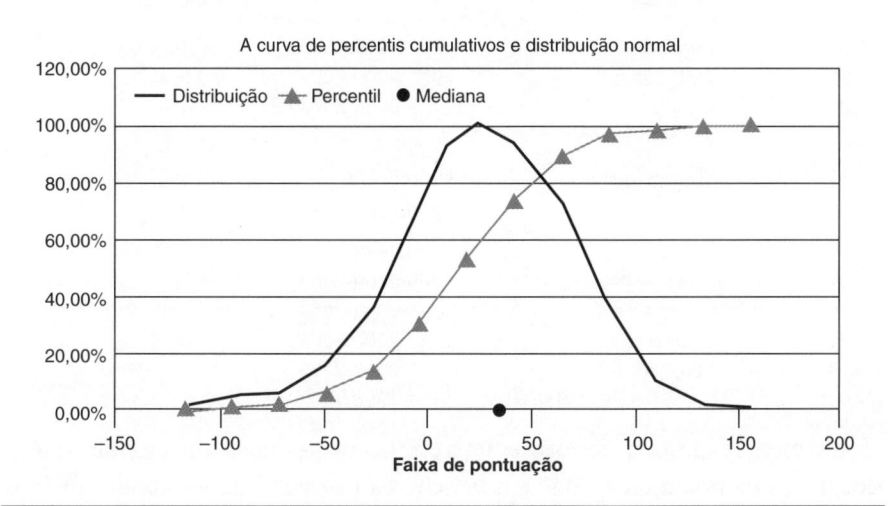

com pontuações de 66,66% ou superior foram classificadas como acima da média, aquelas com pontuações entre 33,33% e 66,66% foram classificadas como medianas e as que tiveram pontuações de 33,33% ou menos foram classificadas como abaixo da média. Nas Tabelas A-1 l, A-12 e A-13, detalhamos quais empresas foram classificadas como acima da média, na média e abaixo da média em nossa análise secundária. Em toda a nossa amostra, 9% ficaram acima da média, 16% ficaram na média e 4% ficaram abaixo da média. Essas empresas abaixo da média ainda apresentaram um desempenho melhor do que as empresas consideradas fracassadas, que foram classificadas na análise primária.

TABELA A-11

Transformação acima da média (análise secundária)

Pontuação	Empresa	Anos	Percentil
32,56	Caterpillar	2003-2006	78,54%
32,42	Archer Daniels Midland	1999-2003	78,42%
32,10	Boeing	1996-2000	78,17%
30,22	Amdocs	2002-2006	76,61%
29,99	Motorola	2004-2006	76,42%
29,37	Intel	1997-2001	75,88%
29,28	Xerox	2001-2005	75,81%

TABELA A-12

Transformação na média (análise secundária)

Pontuação	Empresa	Anos	Percentil
18,94	Dun & Bradstreet	2000-2004	66,10%
13,26	EMC Corp.	2001-2005	60,22%
7,81	Sony	1999-2003	54,33%
4,28	Time Warner	2000-2004	50,46%
(2,02)	Tyco International	2002-2006	43,56%
(8,91)	Ingram Micro	2000-2004	36,25%
(10,25)	Corning	2001-2005	34,87%
(10,88)	Office Depot	2000-2004	34,23%

Analisando a "bolha"

Como mencionamos anteriormente, a equipe de pesquisa questionou o efeito dos dados da bolha tecnológica que ocorreu por volta da virada do milênio.

Agora, repetimos a questão: A bolha das pontocom refletiu uma grande mudança no cenário, quando as ferramentas adotadas no ambiente pós-bolha refletiram uma grande mudança na qual as técnicas e os processos do passado deixaram de ser relevantes no período pós-bolha?

Na Tabela A-14, ilustramos como as empresas pré e pós-bolha foram categorizadas. Definimos "pré-bolha" como esforços de transformação que tiveram início antes do ano 2000 e "pós-bolha" como os que tiveram início no ano 2000 ou depois.

TABELA A-13

Transformação abaixo da média (análise secundária)

Pontuação	Empresa	Anos	Percentil
(14,59)	Dell	1997-2001	30,56%
(24,64)	Nordstrom	2000-2004	21,62%
(28,59)	Sanyo	2001-2005	18,57%

TABELA A-14

Crise da bolha em números absolutos

	Sucesso	Fracasso
Pré-bolha (total: 18)	6 empresas	7 empresas
Pós-bolha (total: 38)	12 empresas	13 empresas

Uma das primeiras coisas que você pode notar é que há mais sucessos pós-bolha do que sucessos pré-bolha. Isso significa que as empresas pós-bolha tiveram um desempenho melhor do que as empresas pré-bolha? Não necessariamente, já que também há mais fracassos pós-bolha do que fracassos pré-bolha. Como nossa amostra continha mais empresas pós-bolha do que pré-bolha, tanto os sucessos quanto os fracassos teriam mais chances de ser pós-bolha. Neste caso, a análise das porcentagens simplifica a comparação (veja a Tabela A-15).

Essas porcentagens se referem aos sucessos e fracassos, tanto pré-bolha quanto pós-bolha. Se analisarmos apenas os sucessos, é possível perceber que a porcentagem de empresas que foram sucessos se mostra comparável entre as fases pré-bolha e pós-bolha (33% contra 32%). Essa lógica também se aplica aos casos de fracasso.

Mas quais são as implicações disso e como isso responde à pergunta original feita pelo painel de especialistas?

Podemos afirmar intuitivamente, com base nos dados, que essas distinções pré-bolha e pós-bolha não fazem muito sentido. Por quê? Essa continuidade nos dados, apesar da recategorização pré-bolha/pós-bolha, indica que não houve uma mudança significativa no ambiente corporativo pré-bolha e pós-bolha, pelo menos nada que tenha afetado o sucesso dos esforços de transformação. Independentemente de os esforços terem começado antes ou depois da bolha, uma porcentagem similar de empresas teve sucesso, enquanto uma porcentagem similar fracassou. Dessa forma, a bolha das pontocom não mudou as regras do jogo nem alterou completamente o cenário. Essa importante conclusão nos indica que as ferramentas e práticas identificadas no livro independem da classificação pré-bolha/pós-bolha. Em vez disso, essas ferramentas e práticas permanecem relevantes a todas as empresas no mundo pós-moderno de hoje.

TABELA A-15

Crise da bolha em porcentagem

	Sucesso	Fracasso
Pré-bolha (total: 18)	33% (= 6/18)	39% (= 7/18)
Pós-bolha (total: 38)	32% (= 12/37)	35% (=13/37)

EXCEÇÕES AO NOSSO MODELO QUANTITATIVO

Ao longo deste apêndice, descrevemos em profundidade a análise quantitativa conduzida para o modelo do índice de desempenho da transformação. Também explicamos como a pesquisa das melhores práticas se encaixa na análise quantitativa e como, combinadas, elas estabeleceram as premissas deste livro.

Há, contudo, algumas exceções referentes à relação inerente entre o modelo e a pesquisa qualitativa – pesquisamos algumas empresas sem tê-las primeiramente analisado ou categorizado com base no modelo do índice de desempenho da transformação. A ACI, por exemplo, não poderia ser analisada utilizando o modelo pelo fato de os dados necessários não estarem disponíveis. Entretanto, os efeitos de sua transformação foram evidenciados de outras formas – por meio de alguns indicadores-chave de desempenho financeiro. Em outro exemplo, a Hewlett-Packard, apesar de ser uma empresa de capital aberto, passou por uma transformação liderada por Mark Hurd. Ao finalizarmos o texto deste livro, contudo, o esforço de transformação de Hurd ainda não havia atingido a marca dos três anos, de forma que ele não poderia ser analisado em nosso modelo. Apesar de a ACI e a HP não poderem ser classificadas como as outras empresas em termos de pontuação e percentil, os indicadores-chave de sucesso ainda são claramente visíveis.

ACI

Uma empresa de consultoria e integração de sistemas de médio porte sediada na Índia, que chamaremos de ACI (Asian Company Inc., um pseudônimo), ainda não havia disponibilizado nenhum dos indicadores de desempenho necessários para a análise, por ser uma empresa de capital fechado.

Os dados da receita e renda líquida da ACI, contudo, são extremamente reveladores. Como um resultado da transformação, a receita triplicou e a renda líquida quintuplicou em apenas três anos. Esse aumento percentual da receita foi 50% maior do que qualquer empresa rival de rápido crescimento. Além disso, em dois anos, a taxa de rotatividade foi reduzida a 50%. Esses fatores de desempenho identificam a ACI como tendo passado por um esforço de transformação bem-sucedido.

Hewlett-Packard

No momento em que este texto está sendo concluído, a Hewlett-Packard (HP) está passando por uma transformação liderada pelo CEO Mark Hurd. Contudo, pelo fato de a transformação ter começado em 2005, a equipe de pesquisa não teve como justificar a análise por meio do modelo do índice de desempenho da transformação utilizando menos de três anos de dados. Os resultados preliminares e indicadores financeiros, contudo, sugerem que a transformação está sendo bem-sucedida. Na Tabela A-16, apresentamos vários indicadores-chave e comparamos a situação da empresa quando Hurd assumiu como CEO em 2005 com a situação em fevereiro de 2007. No segundo trimestre de 2007, a receita líquida apresentou 13% de aumento ano a ano para US$25,5 bilhões, com um fluxo de caixa operacional recorde de US$4,2 bilhões. O sólido desempenho financeiro da HP se evidencia nos significativos aumentos de receita, margem de lucro antes dos juros e impostos (EBIT) e preço das ações em apenas alguns anos.

TABELA A-16

Desempenho da HP

	Indicadores	Q1 '05	Q1 '07	Mudanças percentual
Fundamentos primários	Receita	US$21,5 bilhões	US$25,1 bilhões	16,7%
	Margem EBIT	4,89%	7,82%	59,9%
	Preço das ações	US$20,47	US$43,28	111,4%

ANÁLISE 2: FATORES CRÍTICOS DE SUCESSO PELA ANÁLISE QUALITATIVA INDUTIVA

Nossa amostra incluiu 18 transformações de sucesso e vinte transformações fracassadas. Dessa forma, nossa equipe de pesquisa desenvolveu 38 estudos de caso detalhados das empresas que tiveram sucesso e fracasso em seus esforços de transformação. Nossa meta foi identificar fatores que distinguiam as transformações bem-sucedidas das fracassadas. Os casos são representativos de diferentes setores, localizações geográficas e portes das empresas.

Coleta dos dados

Para cada estudo de caso, entrevistamos uma média de dez pessoas. O número de entrevistados variou de 7 a 14 pessoas. O número médio de entrevistas foi 23, já que algumas pessoas foram entrevistadas mais de uma vez. Para cada estudo de caso, também analisamos uma média de 3.580 páginas de documentação sobre a empresa, incluindo relatórios aos acionistas. Além disso, a equipe de pesquisa analisou uma média de 26 artigos publicados na imprensa não-especializada sobre os esforços de transformação de cada empresa.

Entrevistas

Entrevistamos executivos, administradores seniores, gestores e empregados envolvidos na transformação. Tentamos incluir a representação de todas as funções, incluindo estratégia, marketing, vendas, tecnologia, recursos humanos, produções e finanças para o desenvolvimento de cada caso de estudo. Cada entrevista foi semi-estruturada – com questões abertas e fechadas – e teve a duração de uma hora a uma hora e meia. As informações foram analisadas ao final de cada entrevista.

Análise dos dados

A equipe de pesquisas conduziu a triangulação dos dados utilizando várias fontes de dados, de entrevistas, dados documentais e artigos referentes a cada empresa. As categorias foram definidas em atividades simultâneas e continuamente ajustadas de coleta, codificação e análise dos dados. Desse modo, as categorias foram definidas e incorporadas na observação. A codificação incluiu a codificação detalhada de dados linha a linha para desenvolver algumas categorias preliminares. Posteriormente, a equipe de pesquisa se concentrou em uma codificação mais seletiva referente às categorias convergentes.

Observamos que mais de 2/3 dos entrevistados mencionaram pelo menos 1/3 das categorias durante as entrevistas. As três categorias foram: um esforço de transformação (1) abrangente e integrador, (2) ágil e (3) com plena adesão, especialmente dos níveis mais altos da organização durante a transformação. Na estruturação dos capítulos deste livro, decidimos separar as categorias "abrangente" e "integrador" para oferecer uma explicação mais detalhada ao leitor.

Esses fatores e categorias surgiram com mais freqüência nos esforços de transformação bem-sucedidos do que nos esforços de transformação fracassados, e marcaram a diferenciação entre as empresas bem-sucedidas e malsucedidas. Com a aplicação da ferramenta estatística ANOVA, identificamos a significância estatística entre esforços de transformação bem-sucedidos e fracassados com a incorporação dessas três categorias. Dessa forma, as transformações bem-sucedidas em geral eram abrangentes, integradoras, ágeis e apresentavam plenos comprometimento e adesão, especialmente dos níveis mais elevados da organização.

Na Tabela A-17, detalhamos as empresas de maior sucesso de acordo com nossa análise quantitativa e salientamos os fatores de sucesso identificados nas várias empresas. Por "ágil", queremos dizer que o planejamento da transformação levou seis meses ou menos e a execução foi feita dentro de um ano. "Plena adesão" se refere ao verdadeiro comprometimento e entendimento do esforço por parte da organização. As pessoas que aderiram plenamente ao esforço estavam totalmente envolvidas na execução e comprometidas com ela.

Você pode ter observado que algumas dessas empresas não apresentaram todos os fatores críticos de sucesso. Nesses casos, analisamos a situação por trás dessas empresas e seus esforços de transformação para obter uma compreensão mais profunda. Interessamo-nos pela seguinte questão: Por que algumas dessas empresas tiveram sucesso apesar da ausência de alguns desses fatores críticos de sucesso?

TABELA A-17

Fatores críticos de sucesso nas empresas bem-sucedidas

	Abrangente e integrador	Ágil	Com plena adesão especialmente dos níveis mais altos
Bay Networks	X	X	X
Telefónica de Espana	X	(3 ondas)	X
3M	X	X	X
General Electric (1995-1999)	(quatro áreas principais)	X	X
Apple	X	X	X
VeriSign	X	X	X
Nissan	X	X	X
The Home Depot	X	X	X
Abbott Laboratories	X	X	X
IBM	X	X	X
Best Buy	X	X	X
General Electric (2001-2005)		X	X
McDonald's	X	X	X
Procter & Gamble	X	X	X
Brunswick	X	X	X
Nokia		X	X
Brocade Communications Systems	X		X
Symbol Technologies	X	X	X

- *Telefónica de España.* A Telefónica de España representa um raro caso em que o esforço de transformação foi feito em três ondas distintas que foram integradas de maneira serial. Cada onda, incluindo a implementação, durou um ano, e esta clara seqüência de ondas abordou muitos diferentes aspectos da organização. Cada onda se concentrou em crescimento, competitividade e comprometimento. Apesar de as ondas não mudarem radicalmente de um ano ao outro, os esforços e o foco de cada uma foram ajustados de acordo com o novo ambiente e para atingir novas metas. Cada onda pode ser considerada ágil e as metas foram estabelecidas em cascata em cada onda. Apesar de essa descrição não se encaixar ao que normalmente chamamos de "integrador", o esforço de transformação como um todo de fato integrou os vários aspectos da organização.
- *General Electric.* Apesar de a era de Jack Welch ser conhecida como a era de constantes transformações, a General Electric se empenhou em

um esforço de transformação holístico de 1995 a 1999. Nesse esforço, os empregados assistiram a grandes mudanças em toda a empresa, em quatro áreas-chave: globalização acelerada, foco obsessivo em assistência ao produto, Seis Sigma e digitalização. As transformações nessas quatro áreas levaram a um esforço interdepartamental e integrador por toda a empresa.

- **Nokia**. Em resposta às mudanças nas condições do mercado que refletiam uma convergência entre os setores de telecomunicações, tecnologia sem fio, jogos, Internet e software, a Nokia mudou sua estratégia, criou novas unidades de negócio e alterou suas estruturas de incentivo. Dessa forma, apesar de o esforço não atacar cada aspecto da organização, ele abordou as principais áreas que precisavam ser mudadas para se adaptar à dinâmica do mercado. Ao perceber a convergência no mercado, a Nokia se empenhou proativamente em um esforço de mudança.

Agora que analisamos os esforços bem-sucedidos, vamos examinar a situação dos esforços de transformação considerados fracassados. A Tabela A-18 apresenta as empresas com o pior desempenho em nossa análise quantitativa e os fatores críticos de sucesso presentes nessas empresas.

Como você pode ver, as empresas com esforços de transformação fracassados deixaram de apresentar vários dos fatores críticos de sucesso identificados e apresentados nas empresas bem-sucedidas – com efeito, algumas dessas empresas não tinham nenhum fator crítico de sucesso. Em alguns desses casos, a presença de um ou dois desses fatores ainda não era indicativo de sucesso. Desse modo, se analisados individualmente, esses fatores críticos de sucesso são importantes mas podem não ser suficientes para assegurar o sucesso de um esforço. Em última instância, muitos fatores diferentes precisam ser integrados e alinhados antes de uma empresa poder ser bem-sucedida.

Algumas empresas que não apresentaram um bom desempenho em nossa análise podem ter tido um desempenho após o período analisado. Nesses casos (e em todos os outros), desconsideramos o desempenho fora do período da análise, já que isso pode ter sido um reflexo de vários fatores além do esforço de transformação. Nosso interesse foi identificar como o esforço de transformação afetou o desempenho da organização e o período analisado foi o que definimos como o mais relevante para a nossa pesquisa.

TABELA A-18

Fatores críticos de sucesso nas empresas fracassadas

	Abrangente e integrador	Ágil	Com plena adesão, especialmente dos níveis mais altos
Ford	X		
Hilton Hotels			
HP (1999-2003)	X		
RadioShack			X
Barclays	X		
DaimlerChrysler			
Lucent			
Redback Networks			X
Agere Systems	X		
Whirlpool	x		X
Qwest Communications			
Electronic Data Systems			X
Schering-Plough		X	
Eastman Kodak			X
General Motors			X
New York Times			
Nortel Networks	X		
Delta Air Lines			
3Com			X
Avaya			

CONCLUSÃO

Por meio do desenvolvimento do modelo do índice de desempenho da transformação detalhado neste apêndice, nossa equipe de pesquisa pôde padronizar e objetivamente categorizar os esforços de transformação das empresas em diferentes níveis de sucesso. Isso, por sua vez, nos permitiu identificar as melhores práticas – as práticas comumente associadas aos esforços de transformação bem-sucedidos. Essas análises formaram a estrutura conceitual para as ferramentas e práticas analisadas ao longo deste livro. Elas também nos forneceram várias histórias verídicas, que pudemos compartilhar com você. Esperamos que você tenha gostado de aprender sobre essas práticas tanto quanto nós apreciamos tê-las analisado e o incentivamos a aplicá-las em sua organização!

Notas

Introdução
1. Rajat Gupta e Jim Wendler, "Leading Change: An Interview with the CEO of P&G", *McKinsey Quarterly*, jul. 2005, www.mckinseyquarterly.com.
2. Ibid.
3. Michael Hammer e Steven Stanton, *The Reengineering Revolution* (Nova York: HarperCollins, 1995).
4. Dennis Donovan, entrevista com o autor, abr. 2006.
5. Veja o Apêndice para uma explicação detalhada da metodologia de pesquisa e do modelo do índice de desempenho da transformação utilizados para avaliar o sucesso dos esforços de transformação de várias empresas. O Apêndice também detalha as conclusões dos estudos tanto quantitativos quanto qualitativos.
6. Veja o Apêndice para o detalhamento das conclusões e resultados.
7. Entrevista com Dave House, conduzida em nov. 2005.

Capítulo 1
1. "90 Days Transformation", ou transformação de 90 dias, é uma marca registrada de Tabrizi LLC.
2. Veja o Apêndice para o detalhamento das conclusões e resultados das análises quantitativas e qualitativas.
3. MacWorld, Boston, 1997, http://YouTube.com/watch?v=PEHNrgPkefl.
4. "The Best and Worst Managers of the Year", *BusinessWeek*, 12 jan. 2004, www.businessweek.com/magazine/toc/04_02/B38650402best.htm.
5. Carly Fiorina, *Business Biographies*, answers.com. www.answers.com/topic/carly-fiorina.
6. Bill Leonard, "GM Drives HR to the Next Level: GM Undergoes a Transformation, and HR Helps to Steer the Changes-Strategic HR-General Motors Corp.; Human Resources-Company Profile", *HR Magazine*, mar. 2002, www.findarticles.com/p/articles/mi_m3495/is_3_47/aí 84238037/pg_2.
7. Paul A. Eisenstein, "Transformation at General Motors: Putting Passion Back into Product", *The Car Connection*, 19 ago. 2002, www.thecarconnection.com/Auto_News/Auto_News/Transformation_at_General_Motors.S 175.A5203.html; e Tim Keenan, "Location Is the Focus of GM 2000 Plan", *Ward's Dealer Business*, dez. 1997, wwwfindarticles.com/p/articles/mi_m0FJN/is_n4_v32/ai_20230610/pg_2.

8. "Troubled GM to Cut 25,000 Jobs", *CBS News*, 7 jun. 2005, www.cbsnews.com/stories/2005/06/07/ap/business/main700105.shtml.

9. Leonard, "GM Drives HR to the Next Level".

10. Robin Gareiss, "Chief of the Year: Ralph Szygenda. General Motors' HardDriving CIO Has Revved the Engines of the Carmaker's Once-Stagnant IT Systems", *Information Week*, 2 dez. 2002, www.informationweek.com/story/IWK20021127S0011/1.

11. David Magee, *Turnaround: How Carlos Ghosn Rescued Nissan* (Nova York: HarperBusiness, 2003), 11.

12. Lou Gerstner, entrevista com Dan Farber e Robert Joss, 19 nov. 2002, http://zdnet.com.com/1601-2-966420.html.

13. Andrew Haeg, "A Leaner 3M", *Minnesota Public Radio*, 22 abr. 2002.

14. O que, a partir deste ponto, nos referimos simplesmente como a transformação da VeriSign, na verdade, foi um esforço de transformação promovido na maior divisão da VeriSign, antes conhecida como VeriSign Telecommunications Services (VTS). Depois da transformação, a VTS passou a ser chamada VeriSign Communications Services, ou VCS.

15. VeriSign, "VeriSign Intelligent Infrastructure Drives Telecommunication Innovations for European Operators", comunicado à imprensa, 14 fev. 2005, www.verisign.co.uk/verisign-inc/press_20050214_2.html.

16. Reggie Helton, "Movers & Shakers Entrevista com Vernon Irvin, Executive Vice President and General Manager of VeriSign Communications Services", Frost & Sullivan, www.frost.comlprod/servlet/exec-brief-movers-feature.pag?mode=open&sid=32398897.

17. Magee, *Turnaround*, 44-49.

18. Ibid, 79.

19. Leigh Kimmel, "Apple Computer, Inc.: A History", 1998, www.geocities.com/Athens/3682/applehistory.html.

20. P. Indu e Vivek Gupta, "The Transformation of Apple's Business Model", ICFAI Center for Management Research, 2006.

21. Jai Singh, "Dell: Apple Should Close Shop", www.cnetnews.com, 6 out. 1997.

22. "The 100 Top Brand 2006", *BusinessWeek*, 2006, http://bwnt.businessweek.com/brand/2006.

23. AAPL, Google Finance, 14 mar. 2007, http://finance.google.com/finance?q=AAPL.

Capítulo 2

1. Carlos Ghosn e Philippe Riès, *Shift: Inside Nissan's Historic Revival* (Nova York: Doubleday, 2005), 175.

2. Rajat Gupta e Jim Wendler, "Leading Change: An Interview with the CEO of P&G", *McKinsey Quarterly*, jul. 2005, www.mckinseyquarterly.com.

3. Ghosn e Riès, *Shift*, 93

4. Richard D. Austin e Richard L. Noland, "IBM Corporation Turnaround", Case 9-600-908 (Boston: Harvard Business School, 2000), 1.

5. Louis V Gerstner Jr., *Who Says Elephants Can't Dance? Leading a Great Enterprise Through Dramatic Change* (Nova York: HarperBusiness, 2002), 11.

6. David Magee, *Turnaround: How Carlos Ghosn Rescued Nissan* (Nova York: HarperBusiness, 2003), 83.

7. Gerstner, *Who Says Elephants Can't Dance?*, 77.

8. Ghosn e Riès, *Shift*, 133-134.

9. Gerstner, *Who Says Elephants Can't Dance?*, 12.

10. Ghosn e Riès, *Shift*, 86-90.

11. Steve Jobs, apresentação, MacWorld Conference, 1997.
12. Dave House, apresentação na Stanford University, 31 jan. 2007.
13. A. Leshinsky, "Can HP Win Doing It the Hurd Way?", *Fortune*, abr. 2006.
14. Leshinsky, 2006.
15. Entrevista na HP, conduzida por B. Tabrizi, J. Castilo e A. Mak, dez. 2005.
16. Entrevista na HP, 2005.
17. Ghosn e Riès, *Shift*, 129.
18. Ibid., 132.
19. Gerstner, *Who Says Elephants Can't Dance?*, 41.
20. Doug Garr, *IBM Redux: Lou Gerstner and the Business Turnaround of the Decade* (Nova York: HarperBusiness, 2000), 59.
21. Magee, *Turnaround*, 62.
22. Ibid., 25, 43, 46; e Austin e Noland, "IBM Corporation Turnaround", 7-8.
23. Gerstner, *Who Says Elephants Can't Dance?*, 77.
24. John Kotter, "Leading Change: Why Transformation Efforts Fail", *Harvard Business Review*, mar.-abr. 1995.
25. Ghosn e Riès, *Shift*, 99.
26. Gerstner, *Who Says Elephants Can't Dance?*, 77.
27. Janet Lowe, *Jack Welch Speaks: Wisdom from the World's Greatest Business Leader* (Nova York: Wiley, 2001), 98.
28. Gerstner, *Who Says Elephants Can't Dance?* 77.
29. James Collins e Jerry Porras, "Organizational Vision and Visionary Organizations", *California Management Review*, 34, n. 1 (outono 1991): 30-52.
30. Ibid.
31. Austin e Noland, "IBM Corporation Turnaround".
32. Ghosn e Riès, *Shift*, 134.
33. Entrevista com Dave House, nov., 2005.
34. Jennifer Reingold, "Bob Nardelli Is Watching", *Fast Company*, dez. 2005, 76.
35. Giancarlo Ghislanzoni e Julie Shearn, "Leading Change: An Interview with the CEO of Banca Intesa", *McKinsey Quarterly*, n. 3, 2005.
36. Jan Carlzon, *Moments of Truth* (Nova York: HarperCollins, 1987), 26-27.
37. Gerstner, *Who Says Elephants Can't Dance?*, 35.
38. Ibid., 36.
39. VeriSign Case, Stanford University, não-publicado, 2005.
40. Ibid.
41. Michael Y. Yoshino e Masako Egawa, "Implementing the Nissan Renewal Plan", Case 1-303-111 (Boston: Harvard Business School, 2003), 8.
42. VeriSign Case, Stanford University, não-publicado, 2005.
43. Steve Jobs, MacWorld Conference, n. 1997, http://youtube.com/watch?vv=PEHNrqPkefl.
44. Entrevista com Sam Shiffman, Diretor, 3M, 26 abr. 2007.

Capítulo 3
1. Entrevista com Ava Butler, 2003.
2. Elizabeth Gibson e Andy Billings, *Big Change at Best Buy: Working Through Hypergrowth to Sustained Excellence* (Palo Alto, CA: Davies-Black Publishing, 2003), 22.
3. "25 Lessons from Jack Welch", 1000ventures.com, http://www.1000ventures.com/business_guide/mgmt_new-model_25lessons-welch.html.

4. Carlos Ghosn e Philippe Riès, *Shift: Inside Nissan's Historic Revival* (Nova York: Doubleday, 2005), 102-103.
5. Ibid.
6. Gibson e Billings, *Big Change at Best Buy*, 22.
7. VeriSign Case Stanford University, não-publicado, 2005.
8. Ibid.
9. Magee, *Turnaround*, 70-71.
10. Magee, *Turnaround*, 102-105; Ghosn e Riès, *Shift*, 66-76; e Carlos Ghosn, "Sating the Business Without Losing the Company", *Harvard Business Review*, jan. 2002.
11. Gibson e Billings, *Big Change at Best Buy*, 16.
12. VeriSign Case, Stanford University, não-publicado, 2005.
13. Ibid.
14. Ibid.
15. Magee, *Turnaround*, 77.
16. VeriSign Case, Stanford University, não-publicado, 2005.
17. Ibid.
18. Magee, *Turnaround*, 70-71.
19. Gibson e Billings, *Big Change at Best Buy*, 7-9.
20. VeriSign Case, Stanford University, não-publicado, 2005.
21. Gibson e Billings, *Big Change at Best Buy*, 21.
22. Magee, *Turnaround*, 70.

Capítulo 4

1. Louis V. Gerstner Jr., *Who Says Elephants Can't Dance? Leading a Great Enterprise Through Dramatic Change* (Nova York: HarperBusiness, 2002), 203-205.
2. Ibid., 210-211.
3. Elizabeth Gibson e Andy Billings, *Big Change at Best Buy: Working Through Hypergrowth to Sustained Excellence* (Palo Alto, CA: Davies-Black Publishing, 2003), 19.
4. Ibid., 17.
5. Carlos Ghosn e Philippe Riès, *Shift: Inside Nissan's Historic Revival* (Nova York: Doubleday, 2005) 134.
6. John Kotter, "Leading Change: Why Transformation Efforts Fail", *Harvard Business Review on Point*, mar.-abr. 1995, 1-10.
7. Rajat Gupta e Jim Wendler, "Leading Change: An Interview with the CEO of P&G", *McKinsey Quarterly*, Web exclusive, jul. 2005.
8. David Magee, *Turnaround: How Carlos Ghosn Rescued Nissan* (Nova York: HarperBusiness, 2003), 9.
9. Gerstner, *Who Says Elephants Can't Dance?*, 50.
10. Jan Carlzon, *Moments of Truth* (Nova York: HarperCollins, 1987), 22-23.
11. Carter McNamara, "Organizational Culture", Free Management Library, www.managementhelp.org/org_thry/culture/culture.htm.
12. Michael Warshaw, "Have You Been House-Trained?", *Fast Company*, out. 1998.
13. Patricia Sellers, "Home Depot: Something to Prove", *Fortune Magazine* www.mutualofamerica.com/articles/Fortune/2002_06_27/homedepot1.asp; Home Depot's "Big Disappointment": Sales, 17 jan. 2003, www.businessweek.com/bwdaily/dnflash/jan2003/nf20030117_1318.htm; Carol Hymowitz, "Home Depot's CEO Led a Revolution, but Left Some Behind", *The Wall Street Journal*, 16 mar. 2004, B.1, http://proquest.umi.com/pgdweb?did=579550851&sid=1&Fmt=3&clientld=12498&RQT=309&VName=PQD.

14. Gerstner, *Who Says Elephants Can't Dance?*, 196.
15. Ibid., 199.
16. Carlos Ghosn, "Saving the Business Without Losing the Company", *Harvard Business Review*, jan. 2002, 6.
17. Mark Tatge, "Prescription for Growth", *Forbes*, 17 fev. 2003, 4.
18. Gerstner, *Who Says Elephants Can't Dance?*, 53.
19. Michale Amdt, "3M's Rising Star", *BusinessWeek Online*, 12 abr. 2004.
20. "Closer Look: The Minnesota Initiative Foundations", 2005. The McKnight Foundation, www.mcknight.org/feature/mifs.aspx.
21. Entrevista com Dave House, nov. 2005.
22. Gerstner, *Who Says Elephants Can't Dance?*, 190.
23. Sob a liderança do CEO da VeriSign, Stratton Sclavos, os problemas mencionados desta seção sobre o atendimento ao cliente foram endereçados e solucionados em fases posteriores da transformação.
24. Magee, *Turnaround*, 98.
25. Benham Tabrizi, *Becoming a Real-Time Enterprise* (McGraw-Hill, 2006).
26. Richard Blake, "The Fixer-Upper", *Institutional Investor* (International Edition), jan. 2004, 14.
27. Entrevista com Nardelli, www.chiefexecutive.net/nardelli.htm.
28. "Flowchart", iSixSigma Dictionary, www.isixsigma.com/dictionary/Flowchart431.htm.
29. "Basic Tools for Process Improvement-Module 6: Flowchart", iSixSigma, www.isixsigma.com/offsite.asp?A=Fr&Url=http://quality.disa.mil/pdf/flowchrt.pdf.
30. Veja www.isixsigma.com/offsite.asp?A=Fr&Url=http://www.sytsma.com/tqmtools/flow.html.
31. Para saber mais sobre os quatro últimos itens, veja Michael Lee Smith, "BOLO (Be On LookOut) List for Analyzing Process Mapping", iSixSigma, www.isixsigma.com/library/content/c040301a.asp.
32. F. John Reh, "Benchmarking", About: Management, http://management.about.com/cs/benchmarking/a/Benchmarking.htm.
33. Veja www.aluenet.com/pdf/benchmarking_Sitnikov.pdf (p. 4).
34. Paul Kaihla, "Best-Kept Secrets of the World's Best Companies", *Business* 2.0, 16 mar. 2006, http://money.cnn.com/magazines/business2/business2_archive/2006/04/01/8372806/index.htm.
35. "Fast-Cycle Benchmarking", *Harvard Management Update*, 1 abr. 1999.
36. Magee, *Turnaround*, 111-112.
37. Larry Bossidy e Ram Charan, *Execution: The Discipline of Getting Things Done* (Nova York: Crown Business, 2002).
38. Veja http://encyclopedia.lockergnome.com/s/b/Benchmarking.
39. Ibid.

Capítulo 5

1. Mark Hurd, "Address to Channel Partners" (HP America Partner Conference, Las Vegas, Nevada, 19 jun. 2006), www.hp.com/hpinfo/execteam/speeches/hurd/06apc.html.
2. Leander Kahney, "Straight Dope on the iPod's Birth", *Wired*, 17 out. 2006.
3. David Magee, *Turnaround: How Carlos Ghosn Rescued Nissan* (Nova York: HarperBusiness, 2003), 77-79.

4. VeriSign, "VeriSign Acquires Unimobile Assets, Expands Communication Services Offerings", comunicado à imprensa, 22 mar. 2004, www.verisign.com/verisign-inc/news-and-events/news-archive/us-news-2004/page_004017.html.

5. VeriSign, "VeriSign Successfully Completes Acquisition of Jamba! AG", comunicado à imprensa, 3 jun. 2004, www.versign.com/verisign-inc/news-and-events/news-archive/us-news-2004/page_004007.html.

6. Verisign, "VeriSign Acquires Unimobile Assets".

7. Louis V. Gerstner Jr., *Who Says Elephants Can't Dance? Leading a Great Enterprise Through Dramatic Change* (Nova York: HarperBusiness, 2002), 219.

8. Ibid., 220.

9. Ibid., 202.

10. Carlos Ghosn e Philippe Riès, *Shift: Inside* (Nova York: Doubleday, 2005), 108.

11. Pui-Wing Tam, "Task of Two H-P Executives: Make a Behemoth Bigger", *Wall Street Journal*, 15 nov. 2005.

12. Kevin Allison, "HP Chief Outlines His Expansion Strategy", *Financial Times*, 14 dez. 2005.

13. Josep Isern e Julie Shearn, "Leading Change: An Interview with the Executive Chairman of Telefónica de España", *McKinsey Quarterly*, ago. 2005, www.mckinseyquarterly.com.

14. Pui-Wing Tam, "Hurd's Biggest Challenge at HP: Overhauling Corporate Sales", *Wall Street Journal*, 3 abr. 2006.

15. Giancarlo Ghislanzoni e Julie Shearn, "Leading Change: An Interview with the CEO of Banca Intesa", *McKinsey Quarterly*, 2005, 3.

16. Vanessa L. Facenda, "Cowboy Culture/GE Mentality", *Retail Merchandiser* 42, n. 8, ago. 2002, 23.

17. Carlos Ghosn, "Saving the Business Without Losing the Company", *Harvard Business Review*, jan. 2002, 10.

Capítulo 6

1. Carlos Ghosn e Philippe Riès, *Shift: Inside Nissan's Historic Revival* (Nova York: Doubleday, 2005), 134.

2. Louis V Gerstner Jr., *Who Says Elephants Can't Dance? Leading a Great Enterprise Through Dramatic Change* (Nova York: HarperBusiness, 2002), 88-92.

3. David Magee, *Turnaround: How Carlos Ghosn Rescued Nissan* (Nova York: HarperBusiness, 2003), 127.

4. Michael Y. Yoshino e Masako Egawa, "Implementing the Nissan Renewal Plan", Case 1-303-111 (Boston: Harvard Business School, 2003), 5.

5. Giancarlo Ghislanzoni e Julie Shearn, "Leading Change: An Interview with the CEO of Banca Intesa", *McKinsey Quarterly*, Number 3, 2005.

6. Carlos Ghosn, "Nissan Motor Co.", *Fast Company*, jun. 2002, 80.

7. Josep Isern e Julie Shearn, "Leading Change: An Interview with the Executive Chairman of Telefónica de España", *McKinsey Quarterly*, ago. 2005, www.mckinseyquarterly.com.

8. Rajat Gupta e Jim Wendler, "Leading Change: An Interview with the CEO of P&G", *McKinsey Quarterly*, jul. 2005, www.mckinseyquarterly.com.

9. Elizabeth Gibson e Andy Billings, *Big Change at Best Buy: Working Through Hypergrowth to Sustained Excellence* (Palo Alto, CA: Davies-Black Publishing, 2003), 7-8.

10. Ghosn e Riès, *Shift*, 111-112, 123.

11. Yoshino e Egawa, "Implementing the Nissan Revival Plan", 8.

Capítulo 7

1. Entrevista com Dave House, nov. 2005.
2. Lindsay Brooke, "From Here to Infiniti: Carlos Ghosn Surprised the Industry by Meeting Nissan's Revival Plan Targets a Year Ahead of Schedule. Now Comes the Fun Part-Selling New Product", *Automotive Industries*, mar. 2002, www.findarticles.com/p/articles/mi_m3012/is_3_182/ai_84377729/pg_2.
3. Giancarlo Ghislanzoni e Julie Shearn, "Leading Change: An Interview with the CEO of Banca Intesa", *McKinsey Quarterly*, Number 3, 2005.
4. David Magee, *Turnaround: How Carlos Ghosn Rescued Nissan* (Nova York: HarperBusiness, 2003), 82.
5. Jennifer Reingold, "Bob Nardelli Is Watching", *Fast Company*, dez. 2005, 76.
6. Ibid.
7. Carlos Ghosn e Philippe Riès, *Shift: Inside Nissan's Historic Revival* (Nova York: Doubleday, 2005), 152.
8. Larry Bossidy e Ram Charan, *Execution: The Discipline of Getting Things Done* (Nova York: Crown Business, 2002), 6.
9. Rajat Gupta e Jim Wendler, "Leading Change: An Interview with the CEO of P&G", *McKinsey Quarterly*, jul. 2005, www.mckinseyquarterly.com.
10. Melissa Raffoni, "Three Keys to Effective Execution", *Harvard Management Update*, fev. 2003.
11. Bossidy e Charan, *Execution*, 6.
12. Rob Cross, Wayne Baker e Andrew Parker, "What Creates Energy in Organizations?", *MIT Sloan Management Review*, Summer 2003.
13. Janet Lowe, *Jack Welch Speaks: Wisdom from the World's Greatest Business Leader* (Nova York: Wiley, 2001), 98.
14. Elizabeth Gibson e Andy Billings, *Big Change at Best Buy: Working Through Hypergrowth to Sustained Excellence* (Palo Alto, CA: Davies-Black Publishing, 2003), xiii.
15. Jan Carlzon, *Moments of Truth* (Nova York: HarperCollins, 1987), 113114.
16. Andrew R. McIlvaine, "Retooling HR", *Human Resource Executive Online*, www.hreonline.com/HRE/storyjsp?storyId=4222054.
17. Peter Burrows, "HP Says Goodbye to Drama", *BusinessWeek Online*, 2 set. 2005, www.businessweek.com/technology/content/sep2005/tc2005091_4868_tc119.htm.
18. Carlzon, *Moments of Truth*, 78.
19. Ibid., 78, 82.
20. Entrevista com Dave House, nov. 2005.
21. John Kelly, "One CEO's Journey: Reflections on a Scorecard-Driven Transformation", in *Balanced Scorecard Report* (Boston: Harvard Business School, jul.-ago. 2002).
22. Ibid, 10.
23. Gibson e Billings, *Big Change at Best Buy*, 200.
24. Ibid., 10.
25. Ibid., 9.
26. Ghislanzoni e Shearn, "Leading Change".
27. Christopher Bartlett e Meg Wozny, "GE's Two-Decade Transformation: Jack Welch's Leadership", *Harvard Business Review*, 25 fev. 2004.
28. Bossidy e Charan, *Execution*, 40-41.
29. Gibson e Billings, *Big Change at Best Buy*, 7-8.
30. Burrows, "HP Says Goodbye to Drama".
31. Bossidy e Charan, *Execution*, 41-45.
32. John Oates e Drew Cullen, "Carly Fiorina Quits", *Register*, 8 fev. 2005.

33. Ellen O'Brien e Todd Weiss, "Fiorina Steps Down-HP Seeks Change", *CIO News*, 9 fev. 2005, http://searchcio.techtarget.com/originalContent/,289142,sid19_gci1052673,00.html.

34. Burrows, "HP Says Goodbye to Drama".

35. Timothy Prickett Morgan, "Hurd on the Street: HP Cuts 14,500 Jobs in Reorganization", *Linux Beacon*, 26 jul. 2005.

36. Peter Burrows, *Backfire: Carly Fiorina's High-Stakes Battle for the Soul of Hewlett-Packard* (Hoboken, NJ: John Wiley & Sons, 2003), 135.

37. Michael Beer, Rakesh Kharana e James Weber, "Hewlett-Packard: Culture in Changing Times", Case 9-404-087 (Boston: Harvard Business School, 2005), 10.

38. Ibid., 9.

39. Ibid.

40. Burrows, "HP Says Goodbye to Drama".

41. Ibid.

42. Rex Crum, "H-P Climbs After Profits Rise 51 Percent", *Market Watch*, 17 maio 2007.

43. C. Pettey, "Gartner Says Hewlett-Packard Takes Clear Lead in Fourth Quarter Worldwide PC Shipments e Creates a Virtual Tie with Dell for 2006 Year End Results", 2007, www.gartner.com/it/page.isp?id=500384.

Apêndice

1. A única exceção aqui é a IBM, que foi incluída devido à notoriedade de seu esforço. Apesar de Lou Gerstner ter iniciado a transformação em 1993, começar a análise a partir de 1993, em vez de 1995, só teria melhorado o desempenho da empresa de acordo com o modelo.

2. EBIT = receita – custo dos produtos vendidos – despesas operacionais.

3. As exceções a esta fórmula foram o índice D/E e os índices de liquidez. Pelo fato de índices D/E e de liquidez mais baixos serem preferíveis, a função utilizada é $10(1/(1+2^x))$ e, quanto mais baixa for a pontuação, melhor será o desempenho nestes fundamentos.

4. Pelo fato de a pontuação máxima por fundamento ser 10, o índice mais alto possível para os fundamentos primários é (pontuação) (número de fundamentos) (fator de escalonamento) = (10) (5) (2) = 100.

5. O valor máximo que pode ser obtido é (índice primário ponderado máximo) + (índice secundário ponderado máximo) = {(nº de fundamentos primários) [(pontuação máxima por fundamento) (peso)]} + {(nº de fundamentos secundários) [(pontuação máxima por fundamento) (peso)]} = [5 (10)(2)] + [6 (10)(1)] = (100) + (60) = 160 pontuação total máxima.

Índice

Observação: Números de páginas seguidos por *f* indicam figuras; números de páginas seguidos por *t* indicam tabelas; números de páginas seguidos por *n* indicam notas de fim.

A alquimia das finanças (Ellis), 1
abertura a opiniões e críticas, 100
abordagem do "fatiador de queijo", 134
ação de curto prazo, motivação e, 118
"ACI (Asian Company Inc.)"
  [pseudônimo], 33t, 296
  análise financeira imprecisa, 43-44
  como uma exceção ao modelo do
    índice de desempenho da
    transformação, 303
  desenvolvimento da coalizão, 63
  desenvolvimento de novos
    valores, 121
  processo de seleção de candidatos,
    104
  reorganização de, 239
  transformação de, 18, 27-28
acionistas, comunicação com, 46-47
ações, 219-220, 258
adesão e apoio
  como um fator crítico de sucesso,
    304-305
  de cima para baixo, 18
  desenvolvimento de coalizão para,
    60-65, 60f
  fracasso na obtenção de, 13, 16, 105,
    261, 267
  para a transformação participativa, 21

administração de contratos, 149
administração de pedidos, problemas
  com, 149
administração sênior, empowerment da,
  113-115
advogado do diabo, 264
agentes da mudança, 21, 112, 271
ajustes de rumo, 108
aliança Nissan-Renault, 24
alinhamento com a visão estratégica
  como chave para a execução eficaz,
    235, 244f, 244
  de "grandes idéias", 174
  diagnóstico em, 131-135
  equipes de resposta rápida e, 76
  recomendações e, 207
  transformações abrangentes, 10, 11f,
    22, 270-271
AlliedSignal, 159
alocação de recursos, 143, 226-227
alocação de tarefas, 139, 219-220
ambiente hipercompetitivo, 5, 277
ambiente livre de rumores e fofocas, 119
Amelio, Gil, 26
American Express, 37
amostra aleatória de empresas, 274-278
  critérios para a inclusão, 274-275
  razões para a exclusão de, 275-278

análise ampla
  comunicação dramática das
    conclusões da, 52-53
  das "grandes idéias", 174
  das questões atuais, 124
  diálogo com os empregados na,
    44-47
  mensuração dos objetivos na, 47-48
  na verificação do terreno, 44-49
  visão estratégica e, 55, 56
análise da defasagem de baixo para cima,
  178, 179
análise da situação, 43
análise de custo-benefício, 35
análise de defasagem, 165-166, 177-180,
  177f, 183
análise de defasagem de cima para baixo,
  178, 179
análise de defasagem de competências,
  166, 183
"análise de fracassos", 253
análise dos dados, 150-155
  fluxogramas de processo utilizados
    em, 112, 152-155
  sintomas v. causas fundamentais,
    111-112, 127, 151-152
análise primária
  dos valores de índice, 278, 292, 293t
  resultados das, 294, 295-298t, 297f,
    297, 299
análise qualitativa, 6, 19
análise quantitativa, 6, 19
análise secundária
  de transformações medianas,
    278-279, 292, 293-294
  resultados das, 299-301, 299-301t
análises de desempenho
  excelência organizacional e, 190-191
  prestação de contas e, 251
ano-base, 289, 290f
antecipar-se a mudanças, 34
anúncios
  da nova organização, 209, 227-228
  do líder da transformação, 41
Apple Computer Corp., 18, 33t, 41
  "grande idéia", 174
  mudança de foco, 69

planejamento da implementação, 209
transformação da, 12, 12f, 26-27
visão estratégica da, 55, 56
apresentação do dia, 90, 200, 228-229,
  229f
apresentações
  apresentação do dia 90, 200, 228-229,
    229f
  da metodologia, 118-120
  na reunião de integração do dia
    60, 195
  nas reuniões mensais de integração,
    108
visual, eficácia das, 52
aquisições, 173, 214
"Asian Company Inc." [pseudônimo]. Veja
  "ACI"
assistência ao cliente, 147
assumir riscos, 254-255, 255f
atendimento ao cliente, coleta de dados
  sobre, 144, 146f, 146-148
atividade em equipe, na reunião de
  lançamento125
atividades de vendas, gerais e
  administrativas, 285
auditores, 43
auditoria de recursos intangíveis, 159
autocontrole, 123-124
auto-estima, proteção da, 84
autoridade
  da EGE para validar ou vetar, 88
  das equipes de resposta rápida, 93
  para liderar a transformação, 18
  problemas com, 149
avaliação
  avaliação de alto nível, 47, 174
  de ações, 258
  de painel de indicadores, 257
  financeira (Veja avaliação
    financeira)
avaliação financeira
  alto nível de "grandes idéias", 174
  benchmarking, 158, 159
  na fase da pré-transformação, 43
  no diagnóstico e fase de
    planejamento, 142f, 142, 143
  precisão na, importância da, 44

ÍNDICE

Baker, Wayne, 248
balanced scorecard
  acompanhamento do plano de implementação com, 257-258
  criação de, 256
  utilização ineficaz de, 258, 269
baleia, encontrando a, 169
Banca Intesa, 60, 188, 236, 262
barreiras
  antecipar-se às, nos passos para a mudança, 221
  remoção de, pelo desenvolvimento da coalizão, 63
  resistência interna e, 260-261
barreiras à comunicação
  fronteiras organizacionais como, 79-80
  rompidas pelas equipes de resposta rápida, 74
barreiras horizontais, 79-80
barreiras verticais, 79-80
bater o scorecard", 257
Bay Networks, 8, 17f, 17
  análise de desempenho, 191
  celebração interna, 229
  equipes de resposta rápida, 99, 102
  fase de desenvolvimento da visão, 180, 190, 191, 192
  fase de diagnóstico e planejamento, 138, 141, 144
  fase de implementação, 234, 256
  metas em cascata, 179-180
  na fase de pré-transformação, 33t, 40t, 41, 43, 59, 62
  pacotes de remuneração, 191-192
  programas de treinamento, 190
  transformação da, 25-26
  utilização de questionários, 129
  visão estratégica da, 59
Becoming a Real-Time Enterprise (Tabrizi), 150
benchmarking, 112, 155-160
  auditoria de recursos intangíveis, 159-160
  dos fundamentos, 283
  importância da realidade, 158
  interno e externo, 156
  processo de, 159
  resultados financeiros e, 157, 158

Best Buy, 33t
  complexidade da mudança comportamental, 260
  comunicação da visão, 117
  Equipe de Implementação de Mudanças, 78, 117, 126
  mapas comportamentais, 251
  Plataforma Padrão de Operações, 222
  sistema de recompensas, 248-249
  submissão superficial à transformação, 82, 105-106, 261
  utilização ineficaz do balanced scorecard, 258
bolha das ponto.com, 5, 19
  ano de início para as transformações e, 277
  efeitos sobre as transformações, 301t, 301-302, 302t
bolha tecnológica, 5, 19
  ano de início para as transformações e, 277
  efeitos sobre as transformações, 301t, 301-302, 302t
Bossidy, Larry, 159, 246
Brady, Larry, 256
brainstorming
  ampla análise das questões, 123-124
  "grandes idéias", 172
  pelas equipes de resposta rápida, 80
BusinessWeek (revista), 13, 274
Butler, Ava, 76

CAGR (taxa de crescimento anual composta), 285
Cain, Dennis, 263
camadas de gestão, eliminação de, 186
campanha de relações públicas (RP), planejamento da, 205
campanha de RP, planejamento da, 203-205
campanha externa de relações públicas, 199, 201-210, 203f
  indicadores para, 205
  lançamento da, 234, 235-237, 238
  mensagem da campanha, 205-209, 227-228

metas da, 202-205
mídia de comunicação utilizada, 204, 209-210
campanha interna de relações públicas, 203
   apresentação do dia 90, 200, 228-229, 229f
   transparência na, 237
capacidade dos líderes, 246
carga de trabalho, 99-100, 120-121
Carlzon, Jan, 59, 134, 146, 254
categorização dos valores de índice, 281-283, 283f
causas fundamentais e sintomas, comparação, 111-113, 127, 151-152, 206
celebração, 229-231, 230f, 248
centralização, 135, 186
CFO (Chief Financial Officer), 40
Chang, Gareth, 11
Charan, Ram, 243
chaves para a execução eficaz, 243, 259
   alinhamento com a visão estratégica, 235, 244f, 244-245
   comunicação, 259, 259f
   criação da cultura certa, 250-253
   escolha de líderes entusiasmados, 245f, 245
   flexibilidade e assunção de riscos, 254, 254f, 255
   indicadores eficazes, 254-258, 255f
   manter as condições favoráveis, 246-249
Chief Financial Officer (CFO), 40
Chrysler Corporation, 40
Cisco, 25
classificações, na análise primária, 297, 298t
cliente(s)
   comunicação com, 47, 48
   processo de racionalização, 167f, 168t, 167-169
   visitas a escritórios e instalações, 130, 131
clima organizacional, mudanças no, 3-4, 19

coaches
   consultores como, 76
   consultores seniores (Veja consultores seniores)
coesão organizacional, 74
coleta de dados, 112, 127f, 127-150
   áreas para o diagnóstico, 131-135, 132f
   questionários na, 129-130
   sobre a estratégia, 132f, 132-133, 134
   sobre as vendas, 146, 147f, 149
   sobre excelência organizacional, 133, 134f, 135-142
   sobre megatendências, 128
   sobre o atendimento ao cliente, 144, 146f, 146-148
   sobre ofertas de produtos ou serviços, 143, 143f, 144, 145
   sobre questões financeiras, 142f, 143
   sobre tecnologia da informação, 148, 150, 150f
   visitas a escritórios e instalações, 130, 131
Compaq Computer Corporation, 14
Compaq-HP, fusão, 269
comparação de dados, 155f, 156-161
   benchmarking, 112, 155-160
   indicadores de referência na, 160-161
comparações entre empresas, 282, 283f, 292
competências essenciais, 174
complacência, 140, 231
complexidade da execução, subestimar a, 260
complicações, antecipar-se a, 221
comportamento, reforço do, 250, 251
comprometimento com a transformação, 10, 11f
   das equipes de resposta rápida, 77, 83-84
   dos membros das equipes de resposta rápida, 99-100
comunicação
   anúncio do líder da transformação, 40-41
   barreiras à, 74, 79
   com os clientes, 47, 48

ÍNDICE   321

como chaves para a execução eficaz,
    259, 259f
comunicação clara e franca, 46-47,
    115, 206-207, 228
crítica à estratégia de transformação,
    89-90
da necessidade de mudança, 37-38
da transformação (*Veja* campanha
    externa de relações públicas)
da visão, 58-60, 61t, 117
das metas de transformação, 118
de mão dupla, 253
do senso de urgência, 52-54, 113
dos sucessos antecipados, 70-71
durante as visitas a escritórios e
    instalações, 130, 131
excelência organizacional e, 141, 142
facilitada pelas equipes de resposta
    rápida, 80
horizontal ou vertical, 142
perigo de comunicar demais, 51
uniforme, nas reuniões mensais de
    integração, 109
comunicação clara e franca, 115
    na campanha externa de RP,
        206-207
    na verificação do terreno, 46
    sobre os problemas da empresa, 228
comunicação de múltiplos métodos,
    52-53
comunicação horizontal, 142
comunicação vertical, 142
conclusão da decisão, 62-65, 262
concorrência interna, cultura de, 138
condição financeira, fundamentos da,
    288
condições favoráveis, 246-249
    celebrar com freqüência, 248
    criadas pelas vitórias antecipadas, 66
    lidar com a resistência, 247-248
    utilização de recompensas, 248, 249,
        250
conferências telefônicas, 109
confiança do público, 208
confidencialidade, na fase de
    planejamento da implementação,
    201-202

conflito(s)
    associados a posição e função, 99
    metas em cascata e, 181
conflitos de interesse na utilização de
    consultores, 75
Confúcio, 9
Conger, Jay, 16
Conselho de Administração, problemas
    com o, 41
consultores externos
    na análise da situação, 48-49
    no benchmarking, 157
    problemas com a utilização de, nas
        transformações, 75
    transformações lideradas por, 73-77
    visão estratégica e, 56
consultores seniores (coaches)
    como membros da EGE, 87
    critérios para seleção de, 101
    funções dos, nas equipes, 89
    no desenvolvimento do plano de
        negócios, 217-218
contratação, excelência organizacional e,
    187-189
conversão à escala semântica, 290f, 291t
coordenação das atividades, 262-263
co-pilotos, como líderes de subequipes,
    88, 91
corte de custos
    abordagem do "fatiador de queijo",
        134
    confidencialidade dos planos, 201
    iniciativa do controle de custos
        indiretos, 23
credibilidade do líder, 64, 66, 69
crescimento da receita, 285
critérios
    no modelo do índice de desempenho
        da transformação, 278-283, 279t
    para "grandes idéias", avaliação de,
        174-176
    para a escolha do líder da
        transformação, 35, 36, 37-38
    para a escolha dos membros das
        equipes de resposta rápida, 97-101
    para inclusão na amostragem
        aleatória, 274-275

critérios de avaliação para "grandes
  idéias", 172-176
  desafios potenciais, 175
  prontidão do mercado, 176
  tempo de implementação, 176
  valor para a empresa, 174
  viabilidade, 175
críticas em particular, 249
cronograma e pontos de verificação
  definição de, 124, 126
  nenhuma flexibilidade para mudanças no cronograma, 109-110
Cross, Rob, 248
Crown Castle International, 256
cubo matricial em 3D, 241, 268
cultura baseada em desempenho, 114
cultura corporativa
  baseada no desempenho, 114
  comunicação e, 142
  criação da cultura certa, 250-254
  cultura de aprendizado, 253-254
  cultura de prestação de contas, 138, 139, 250-254
  excelência organizacional e, 136-139
  integração de diferentes culturas, 25-26
  nova, garantia da execução da, 220, 221
  sensibilidade a, 39, 40t
cultura de aprendizado, 253
cultura de disciplina, 138
cultura de prestação de contas, 138, 139, 250-254
cultura de unidade, 137-138
culturas colaborativas, 142
culturas competitivas, 142
curva de aprendizagem, para novas contratações, 99
curva de distribuição normal, 282, 292
  análise secundária, 299, 299f
  transformações bem-sucedidas, 296, 297f
custo dos produtos vendidos, 285
czar da integração do processo, 235, 242

dados
  duração dos, 278
  qualitativos na análise de defasagem, 178-179

de "terra sem leis", 137
defasagem de competências, contratação e, 187
definição da visão, 53-60
  comunicação e internalização, 58-60, 61t
  criação da mensagem perfeita na, 57-58
  visões estratégicas e motivacionais, 53-56
Dell Computer Corp., 14, 157
Dell, Michael, 27
demissão, medo de, 119
desafios para "grandes idéias" potenciais, 175
descentralização, 135, 136, 137, 185
desempenho do mercado de ações, fundamentos de, 285-286
desempenho operacional, fundamentos de, 285
desempenho, altos níveis de, 99-100
desenvolvimento da coalizão
  composição da coalizão, 61-65
  na fase da pré-transformação, 60-65, 60f
  necessidade de, 60, 60f
  técnicas de, 66
desenvolvimento de lideranças, 190
desenvolvimento de produto, 144, 145, 149
desenvolvimento de talentos, 140-141
DeSimone, L. D., 23
despesas operacionais, 285
desvio-padrão, na curva de distribuição normal, 281-283, 283f, 296, 297f
diálogo com os empregados
  na análise ampla, 44-47
  na seleção de candidatos, 103-104
disciplina, cultura de, 138
diversidade nas equipes de resposta rápida, 102
documentação do sucesso, 69, 70-71
Domino's Pizza, 157
Donovan, Dennis, 3-4, 10, 252
Dunn, Pat, 265
duplicidade, fluxogramas de, 154

ÍNDICE

economias de custo na transformação de 90 dias, 22
educação. *Veja* treinamento
efeito dominó, 60
EGE. *Veja* equipe gerencial executiva
EIM (Equipe de Implementação de Mudanças; Best Buy), 78
"elefante na sala", 171
Ellison, Larry, 41, 114
elos fracos, fluxogramas de, 154
e-mail, adoção do, 4
empowerment
    da administração sênior, 113-115
    dos empregados em equipes interdepartamentais, 83, 84
empregado(s)
    ceticismo de, 120
    conversas com, 44-45, 46
    integração com, 62-63
    responsabilidade pelas transformações, 73
    selecionados por posição, 98
    tipos de, 63-64
empresas de capital fechado, 276, 302
empresas de pequeno a médio portes, 94
Empresas feitas para vencer (Collins), 1
entrada em novos mercados, 173
entrevistas, 103
envolvimento dos empregados, 76
equilíbrio de poder na EGE, 88
"equipe de US$ 1 bilhão", 24
equipe de estratégia, 170
Equipe de Implementação de Mudanças (EIM; Best Buy), 78, 117, 126
equipe de marketing, análise de defasagem pela, 178
equipe de vendas, análise de defasagem pela, 178
equipe gerencial executiva (EGE), 86, 86f
    aprovação do plano de implementação, 222-223
    empowerment da, 113-116
    estrutura da, 87-88
    membros da, 87-88, 94-95, 95f
    processo de aprovação do plano de negócios, 214-215
    processo de racionalização, 167f, 168t, 167-169
    reuniões de integração da, 107-110, 107f
    tiger teams e, 225
equipes de área, 96
equipes de conteúdo, 92f, 93
equipes de melhoria de processos, 93
equipes de mercado, equipes de processo em, 93
equipes interdepartamentais de resposta rápida, 73-110, 74f, 243
    colaboração entre, 214, 216
    criação de, 72, 72f
    de empregados internos e externos, 39-40
    desenvolvimento do plano de negócios, 214
    desmembramento, no lançamento planejado organizacional, 238, 239, 241-242, 243
    estruturação, fórmula geral para, 85-91, 86f
    membros como agentes da mudança, 21, 114, 271
    na fase da pré-transformação, 20, 24, 25
    natureza das, 74-77, 75f
    papel na reunião de integração do dia 90, 226
    planos para fase 1 eficaz, 125-127
    promoção da mudança pelas, 224, 271
    reuniões de integração das, 107-110, 107f
    seleção de membros das, 96-107
    tiger teams, em comparação com, 225
    vantagens das, 78f, 77-85
    variações do modelo geral, 91-96, 92f
equipes múltiplas de resposta rápida, 84
erros, fluxogramas de, 154
erros, oportunidade de aprender com os, 85, 105-107
escala semântica, 289-292, 290-291f, 291t
esforço de transformação, explicação do, 206

esforço unificado, pelas equipes de
resposta rápida, 78, 79t, 79
estilo de gestão, 267
estratégia
  alinhamento das análise de
    desempenho com, 191
  coleta de dados sobre, 132f, 132-133,
    134
  comunicação crítica à, 89-90
  consideração da, no desenvolvimento
    da visão, 166
  definição da, 134
  estratégia individualizadas de
    transferência de responsabilidades,
    239-240
  nova, explicação da, 207-208
  visão em comparação com, 54
estratégias de longo prazo, 201
estratégias individualizadas de
  transferência de responsabilidades,
  239-240
estrutura de silos, problemas com,
  13, 14
estrutura macroscópica das equipes, 86,
  86f
estrutura microscópica das equipes, 86
estrutura organizacional
  dinâmica, excelência organizacional e,
    186-187
  diversas reorganizações, 241
  pós-transformação, visão de, 93
  visão estratégica da, 56
estrutura organizacional, análise da, 133,
  135, 136, 137
estrutura paralela
  das equipes de resposta rápida, 84,
    110
  diagnóstico em paralelo, 111,
    131-132
estrutura serial, em equipes, 84
eventos itinerantes, 53
excelência dos empregados, 97
excelência organizacional, 183-193
  análise de defasagem pela, 178-179
  coleta de dados sobre, 133, 134f,
    135-142
  comunicação, 141-142

contratação e recrutamento, 139-141,
  187-189
cultura da empresa, 136-139
definição de novos valores, 184-185
desenvolvimento da estrutura
  organizacional, 185-186
equipe de excelência organizacional
estrutura organizacional, 133, 135,
  136, 137
incentivos para, 192-193
lançamento planejado organizacional,
  238
pacotes de remuneração, 192
processo de análise de desempenho,
  190-191
programas de treinamento para,
  189-190
tarefas específicas à, 183
exclusão de empresas da amostra,
  274-278
  data de início da transformação e,
    276-277
  de empresas de capital fechado, 276,
    303
  duração dos dados e, 278
  melhoria incremental e, 275-276
experiência necessária para o líder da
  transformação, 37
expressão de confiança, na campanha de
  RP, 208

fase 1. *Veja* fase de planejamento e
  diagnóstico
fase 2. *Veja* fase de desenvolvimento da
  visão
fase 3. *Veja* fase de planejamento da
  implementação
fase da pré-transformação, 19, 20, 20f,
  29-32
  antes de selecionar o líder da
    transformação, 32-41
  criação de equipes
    interdepartamentais, 72, 72f
  criação de visões, 53-60, 54f
  desenvolvimento da coalizão, 60-65
  duração da, 30-31, 49
  entender o problema, 29, 30-31

escolha do líder da transformação,
  35-41, 36f
estabelecimento de um senso de
  urgência, 49-53, 50f
metas da, 30, 39
passos da, 31
reconhecer a necessidade de mudar,
  32, 33t, 33f, 34-35
verificar o terreno, 42f, 42-49
vitórias antecipadas na, 65-71
fase de desenvolvimento da visão, 20,
  20f, 165-197
  análise de defasagem na, 177-179,
    177f
  criação de um conjunto indicadores
    na, 182-183, 183f
  desenvolvimento de "grandes idéias",
    169-177
  excelência organizacional contínua e,
    183-193, 184f
  formação das *tiger teams*, 195-196,
    196f
  implementação antecipada de,
    187-188, 193-194
  metas em cascata na, 179-182
  racionalização das áreas-chave, 167f,
    167t, 167-169
  reunião de integração do dia 60, 194f,
    194-195
  reuniões mensais de integração,
    108
fase de execução. *Veja* fase de
  implementação
fase de implementação, 19, 20f, 20-21,
  233-271, 235f
  chaves para a execução eficaz, 235,
    243-259, 244f
  efeitos de longo prazo das
    transformações, 270-271
  exemplo: comparação da execução,
    265-270, 265f
  lançamento da, 231
  91º dia, 236f, 235-243
  principais desafios para a, 235,
    259-265, 260f
fase de planejamento da implementação,
  20, 20f, 199-232, 200f

apresentação do dia 90, 200, 228-229,
  229f
campanha externa de RP, 201-211,
  203f
celebração após a, 229-231, 230f
papel das *tiger teams*, 225, 225f
passos para a mudança, 216f, 215-224
pré-implementação, 224, 224f
processo de desenvolvimento e
  aprovação do plano de negócios,
  211f, 211-215
reunião de integração do dia 90, 226f,
  226-228
reuniões mensais de integração,
  107-108
fase de planejamento e diagnóstico,
  111-163, 112f
  análise dos dados, 151-155, 151f
  coleta de dados, 112, 127f, 127-150
  comparação dos dados, 155f,
    155-161
  da transformação, 19, 20, 20f
  lançamento da, 114f, 113-127
  reunião de integração do dia 30,
    161-162, 161f
  reuniões mensais de integração, 108
fatores críticos de sucesso, 6
  exemplo: Fiorina v. Hurd, 13-14, 14f
  exemplo: GM v. Nissan, 15-16, 15f
  exemplo: Nortel Networks v. Bay
    Networks, 17f, 17
  equipes de resposta rápida e, 77
  no modelo do índice de desempenho
    da transformação, 304-305, 306t
  características dos, 9-10, 11f
  aplicação dos, 10-18
  exemplo: Apple v. Sony, 11-13, 12f
faturamento, problemas com, 149
feedback, 254
ferramentas de grupos de trabalho, 5
financiamento do projeto, aprovação do
  plano de negócios e, 211
Fiorina, Carly, 40
  fatores críticos de sucesso e, 13-14,
    14f
  na reorganização da HP, 241, 252,
    265-270, 265f

flexibilidade como uma chave para a
  execução eficaz, 254, 255f, 256
fluxogramas de processo, 112, 152-155
  análise de, 154-155
  orientações para, 154
  passos na criação de, 143
  razões para, 152-153
FMC Corporation, 256
foco, 121
  da organização, 70, 227, 266
  na visão estratégica, 245
  no cliente, 11, 26, 146, 147, 148
fontes de atraso, fluxogramas de, 154
força impulsionadora da mudança, 50f, 50
forma de pensar, execução eficaz como uma, 243
fornecedores, visitas a escritórios e instalações de, 130
fracasso
  da execução, 13, 234
  dos esforços de transformação, 73-74, 306
  na conquista de adesão, 13, 16, 105-106, 261, 267
  da reengenharia, 2-3
fronteiras organizacionais, 79-80, 98-99
frutas nos galhos mais baixos, 193, 195.
  Veja também vitórias antecipadas
fundamentos, 278-280, 283-289
  crescimento da receita, 285
  índice de liquidez, 287-288
  índice dívida/patrimônio (D/E), 287
  índice preço por lucro (P/E), 286
  índice preço por vendas (P/S), 286
  margem EBIT, 285
  ponderados, 284
  preço das ações, 286
  receita por empregado, 286
  renda líquida por empregado, 286
  retorno sobre o ativo (ROA), 288
  retorno sobre o patrimônio líquido (ROE), 288
  valor semântico dos, 281
  visão geral dos, 283-285, 284t
fusão HP-Compaq, 14

Galileu Galilei, 111
garantia da execução do processo, 220, 221
gargalos, fluxogramas de, 154
Gates, Bill, 114
General Electric (GE), 3, 4, 9, 33t, 40t, 52, 248, 262, 296, 306
General Motors (GM), 15-16, 15f
gerentes de projeto
  nas equipes de resposta rápida, 90
  pilotos como, 94-95
  posição dos, 98
Gerstner, Louis V., Jr. (Lou), 21, 34, 37, 40t, 41, 173, 174
  desenvolvimento da coalizão por, 62
  fase de planejamento e diagnóstico, 114, 142, 146
  formação da equipe, 48, 62
  sobre o senso de urgência, 49
  verificação do terreno, 47, 48, 62
  visão estratégica da, 56
gestão por objetivos, 181
gestores "faixas pretas", 71
Ghosn, Carlos, 16, 24-25, 31, 34
  como o líder da transformação, 37, 39, 40t, 40-41
  dedicação e motivação de, 69-70
  desenvolvimento da visão, 172, 175, 196
  equipes de resposta rápida, 79, 80, 90, 95, 99, 100, 108-109
  fase de implementação, 234, 242
  fase de planejamento da implementação, 203, 209, 215, 223-224, 228
  método de pressionar-revisar-pressionar, 108-109
  no diagnóstico e fase de planejamento, 117-118, 158
  sobre o senso de urgência, 51
  verificação do terreno, 43-44, 46-47, 48
  visão estratégica de, 58
globalização da economia, 5, 277
GM (General Motors), 15-16, 15f
Goethe, Johann Wolfgang von, 222

ÍNDICE

"grandes idéias", 170f, 169-177, 194, 195
   brainstorming, 172, 173
   critérios para avaliação de, 173-176
   lista de priorização de, 176
   no desenvolvimento da visão, 165
   no desenvolvimento do planos de
     negócios, 200, 211

habilidades de comunicação, 37
Harvard Business School, 244
"HDTV," 238
Hewlett-Packard (HP), 13-14, 14f, 40, 263
   "grandes idéias", 172, 176
   ampla análise da, 44-45
   benchmarking na, 156, 157
   fase de desenvolvimento da visão,
     168, 171, 177, 186
   fracasso da fusão Compaq-HP, 269
   principais problemas, 186
   racionalização do cliente, 168
   reorganizações múltiplas, 241, 252,
     265-270
hipóteses embasadas, 44-49
hipóteses, teste de, 127, 128
Home Depot, 33t, 40t, 59
   análise de desempenho, 191, 251
   descentralização, 137
   relações públicas, 237, 238
   tecnologia da informação, 150
House, Dave, 8, 17-18, 26, 40t, 40, 144,
   229
   comunicação da visão, 60
   descobrindo "a resposta", 43
   desenvolvimento da visão, 180, 191,
     192
   equipes de resposta rápida, 99, 102
   fase de implementação, 234, 256
   integração com empregados, 62
   sobre a cultura da empresa, 136, 138
   utilização de questionários, 129
   visão estratégica de, 59
Hughes International, 11
Hurd, Mark, 13-14, 14f, 45, 157
   desenvolvimento da visão, 168, 172,
     177, 186
   reorganização da HP, 241, 265-270,
     303

IBM, 21, 174
   alinhamento da mensagem na, 204
   diagnóstico e planejamento, 114, 115,
     131, 138, 139, 142, 146
   fase de pré-transformação, 33t, 34,
     37, 39, 40t, 40, 47, 48
   operação abraço de urso, 131
   planejamento da implementação, 205
   visão estratégica da, 56
Idei, Nobuyuki, 12
imagem da empresa, RP e, 202
imagem de marca, 203
Immelt, Jeff, 40t
implementação
   alinhamento com a visão estratégica,
     235, 244-245
   cuidados na, 227-228
   do desenvolvimento da visão, 193f,
     193-194
   investimento na, 261
implementação da transformação. *Veja*
   fase de implementação
incentivos, 192-193
incentivos para as equipes, 192-193
indicadores (medidas de sucesso)
   criação de um conjunto indicadores
     de referência, 160
   criação, no desenvolvimento da visão,
     182-183, 183f
   de atendimento ao cliente, 148
   execução eficaz e, 254-258
   mensuração dos objetivos, 47
   para a campanha externa de RP, 204,
     205
   para acompanhar o plano de
     implementação com, 258
   para vitórias antecipadas, 68, 71
indicadores de referência, 160
indicadores de sucesso, 283
índice D/E (dívida/patrimônio), 287
índice de ações da Standard & Poor's
   500, 269
índice de desempenho, 289-290
índice de liquidez, 288
índice dívida/patrimônio (D/E), 287
índice P/E (preço por lucro), 286
índice P/S (preço por vendas), 286

índice preço por lucro (P/E), 286
índice preço por vendas (P/S), 286
informações financeiras,
  acompanhamento das, 40
iniciativa da eProductivity, 23
Iniciativa de Aceleração na 3M, 23
iniciativa de eficácia da obtenção de
  recursos, 23
iniciativa do controle de custos
  indiretos, 23
iniciativas de longo prazo, vitórias
  antecipadas e, 66-67
iniciativas orientadas ao cliente, 11
Intel, 26
interdependências nas metas em cascata,
  181
internalização
  do esforço, resistência e, 247
  no desenvolvimento da visão,
  58-60, 61t
investidores, 47
investimento na implementação, 261
Irvin, Vernon, 24, 44, 64, 69
  credibilidade do líder, 69
  equipes de resposta rápida, 93, 99
  sensibilidade à cultura corporativa,
  38-39, 40t

Jamba!, 173
Jobs, Steve, 27, 40, 69, 171
  fatores críticos de sucesso, 11, 12
  planejamento da implementação, 209
  visão estratégica de, 55, 56

Kelly, John, 256
Kotter, John, 50
Krishnamurti, Jiddu, 165

Lafley, Alan G., 1, 2, 34, 123, 220, 243
lançamento da campanha externa de RP,
  234, 235-237, 238
lançamento da fase 1, 114f, 113-127
  lançamento informal, 113-116
  reunião de lançamento, 112, 116-127
lançamento planejado organizacional,
  234, 239-242
  coordenação de, 222, 262
  desmembramento das equipes, 239,
  241-242
  em paralelo, 263
  processo de transferência de
  responsabilidades, 239-241
Lao Tzu, 1, 73
"leis de combate", apresentação das, 162
Let's Get in There and Fight (Carlzon),
  59, 249
Lewis, C. S., 29
líder da transformação
  apresentação de, 41
  apresentação do dia 90, 200, 228-229,
  229f
  aprovação do plano de
  implementação, 222-223
  como membro da EGE, 87
  empowerment da administração
  sênior por, 113-116
  encontrando, 29-30
  escolha dos membro da equipe, 105
  primeiros passos da, 39-41
  processo de aprovação do plano de
  negócios, 214-215
  reunião de lançamento e, 116-127
  seleção, 36f, 35-41
liderança
  "liderança referencial", 99, 102
  diferentes estilos de, 267
  estratégica, pelos pilotos das equipes,
  89-90
  renovação completa da, 11
liderança estratégica, pelos pilotos das
  equipes, 89-90
líderes
  de subequipes, 88, 91
  entusiasmados, como uma chave para
  a execução eficaz, 245f, 245
  escolha de líderes entusiasmados,
  245f, 245
  importância da capacidade de, 246
  motivação por, 37-38
Linares, Julio, 182, 219
linha temporal, nos passos para a
  mudança, 219-220
liquidez, fundamentos de, 288
lista de "não-metas", 220

London Business School, 16
Lucent Technologies, 264
lucro antes dos juros e impostos (EBIT), 285
luz amarela, 226, 256
luz verde
  no painel de indicadores, 256
  para os passos rumo à mudança, 225, 226
luz vermelha, 226, 256

M. *Veja* mediana
mapas comportamentais, 251
matriz 2D, 241, 265
McGinn, Richard, 263
McKinsey & Company, 55
McKnight, William, 143
McNerney, James, 23, 40t, 71, 140, 143
"média do benchmarking", 283
média gerência, 98
mediana (M)
  análise secundária, 299t, 299, 299f
  na curva de distribuição normal, 282, 283f
  transformações bem-sucedidas, 296, 297f
medidas de sucesso. *Veja* indicadores
medidas preventivas, transformações como, 34
medo de cometer erros, 120
megatendências do setor e do mercado
  avaliação, 43, 55, 170
  coleta de dados sobre, 128
  planos de negócios e, 212
melhores práticas, 121
  fontes de, 27
  identificação de, 274, 308
  implementação de, 21
melhores transformações, 22-27
melhoria incremental (fragmentada)
  exclusão da amostra e, 275-276
  falta de sucesso e, 15-16
  por meio da reengenharia, 2-3, 4f
  transformação contrastada com, 1-5, 4f
membros da equipe
  avaliação do potencial de liderança, 85, 96
  como agentes da mudança, 21, 114, 270-271
  comprometimento de, 99-100
  da equipe gerencial executiva (EGE), 87-88, 94-95, 95f
  lidando com a resistência interna, 247
  realocação de, 106-107
  seleção de, 96-107, 96f
membros externos, das coalizão da transformação, 61-62
mensagem
  criação da mensagem perfeita, 57-58
  simplificação da, 115
mensagem da campanha externa de RP, 205-209
  anúncio da nova organização, 208, 227-228
  explicação, 206
  expressão de confiança, 208
  principais conclusões, 206-207
  principais recomendações, 207-208
mensagem perfeita, 57-58
  definição da, 54-55, 56
  visão estratégica em comparação com, 61t
mensuração do progresso
  com o balanced scorecard, 256
  nos passos para a mudança, 221
mensuração dos objetivos, 47-48
mercado(s)
  megatendências (*Veja* megatendências do setor e do mercado)
  novos, entrada em, 173
metas
  claras e compreensíveis, 181, 182
  da campanha externa de RP, 202-205
  da fase de coleta de dados, 128
  efeitos da remuneração sobre as, 139-140
  metas em cascata, 166, 180f, 180-182, 244, 256
  na fase da pré-transformação, 30, 39
  não-metas e, 218, 219, 223
  não-realistas, 267
  nos passos para a mudança, 218
  transformacionais, 118, 244

metas amplas
  metas em cascata, 180f, 179-182
  metodologia e, 118-119
metas de transformação, 118, 244
metas em cascata, 166
  alinhamento com a visão estratégica, 244
  no desenvolvimento da visão, 180f, 179-182
  no scorecard de mudanças, 256
método de pressionar-revisar-pressionar, 108, 172
metodologia da pesquisa, 5-6
metodologia, apresentação da, 119
Microsoft Corporation, 27, 69
mídia de comunicação para RP
  campanha, 204, 210
modelo de transformação de 90 dias, 9-28
  eficácia do, 21-22
  exemplos de transformações devido ao, 22-27
  fatores críticos de sucesso no, 9-18, 11f
  visão geral do, 7, 7f, 18-20, 20f
modelo do índice de desempenho da transformação, 6, 273-308
  amostra, 274-278
  conclusões, 308
  equipe de pesquisa, 273-274
  escala semântica, 289-292, 290f, 291t
  exceções ao modelo, 303
  fatores críticos de sucesso no, 304-307, 306t
  fundamentos utilizados no, 283-289, 284t
  processo de avaliação, 292-294
  resultados detalhados e implicações, 294-302
  visão geral do processo, 273-274
  visão geral dos, 278-283, 279t
modelo para o plano de negócios, 212-214
modelos
  gerais, para equipes de resposta rápida, 85-91, 86f

modelo do Índice de Desempenho da Transformação, 6, 273-308
  variações nos, para equipes de resposta rápida, 91-96, 92f
modelo de transformação de 90 dias, 7, 7f, 9-28
moral, durante as transformações, 53-54
motivação
  na definição de fluxogramas de processos, 154
  pelos líderes, 37-38
  visão compartilhada como, 117
mudança
  adiantar-se à, 34
  de cima para baixo, 81-82
  forçada, como problemática, 81-82
  incremental, transformação contrastada com, 1-5, 4f
  medo da, 1
  necessidade de (*Veja* necessidade de mudança)
  no clima organizacional, 3-4, 19
  ondas de, 219
  promoção da, 224, 271
  resistência à (*Veja* resistência à mudança)
  senso de urgência e, 50f, 50
  velocidade da mudança, 2, 4f, 10, 11f
mudança comportamental, 260
mudança cultural, desejo pela, 34
mudança de cima para baixo, 81-82
mudança forçada, como problemática, 81-82
mudança fragmentada. *Veja* melhoria incremental
mudança holística. *Veja* transformação(ões)
mudanças no cronograma
  falta de flexibilidade em, 109
  prestação de contas pelas, 258
mudanças táticas, na reengenharia, 2, 4f
multitarefas, 100
mundo pós-moderno, 277

não-cumprimento das promessas, 264
não-metas, 219
Nardelli, Robert, 40t, 137, 150, 238

necessidade de mudança, 37-38
    comunicação de, 37-38
    perspectivas, 35, 36-37
    reconhecimento de, 32, 33t, 33f,
        34-35
Nissan, 15f, 16, 18, 24-25
    benchmarking, 158
    desenvolvimento da visão, 173, 175,
        196
    equipes de resposta rápida, 74, 79,
        94-95, 95f, 98, 101, 107-108
    fase de implementação, 234, 236, 242
    fase de planejamento da
        implementação, 203, 208,
        215-216, 223-224, 228
    líder da transformação, 37, 38, 40t
    método de
        pressionar-revisar-pressionar, 108,
        172
    na fase da pré-transformação, 31, 33t,
        34, 40, 43-44
    no diagnóstico e na fase de
        planejamento, 117, 148
    sistema de remuneração, 140
    transformação da, 24-25
    visão estratégica da, 58
Nokia, 307
Nordstrom, 130
Nordstrom, Bruce, 130
Nortel Networks, 17f, 17, 26, 41
91º dia, 233, 235-243, 236f
    apresentação do czar da integração do
        processo, 235, 242-243
    lançamento da campanha externa de
        RP, 234, 235-238, 239
    lançamento planejado organizacional,
        239-242

obstáculos, antecipar-se aos, 221
oferta de serviços
    coleta de dados sobre, 143, 143f, 144,
        145
    processo de racionalização, 167f,
        168t, 167-169
ofertas de produto
    coleta de dados sobre, 143, 143f, 144,
        145

processo de racionalização, 167f,
    168t, 167-169
ondas de mudança/transformação, 218,
    306
operação abraço de urso, 131
operações normais, esforço de
    transformação e, 19-20
opiniões, coleta de, 128
oportunidades de crescimento futuro,
    168-169
Oracle Corp., 41
orçamentos
    coleta de dados de, 142
    para a campanha externa de RP, 203,
        204
organização sem fronteiras, 80

P&G. *Veja* Procter & Gamble
Paixão por vencer (Welch), 1
parcimônia, 60
Parker, Andrew, 248
Passera, Corrado, 188, 236
passos mal definidos, fluxogramas de, 154
passos para a mudança, 200
    acompanhamento com o balanced
        scorecard, 258
    apresentados na reunião de integração
        do dia 90, 226-227
    colaboração na criação de, 216-217
    elementos de, 217-221, 217f
    integração de, 222-223
    luz verde para, 225, 226
    na prática, 223-224
passos que não agregam valor,
    fluxogramas de, 154
patrocinadores executivos
    como membros da EGE, 87-88,
        94-95, 95f
    funções e responsabilidades dos, 89
    posição dos, 98
pensamento "fora do padrão", 100
perspectivas
    da necessidade de mudança, 35,
        36-37
    no balanced scorecard, 256
    proporcionadas pelas equipes de
        resposta rápida, 81

perspectiva macroscópica das equipes, 81
pesos, dos fundamentos, 284-285
pilotos
    atividade em equipe liderada por, 125
    autonomia e autoridade dos, 93-94
    brainstorms conduzidos pelos, 171-172
    com gerentes de projeto, 94-96
    como membros da EGE, 87, 88
    contratação externa de, 99
    co-pilotos, 88, 91
    definindo cronogramas e pontos de verificação, 124, 126
    escolhidos a dedo, 102
    funções e responsabilidades dos, 89-90, 102, 103
    mudança dos, 107
    posição dos, 98
Pixo, 171
planejamento estratégico, 59
planilhas eletrônicas, 157, 177
Plano de Revitalização da Nissan, 17, 25, 175, 209, 223-224, 228, 236-237
plano(s)
    confidencialidade dos, 201
    desenvolvimento eficaz dos, 126
    plano de divulgação, 204
planos alternativos, 172
planos de implementação. *Veja* passos para a mudança
planos de negócios, 211-215
    definição, 212
    desenvolvimento de, 212-214
    "grandes idéias" no desenvolvimento de, 200
    processo de aprovação, 214-215
Plataforma Padrão de Operações (a Best Buy), 222
Platt, Lewis, 13
PMO. Veja *program management officer*
ponto de verificação para a aprovação do plano de negócios, 211
pontos de decisão, 155
pontos de verificação, nos passos para a mudança, 219-220
pontos fortes da empresa, 46
posição, empregados selecionados por, 98

Poste, 189
potencial de liderança, avaliação de, 85, 95
pouca inovação, 143
PowerPoint, 109
prazos finais
    fazendo horas extras para cumprir os, 99-100, 121
    ligeira flexibilidade nos, 109
preço das ações, 286
preconceitos e pressupostos, livrar-se de, 120-121
pré-implementação, 224, 224f
prestação de contas, 121, 250
    cultura de, 138, 139, 250-254
    da equipe de resposta rápida, 79
    maior, 258
    para mudanças no cronograma, 258
principais conclusões, explicação das, 206-207
principais desafios para a execução, 235, 259-265, 260f
    coordenação das atividades, 262-263
    promessas não-cumpridas, 263-264
    resistência interna, 260-262
    reuniões ineficazes, 264
    subestimar a complexidade, 260
principais problemas, lidar com, 186, 194, 266
principais recomendações, explicação das, 207
priorização
    do principais projetos, 214-215, 223, 226-227
    lista de "grandes idéias", 176
    no diagnóstico e fase de planejamento, 144, 145
problemas de processo, na análise de fluxogramas, 154
processo contínuo, 121
processo de avaliação, 292-294
    análise primária, 278, 292, 293t
    análise secundária, 278, 292, 294t, 294
    visão geral do, 281-283, 283f
processo de transferência de responsabilidades, 239-242

ÍNDICE 333

processo gradual de transferência de
   responsabilidades, 242
processo orientado por indicadores, 121
processo orientado por painel de
   indicadores, 121
Procter & Gamble (P&G), 1, 2, 34, 243
   fronteiras da mudança, 124
   lista de "não-metas", 219
produtividade, fundamentos de, 286-287
program management officer (PMO), 86,
   86f, 243
   funções do, 88
   gerentes de projeto, 90
   integração dos passos para a mudança,
      200, 222, 223
   papel na coordenação de
      equipes, 214
programa de "treinamento de House",
   26, 141, 190
projetos preferidos, 119-120, 143
promessas demais, 264
prontidão do mercado, para "grandes
   idéias", 176
público para a campanha externa de RP,
   202, 204

questão(ões)
   desenvolvimento de, para coleta de
      dados, 128
   na verificação do terreno, 45
   no estágio de diagnóstico, 111, 121
   respondidas pelos planos de negócios,
      213
questionários
   na coleta de dados, 129-130
   na seleção de candidatos, 103, 105
questionários na Web, 103
questões abertas, 130
questões múltipla escolha, 130

racionalização
   das áreas-chave, 167f, 167-169
   processo de, 165
reação do público à campanha de RP,
   236-237
reações negativas à transformação,
   236-237

realocação
   de membro da equipe, 106, 107
   lacuna de competências e, 188
receita por empregado, 286
receita, análise de defasagem para,
   177-178, 179
recompensas
   condições favoráveis e, 248-249, 250
   utilizações ineficazes e eficazes de,
      269
recompensas em público, 249
recrutamento e retenção, 139-141
recursos
   estratégia e, 133
   necessários nos passos para a
      mudança, 220
   processo de racionalização e, 167f,
      167t, 167-169
recursos humanos, 103-104
recursos organizacionais, estratégia e,
   132-133
reengenharia, 2-3, 4
regras e responsabilidades
   das equipes de resposta rápida, 79,
      83-84
   definição de novas posições, 185
   dos pilotos das equipes, 90
   estabelecimento de, na reunião de
      lançamento, 124
   metas em cascata e, 181
   responsabilidades imprecisas, 154
relações interpessoais, 268
relevância da transformação, 277
remuneração e benefícios, 139-140
   desenvolvimento de talentos,
      140-141
   encontrando o candidato perfeito, 188
remuneração e benefícios, 139-140,
   191-192
Renault, 24, 40, 99
renda líquida por empregado, 286
reorganização
   anúncio da, 208, 228
   exemplo de, 239
   reorganizações múltiplas (HP), 241,
      252, 265-270, 265f
resistência à mudança, 35, 81-82

como um desafio à execução,
260-262
externa, tempo e, 247-248
lidar com, condições favoráveis e,
247-248
no anúncio da transformação, 41
senso de urgência e, 49-50, 50f
vitórias antecipadas e, 66
resistência interna. *Veja* resistência à
mudança
responsabilidades imprecisas,
fluxogramas de, 154
retenção de empregados, 140
retiros como celebrações, 229
retorno sobre o ativo (ROA), 228
retorno sobre o investimento,
fundamentos do, 289
retorno sobre o patrimônio líquido
(ROE), 288-289
reunião de integração do dia 30,
161-162, 161f
reunião de integração do dia 60, 166,
194f, 194-195
reunião de integração do dia 90, 226f,
226-228
reunião de lançamento, 112, 116-127
ampla análise das questões,
123-124
apresentação da metodologia na, 119
atividade em equipe na, 125
definição de regras e
responsabilidades, 124-125
desenvolvimento de planos eficazes,
125-126
desenvolvimento de valores-chave,
121-122
estabelecimento de uma visão
compartilhada, 117-118
livrar-se de preconceitos e
pressupostos e, 120-121
reuniões
conferências telefônicas semanais, 109
coordenação do lançamento
planejado, 223
das equipes de resposta rápida, 80
ineficazes, como um desafio à
implementação, 264

quinzenais, na avaliação da
transformação, 258
reunião de lançamento (*Veja* reunião
de lançamento)
reuniões de integração (*Veja* reuniões
de integração)
reuniões internas de equipes, 110
reuniões mensais de integração,
107-108
reuniões de integração, 107-109, 107f
das equipes de resposta rápida,
107-110, 107f
mensais, 107-108
reunião do dia 30, 112, 161-162, 161f
reunião do dia 60, 166, 194-195, 194f
reunião do dia 90, 226f, 226-228
semanais, 109
reuniões ineficazes, 264
reuniões mensais de integração, 107-108
reuniões quinzenais, 258
reuniões semanais de integração, 109
revisões do projeto, prestação de contas
e, 251
revolução digital da década de 1990, 4
revolução do processo, 4,
revolução estrutural, no início da década
de 1980, 4
RJR Nabisco, 37
ROA (retorno sobre o ativo), 288
ROE (retorno sobre o patrimônio
líquido), 288
Roth, John, 18

Scandinavian Airlines System
(SAS), 254
comunicação da visão, 59
definição da estratégia, 134
foco no cliente, 146
sistema de recompensas, 249
Schultz, Howard, 58
Sclavos, Stratton, 24, 173
scorecard de mudanças
acompanhamento do plano de
implementação com, 258
criação de, 256
segundas chances, 85, 105-107
Seis Sigma, 4, 23, 71, 306

ÍNDICE

seleção de membros da equipe, 96-107, 96f
   critérios para, 97-101
   processos e métodos, 102-104
   segundas chances, 105-107
sensibilidade cultural, 38-39, 40t
senso de urgência, 49-53, 50f
   ceticismo dos empregados e, 121
   comunicação do, 52-53, 54, 113
   estabelecimento na fase da pré-transformação, 49-53, 50f
   no estabelecimento da visão compartilhada, 117
   sucesso das transformação e, 13, 16, 24
simplicidade, prestação de contas e, 252
sintomas, causas fundamentais comparadas com, 111-112, 127, 151-152, 206
soluções de alto impacto para frutas no galho mais baixo, 193, 195
solvência, fundamentos da, 287
soma ponderada dos fundamentos, 281
Sony Corporation, 11-12, 12f
Spindler, Mike, 26
Starbucks, 58
status quo, insatisfação com, 34
Stringer, Howard, 12
subculturas, 137-138
subequipes (equipes de resposta rápida), 84, 96
   co-pilotos como líderes, 88, 91
   posição dos membro da equipe, 98
subvalores, 184
sucessos de curto prazo, 65-71
sugestões, 31
   Sugestão 1: Reconhecer a necessidade de mudar, 32-35
   Sugestão 2: Escolher um líder para conduzir a transformação, 35-41
   Sugestão 3: Verificar o terreno, 42-49
   Sugestão 4: Estabelecer um senso de urgência, 49-53
   Sugestão 5: Criar uma visão motivadora e estratégica, 54-60
   Sugestão 6: Desenvolver uma poderosa coalizão, 60-65
   Sugestão 7: Conquistar algumas vitórias antecipadas, 65-71
   Sugestão 8: Criar equipes interdepartamentais de resposta rápida, 71-72
Sun Microsystems, 157
Sun Tzu, 199
SynOptics, 25

Tabrizi LLC, 7f
tarefa inicial, definição da, 127
tarefas imprecisas, 124
taxa de crescimento anual composta (CAGR), 285
tecnologia da informação, 148, 150, 150f
Telefónica de España, 182, 218, 306
tempo de ciclo, fluxogramas de, 154
tempo de implementação para "grandes idéias", 176
teste de personalidade de Myers-Briggs, 125
The Flight of the Century (SAS), 249
The Wall Street Journal, 275
Thoman, Richard, 262
tiger teams
   criação de, 166, 195-196, 196f
   papel no planejamento da implementação, 200, 225, 225f
   para a implementação das "grandes idéias", 176
   para vitórias antecipadas, 67
tomada de decisões
   conclusão da decisão, 62-65
   poder das equipes, 96
trabalho em equipe, 125
transformação cultural, 21, 23, 114
transformação integradora, 10, 11f, 22, 76, 270-271
transformação participativa, 21
transformação(ões)
   bem-sucedida, análise primária de, 297, 297t
   comparação de (exemplo), 265-270, 265f
   efeitos da, 270-271
   exemplo: 3M, 23
   exemplo: Nissan, 24-25

exemplo: VeriSign, 23-24
fatores críticos de sucesso na, 6
fracasso da, 73-74, 306
impulsionadores da, 32
melhores práticas, 22-27
melhoria incremental em comparação com, 1-5, 4f
modelo de transformação de 90 dias®, 7, 7f, 9-28
modelo para aceleração de, 8
papel das equipes de resposta rápida na, 75-77
sustentabilidade da, duração dos dados e, 278
visão holística da, 207
transformações malsucedidas, análise primária de, 298, 299t
transformações medianas, análise secundária de, 293-294
transformações rápidas, 22, 270-271
como um fator crítico de sucesso, 304
equipes de resposta rápida e, 77
"transparência absoluta", 46
transparência nas comunicações, 46-47, 237
treinamento
em reuniões eficazes, 264
fluxogramas de processo em, 153
implementação antecipada de, 194
programa de "treinamento de House", 26, 141, 189-190
programas para defasagem de competências, 189
treinamento em liderança, 26 141, 189-190
3M, 17, 33t, 40t

vacas sagradas, 119
valor para a empresa
criação de, 266-167
das "grandes idéias", 174
valor percentual, cálculo do, 280
valor semântico ajustado, 291, 291f
valor semântico dos fundamentos, 281
valores corporativos
novos, excelência organizacional e, 184-185

subvalores, 185
valores-chave, 122
valores de índice
análise primária de, 292-293, 293t
análise secundária de, 293-294, 294t
categorização de, 281-283, 283f
comparações entre empresas com base em, 282, 283f, 292
valores-chave, desenvolvimento de, 122
VCS. *Veja* VeriSign Communications Services
velocidade da mudança
na reengenharia, 2-3, 4f
na transformação, 10, 11f
vendas
análise de defasagem para, 177-178
coleta de dados sobre, 146, 147f, 149
verificação da realidade
importância no benchmarking, 158, 160
na análise de defasagem, 179
promessas demais e, 264
verificação do terreno
análise ampla na, 44-49
na fase da pré-transformação, 42f, 42-49
VeriSign Communications Services (VCS), 33t, 64
campanha de relações públicas, 236
celebração, 230
desenvolvimento de produto, 145
equipes de resposta rápida, 74, 76, 89, 94, 96, 98, 99, 101, 243
fase de desenvolvimento da visão, 173, 185, 193
foco da organização, 227
"grandes idéias", 173
incentivos para as equipes, 193
líder da transformação, 39, 40t, 44
no diagnóstico e fase de planejamento, 117-118, 125, 135, 147-148
transformação da, 23-24
vislumbrando o futuro, 173, 185
vitórias antecipadas, 69
VeriSign Inc., 18, 23

ÍNDICE

VeriSign Telecommunications Services (VTS), 33t
viabilidade das "grandes idéias", 175
visão
  ampla, 44, 118
  estabelecimento de, na reunião de lançamento, 117-118
  estratégia em comparação com, 54
  nacionalista, 59
visão compartilhada, estabelecimento de, 111-118
visitas a escritórios e instalações, 130, 131
visitas para ouvir opiniões e sugestões, 130
visitas pessoais, 130, 131
visões estratégicas, 54, 55-56
  alinhamento da implementação com, 235, 244-245, 244f
  alinhamento das "grandes idéias" com, 174
  foco em, 245
  visão motivacional comparada com, 61t
visões ineficazes, 57
vitórias antecipadas
  na fase da pré-transformação, 65-71, 65f
  na fase de desenvolvimento da visão, 166
  seleção por viabilidade, 67-70
VTS (VeriSign Telecommunications Services), 33t

Wagoner, Rick, 15
Welch, Jack, 4, 34, 36, 40t, 52, 262, 306
  sobre celebrações, 248
  sobre organização sem fronteiras, 79
  sobre tipos de empregados, 64
Wellfleet, 26
World Wide Web, 4, 276

Xerox, 262

York, Jerry, 41, 47

Cadastre-se e receba informações sobre nossos lançamentos, novidades e promoções.

Para obter informações sobre lançamentos e novidades da Campus/Elsevier, dentro dos assuntos do seu interesse, basta cadastrar-se no nosso site. É rápido e fácil. Além do catálogo completo on-line, nosso site possui avançado sistema de buscas para consultas, por autor, título ou assunto. Você vai ter acesso às mais importantes publicações sobre Profissional Negócios, Profissional Tecnologia, Universitários, Educação/Referência e Desenvolvimento Pessoal.

Nosso site conta com módulo de segurança de última geração para suas compras.
Tudo ao seu alcance, 24 horas por dia.
Clique www.campus.com.br e fique sempre bem informado.

www.campus.com.br
É rápido e fácil. Cadastre-se agora.

Outras maneiras fáceis de receber informações sobre nossos lançamentos e ficar atualizado.

- ligue grátis: **0800-265340** (2ª a 6ª feira, das 8:00 h às 18:30 h)
- preencha o cupom e envie pelos correios (o selo será pago pela editora)
- ou mande um e-mail para: **info@elsevier.com.br**

ELSEVIER

Nome: _____

Escolaridade: _____ ☐ Masc ☐ Fem Nasc: __/__/__

Endereço residencial: _____

Bairro: _____ Cidade: _____ Estado: _____

CEP: _____ Tel.: _____ Fax: _____

Empresa: _____

CPF/CNPJ: _____ e-mail: _____

Costuma comprar livros através de: ☐ Livrarias ☐ Feiras e eventos ☐ Mala direta
☐ Internet

Sua área de interesse é:

☐ UNIVERSITÁRIOS
☐ Administração
☐ Computação
☐ Economia
☐ Comunicação
☐ Engenharia
☐ Estatística
☐ Física
☐ Turismo
☐ Psicologia

☐ EDUCAÇÃO/REFERÊNCIA
☐ Idiomas
☐ Dicionários
☐ Gramáticas
☐ Soc. e Política
☐ Div. Científica

☐ PROFISSIONAL
☐ Tecnologia
☐ Negócios

☐ DESENVOLVIMENTO PESSOAL
☐ Educação Familiar
☐ Finanças Pessoais
☐ Qualidade de Vida
☐ Comportamento
☐ Motivação

20299-999 - Rio de Janeiro - RJ

O SELO SERÁ PAGO POR
Elsevier Editora Ltda

CARTÃO RESPOSTA
Não é necessário selar

ELSEVIER

Cartão Resposta
0501200048-7/2003-DR/RJ
Elsevier Editora Ltda
CORREIOS